UTB 5426

Eine Arbeitsgemeinschaft der Verlage

Böhlau Verlag · Wien · Köln · Weimar
Verlag Barbara Budrich · Opladen · Toronto
facultas · Wien
Wilhelm Fink · Paderborn
Narr Francke Attempto Verlag / expert verlag · Tübingen
Haupt Verlag · Bern
Verlag Julius Klinkhardt · Bad Heilbrunn
Mohr Siebeck · Tübingen
Ernst Reinhardt Verlag · München
Ferdinand Schöningh · Paderborn
transcript Verlag · Bielefeld
Eugen Ulmer Verlag · Stuttgart
UVK Verlag · München
Vandenhoeck & Ruprecht · Göttingen
Waxmann · Münster · New York
wbv Publikation · Bielefeld

Antje Kuhle / Martin Lindner

Alte Geschichte

Quellen – Methoden – Studium

mit zwei Kapiteln von Dorit Engster

Vandenhoeck & Ruprecht

Dr. Antje Kuhle ist wissenschaftliche Mitarbeiterin am Lehrstuhl für Alte Geschichte der Universität Regensburg.
Dr. Martin Lindner ist geschäftsführender Assistent am Althistorischen Seminar der Universität Göttingen.

Online-Angebote oder elektronische Ausgaben sind erhältlich unter **www.utb-shop.de**

Bibliografische Information der Deutschen Nationalbibliothek:
Die Deutsche Nationalbibliothek verzeichnet diese Publikation in der Deutschen Nationalbibliografie; detaillierte bibliografische Daten sind im Internet über https://dnb.de abrufbar.

Umschlagabbildung: Fotografie © Geronimo Förster

Umschlaggestaltung: Atelier Reichert, Stuttgart
Satz: SchwabScantechnik, Göttingen
Druck und Bindung: GrafikMediaProduktionsmanagement, Köln
Printed in the EU

Vandenhoeck & Ruprecht Verlage | www.vandenhoeck-ruprecht-verlage.com

UTB-Nr. 5426
ISBN 978-3-8252-5426-1

Inhalt

Vorwort

Wozu eine weitere Einführung in das Studium der Alten Geschichte? Es gibt viele hilfreiche und verdienstvolle Überblicke zu Teilepochen und Themen der Alten Geschichte. Tatsächliche Einführungen in das Studium, und zwar vom ersten Interesse bis hin zum Berufseinstieg, sind schon seltener. Viele dieser Werke wurden vor oder zu Beginn der Bologna-Reformen verfasst und lassen sich nicht (mehr) adäquat auf die heutige Studienrealität anwenden. Das vorliegende Buch ist als Leitfaden für das Studium der Alten Geschichte in den Bachelor- und Masterstudiengängen geschrieben. Damit stellen wir uns als Schreibende einer doppelten Aufgabe: Zum einen sind die Besonderheiten eines sogenannten kleinen Faches zu berücksichtigen. Zum anderen soll die Einführung – auf Basis mehrjähriger Erfahrung mit den spezifischen Anforderungen der Studiengänge – ein Vademekum für die Organisation und Gestaltung eines erfolgreichen Studiums bieten, das mit praktischen Hinweisen und vor allem zahlreichen Quellenbeispielen unterfüttert ist. Der historische Abriss wird bewusst kurz gehalten und die Ausgewogenheit der Teilepochen unter anderem mit der Auswahl der besprochenen Zeugnisse gesichert.

Interesse an der Alten Geschichte ist zwar eine wichtige Grundvoraussetzung für ein erfolgreiches Studium, reicht alleine jedoch leider nicht aus. Unsere Einführung ist daher als praxisbezogenes Handbuch konzipiert, das als begleitende oder vertiefende Lektüre zum Proseminar eingesetzt werden kann. Somit ist es vor allem an Studienanfängerinnen und -anfänger gerichtet, denen das Buch beim Überwinden verschiedener Einstiegshürden helfen möge. Darüber hinaus ist es in allen Studienphasen für diejenigen gedacht, die ihr Wissen auffrischen und vertiefen wollen. Wer dieses Buch „nur“ zum Selbststudium nutzen möchte, ist ebenfalls herzlich eingeladen, damit den Weg zur Alten Geschichte einzuschlagen.

Die drei Kernelemente des Bandes sind bereits im Titel enthalten: Quellen, Studium und Methoden. Die Quellen sind die Grundlage des historischen Arbeitens und bilden in Studium und Forschung stets den Ausgangspunkt. Um die Quellen erschließen und aus ihnen historische Erkenntnisse gewinnen zu können, sind Methoden nötig, die während des Studiums erlernt werden. Die Einführung ist daher wie Ihr Studium gestaltet: Zunächst erhalten Sie Vorwissen zu Studieninhalten, zur Organisation und zu Gestaltungsmöglichkeiten. Danach steht der kritische Umgang mit den Quellen im Fokus – und hier beginnt die Arbeit an den Musterbeispielen, die für das gesamte Werk charakteristisch ist. Im dritten Abschnitt zur Recherche haben wir uns bewusst auf wichtige Grundtechniken und bewährte Hilfsmittel konzentriert, die Ihr Studium nachhaltig erleichtern und sich auf unterschiedliche Herausforderungen anwenden lassen.

Nach diesen einführenden Kapiteln beginnt die Quellenkunde, wobei die literarischen Zeugnisse am Anfang stehen. Darauf folgen Beiträge zu den Nachbar- und Hilfswissenschaften. Dabei wird nicht nur das methodische Handwerkszeug vermittelt, sondern dieses wird direkt auf die unterschiedlichen Quellengattungen angewendet. Jeder Abschnitt beginnt mit einer Einführung in die Begriffe und Methoden der jeweiligen Nachbar- und Hilfswissenschaft. Anhand eines konkreten Beispiels wird anschließend jeweils eine Quellenkritik durchgeführt, welche den Mehrwert der Teildisziplin aufzeigt. Abgerundet wird der vorliegende Band durch einen Ausblick mit Hinweisen zur Berufsqualifizierung.

Es ist unsere angenehme Pflicht, denjenigen zu danken, die an der Entstehung und Fertigstellung des Buches mitgewirkt haben. Dies betrifft die zahlreichen Studierenden, die an mehreren Universitäten an unseren Lehrveranstaltungen teilgenommen und mit ihren Fragen und Thesen zum Gelingen des Buches beigetragen haben. Großer Dank gilt zudem den studentischen Testleserinnen und -lesern: Pauline Ehrhardt, Carolina Römer, Lisa Schneider und Lars Wichmann. Weiterhin sind wir den Kolleginnen und Kollegen, die einzelne Passagen oder das komplette Manuskript durchgesehen und mit ihren Anregungen bereichert haben, zu Dank verpflichtet, insbesondere Balbina Bäbler und Jörg Fündling. Von Verlagsseite haben Kai Pätzke und Victor Wang das Projekt von Anfang an freundlich und kompetent begleitet. Besonders möchten wir Geronimo Förster und Sylvia Lindner für die Hilfe bei der Erstellung des Bildmaterials und für Hinweise zum Text, vor allem aber für ihre Geduld und ihren Beistand danken.

Göttingen im Juni 2020

Antje Kuhle und Martin Lindner

1. Einführung: Studium der Alten Geschichte

Wie viel Getreide passte in einen Riesen-Pithos im minoischen Palast von Knossos? Warum prägten die Athener Eulen auf ihre Münzen? Warum sind kaum Schriftquellen aus dem antiken Sparta überliefert? Was trugen die Römer unter ihrer Toga? Warum konnte sich das Christentum als Staatsreligion durchsetzen? Auf welchen Quellen und welchem Wissen über die Antike basiert das Computerspiel *Assassin's Creed Odyssey*? Zur Beantwortung dieser und vieler weiterer Fragen ist ein Studium der Alten Geschichte erforderlich, denn die Alte Geschichte ist ein hochaktuelles und flexibles Fach.

Wer sich für ein solches Studium entscheidet, stößt bei der Suche nach einem geeigneten Studienort möglicherweise auf Hindernisse. Das Fach Alte Geschichte kann nur noch an wenigen Universitäten und nur als ein Fach neben anderen studiert werden. Althistorische Lehrveranstaltungen werden im Rahmen einer fachwissenschaftlichen Ausbildung (Bachelor/Master of Arts) oder eines Lehramtsstudiums (Bachelor/Master of Education oder Staatsexamen) angeboten. An vielen Universitäten ist die Alte Geschichte neben dem Mittelalter und der Neuzeit ein Teilbereich der Geschichtswissenschaft. Seltener wird die Ur- und Frühgeschichte (oder Vorgeschichte) – die Erforschung der Zeit ohne schriftliche Überlieferung – dazugezählt. Die Geschichtswissenschaft untersucht menschliche Gesellschaften und deren Entwicklung, wodurch sie sich zum Beispiel von den Naturwissenschaften unterscheidet. Während des Studiums ist die Alte Geschichte zumeist die früheste gelehrte Epoche.[1] „Alt" darf jedoch nicht im Sinne von „weniger entwickelt" oder „rückständig" missverstanden werden, sondern bezeichnet nur, dass die Epoche vor dem Mittelalter und der Neuzeit angesiedelt ist. Entsprechend sind für die Erforschung späterer historischer Abschnitte Kenntnisse der Alten Geschichte von Nöten: Viele Entwicklungen nahmen in der Antike ihren Anfang und wurden in späterer und sogar bis in die heutige Zeit übernommen, modifiziert oder rezipiert.[2]

An anderen Universitäten zählt die Alte Geschichte zu den Klassischen Altertumswissenschaften (im Englischen: *Classics*), zu denen auch die Klassische Archäo-

1 Früher anzusiedelnde historische Gesellschaften wie die Ägypter oder Babylonier werden von eigenen Fächern, der Ägyptologie und der Altorientalistik, untersucht.

2 Siehe Kapitel 12 (Rezeption).

logie, die Griechische und die Lateinische Philologie gehören. Daneben können die Ägyptologie, die Altorientalistik oder die Kirchengeschichte genannt werden. Als Nachbarfächer verbindet sie alle der antike Schwerpunkt, weshalb Jörg Rüpke die Klassische Altertumswissenschaft als „Regionalwissenschaft, die sich auf den antiken Mittelmeerraum konzentriert",[3] bezeichnet. Eine Abgrenzung der Alten Geschichte zu den anderen Fächern ist durch die Quellenbasis möglich: Historikerinnen und Historiker beschäftigen sich vor allem mit schriftlichen Zeugnissen. Zwar gab es mit der Keilschrift, den Hieroglyphen oder der Linear-A-Schrift schon sehr früh schriftliche Zeugnisse, die althistorischen Studieninhalte setzen aber üblicherweise erst mit der Übernahme des griechischen Alphabets und den ersten literarischen Texten etwa im 8. Jh. v. Chr. an. Dies bedeutet jedoch keineswegs, dass die nichtschriftlichen Quellen keine Rolle spielen.

Da jede wissenschaftliche Auseinandersetzung mit der Vergangenheit ein Spiegel der Gegenwart ist, stehen die Epochen und Fachdisziplinen gleichberechtigt nebeneinander. Von späteren Zeitabschnitten unterscheidet sich die Alte Geschichte vor allem durch ihre Quellenbasis:[4] Um Wissen über die Antike zu erlangen, müssen verschiedene Quellengattungen erschlossen, befragt und ausgewertet werden. Neben den literarischen Zeugnissen sind dies unter anderem Inschriften,[5] Papyri,[6] Münzen[7] und andere materielle Hinterlassenschaften.[8] Dabei werden historische, aber auch philologische oder archäologische Methoden angewendet. Weil der Bestand an nicht-literarischen Quellen ständig zunimmt, hat das Fach seine eigene Dynamik entwickelt. Eine weitere Besonderheit der Alten Geschichte sind die Quellensprachen: Die meisten Texte sind in Altgriechisch oder Latein verfasst, weshalb Kenntnisse dieser Sprachen unabdingbar sind.

Die doppelte Zugehörigkeit der Alten Geschichte ist historisch bedingt. Die Geschichte des Faches beginnt bereits in der Antike: In der antiken Historiographie, aber auch in der Dichtung und Philosophie ist eine intensive Auseinandersetzung mit der Vergangenheit zu erkennen.[9] Noch die mittelalterlichen Chronisten sahen ihre eigene Gegenwart als Erbe und Fortführung der Antike an. Als wissenschaftliche Disziplin bildete sich die Alte Geschichte im deutschsprachigen Raum erst im 19. Jh. aus. Da sie aus der Klassischen Philologie – der Wissenschaft, die sich mit den griechischen und lateinischen Texten der Antike befasst – hervorging, standen zunächst die Texte und ihre Erschließung im Zentrum der Forschung. Die Spezialisierung der Klassischen Philologie und damit auch der Alten Geschichte auf die Kultur der Griechen und Römer ist auf deren Idealisierung im Humanismus und in der Renaissance zurückzuführen. Der Buchdruck, durch den die antiken Texte, die

3 Rüpke 2003, 117.
4 Zum Quellenbegriff siehe Kapitel 2 (Quellenkritik).
5 Siehe Kapitel 5 (Epigraphik).
6 Siehe Kapitel 10 (Paläographie).
7 Siehe Kapitel 6 (Numismatik).
8 Siehe Kapitel 11 (Archäologie).
9 Siehe Kapitel 4.2 (Prosa).

vorher nur als klösterliche Handschriften zugänglich waren, massenhaft verbreitet werden konnten, fungierte als zusätzlicher Katalysator. Im Neuhumanismus (ab 1750) wurde die Antike als Kulturgut wieder aufgegriffen und durch Persönlichkeiten wie Johann J. Winckelmann (1717–1768) und Wilhelm von Humboldt (1767–1835) zum erstrebenswerten Vorbild erhoben. In dieser Zeit erfolgte auch die Aufnahme des Latein- und Altgriechisch-Unterrichts in den bürgerlichen Bildungskanon.

Bei den gesellschaftlichen und politischen Fragen, die zu dieser Zeit verstärkt an die Antike gestellt wurden, stieß die philologische Herangehensweise an Grenzen. Als Reaktion darauf entstanden bereits im 18. Jh. erste Studien, die sich dezidiert historischen Fragestellungen widmeten, wie dem Grund für den „Untergang der Antike". Außerdem war durch zahlreiche Grabungen und andere Großprojekte in relativ kurzer Zeit ein immenser Wissenszuwachs zu verzeichnen. Die damit einhergehende Menge an neu verfügbaren Quellen führte zu einer Ausdifferenzierung: Neben die kritisch-philologische Methode trat die kritisch-historische. Die Alte Geschichte „war von einem breit angelegten Fach mit einem allgemeinen Bildungsanspruch zu einer modernen, spezialisierten Wissenschaft geworden".[10] Dies spiegelt sich seit 1870 auch in der deutschen Universitätslandschaft wider. Nach und nach wurden althistorische Lehrstühle oder Seminare institutionalisiert. Die Pioniere der althistorischen Forschung sind zahlreich, weshalb hier nur zwei genannt werden können: Ernst Curtius (1814–1896) und Theodor Mommsen (1817–1903). Beide sahen sich selbst nicht als Althistoriker im modernen Sinne, prägten jedoch mit ihren Werken, die eine breite Leserschaft fanden, das Bild der Antike in ihrer Zeit (und im Falle von Mommsen noch bis heute). Ihre Forschungen waren thematisch und methodisch altertumswissenschaftlich angelegt: Curtius verfasste nicht nur eine „Griechische Geschichte", sondern war auch der Ausgräber Olympias. Theodor Mommsen publizierte eine „Römische Geschichte" und widmete sich Großprojekten wie dem *Corpus Inscriptionum Latinarum.*[11] Dabei sind ihm bis heute gültige Standards der Quellendokumentation und -publikation zu verdanken.

Jede Generation althistorisch Forschender war von ihrer eigenen Gegenwart geprägt, was sich in den Forschungsschwerpunkten niederschlug. So standen im deutschen Sprachraum in der Gründerzeit (1870–1914) politik- und militärhistorische Themen im Zentrum. Die Versorgungsengpässe und sozialen Spannungen im 1. Weltkrieg und in der Weimarer Republik führten zu einer Blüte sozial- und wirtschaftsgeschichtlicher Fragestellungen. In der jüngeren Vergangenheit blieb die Alte Geschichte auch von politischen Ideologien nicht unberührt. Im Nationalsozialismus flochten beispielsweise Fritz Schachermeyr (1895–1987), Joseph Vogt (1895–1986) oder Helmut Berve (1896–1979) pseudowissenschaftliche Theorien wie die Rassenlehre in die eigene Forschung ein. In der DDR wurden im Sinne des Historischen Materialismus vorkapitalistische Gemeinschaftsformen oder die Sklaverei

10 Leppin 2005, 13.
11 Siehe Kapitel 5 (Epigraphik).

erforscht. Daher ist bei der Lektüre und Bearbeitung jedweder Forschungsliteratur wichtig, diese historisch und methodisch einzuordnen.

Die Entwicklung des Faches dauert bis heute an. Die Alte Geschichte ist weiterhin mit Impulsen aus Wissenschaft, Gesellschaft, Politik oder Wirtschaft konfrontiert und muss sich in deren Spannungsfeld stets neu verorten. Dazu gehört das Erproben von Methoden und Theorien, durch die Quellen erschlossen oder bekannte Quellen in neue Zusammenhänge gestellt werden können. Zudem bieten die technischen Innovationen Chancen und Risiken für das Fach. Ebenso wie der Buchdruck bringt das Internet für die Alte Geschichte große Veränderungen mit sich, denn es ermöglicht (internationalen) Austausch und macht Informationen leichter zugänglich. So ersetzen Algorithmen zwar die früher nötige heuristische Handarbeit, stellen die Forschenden aber gleichzeitig vor die Herausforderung, die zahlreicher verfügbaren Vergleichsergebnisse sinnvoll zu bearbeiten. Trotz allem müssen die Autopsie des Originals und die Arbeit mit den Originalquellen immer als Maximen in Studium und Forschung gelten. Es ist und bleibt Aufgabe jeder Generation von Althistorikerinnen und Althistorikern, das Wissen zu bewahren und aktuelle Impulse der Geistes- und Kulturwissenschaften auf ihre Anwendbarkeit zu prüfen.

Räume und Zeiten

Von der Alten Geschichte werden der Mittelmeerraum und die von ihm beeinflussten Gebiete untersucht. Im Zentrum stehen die Gebiete, in denen Altgriechisch und/oder Latein gesprochen und geschrieben wurden. Diese räumliche Begrenzung ist aus mehreren Gründen nur ein Analysekonstrukt der modernen Forschung. Einerseits bildet sich darin nicht die Wahrnehmung der Menschen der jeweiligen Zeit ab.[12] Andererseits verschiebt sich die Perspektive je nach Fragestellung deutlich, wie anhand der Einflussgebiete derjenigen Herrscher gezeigt werden kann, unter denen das zu untersuchende Gebiet seine größte Ausdehnung erlangte (Abb. 1, Abb. 2): Alexander der Große (356–323 v. Chr.) und Traian (53–117 n. Chr.).

In chronologischer Hinsicht widmet sich die Alte Geschichte der griechischen und der römischen Periode. Innerhalb dieses mindestens 1300 Jahre umfassenden Zeitraums werden zur besseren Orientierung kleinere Abschnitte bestimmt, die als Gliederungsversuche der altertumswissenschaftlichen Forschung nicht mit antiken Zeitvorstellungen verwechselt werden dürfen. Moderne Epochengrenzen werden meist mit Persönlichkeiten oder Ereignissen, die in der Retrospektive gesellschaftlichen Wandel nach sich zogen, verbunden. Sie sind selbst historische Konstrukte, die von der jeweiligen Perspektive der Betrachtenden abhängen.

Ausgehend von der chronologischen Reihenfolge steht die ältere griechische Kultur am Anfang der Betrachtungen. Sie entstand nicht in einem luftleeren Raum, sondern war von verschiedenen Vorgänger- und Parallelkulturen beeinflusst.

12 Siehe Kapitel 9 (Geographie).

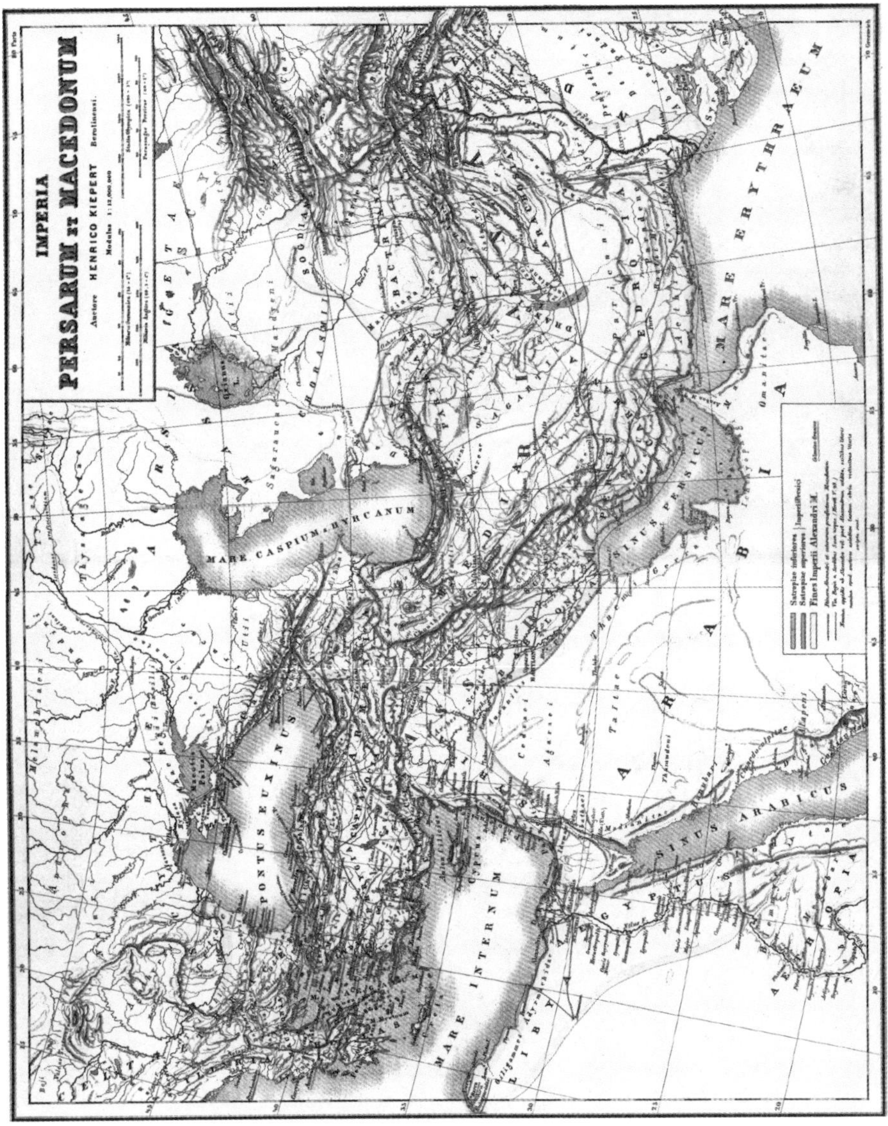

Abb. 1 Beim Tod Alexanders des Großen erstreckte sich sein Herrschaftsraum vom heutigen Albanien im Westen bis nach Indien im Osten.

Abb. 2 In den letzten Jahren der Herrschaft des Kaisers Traian hatte das *Imperium Romanum* seine größte Ausdehnung erreicht: Es erstreckte sich vom heutigen Spanien im Westen bis zum Persischen Golf im Osten.

Im später als „griechisch" bezeichneten Raum gingen ihr die minoische und mykenische Kultur voraus. Nach deren Untergang folgten die sogenannten *Dark Ages,* eine Zeit, über die aufgrund der Quellenarmut wenig bekannt ist. Besser wird die Quellenlage in der als *Archaik* bezeichneten ersten Epoche der griechischen Geschichte. Diese beginnt mit der Übernahme des phönikischen Alphabets im griechischen Raum etwa im 8. Jh. v. Chr.[13] Schriftliche Zeugnisse gab es zwar schon vorher – die Keilschrift ist im Vorderen Orient schon vor 3000 v. Chr. und die Linear-B-Schrift in der Ägäis seit etwa 1450 v. Chr. greifbar –, doch erst durch das einheitliche Alphabet entstand ein mehr oder weniger geschlossener Kommunikationsraum. Dies zeigt sich einerseits darin, dass die panhellenischen Olympischen Spiele zum ersten Mal im Jahr 776 v. Chr. stattgefunden haben sollen.[14] Andererseits entstanden in dieser Zeit die frühesten erhaltenen Schriftquellen in griechischer Sprache: die Epen Homers und Hesiods.[15]

Prägend für die Archaik war die Organisationsform der *Polis.* Als Polis wurde eine Gemeinschaft von Bürgern (πολῖται) bezeichnet, die in einem städtischen Raum lebten und politische, soziale und religiöse Institutionen teilten. Diese Struktur wirkte bis in die Spätantike hinein. Mit der Einrichtung von Poleis und der Ausbildung eines Bürgerbewusstseins ist auch die Entwicklung der *Hopliten-Phalanx* verbunden. Im Kampf waren die *Hopliten* (Bürgersoldaten) in mehreren Schlachtreihen, jeweils durch ihren Rundschild (ὅπλον) geschützt, dicht hintereinander aufgestellt. So konnten sie die Gegner rammen und zurückdrängen, weshalb diese Technik φάλαγξ (Walze) genannt wurde. Gleichzeitig wurden in der Archaik einzelne Gemeinwesen in Form einer *Tyrannis* monarchisch regiert. Weiterhin wichtig für diese Zeit war die griechische Kolonisation, durch die weite Bereiche des Mittelmeerraums und sogar die Küsten des Schwarzen Meers besiedelt wurden. Mit der zunehmenden Mobilität entstand eine vernetzte Welt, in der Altgriechisch gesprochen wurde und die griechische Kultur tonangebend war.

Die *Klassik* löste die Archaik ab. Der Begriff wurde von Johann J. Winckelmann (1717–1768) geprägt und bezeichnete ursprünglich eine Kunstepoche. An ihrem Beginn stehen die Perserkriege (500–479 v. Chr.), als deren Auslöser der Ionische Aufstand (500/499 v. Chr.) gilt. Einige griechische Poleis an der kleinasiatischen Küste erhoben sich gegen die persische Vorherrschaft und baten dafür Städte des griechischen Mutterlandes um Unterstützung. Die Perserkriege veränderten die Machtverhältnisse im Mittelmeerraum grundlegend: Zum einen entwickelten sich mehrere griechischen Poleis, vor allem Athen und Sparta, zu Hegemonialmächten über ihre griechischen und nichtgriechischen Nachbarn. Zum anderen bewirkte der mehr als zwei Jahrzehnte andauernde Kriegszustand Veränderungen im Gefüge der Poleis sowie in deren Verfasstheit. Entsprechend war die Phase nach den Perserkriegen von innergriechischen Kämpfen um die Vorherrschaft im zentralen und

13 Siehe Kapitel 10 (Paläographie).
14 Siehe Kapitel 8 (Chronologie).
15 Siehe Kapitel 4.1 (Poesie).

östlichen Mittelmeerraum geprägt. Den Athenern als Schirmherren des Attisch-Delischen Seebunds standen die Spartaner mit dem Peloponnesischen Bund gegenüber. Der schwelende Konflikt zwischen den Großmächten mündete in den Peloponnesischen Krieg (431–404 v. Chr.), an dessen Ende Athens Niederlage und die Auflösung des Seebundes standen. Daneben begann in der Klassik eine Phase der Bündnisse und Bundesstaaten im griechischen Raum.

Die folgende Zeitspanne, die mit dem Erstarken Makedoniens beginnt, wird seit Johann G. Droysen (1808–1884) als *Hellenismus* bezeichnet. In der Forschung sind sowohl Anfang als auch Ende dieser Epoche umstritten. Als Wendepunkte werden unter anderem die folgenden genannt: der Herrschaftsbeginn Philipps II. von Makedonien (359 v. Chr.), die Schlacht von Chaironeia (338 v. Chr.) oder der Tod Alexanders des Großen (323 v. Chr.). Weite Anerkennung hat der Epochenbeginn mit dem Herrschaftsantritt Alexanders des Großen (336 v. Chr.) gefunden. Für das Ende werden folgende Daten in die Diskussion eingebracht: die Niederlage Makedoniens gegen die Römer (168 v. Chr.), die Provinzialisierung Griechenlands und Makedoniens (146 v. Chr.) oder sogar das Ende des Römischen Reiches. Am häufigsten wird in der Forschung der Tod der letzten hellenistischen Herrscherin Kleopatra VII. (30 v. Chr.) genannt.

Prägend für diese Epoche waren die Eroberungen der makedonischen Herrscher Philipps II. und Alexanders des Großen, welche das Herrschafts- und Einflussgebiet der griechischen Kultur bis an den Rand der indischen Halbinsel erweiterten (Abb. 1). Nach Alexanders plötzlichem Tod teilten seine Generäle das Reich unter sich auf, da keine Nachfolgeregelung getroffen worden war und sich kein legitimer Erbe für das Reich in seiner Gesamtheit durchsetzen konnte. Diese Phase hoher Instabilität, die von wechselnden Allianzen und zahlreichen Kriegen geprägt war, wird als Diadochenzeit bezeichnet. Erst nach der Schlacht von Kouroupedion (281 v. Chr.) etablierten sich drei Großreiche, die neben zahlreichen kleineren Reichen und Poleis bestanden: dasjenige der Antigoniden in Makedonien, jenes der Seleukiden in Vorderasien und das der Ptolemäer mit dem Kernland Ägypten. Doch auch diese Dreiteilung sicherte den Frieden nicht dauerhaft, sodass weiterhin außen- und innenpolitische Konflikte an der Tagesordnung waren.

Im Gegensatz zur Klassik war im Hellenismus die Monarchie die vorherrschende Staatsform. Trotzdem blieben ältere Traditionen präsent und wurden weiterentwickelt. So bestand die Polis als Verwaltungs- und Identifikationsgröße weitgehend fort. Ferner wurden die Bundesstrukturen ausgebaut: Freie Poleis des griechischen Festlands schlossen sich wie in Achaia oder Aitolien zusammen, um gegen die Monarchien agieren zu können. Mit den hellenistischen Königen endet die griechische Geschichte jedoch nicht. Vielmehr liefen die griechische und die römische Geschichte parallel zueinander ab und beeinflussten sich gegenseitig.

Die römische Geschichte ist ebenfalls in eine ältere Regionalgeschichte einzuordnen: Vor den Römern siedelten auf der italischen Halbinsel bereits Kelten, Etrusker, Griechen und zahlreiche andere. Die Geschichte der Stadt Rom beginnt mit ihrer mythischen Gründung durch die Zwillinge Romulus und Remus, die sich im Jahr 753 v. Chr. ereignet haben soll.[16] Während die Einteilung der griechischen Geschichte an die Kunsthistorie angelehnt ist, sind die Epochen der römischen Geschichte an der Politik- und Verfassungsform orientiert. So wird die frühe Geschichte Roms als Königszeit bezeichnet. Die Quellenlage für diese Zeit ist sehr lückenhaft. Einige spätere Autoren wie der Geschichtsschreiber Titus Livius (etwa 59 v. Chr.–17 n. Chr.) unternehmen Rekonstruktionsversuche, die eher als Spiegel der eigenen Gesellschaft zu lesen sind, in der das Königtum mehrheitlich als negativ wahrgenommen wurde.

Mit der traditionell in das Jahr 509 v. Chr. datierten Absetzung des letzten Königs und der Einsetzung von Oberbeamten,[17] den späteren *Konsuln*, beginnt eine zweite Epoche: die *Römische Republik*. Diese wird meist bis in das Jahr 27 v. Chr. angesetzt. Da unter dem Oberbegriff der Römischen Republik eine lange Zeitspanne und ein sich ständig vergrößernder Raum zusammengefasst ist, kann eine weitere Untergliederung vorgenommen werden: Die *Frühe Republik* reichte aus innenpolitischer Perspektive bis zum Ende der sogenannten Ständekämpfe zwischen Patriziern und Plebejern mit der *Lex Hortensia* (287 v. Chr.). Durch diese erhielten *plebiscita* (Beschlüsse der Plebs) Gesetzeskraft und wurden den regulären Gesetzen *(leges)* gleichgestellt. Wenn die außenpolitische Entwicklung, besonders die allmähliche Ausdehnung der Herrschaft Roms über die italische Halbinsel, betrachtet wird, ist der Beginn des ersten Punischen Krieges zwischen Rom und Karthago (264 v. Chr.) anzuführen.[18] Die Frühe Republik war von politischen sowie sozialen Aushandlungsprozessen gekennzeichnet, an deren Ende sich die politischen Gremien des Senats und der Volksversammlungen *(comitia)* institutionalisiert und der *cursus honorum*[19] (die Ämterlaufbahn) formalisiert hatten.

Im Laufe der *Mittleren Republik*, welche die Zeit bis zu den Gracchischen Reformen (133/122 v. Chr.) bezeichnet, setzten sich die Römer zunehmend auch militärisch mit Karthagern und Griechen auseinander. Durch die Punischen Kriege wurde Rom zur Hegemonialmacht im westlichen Mittelmeerraum. Ab 200 v. Chr. sicherten erfolgreiche Kriegszüge die Vorherrschaft der Römer im hellenistischen Osten. Die jeweils hinzugewonnenen Gebiete wurden auf Dauer als Provinzen organisiert und dem *Imperium Romanum* angegliedert. Durch weitere Expansionen in der Phase der Späten Republik erlangte Rom schließlich die teils direkte, teils indirekte Kontrolle im gesamten Mittelmeerraum und den angrenzenden Gebieten. Diese galt es besonders in den Grenzregionen, wie zum Beispiel in Kleinasien gegen Mithridates VI. von Pontos (89–63 v. Chr.), oder in den Provinzen wie *Hispania* und *Africa* zu verteidigen. Die immer noch mit den Mechanismen eines aristokratisch geführten Stadtstaats verwaltete römische Herrschaft, deren Gebiet sich innerhalb weniger

16 Siehe Kapitel 8 (Chronologie).

17 Liv. 1,60.

18 Die Punischen Kriege werden in der Forschung auch als Römisch-Karthagische Kriege bezeichnet.

19 Die Ämterlaufbahn beginnt mit der *Quästur*, gefolgt von der *Ädilität* oder dem *Volkstribunat*, der *Prätur*, dem *Konsulat* und der *Zensur*.

Jahrhunderte immens vergrößert hatte, war an ihre Grenzen gestoßen. Im Agrarsektor, im Heer oder beim Umgang mit den Bundesgenossen *(socii)* waren Reformen überfällig. Die Republik blieb zwar eine Aristokratie, der Senat wurde aber zunehmend von wenigen herausragenden Feldherren wie Gaius Marius (158/157–86 v. Chr.), Lucius Cornelius Sulla (138–78 v. Chr.) oder Gnaeus Pompeius Magnus (106–48 v. Chr.) abhängig, die ihren Handlungsspielraum ständig vergrößerten und sich immer schwerer integrieren ließen. Schließlich gelang es Gaius Iulius Caesar (100–44 v. Chr.), gestützt auf sein Heer, effizient innere wie äußere Feinde niederzuringen und eine Alleinherrschaft einzuleiten. Die Ermordung Caesars durch seine Standesgenossen führte nicht zu einer Renaissance der republikanischen Staatsführung. Vielmehr übernahmen Caesars Adoptivsohn Gaius Octavius (63 v. Chr.–14 n. Chr.), Caesars Verbündeter Marcus Antonius (86–30 v. Chr.) und Caesars Anhänger Marcus Aemilius Lepidus (90–12 v. Chr.) als vom Senat bestätigte *Triumviri* (Drei-Männer-Kollegium) die Macht. Nach dem Tod der Caesarmörder bei der Schlacht von Philippi (42 v. Chr.) teilten sie das *Imperium Romanum* provisorisch unter sich auf. Den folgenden Bürgerkrieg konnte Octavius in der Schlacht von Actium (31 v. Chr.) endgültig für sich entscheiden. In den kommenden Jahren gelang es ihm unter dem Titel *Augustus,* eine Alleinherrschaft neuen Typs zu etablieren, die er nicht nur überlebte, sondern die auch ihn überdauerte.

Die Römische Kaiserzeit wird auch *Prinzipat* (27 v. Chr.–284 n. Chr.) genannt: Sie beginnt mit Augustus und endet gewöhnlich mit dem Herrschaftsantritt Diokletians. Der Begriff leitet sich von dem lateinischen Wort *princeps* ab. Als solcher wurde ein „Erster unter Gleichen" bezeichnet, womit das römische Kaisertum charakterisiert ist: Einerseits mussten sich die Kaiser in ihrem Verhalten von den als negativ wahrgenommenen römischen Königen und hellenistischen Monarchen abgrenzen. Andererseits stellten die Kaiser sich als die Angesehensten unter den theoretisch gleichen Senatoren dar, obgleich sie faktisch über dem Senat standen. So wurden dem Kaiser unter anderem der Oberbefehl *(imperium proconsulare),* das oberste Priesteramt *(pontifex maximus)* und die Befugnisse eines Volkstribuns *(tribunicia potestas)* übertragen. Die Stellung des Kaisers wurde aber nie schriftlich definiert und auch die Nachfolge war nicht einheitlich geregelt. Daher brach nach dem Tod Neros (68 n. Chr.), dem letzten Kaiser der iulisch-claudischen Dynastie, ein Bürgerkrieg aus. Die folgenden Jahrzehnte werden nach Herrschergruppen zusammengefasst: Flavier (69–96 n. Chr.), Adoptivkaiser (96–192 n. Chr.), Severer (193–235 n. Chr.) und Soldatenkaiser (235–284 n. Chr.). Außenpolitisch fuhren die Römer ihren Expansionskurs zwar immer weiter zurück, dafür errichteten sie durch diplomatische Beziehungen eine Schutzzone verbündeter und befreundeter Mächte, durch welche die Außengrenzen gesichert waren. Innenpolitisch reformierten und stabilisierten einzelne Kaiser den Verwaltungsapparat, wobei das Heer als Träger des Kaisertums immer wichtiger wurde. Eine rasche Folge von Bürgerkriegen, Herrscher- und Dynastiewechseln belastete Herrschaftsstrukturen und Bevölkerung massiv.

Mit dem Regierungsantritt Diokletians (284 n. Chr.) wird oftmals der Beginn der *Spätantike* angesetzt. Die Herrschaftsform ist weiterhin das Kaisertum, aber Diokletian reformierte das *Imperium Romanum* grundlegend. Um die zahlreichen Usurpationen einzudämmen und den wachsenden Bedrohungen an gleich mehreren Außengrenzen entgegenzutreten, führte er die *Tetrarchie* (Viererherrschaft) ein: Zwei *Augusti* (Oberkaiser) herrschten gemeinsam mit zwei von ihnen ernannten *Caesares* (Unterkaiser). Dadurch wurde sowohl die Kaisernähe in allen Teilen des Reiches gewährleistet als auch die Nachfolgeproblematik entschärft. Dieses System war jedoch nicht von Dauer, da schon 324 n. Chr. Constantin wieder als Alleinherrscher regierte. Mit ihm beginnt die Ära des christlichen Kaisertums, dessen Traditionen weit über die Grenzen der Spätantike hinaus wirksam blieben. Da Rom zu diesem Zeitpunkt nur noch ein Zentrum des Reiches neben anderen Residenzen war, bildete sich eine neue Verwaltungselite aus: Hohe Beamte waren unter anderem die *praefecti praetorii* (Prätoriumspräfekten) für die Zivilverwaltung, die *magistri militum* (Heermeister) für das Militär und der *magister officiorum* (Meister der Ämter) für den Hof. Daneben bestand die kirchliche Selbstverwaltung, wobei die fünf *Patriarchate* in Rom, Konstantinopel, Alexandria, Antiochia und Jerusalem an oberster Stelle standen. Unter den Kaisern Valentinian (364–375 n. Chr.) und Valens (364–378 n. Chr.) zeichnete sich schließlich die Zweiteilung des Reiches in Ost und West ab, die seit 395 n. Chr. zur faktischen Reichsteilung wurde und bis ins Mittelalter prägend war. Mit der Absetzung des letzten Kaisers Romulus Augustulus 476 n. Chr. endete das Weströmische Reich. Dagegen bestand das Oströmische Reich mit der Hauptstadt Konstantinopel bis 1453. Entsprechend ist auch das Ende dieser letzten Epoche umstritten: Die Alleinherrschaft Konstantins (324 n. Chr.), die Absetzung des Romulus Augustulus (476 n. Chr.), der Tod Kaiser Justinians (565 n. Chr.) oder der Beginn der islamischen Expansion (632 n. Chr.) sind gängige Epochengrenzen. Die meisten Forschenden benennen das Jahr 500 n. Chr., welches sich weder auf eine Person noch ein Ereignis bezieht, als Epochengrenze. Hieran wird nochmals deutlich, dass es sich bei den Epochen nur um Hilfskonstruktionen handelt.

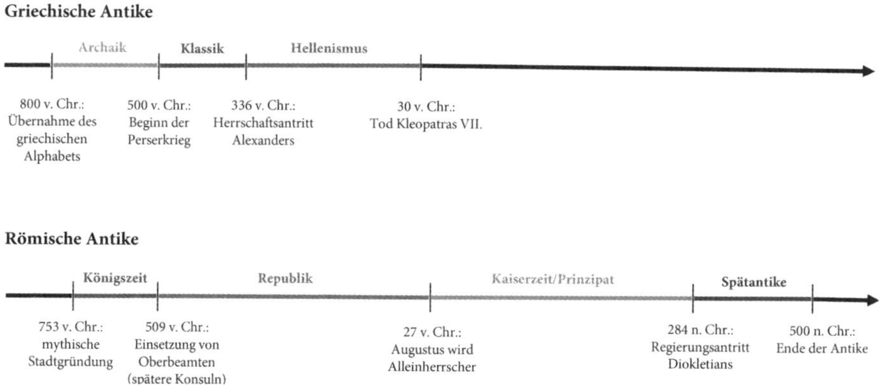

Abb. 3 Epochen der Alten Geschichte.

Sowohl in Bezug auf den Raum als auch die Zeit gibt erst die konkrete Fragestellung den Ausschlag. Daher reicht beispielweise der Berichtszeitraum der *L'Année philologique*[20] vom 2. Jahrtausend v. Chr. bis zum Jahr 800 n. Chr. Die Binnenperiodisierung ist auf Konventionen innerhalb des Faches zurückzuführen; die antiken Zeitgenossen sahen solche Umbrüche in den entsprechenden Daten nicht oder mit anderen Akzenten. Eine auf Epochen gestützte Ausbildung an Universitäten hat den Vorteil, dass die spezifischen Quellen besser erforscht werden können. Sie kann aber ebenso den Nachteil haben, dass Tendenzen und Entwicklungen, die Epochengrenzen überspannen, aus dem Blick geraten. Ferner ist deutlich geworden, dass die geographische und chronologische Gliederung der Alten Geschichte eurozentristisch ist: Der Vergleich etwa mit zeitgleichen chinesischen, mittelamerikanischen oder zentralafrikanischen Kulturen ist eher die Ausnahme.

Leitfaden zum Studium

Ziel eines Studiums der Alten Geschichte ist es, „die überprüfbare, festgelegten Regeln und Standards folgende kritische Herangehensweise zur Wiedergewinnung bestimmter Aspekte des vergangenen Geschehens“[21] zu erlernen. Somit unterscheiden sich Schule und Studium in ihrer Zielsetzung: An Universitäten wird die wissenschaftliche Ausbildung vorgenommen. Valides Wissen über die Vergangenheit soll nicht mehr nur konsumiert und wiederholt, sondern produziert und kritisch geprüft werden. Dafür gilt es selbstständig denken und handeln zu lernen, weshalb die eigenverantwortliche Arbeit im Studium eine herausragende Rolle spielt. Bei der Erforschung historischer Phänomene dürfen Sie jedoch nicht dem Trugschluss erliegen, dass „historische Fakten“ existieren.[22] Ein *Faktum* ist zunächst einmal lediglich eine gesprochene oder geschriebene Aussage über einen Sachverhalt. Es hat keinen vorhistorischen oder übergesellschaftlichen Anspruch, sondern ist im Gegenteil erst durch den Diskurs einer Gemeinschaft entstanden und prinzipiell jederzeit wandelbar: „Die Aufgabe des Historikers [und der Historikerin] ist deshalb nicht einfach, eine bereits bestehende Auswahl von Tatsachen ans Licht zu fördern und zu interpretieren. Aufgabe des Historikers [und der Historikerin] ist es, durch die Interpretation der Quellen festzulegen, welchen Dingen der Status von Fakten zugemessen werden soll und welche somit als Basis für eine historische Darstellung verwendet werden können.“[23]

Ein Studienbeginn geht oft mit zahlreichen Hürden einher: einer eigenen Wohnung, einem neuen sozialen Umfeld und vielem mehr. Hinzu kommen die Anforderungen des Studiums. Zunächst müssen Sie sich an der Universität zurecht-

20 Siehe Kapitel 3 (Recherche).
21 Blum – Wolters 2011, 10.
22 Morley 2013, 54–59.
23 Morley 2013, 56.

finden: Wer sind meine Ansprechpersonen? Wo finden meine Veranstaltungen statt? Wo ist die Mensa? Außerdem müssen Sie sich in einer nicht immer leicht verständlichen Studien- und Prüfungsordnung und in einem Modulkatalog zurechtfinden. Lassen Sie sich davon nicht abschrecken, sondern nehmen Sie die Herausforderung an. Es empfiehlt sich dringend, die Rechte und Pflichten des eigenen Studienganges zu kennen, damit Sie Ihr Studium selbstbestimmt gestalten können und nicht auf vorgefertigte Stundenpläne angewiesen sind. Dabei helfen Ihnen die Homepages der Universität und Ihres Faches, die Orientierungsphase, die meist in der Woche vor Vorlesungsbeginn stattfindet, oder die Beratungsangebote. Jede Universität verfügt sowohl über eine zentrale Studienberatung als auch über fachspezifische Ansprechpersonen. Bei den zentralen Beratungsstellen können Sie allgemeine Fragen zu Studienablauf und -organisation klären. Daneben können Sie sich bei Bedarf zu einem Studium mit spezifischen Herausforderungen – wie chronischen Erkrankungen (Nachteilsausgleich), Studieren mit Kind oder wenn Sie als Erste oder Erster in Ihrer Familie an einer Universität studieren – beraten lassen. Die Fachstudienberatung unterstützt Sie mit besonderer fachlicher Expertise zum Beispiel bei der Erstellung von Stundenplänen, bei der Wahl eines Praktikumsplatzes oder beim Auslandsaufenthalt. Für Fragen zu einzelnen Lehrveranstaltungen bieten die Dozierenden eine wöchentliche Sprechstunde an, die Sie mindestens für die Absprache von Prüfungsleistungen und deren Nachbesprechung wahrnehmen sollten. Scheuen Sie sich auch nicht, Ihre Kommilitonen um Hilfe zu bitten. An vielen Universitäten gibt es Fachgruppen/Fachschaften, die dem Austausch unter den Studierenden dienen. Immerhin haben Sie sich alle für ein geisteswissenschaftliches Studium entschieden und verfolgen somit ähnliche Interessen.

Vor Beginn jedes Semesters erstellen Sie einen Stundenplan, wobei Ihnen die Prüfungs- und Studienordnung und das Vorlesungsverzeichnis helfen. Um einen Bachelor oder Master erfolgreich abzuschließen, werden Module absolviert, die aus verschiedenen Lehrveranstaltungen bestehen. Unterschieden werden kann zwischen einem Pflichtbereich und einem Wahlpflichtbereich. Die Module des Pflichtbereiches müssen von allen Studierenden absolviert werden, während Sie bei den Wahlpflichtmodulen aus einem größeren Angebot je nach Interesse wählen können.

Jedes Modul ist mit ECTS-Punkten *(European Credit Transfer System)* versehen, die sich nach Anwesenheit, Arbeitsaufwand und Prüfungsleistung berechnen (Abb. 4 und 5). Module mit vielen ECTS-Punkten beeinflussen die Endnote mehr als solche mit wenigen, denn am Ende werden die Bewertungen aller Module zusammengerechnet und so die Abschlussnote ermittelt.[24] Um ein Modul zu bestehen, werden zum einen semesterbegleitend Prüfungsvorleistungen absolviert, die Sie auf Ihre Modulprüfung vorbereiten. Letztere wird zum anderen am Ende der vorlesungsfreien Zeit in Form oft nur einer notenrelevanten Leistung abgelegt. An Universitäten werden Noten, im Gegensatz zur Schule, als Drittelnoten vergeben,

24 Für einen Bachelor müssen Sie insgesamt 180 ECTS-Punkte erreichen, für einen Master 120 ECTS-Punkte.

(1)	**Georg-August-Universität Göttingen** **Modul B.AG.09: Alte Geschichte** *English title: Introduction to Ancient History*	9 C 6 SWS (2)
	Lernziele/Kompetenzen: Nach erfolgreicher Absolvierung des Moduls besitzen die Studierenden grundlegende Kenntnisse im Bereich der Alten Geschichte, in griechischer und römischerGeschichte in ihren jeweiligen Zeitabschnitten (z.B. Archaik, Klassik, Hellenismus, römische Republik, römische Kaiserzeit, Spätantike). Sie kennen verschiedene für die Alte Geschichte relevante geschichtswissenschaftliche Teilbereiche (z.B. antike Politik-, Militär-, Religions-, Regionen-, Personen- , Wirtschafts- und Sozialgeschichte) und deren grundlegenden Methoden. Sie sind in der Lage ihre Kenntnisse grundsätzlich wiederzugeben. Sie erwerben mit einer allgemeinen Einführung in das geschichtswissenschaftliche Arbeiten sowie in die Interpretation antiker Quellen grundlegende geschichtswissenschaftlichen Fähigkeiten. Sie sind in der Lage, die erworbenen Kenntnisse und Fähigkeitenin der Bearbeitung eines Spezialthemas zur antiken griechischen und/oder römischenGeschichte anzuwenden.	**Arbeitsaufwand:** Präsenzzeit: 84 Stunden Selbststudium: 186 Stunden (3)
(4)	**Lehrveranstaltung: Vorlesung zur griechischen oder zur römischen Geschichte** (Vorlesung)	2 SWS
	Lehrveranstaltung: Einführungin die Alte Geschichte Einführungsübung„Einführungin die griechische Geschichte“ oder Einführungsübung„Einführung in die römische Geschichte“	2 SWS
	Lehrveranstaltung: Proseminar Alte Geschichte	2 SWS
(5)	**Prüfung:Hausarbeit im Proseminar (max. 20 Seiten)** **Prüfungsvorleistungen:** regelmäßigeTeilnahme am Proseminar, Kurzreferat, Hausaufgaben **Prüfungsanforderungen:** Die Studierenden weisen in der Prüfunggrundlegende Kenntnisse im Bereich der Alten Geschichte, allgemeine Kenntnisse zum geschichtswissenschaftlichen Arbeiten sowie überdie Interpretation antiker Quellen nach und zeigen, dass sie ihre Kenntnisse wiedergeben, geschichtswissenschaftlich arbeiten sowie antike Quellen grundsätzlichinterpretieren und die erlernten Methoden und Kenntnisse anwenden können.	9 C

(6)	**Zugangsvoraussetzungen:** keine	**Empfohlene Vorkenntnisse:** keine
	Sprache: Deutsch	**Modulverantwortliche[r]:** Prof. Dr. Tanja S. Scheer
	Angebotshäufigkeit: jedes Semester	**Dauer:** 1-2 Semester
	Wiederholbarkeit: zweimalig	**Empfohlenes Fachsemester:** ab 1
	Maximale Studierendenzahl: 30	

Abb. 4 Folgende Informationen können Sie Modulblättern unter anderem entnehmen: (1) Modulbezeichnung, (2) Anzahl der ECTS, (3) Lernziele und Arbeitsaufwand, (4) Anzahl der Lehrveranstaltungen, (5) Regelungen zu den Prüfungen, (6) mögliche Zugangsvoraussetzungen.

Abb. 5 Folgende Informationen können Sie Vorlesungsverzeichnissen entnehmen: (1) Titel der Lehrveranstaltung, (2) Veranstaltungsart, (3) Veranstaltungsnummer, (4) Anzahl der ECTS, (5) Termine und Ort der Veranstaltung, (6) Lehrperson, (7) Kommentar und Literaturliste, (8) Prüfungsleistungen, (9) Modulzuordnung.

das heißt, auf 1,0 als Bestnote folgen 1,3 und 1,7; die letztmögliche Note, mit der Sie noch bestehen können, ist 4,0.

Pro Semester empfiehlt es sich, etwa 30 ECTS-Punkte zu erreichen. Eine deutliche Überschreitung dieses Richtwerts ist nicht ratsam, da sonst der Lerneffekt und die Qualität Ihrer Leistung leiden werden. So ergibt sich eine wöchentliche Präsenzzeit zwischen 14–18 Stunden im Semester. Hinzu kommt das Selbststudium, welches je nach Veranstaltungstyp das Doppelte oder Dreifache der Präsenzzeit umfasst. Dabei eignen Sie sich eigenständig oder mit Hilfe von Arbeitsaufträgen der Lehrveranstaltungsleitung Hintergrundwissen an und erstellen die Prüfungsleistung. Vor

Beginn der Veranstaltung machen Sie sich mit Hilfe von Einführungsliteratur mit den Grundzügen des Themas vertraut, damit Sie so viel wie möglich mitnehmen können. Während der rund 14 Wochen des Semesters lesen Sie begleitend die Quellen und die dazugehörige Forschungsliteratur. Schreiben Sie zu jeder Zeit mit, denn dies hilft Ihnen nicht nur bei der Modulprüfung, sondern Sie können im Laufe Ihres Studiums immer wieder darauf zurückgreifen. Zudem unterstützt der Prozess des Schreibens nachweislich das Abspeichern des Gehörten oder Gelesenen. Je nach Prüfungsart präsentieren Sie das gesammelte Wissen entweder am Ende der Vorlesungszeit (Klausur, mündliche Prüfung) oder Sie fertigen zum Beispiel Hausarbeiten oder Essays in den 10–12 Wochen der vorlesungsfreien Zeit an. Achten Sie stets darauf, nicht alle Arbeiten an das Ende der vorlesungsfreien Zeit zu verschieben, da Sie sich wiederum auf die Lehrveranstaltungen des kommenden Semesters vorzubereiten haben.

Um Ihr Studium erfolgreich zu gestalten und sich für den späteren Berufseinstieg gut zu positionieren, empfiehlt es sich, mehrere Bereiche im Blick zu behalten, die in Ihrer Studienordnung möglicherweise nicht in gleicher Weise abgebildet sind:
- die Fachkompetenz
- die Sprachkompetenz
- die interdisziplinäre Perspektive
- die Berufsqualifikation.[25]

Fachkompetenz

Trotz vieler Unterschiede zwischen den einzelnen Universitäten können drei Phasen des Bachelorstudiums herausgearbeitet werden:
- Grundstudium oder Einführungsphase (1.–2. Semester)
- Hauptstudium oder Aufbau- und Vertiefungsphase (3.–5. Semester)
- Abschlussphase (6. Semester).

Häufige Veranstaltungstypen an der Universität sind Vorlesungen, Seminare, Übungen und Kolloquien oder Ringvorlesungen. Die meisten Veranstaltungen dauern 90 Minuten; mehrstündige Proseminare oder Blockseminare sind ebenfalls möglich.

Die Vorlesung wird meist von fortgeschrittenen Wissenschaftlerinnen und Wissenschaftlern, meist Professorinnen und Professoren, gehalten. Sie findet in Vortragsform statt, wobei Fragen zugelassen sein können. Wegen der großen Anzahl der Teilnehmenden und ihrem oft sehr unterschiedlichen Wissensstand findet keine Diskussion statt. Vielmehr wird die historisch-kritische Methode exemplarisch vorgeführt. Vorlesungen dienen der Wissensvermittlung über historische Ereignisse und die dazugehörigen aktuellen Forschungsdebatten. Außerdem kann die Vorlesung bei der Einbettung des Seminarthemas und Ihres Hausarbeitsthemas in einen grö-

25 Siehe Kapitel 13 (Ausblick).

ßeren Zusammenhang unterstützen. Gleichwohl sollten die Sitzungen nicht passiv rezipiert werden, sondern im Rahmen des Selbststudiums vor- und nachbereitet werden. Arbeiten Sie die Literaturlisten oder Quellenpapiere durch und schlagen Sie unbekannte Begriffe, Personen oder Orte nach. Dies gilt besonders am Anfang des Studiums, da die Vorlesung für alle Studienstufen vom ersten Semester bis zum Masterabschluss konzipiert ist.

Seminare sind aktiver gestaltet, da hier kleinere Gruppen zusammenkommen. Im Gegensatz zu den Überblicksdarstellungen der Vorlesungen werden speziellere Themen diskutiert. Die Vorgehensweise ist nicht zwangsläufig chronologisch, sondern problemorientiert. Begleitend zu einer Vorlesung „Der frühe Prinzipat" könnte etwa ein Seminar „Frauenräume in der augusteischen Zeit" angeboten werden. Die Seminare sind oft diejenigen Veranstaltungen, in denen Sie Ihre Modulprüfung meist in Form von Referaten und Hausarbeiten oder Essays ablegen, und somit diejenigen mit dem größten Zeitaufwand. Am Beginn des Studiums stehen Proseminare, in denen die wissenschaftliche Arbeitsweise, die Methoden und der Umgang mit den Quellen der Alten Geschichte erläutert und angewendet werden. Dabei liegt der Fokus sowohl auf den literarischen als auch auf den nicht-literarischen Quellen, welche durch die Nachbar- und Hilfswissenschaften erschlossen werden können. Begleitend zu Proseminaren werden meist Tutorien von fortgeschrittenen Studierenden angeboten. Im Rahmen des Tutoriums können Sie sich auf Augenhöhe über den erlernten Stoff austauschen und diesen vertiefen. Da im Proseminar die Fundamente für das folgende Studium gelegt werden, sollten Sie hierfür viel Zeit einplanen und auch freiwillige Zusatzangebote nutzen.

Für den Verlauf der zweiten Phase des Studiums sehen die Studienordnungen zwei verschiedene Möglichkeiten vor. An einigen Universitäten folgen Hauptseminare, die aus den Magisterstudiengängen übernommen wurden. An anderen Universitäten schließen zunächst Aufbauseminare an, in denen Sie auf das Wissen aus dem Grundstudium aufbauen können. Diesen folgen Vertiefungsseminare, wo in kleinen Gruppen auf höherem Niveau über wissenschaftliche Fragestellungen diskutiert wird. Unabhängig von der Benennung dienen die Seminare des Hauptstudiums dazu, durch die Kenntnis der meisten Quellen, der Forschungsgeschichte und der aktuellen Forschungsdiskussion ein Thema in seiner gesamten Tiefe zu durchdringen.

Daneben gibt es Lehrformen, die sehr frei gestaltet sein können und die Sie im Rahmen von Wahlpflichtmodulen in Ihrem Hauptstudium besuchen. Zu nennen sind Übungen, Grundkurse und Exkursionen. In diesen Veranstaltungen sitzen wieder Studierende unterschiedlicher Semester zusammen. Die beiden Erstgenannten vermitteln wie die Vorlesungen Überblickswissen, wobei enger an den Quellen gearbeitet und diskutiert wird. Sie sind auch der Ort, um Methoden und Kenntnisse der Nachbar- und Hilfswissenschaften zu vertiefen. Übungen werden darüber hinaus für forschungsorientiertes Lehren und Lernen genutzt, indem Dozierende Ausschnitte ihrer aktuellen Projekte oder neue methodische Zugänge zur Diskussion stellen. Exkursionen sind meist mehrtägige Veranstaltungen, bei denen Orte der

Antike besucht werden. Dazu zählen Sammlungen und Museen in der Nähe des Universitätsstandortes genauso wie Reisen nach Griechenland oder Italien.

Eine Gruppe von Veranstaltungen, bei der Sie die ganze Breite des Faches kennenlernen und die aktuelle Forschungsdiskussion direkt verfolgen können, sind Kolloquien und Ringvorlesungen. Ein Kolloquium wird für gewöhnlich jedes Semester oder einmal jährlich von den einzelnen Lehrstühlen angeboten. Hierbei stellen Forscherinnen und Forscher der eigenen Universität oder Gastvortragende aktuelle Ergebnisse ihrer Arbeit vor. Im Anschluss daran werden die Thesen im Plenum diskutiert. Dagegen werden Ringvorlesungen seltener angeboten und stehen immer unter einem gemeinsamen Oberthema, welches unter verschiedenen, oft interdisziplinären Gesichtspunkten beleuchtet wird. Hierzu werden ebenfalls ausgewiesene nationale und internationale Wissenschaftlerinnen und Wissenschaftler eingeladen. Der Besuch solcher Veranstaltungen lohnt sich ab dem ersten Semester, wobei Sie im Laufe des Studiums immer besser werden folgen können. So lernen Sie die Autorinnen und Autoren der Forschungsliteratur kennen, die Sie gelesen haben, und können mit ihnen ins Gespräch kommen.

Zum Abschluss des Studiums wird eine Bachelorarbeit verfasst. Diese entwickelt sich thematisch meist aus einer der Veranstaltungen des Hauptstudiums, sodass Sie sich mit den Quellen und der Forschungsliteratur bereits in Ansätzen vertraut gemacht haben. Während der Bachelorarbeit werden Sie von zwei Betreuenden begleitet, mit denen Sie mindestens Thema, Fragestellung und Gliederung absprechen sollten. Des Weiteren stehen die Betreuungspersonen für Diskussionen über die Quellen, die Literatur und Ihre Thesen zur Verfügung. Parallel zur Abschlussarbeit wird an den meisten Universitäten ein Oberseminar angeboten, in dem Sie mit anderen Abschlusskandidatinnen und -kandidaten sowie Promovierenden ins Gespräch kommen können.

Sprachkompetenz

Die Sprache ist das Werkzeug der Historikerinnen und Historiker, denn durch sie wird Wissen kommuniziert. Eine sichere Beherrschung der deutschen Sprache in Wort und Schrift ist daher für ein erfolgreiches Studium unabdingbar. Dabei reicht es nicht, der Rechtschreibung und Grammatik mächtig zu sein, sondern Sie sollten über ausreichende rhetorische Fähigkeiten verfügen, um eine Argumentation plausibel darzulegen. In der mündlichen Präsentation ist zudem sicheres Auftreten, welches Sie in verschiedenen Prüfungsformen erlernen und anwenden, grundlegend. Um Ihre Sprachkompetenz zu erhöhen, sollten Sie so viel wie möglich lesen. Darüber hinaus ist es lohnenswert, sich durch den Besuch zusätzlicher Kurse Rhetorik- und Präsentationsstrategien anzueignen.

Ferner sind Kenntnisse verschiedener Fremdsprachen erforderlich, denn wissenschaftliche Debatten werden über Staats- und Sprachgrenzen hinaus geführt. Damit Sie die Möglichkeiten Ihres Studiums maximal ausnutzen können, sollten Sie diese schnellstmöglich erwerben. Jede Universität verfügt über ein Sprachenzentrum, an dem semesterbegleitende Sprachkurse oder Intensivkurse in der vorlesungsfreien Zeit angeboten werden. Diese können Sie im Bereich „Schlüsselkompetenzen" anrechnen lassen. Für die Alte Geschichte sind altsprachliche Kenntnisse – Altgriechisch *(Graecum)* und Latein *(Latinum)* – unerlässlich. Ein *Latinum* ist an vielen Universitäten noch immer der Standard, um weiterführende Studienabschlüsse zu erwerben. Hinzu kommen die modernen Wissenschaftssprachen Englisch, Italienisch, Französisch, Spanisch und Neugriechisch. Die Kenntnis zweier moderner Fremdsprachen haben viele Universitäten als Zugangsvoraussetzung in ihren Ordnungen verankert. Oft kann eine moderne Sprache aber durch eine alte Sprache ausgeglichen werden. In jedem Fall ist es ratsam, mindestens zwei moderne Fremdsprachen sicher zu beherrschen. Unbedingt notwendig ist Englisch, das Sie sicher und zügig lesen, schreiben und sprechen können sollten. Die zweite Sprache richtet sich nach Ihrem Forschungsinteresse: Interessieren Sie sich beispielsweise vor allem für die römische Geschichte oder die Rechtsgeschichte, ist Italienisch ratsam.

Um Fremdsprachenkenntnisse zu verbessern und zu vertiefen, empfiehlt sich ein ein- oder zweisemestriger Auslandaufenthalt zum Beispiel im Rahmen des Erasmusprogramms. Außerdem können Sie auf diese Weise die Fachkultur des Ziellandes kennenlernen. Bei einem Wechsel an eine ausländische Universität werden Sie durch zahlreiche Beratungsangebote unterstützt, sodass kein Studienzeitverlust zu befürchten ist. Viele Lehrstühle haben eigene Partnerschaften sowie Netzwerke und können Ihnen bei der Wahl der Zieluniversität helfen. Zudem entfallen bei einem Studienortswechsel die teilweise sehr hohen Semestergebühren an den Gastuniversitäten und Sie werden durch Stipendien oder Kostenübernahmen finanziell unterstützt. Ein Wechsel bietet sich im Rahmen des fortgeschrittenen Hauptstudiums an: im Bachelor im 4. bis 5. Semester, im Master im 2. bis 3. Semester. Auslandserfahrungen sind sowohl für Ihr Studium als auch für den späteren Berufseinstieg und Ihre persönliche Entwicklung Pluspunkte.

Interdisziplinarität

Zusätzlich zur Fachkompetenz in der Alten Geschichte sind Grundkenntnisse in anderen Disziplinen nützlich. An vielen Universitäten werden im Bachelorstudium ohnehin ein bis drei Fächer in ihrer Breite studiert und erst im Masterstudiengang erfolgt eine Spezialisierung.[26] Ein Beispiel: Jemand studiert im Bachelor zunächst Geschichte und Klassische Philologie, im Master dann Alte Geschichte und Altgriechisch. Bei der Wahl der Fächer sollten einerseits persönliche Interessen eine Rolle spielen. Andererseits haben Nachbarfächer in Bezug auf die Quellen oft große Schnittmengen. Gewinnbringende Kombinationen sind etwa (Alte) Geschichte und

26 Die Lehramtsstudiengänge sind wegen der besonderen Bedeutung der Pädagogik und Fachdidaktik ein Sonderfall, wobei Sie auch hier einen Epochenschwerpunkt setzen können.

Klassische Philologie oder Klassische Archäologie, aber auch Fächer wie Philosophie, Religionswissenschaft/Theologie oder Ägyptologie können sinnvolle Ergänzungen bieten. Darüber hinaus kann ein gemeinsames Studium der Anthropologie, einer Naturwissenschaft oder der Wirtschaftswissenschaften mit der Alten Geschichte zu interessanten Fragestellungen führen. In jedem Fall lohnt es sich unabhängig von den Studienfächern, in mindestens einer weiteren Klassischen Altertumswissenschaft Grundlagen zu erwerben, um auch dort Forschungsergebnisse einordnen und nutzen zu können. Dafür können Sie einführende Vorlesungen oder Übungen besuchen.

Eine Spezialisierung ist aufgrund der Masse der Quellen und Forschung auch in der Alten Geschichte notwendig. Ab dem Hauptstudium ist es ratsam, sich einer Epoche besonders zu widmen. Dennoch sollten Sie nicht den Blick über den Tellerrand hinaus verlieren. Stellen Sie sich breit auf und setzen Sie sich mit verschiedenen Methoden und Sichtweisen auseinander, die Sie dann auf Ihr Expertenthema anwenden können.

Einführungsliteratur

H. Blum – R. Wolters, Alte Geschichte studieren, UTB basics ²(Konstanz 2011).

G. Budde – D. Freist – H. Guenther-Arndt (Hrsg.), Geschichte. Studium – Wissenschaft – Beruf, Akademie Studienbücher. Geschichte (Berlin 2008).

K. Christ, Römische Geschichte und deutsche Geschichtswissenschaft (München 1982).

K. Christ, Hellas. Griechische Geschichte und deutsche Geschichtswissenschaft (München 1999).

K. Christ, Klios Wandlungen. Die deutsche Althistorie vom Neuhumanismus bis zur Gegenwart (München 2006).

A. Erskine (Hrsg.), A Companion to Ancient History, Blackwell Companions to the Ancient World. Ancient History (Chichester 2009).

N. Freytag – W. Piereth, Kursbuch Geschichte. Tipps und Regeln für wissenschaftliches Arbeiten, UTB 2569 ⁵(Paderborn 2011).

H.-J. Gehrke – H. Schneider (Hrsg.), Geschichte der Antike. Ein Studienbuch ⁵(Berlin 2019).

R. Günther, Einführung in das Studium der Alten Geschichte, UTB 2168 ³(Paderborn 2009).

K.-J. Hölkeskamp – J. Rüsen – E. Stein-Hölkeskamp – H. T. Grütter (Hrsg.), Sinn (in) der Antike. Orientierungssysteme, Leitbilder und Wertkonzepte im Altertum (Mainz 2003).

H. Leppin, Einführung in die Alte Geschichte, C.-H.-Beck-Studium (München 2005).

H. Leppin, Das Erbe der Antike, Beck'sche Reihe 1980 (München 2010).

H. Leppin, Die Aktualität der Alten Geschichte, Geschichte für heute (Schwalbach 2012).

N. Morley, Alte Geschichte schreiben (Heidelberg 2013).

W. Nippel, Über das Studium der Alten Geschichte (München 1993).

S. Rebenich, Theodor Mommsen. Eine Biographie (München 2002).

J. Rüpke, Wozu Altertumswissenschaften?, in: F. Keisinger – T. Lang – M. Müller – S. Seischab – A. Steinacher – C. Wörner (Hrsg.), Wozu Geisteswissenschaften? Kontroverse Argumente für eine überfällige Debatte (Frankfurt a. M. 2003), 117–123.

D. Vollmer, Alte Geschichte in Studium und Unterricht. Eine Einführung mit kommentiertem Literaturverzeichnis (Stuttgart 1994).

2. Quellenkritik

Convictolitavis ist im Jahr 52 v. Chr. der Anführer der Haedui, eines gallischen Stammes. Seine Stellung verdankt er römischer Einflussnahme – was ihn aber nicht daran hindert, sich von den benachbarten Arverni bestechen zu lassen. Kurz bevor die Truppen überlaufen können, wird der Plan von Eporedorix, einem anderen Mitglied der Haedui, an die Römer verraten.[1]

In den Wäldern des Nordens lebt die merkwürdige Tierart der Elche, die „ein bisschen größer [als Ziegen] sind, mit stumpfen Hörnern und ohne Gelenkknöchel in den Beinen."[2] Wegen der steifen Beine schlafen Elche an Bäume gelehnt, was sich findige Jäger zunutze machen: Sie sägen die Bäume an, die Tiere fallen mit ihrer Schlafstütze um und können sich mangels Knien nicht von selbst wieder aufrichten.[3]

Quellen und ihre Einordnung

Die beiden Texte liegen hier zwar in deutscher Zusammenfassung vor, wurden jedoch vor über 2000 Jahren von einem römischen Autor namens Gaius Iulius Caesar (100–44 v. Chr.) verfasst. Wir sind sehr gut informiert über seine Karriere, ebenso über den Hintergrund seiner schriftstellerischen Tätigkeit. Beide Auszüge sind also eindeutig historische Zeugnisse, aber sind sie auch Quellen? Diese Frage müsste eigentlich mit einer Gegenfrage beantwortet werden: Wofür genau sollten sie Quellen sein? Die Antwort hängt stets vom Standpunkt der Betrachtung ab. Unser jeweiliges Erkenntnisinteresse beziehungsweise unsere konkrete Fragestellung bestimmt den „Wert" als Quelle. Auch was überhaupt eine Quelle sein kann, ist in diesem Sinn eine Definitionsfrage. Grundsätzlich können alle antiken Texte – oft vermittelt über spätere Abschriften – sowie alle von antiken Menschen erzeugten Bilder, Gegenstände, Siedlungsspuren und so weiter Informationen für die althistorische Forschung liefern. Alles, woraus wir Kenntnisse über den in Kapi-

1 Caes. Gall. 7,37–39.

2 Caes. Gall. 6,27,1: „magnitudine paulo antecedunt mutilaeque sunt cornibus et crura sine nodis articulisque habent".

3 Caes. Gall. 6,27,2–5.

tel 1 beschriebenen zeitlichen und räumlichen Bereich erhalten können, ist prinzipiell eine Quelle.[4]

Die beiden Passagen aus Caesars *De bello Gallico* („Über den Gallischen Krieg") sind in dieser Hinsicht nicht so verschieden, wie es den Anschein haben mag. Als Zeitzeuge und Beteiligter an der römischen Eroberung Galliens verfügt Caesar über einen besonderen Kenntnisstand. Als bewährter Feldherr kann er kompetente militärische Analysen liefern. Als kundiger Politiker besitzt er ein gutes Verständnis für die gesellschaftlichen Konsequenzen seiner eigenen Taten. Die Liste ließe sich noch sehr lange weiterführen. Trotzdem ist die Beschreibung der Schlacht damit nicht automatisch „wertiger" als die der Elchjagd. Wenn uns eher interessiert, wie Römer fremde Sitten und Gebräuche beschreiben (oder was sie über die Tiere Mittel- und Nordeuropas wissen), hilft uns die Episode mit den Elchen deutlich weiter. Erst diese Schwerpunktsetzung gibt der Quelle ihre Relevanz. Ein Text kann viele Informationen liefern, oftmals unfreiwillig und zwischen den Zeilen – nur spricht er nicht aus sich heraus. Quellenkritik bedeutet daher, immer zu fragen, für welche Bereiche wir aus einem Text, einem Bild oder einem Gegenstand Erkenntnisse über die Vergangenheit gewinnen wollen und können. Ob sich dies mit den Aussagen deckt, die der Urheber oder die Urheberin der Nachwelt überliefern wollte, steht auf einem ganz anderen Blatt.

Ohne Wissen um den historischen Kontext sind antike Quelle entweder unverständlich oder nur als unterhaltsame Geschichtchen wirksam. So könnte man sich *De bello Gallico* auch als einen – zugegebenermaßen etwas sperrigen – Fantasyroman um einen visionären Feldherren und seine große Mission vorstellen.[5] Wir benötigen Wissen um den Hintergrund des Werks wie auch der einzelnen Passagen, sonst können wir sie nicht einordnen. Die Schilderung ist literarisch überformt, aber dennoch weit entfernt von einer rein literarischen Erfindung. Die Eroberung Galliens hat handfeste Spuren hinterlassen und ist auch ansonsten gut schriftlich belegt. In *De bello Gallico* selbst tritt Iulius Caesar als handelnde Figur auf, beschrieben durch die historische Persönlichkeit Iulius Caesar (teilweise mit Hilfe seines Untergebenen Aulus Hirtius).[6] Wir müssen uns daher fragen, warum ein römischer Feldherr einen solchen Bericht über seine eigenen Taten verfasst. Für wen war die Darstellung bestimmt? Warum schreibt Caesar über seine eigenen Aktivitäten in der dritten Person? Wie nahe ist die Darstellung zeitlich zu den Ereignissen? Wie weit lässt sie sich durch andere Zeugnisse in ihrer Glaubwürdigkeit überprüfen?

Sobald wir uns klarmachen, dass Caesar vor allem als Feldherr und Politiker in der Region aktiv war, wird deutlich, wieso er in seiner Schrift nur bedingt Interesse für die lokale Tierwelt zeigt. Womöglich ist er hier einer unterhaltsamen Anekdote

4 Zu anderen Definitionsversuchen und der folgenden Begrifflichkeit siehe Meister 1999, 14–19.

5 Das Resultat eines solchen Vorgehens lässt sich sehr schön beobachten an der Serie *Britannia* des britischen Senders Sky Atlantic.

6 Letzterer reflektiert sogar explizit seine Rolle als Kompilator (nicht Autor) des achten Buches in Caes. Gall. 8, praef. 2–9.

eines Informanten aufgesessen. Wäre Caesar bei einer solchen Pseudo-Jagd dabei gewesen, hätten ihm die Gegenbeweise sofort vor Augen gestanden (oder besser: sie wären davongelaufen). Damit erscheint umgekehrt der Schluss plausibel, dass der Autor Caesar nicht die Zeit und Möglichkeit hatte, alle ihn erreichenden Berichte auf Plausibilität zu überprüfen. Die Forschung spricht bei solchen unwillentlich oder auch randständig gelieferten Informationen vom *Überrestcharakter* einer Quelle. Womöglich war Caesar selbst sogar skeptisch im Hinblick auf die Anekdote, benutzte sie aber dennoch – nur warum? Weil sie so eine unterhaltsame Auflockerung für das römische Publikum bedeutete? Weil sie seine Botschaft von Germanien als Land, in dem alles fremd und anders ist, unterstützte? Eine solche Darstellungsabsicht wäre im Gegensatz zum *Überrest-* der *Traditionscharakter* der Quelle.[7] Wieder zeigen sich uns erst im Vergleich mit anderen Textstellen und weiteren Zeugnissen gewisse Tendenzen in Caesars Arbeit. Generationen von Forscherinnen und Forschern haben eben diese Anzeichen identifiziert, die entsprechenden Stellen zusammengetragen und analysiert. Wie diese Vorarbeiten zu erschließen sind, ohne selbst Hunderte von Texten lesen zu müssen, wird in Kapitel 3 erklärt. Vorerst bleibt als Faustregel festzuhalten: Versuchen Sie keine Quellenkritik, ohne sich über den Kontext zu informieren.

Das Risiko eines uninformierten Vorgehens ist umso größer, je stärker uns eine bestimmte Quelle unmittelbar verständlich zu sein scheint. Caesars Schlachtdarstellungen sind ebenso direkt wie deutlich. Wir vergleichen sie unbewusst mit unserem Vorwissen, etwa aus modernen Kriegsberichten, aus Dokumentarfilmen oder eigenen Konflikterfahrungen – und erkennen bestimmte Grundzüge wieder. Selbst ohne größere Kenntnisse über antike Kriegsführung wirken seine Ereignisberichte in sich schlüssig und enthalten keine offensichtlichen Fehler von der Kategorie „Elche haben keine Knie". Dagegen wissen wir aus einer Kontextrecherche, dass sich hier ein Autor für seine eigene Position rechtfertigt. Der Senat und die römischen Bürger sollten gezielt mit bestimmten Informationen versorgt werden, deren Zusammenstellung und Deutung Caesar selbst übernahm. Manche Berichte klingen vielleicht gerade deswegen so schlüssig, weil ein erfahrener Feldherr die Abläufe in seinem Sinn geglättet und unangenehme Aspekte ausgeblendet hat.

Zudem kann Sprache ohnehin nie ein vollständiges Abbild der Realität leisten. Wenn wir vom Feldherrn auf seinem Pferd lesen, ist es irrelevant, welche Fellfarbe das Tier hatte. Selbst wenn wir diese Auskunft hätten, könnten wir uns endlos in weiteren Details wie Schattierungen verlieren, während der Fortgang der Erzählung immer weiter aus dem Blick geriete. Alle Texte sind das Produkt einer Informationsauswahl, und sie brauchen diese auch, um lesbar zu werden. Die Quellenkritik darf sich also nicht im Nachweis erschöpfen, dass der Autor das Mitgeteilte selektiert hat, sondern sie muss die Auswahlkriterien und deren Anwendung im konkreten Fall sichtbar machen: Wer schreibt? Wo und wann entsteht die Fassung? Gibt es Varianten des Textes? Wer sollte den Text lesen – und falls das nachvollziehbar ist,

7 Zur Begriffsgeschichte und weiteren Unterteilungen siehe von Brandt 2007, 49–64.

wer hat ihn gelesen und mit welcher Reaktion? Was berichtet der Text? Welche weiteren Informationen transportiert er unwillentlich mit? Hat der Text eine erkennbare Zielrichtung, eine bestimmte Botschaft? Wie wird diese Tendenz vertreten? Was konnte der Autor wissen, und was verschweigt er womöglich? Wie ist er in Beziehung zu setzen zu anderen Zeugnissen zum selben Thema, aus der gleichen Textgattung oder demselben Zeitraum?

In allen Schritten der Quellenkritik müssen wir uns bewusstmachen, dass auch wir nicht komplett objektiv und frei von anderen Meinungen urteilen können. Sobald wir uns in ein Thema einlesen, beginnen wir mit einer Positionsbestimmung im Verhältnis zu dem, was wir rezipieren. Wir können uns dann für oder gegen bestimmte Versionen entscheiden und dies argumentativ begründen; nur ungelesen machen können wir nichts.[8]

Quellen lesen lernen

Wir müssen uns ein bestimmtes Vorwissen nicht nur aneignen, um die Handlung verstehen zu können, sondern auch, um die Untertöne in der jeweiligen Darstellung zu erfassen. Caesar kann einen fremden Feldherren oder Fürsten als „König" bezeichnen.[9] Für die römische Leserschaft hat das lateinische *rex* aber einen ganz anderen Klang als für uns heute. Die Römische Republik führt ihre Anfänge darauf zurück, dass die Bewohner der Stadt den letzten König/*rex* verjagten und die *res publica* begründeten.[10] In den Augen vieler Römer war es ein Verrat am Gemeinwohl, wenn ein Einzelner nach der Königswürde strebte. Caesar selbst bekam später die ganze Wucht der Antipathie gegen einen möglichen neuen *rex* in Rom zu spüren. Sein Nachfolger Augustus (63 v. Chr.–14 n. Chr.), den wir als ersten römischen Kaiser zählen, vermied denn auch prompt diesen Titel.[11] Caesars Publikum verstand sicherlich, dass nicht jeder barbarische Anführer völlig mit den vertriebenen römischen Königen gleichzusetzen war. Gleichzeitig hörte die damalige Leserschaft jedoch die aus ihrer eigenen Geschichte bedingten Untertöne mit.

Das Problem derart besetzter Begriffe tritt verstärkt auf, wenn wir antike Zeugnisse nur in Übersetzung lesen. Übersetzungen sind zwar ein sehr gutes Mittel, um sich rasch den Inhalt einer Quelle und den Erzählzusammenhang einer Stelle

8 Siehe Kapitel 12 (Rezeption).

9 Selbst in *De bello Gallico* schwankt die Bandbreite des Wortes *rex* von Ariovist, der als eine Art Heerkönig aller Germanen dargestellt ist (1,31,10: „rex Germanorum"), bis zum Stammesanführer der Nitiobroges, Teutomatus (7,46,5: „rex Nitiobrigum"), in der untenstehenden Beispielinterpretation.

10 Die spätere Überlieferung fokussiert auf die Geschichte des älteren Brutus, der die Absetzung vorantreibt und im letztlich erfolgreichen Konflikt bei einem Zweikampf der Heerführer sein Leben für Rom lässt (Liv. 1,56,7–2,6).

11 Entsprechend beginnt Plutarch seine Biographie des Caesarmörders Brutus auch mit einer Parallele zum älteren Brutus als Beseitiger der Königsherrschaft (Plut. Brutus 1,1–4). Den (tödlich) negativen Effekt bei Caesar und die „Vermeidungsstrategie" des Augustus schildert am ausführlichsten Sueton (z. B. Suet. Caes. 79,3–80,3; Suet. Aug. 26–28,2).

zu erschließen, doch auch die beste Übersetzung ist grundsätzlich immer nur eine Einzelmeinung oder Interpretationshilfe. An einem bestimmten Punkt kann die Übersetzung ebenso schaden wie nutzen: Viele Wörter haben keine direkte Übereinstimmung, kein „1:1-Pendant" in einer anderen Sprache. Der lateinische Begriff *ratio* kann wie unsere Wörter „Vernunft" oder „Denkvermögen" gebraucht werden. Er ist aber eigentlich eine Ableitung aus der Kernbedeutung „(Be-)Rechnung". Römische Autoren können mit *ratio* daher auch eine Summe meinen oder eine geschäftliche Angelegenheit. Möglich ist ebenso die Verwendung im Sinne von Belehrung, berechnendem Handeln, Rücksichtnahme, Beschaffenheit, Gesetzmäßigkeit oder Beweis – sogar von Rechtfertigung für die eigenen Taten. Eine Übersetzung muss sich im konkreten Fall für eine der hier nicht einmal vollständig aufgeführten Optionen entscheiden, und wenn in einem Text zehnmal das Wort *ratio* steht, kann sie dies nur in den seltensten Fällen zehnmal mit demselben deutschen Wort wiedergeben. Es ist aber ein großer Unterschied, ob *sine ratione* als „ohne Grund" oder als „ohne berechnende Absicht" übertragen wird. Antike Autoren nutzen ebenso gerne wie ihre modernen Gegenüber die Vieldeutigkeit von Begriffen, um ihren Texten mehr Tiefe zu verleihen. Übersetzungen können dies allenfalls mit erklärenden Fußnoten auffangen, die leider allzu leicht überlesen werden. Weitere Komplikationen kommen hinzu – lateinische Sätze lassen sich nicht immer mit einer deutschen Konstruktion wiedergeben, richtig übersetzte Wörter sorgen beim Lesen mit heutigen Augen für falsche Assoziationen. Im Prinzip ist die Lösung dieser Probleme aber sehr simpel: Wer sich intensiv mit der klassischen Antike beschäftigt, kommt irgendwann nicht darum herum, zumindest genug Latein und Altgriechisch zu lernen, um Übersetzungen gegebenenfalls kritisch prüfen – und intelligent als „zweite Meinung" zur Quelle befragen – zu können.

Für den Einstieg reichen Schulwörterbücher wie der *Gemoll* für Altgriechisch oder der *Stowasser* für Latein aus. In der wissenschaftlichen Beschäftigung sollten dann aber rasch *Fachwörterbücher* konsultiert werden, die auch seltenere Bedeutungen oder Nebenformen aufführen – und an konkreten Textstellen belegen. Für altgriechische Quellen ist hierbei das *Greek-English Lexicon* zu nennen, das nach seinen Begründern beziehungsweise seinem ersten Überarbeiter als *Liddell-Scott-Jones* oder kurz *LSJ* bekannt ist. Das Gegenstück ist das *Ausführliche lateinisch-deutsche Handwörterbuch,* das nach seinem Initiator auch der *Georges* genannt wird. Beide Werke sind seit ihrer Gründung mehrfach redigiert und modernisiert worden.

Selbst ausführliche Fachwörterbücher stoßen jedoch an ihre Grenzen, wenn sie eine Balance zwischen Ausführlichkeit und Benutzbarkeit finden müssen. Einen ganzheitlichen Anspruch vertreten dagegen die *Thesauri.* Hierbei handelt es sich um Wortschatzsammlungen, die nach Möglichkeit die komplette antike Überlieferung einer Sprache abdecken sollen. Zwischen den Quellen gibt es keine Hierarchisierung: Selbst wenn ein Wort nur ein einziges Mal bei einem obskuren Fragmentautor belegt ist, sollte es aufgeführt werden. Dies macht diese Sammlungen extrem umfangreich und für die einfache Lektüre von *De bello Gallico* vielleicht eher entbehrlich. Sobald man sich aber abseits des Schulkanons von

Texten bewegt oder nach der Verbreitung eines bestimmten Wortes fragt, sind sie dagegen unerlässlich.

Als erstes Beispiel ist der *Thesaurus Linguae Graecae (TLG)* zu erwähnen, der seit seiner Gründung 1972 inzwischen den größten Teil der griechischen Texte von der Antike bis zum Beginn der Neuzeit elektronisch erfasst und ausgewertet hat. Die Nutzung ist an eine kostenpflichtige Lizenz gebunden. Allerdings gibt es eine Open-Access-Version mit reduziertem Leistungsumfang für Einzelnutzerinnen und -nutzer.[12] Das römische Pendant ist der *Thesaurus Linguae Latinae (TLL)*, der bereits im 19. Jahrhundert begründet wurde. Der Fokus ist hier enger mit einem Ende im Frühmittelalter, allerdings sind die Quellen deutlich zahlreicher, so dass auch der *TLL* noch nicht den kompletten Bestand abdeckt. Die ursprünglich gedruckten Bände bis zum Buchstaben P (ohne N) sind als verschlagwortete Scans kostenfrei zugänglich.[13]

Eigentlich müssten wir noch ein Stück tiefer in die Überlieferung einsteigen, was aus verschiedenen Gründen in der alltäglichen Forschungsarbeit zumeist nicht möglich ist. Selbst direkt aus der Antike überlieferte Zeugnisse wie Inschriften oder Münzen sind im Einzelfall oft so schlecht erhalten, dass sie im Abgleich mit ähnlichen Quellen ergänzt und rekonstruiert werden müssen. Die entsprechenden Spezialistinnen und Spezialisten können dies mit sehr hoher Sicherheit tun, nur enthält jede Rekonstruktion ein Stück Interpretation, wobei über die Deutung nicht immer Einigkeit besteht.[14] Bei literarischen Zeugnissen sind die wenigen aus der Antike erhaltenen Fassungen auf Papyrus oder ähnlichen Materialien oft stark fragmentarisch. Dazu kommt, dass die Antike ganz anders mit Abschriften und geistigem Eigentum umging, als wir es heute von unseren verlässlich reproduzierbaren Büchern kennen.[15] Für die allermeisten Quellentexte sind wir ohnehin auf nachantike Kopien angewiesen.

Dabei tun wir gut daran, uns klarzumachen, dass wir häufig nur eine Art Kompromisstext vor uns haben: Wenn verschiedene Fassungen vorliegen, müssen Philologinnen und Philologen versuchen, die Versionen in ihrem Verhältnis zueinander einzuordnen. Dabei kann eine jüngere Abschrift dem Text näher kommen als eine ältere, wenn sie etwa besser kopiert wurde und weniger Zwischenstufen durchlaufen hat. Eine große Rolle spielen auch Lücken oder *Leitfehler*, die sich nach ihrem ersten Auftreten in allen Folgeversionen fortschreiben. Am Ende der Untersuchung steht ein *Stemma*, eine Art Stammbaum der unterschiedlichen Fassungen. Auf dieser Grundlage wird die wahrscheinliche Ursprungsfassung rekonstruiert. Der so entstehende *Archetyp* ist im (seltenen) Idealfall identisch mit dem *Autograph*, also dem Wortlaut, wie ihn der antike Urheber selbst geschrieben oder diktiert hat. Wenn uns der *Autograph* nicht oder nur fragmentarisch erhalten ist, lässt sich die Genauigkeit des Resultats nicht letztgültig bestätigen. Praktisch führt der *Archetyp*

12 http://stephanus.tlg.uci.edu/ (Zugriff: 08.02.2020).

13 https://www.thesaurus.badw.de/tll-digital/tll-open-access.html (Zugriff: 08.02.2020).

14 Siehe Kapitel 5 (Epigraphik) und Kapitel 6 (Numismatik).

15 Siehe Kapitel 4.3 (Fragmente).

aber meistens nur bis in jenes Stadium der Textüberlieferung zurück, ab dem sich alle heute noch erhaltenen Handschriften aufgeteilt haben – und das kann deutlich später als das Entstehungsdatum sein. Der *Archetyp* ist ein Rekonstruktionsversuch, der logischerweise mit keiner einzelnen der erhaltenen Abschriften exakt übereinstimmt.

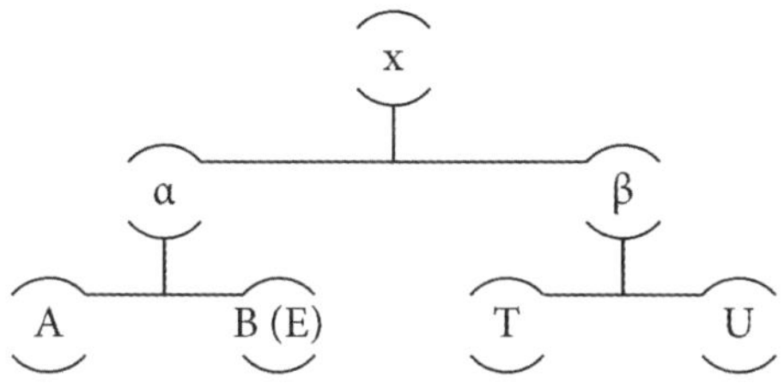

Abb. 6 Stemma der Handschriften von *De bello Gallico.*

In der Abbildung aus einer modernen Ausgabe von *De bello Gallico* zeigt sich das Vorgehen: An der Spitze steht der *Autograph* x, dessen Überlieferung sich in die Zweige α und β aufteilt. Konkret erhalten sind die mit Großbuchstaben gekennzeichneten Handschriften: A beispielsweise ist eine mittelalterliche Abschrift in der Universitätsbibliothek Amsterdam, E sind Exzerpte aus einem in Paris aufbewahrten Band, dem *Codex Parisinus Latinus,* und U lagert als Codex in den Beständen des Vatikan. Die Zuteilung ist vor allem nach gemeinsamen Lücken oder Fehlern vorgenommen – je ähnlicher, desto „verwandter" ist der Text. Tatsächlich wäre das *Stemma* noch viel komplizierter, wenn man die Dutzenden von weiteren Caesar-Abschriften aus dem Mittelalter und der Frühen Neuzeit in ihren mutmaßlichen Abhängigkeitsverhältnissen eingebaut hätte.

Selbst mit guten altsprachlichen Kenntnissen wird aber noch nicht jede Anspielung und jeder angedeutete Bezug auf andere Texte sofort offensichtlich. Daher haben Generationen von Forscherinnen und Forschern wissenschaftliche Textkommentare erstellt.

Im Prinzip handelt es sich dabei um einen kleinschrittigen Durchgang durch eine bestimmte Textfassung, entweder wort-, zeilen- oder abschnittsweise. Wie im abgebildeten Beispiel können dabei etwa Personen und Gruppen identifiziert werden, die im Text nur mit ihrer Funktion oder mit einer unvollständigen Bezeichnung angeführt werden. Viele wissenschaftliche Textkommentare rechnen auch antike Maßangaben in heutige Einheiten um, benennen antike Orte mit ihrem modernen Äquivalent oder erklären die Geschichte zentraler Begriffe. In der Regel konkretisieren sie zudem Textverweise, wo antike Autoren gerne nur pauschal „wie ich bereits sagte" formulieren, und markieren Parallelen oder Widersprüche. Das Gleiche gilt für Verweise auf andere Werke oder fremde Zitate im eigenen Text.[16] Wissen-

16 Siehe Kapitel 4.3 (Fragmente).

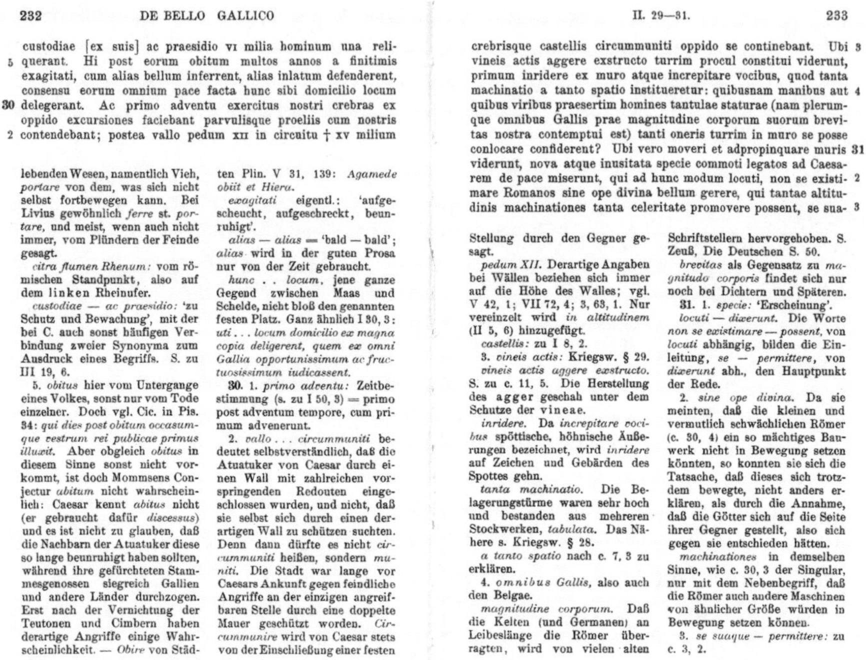
232 DE BELLO GALLICO

custodiae [ex suis] ac praesidio vi milia hominum una reli-
querant. Hi post eorum obitum multos annos a finitimis
exagitati, cum alias bellum inferrent, alias inlatum defenderent,
consensu eorum omnium pace facta hunc sibi domicilio locum
30 delegerant. Ac primo adventu exercitus nostri crebras ex
oppido excursiones faciebant parvulisque proeliis cum nostris
2 contendebant; postea vallo pedum xii in circuitu † xv milium

lebenden Wesen, namentlich Vieh, *portare* von dem, was sich nicht selbst fortbewegen kann. Bei Livius gewöhnlich *ferre* st. *portare*, und meist, wenn auch nicht immer, vom Plündern der Feinde gesagt.

citra flumen Rhenum: vom römischen Standpunkt, also auf dem linken Rheinufer.

custodiae — ac praesidio: 'zu Schutz und Bewachung', mit der bei C. auch sonst häufigen Verbindung zweier Synonyma zum Ausdruck eines Begriffs. S. zu III 19, 6.

5. *obitus* hier vom Untergange eines Volkes, sonst nur vom Tode einzelner. Doch vgl. Cic. in Pis. 34: *qui dies post obitum occasumque vestrum rei publicae primus illuxit.* Aber obgleich *obitus* in diesem Sinne sonst nicht vorkommt, ist doch Mommsens Conjectur *abitum* nicht wahrscheinlich: Caesar kennt *abitus* nicht (er gebraucht dafür *discessus*) und es ist nicht zu glauben, daß die Nachbarn der Atuatuker diese so lange beunruhigt haben sollten, während ihre gefürchteten Stammesgenossen siegreich Gallien und andere Länder durchzogen. Erst nach der Vernichtung der Teutonen und Cimbern haben derartige Angriffe einige Wahrscheinlichkeit. — *Obire* von Städten Plin. V 31, 139: *Agamede obiit et Hiera.*

exagitati eigentl.: 'aufgescheucht, aufgeschreckt, beunruhigt'.

alias — alias = 'bald — bald'; *alias* wird in der guten Prosa nur von der Zeit gebraucht.

hunc .. locum, jene ganze Gegend zwischen Maas und Schelde, nicht bloß den genannten festen Platz. Ganz ähnlich I 30, 3: *uti ... locum domicilio ex magna copia deligerent, quem ex omni Gallia opportunissimum ac fructuosissimum iudicassent.*

30. 1. *primo adventu:* Zeitbestimmung (s. zu I 50, 3) = primo post adventum tempore, cum primum advenerunt.

2. *vallo ... circummuniti* bedeutet selbstverständlich, daß die Atuatuker von Caesar durch einen Wall mit zahlreichen vorspringenden Redouten eingeschlossen wurden, und nicht, daß sie selbst sich durch einen derartigen Wall zu schützen suchten. Denn dann dürfte es nicht *circummuniti* heißen, sondern *muniti.* Die Stadt war lange vor Caesars Ankunft gegen feindliche Angriffe an der einzigen angreifbaren Stelle durch eine doppelte Mauer geschützt worden. *Circummunire* wird von Caesar stets von der Einschließung einer festen

II. 29—31. 233

crebrisque castellis circummuniti oppido se continebant. Ubi 3
vineis actis aggere exstructo turrim procul constitui viderunt,
primum inridere ex muro atque increpitare vocibus, quod tanta
machinatio a tanto spatio institueretur: quibusnam manibus aut 4
quibus viribus praesertim homines tantulae staturae (nam plerum-
que omnibus Gallis prae magnitudine corporum suorum brevi-
tas nostra contemptui est) tanti oneris turrim in muro se posse
conlocare confiderent? Ubi vero moveri et adpropinquare muris 31
viderunt, nova atque inusitata specie commoti legatos ad Caesa-
rem de pace miserunt, qui ad hunc modum locuti, non se existi- 2
mare Romanos sine ope divina bellum gerere, qui tantae altitu-
dinis machinationes tanta celeritate promovere possent, se sua- 3

Stellung durch den Gegner gesagt.

pedum XII. Derartige Angaben bei Wällen beziehen sich immer auf die Höhe des Walles; vgl. V 42, 1; VII 72, 4; 3, 63, 1. Nur vereinzelt wird *in altitudinem* (II 5, 6) hinzugefügt.

castellis: zu I 8, 2.

3. *vineis actis:* Kriegsw. § 29.

vineis actis aggere exstructo. S. zu c. 11, 5. Die Herstellung des agger geschah unter dem Schutze der vineae.

inridere. Da *increpitare vocibus* spöttische, höhnische Äußerungen bezeichnet, wird *inridere* auf Zeichen und Gebärden des Spottes gehn.

tanta machinatio. Die Belagerungstürme waren sehr hoch und bestanden aus mehreren Stockwerken, *tabulata.* Das Nähere s. Kriegsw. § 28.

a tanto spatio nach c. 7, 3 zu erklären.

4. *omnibus Gallis*, also auch den Belgae.

magnitudine corporum. Daß die Kelten (und Germanen) an Leibeslänge die Römer überragten, wird von vielen alten Schriftstellern hervorgehoben. S. Zeuß, Die Deutschen S. 50.

brevitas als Gegensatz zu *magnitudo corporis* findet sich nur noch bei Dichtern und Späteren.

31. 1. *specie:* 'Erscheinung'.

locuti — dixerunt. Die Worte *non se existimare — possent*, von *locuti* abhängig, bilden die Einleitung, *se — permittere*, von *dixerunt* abh., den Hauptpunkt der Rede.

2. *sine ope divina.* Da sie meinten, daß die kleinen und vermutlich schwächlichen Römer (c. 30, 4) ein so mächtiges Bauwerk nicht in Bewegung setzen könnten, so konnten sie sich die Tatsache, daß dieses sich trotzdem bewegte, nicht anders erklären, als durch die Annahme, daß die Götter sich auf die Seite ihrer Gegner gestellt, also sich gegen sie entschieden hätten.

machinationes in demselben Sinne, wie c. 30, 3 der Singular, nur mit dem Nebenbegriff, daß die Römer auch andere Maschinen von ähnlicher Größe würden in Bewegung setzen können.

3. *se suaque — permittere:* zu c. 3, 2.

Abb. 7 Aufbau eines wissenschaftlichen Textkommentars zu *De bello Gallico.*

schaftliche Kommentare können im Wesentlichen drei unterschiedliche Formen annehmen: In etlichen Ausgaben sind sie als Erläuterungsteil mit eingebunden; zu manchen werden sie als Zusatzband mitgeliefert. Viele Textkommentare erscheinen jedoch als eigenständige Einzelpublikationen. Diese Hilfsmittel ersetzen nicht die eigene Beschäftigung mit dem Text. Es lohnt sich allerdings fast immer, sie zum besseren Verständnis heranzuziehen. In anderen Belangen können die personen- oder begriffsgeschichtlichen Artikel in Fachlexika oder Prosopographien weiterhelfen.[17]

In der alltäglichen Nutzung ist also klar zwischen drei Formen zu unterscheiden: der Edition, dem Kommentar und der Ausgabe. Wissenschaftliche Editionen führen normalerweise im oberen Teil der Seite den erschlossenen Lesetext auf; darunter steht der *kritische Apparat*, der über das Verhältnis zu den genutzten Abschriften aufklärt. Letzterer wird als *positiv* bezeichnet, wenn er Übereinstimmungen zwischen dem *Archetyp* und den jeweiligen Handschriften benennt, und als *negativ*, wenn Unterschiede angezeigt werden. In dieser Begrifflichkeit ist *negativ* nicht gleich „schlecht“, weil es oft einfach bedeutet, dass eine stabile Tradition mit wenig zu korrigierenden Abweichungen vorliegt und sich die Auflistung kleiner Schreibfehler

17 Siehe Kapitel 3 (Recherche) und Kapitel 7 (Onomastik und Prosopographie).

nicht lohnt.[18] Selbst bei antiken Texten, die nur in einer einzigen Kopie bis in die Neuzeit überdauert haben, werden jedoch in der wissenschaftlichen Bearbeitung Korrekturen vorgenommen. Das ist insbesondere dann der Fall, wenn sich offenkundige Wort- oder Grammatikfehler finden. Streng genommen lässt sich auch hier nicht immer mit Sicherheit sagen, ob es sich um einen Fehler beim späteren Kopieren oder ein Versehen des Originalautors handelt. Vor diesem Hintergrund müssten wir theoretisch alle diesen kompletten Prozess kritisch nachvollziehen – aber nicht nur wegen der Hürden beim Lesen alter Handschriften und deren Zugänglichkeit[19] ist das kaum praktikabel. Wenn wir über Caesar arbeiten wollen, prüfen wir nicht jede Stelle nochmals an allen frühen Handschriften. Stattdessen orientieren wir uns an dem, was gerne als *gültige Edition* bezeichnet wird: die nach mehrheitlichem Konsens aller Forscherinnen und Forscher am überzeugendsten rekonstruierte Version. In diesem Sinne sollten Sie daran auch die Quellenzitate in Ihren Hausarbeiten oder anderen schriftlichen Prüfungsleistungen ausrichten.

Kommentare enthalten zwar ebenfalls einen Lesetext, entnehmen ihn aber üblicherweise nur der gültigen Edition. Ziel ist hier die sprachliche und inhaltliche Erläuterung, nicht die Textrekonstruktion aus den Handschriften. Daher sollten Sie Kommentare auch nur als das nutzen, was sie sind: Erklärungshilfen zum besseren Verständnis der antiken Quelle. Wesentlich offener ist die Bezeichnung „Ausgabe“. Es gibt zweisprachige Ausgaben mit großem Anmerkungsteil und Index oder Leseausgaben, die nichts außer einer deutschen Übersetzung und vielleicht einer kurzen Einleitung bieten. Viele Verlage verkaufen Studienausgaben, die eine reduzierte Fassung einer teureren Vollausgabe bieten. Auswahlausgaben und -übersetzungen versammeln die „Highlights“ des antiken Werks – oder jedenfalls das, was die Herausgebenden dafür halten.[20] Jede dieser Lösungen hat ihre Daseinsberechtigung: Wenn Sie auf das Latinum hinarbeiten, kann es Ihnen helfen, die Texte zuerst in einer deutschen Leseausgabe kennenzulernen. Für die Referatsvorbereitung ist eine zweisprachige Ausgabe sinnvoller, weil Sie beispielsweise bestimmte Quellenbegriffe werden erläutern müssen und dafür das Original brauchen. Spätestens in der Hausarbeit ist dann der Abgleich mit der gültigen Edition nötig.

Eine zahlenmäßig starke Überlieferung kann durchaus mehr Fluch als Segen sein, wie die verzweigte Überlieferungsgeschichte von Caesars *De bello Gallico* zeigt.[21] Das Werk ist dennoch aus zwei Gründen ein besonders dankbarer Fall für eine quellenkritische Auseinandersetzung: Wir haben für die Person des Autors und seine Zeit so viele Zeugnisse, wie das in anderen Bereichen der Antike selten vorkommt. Außerdem gehört Caesar zu den am häufigsten diskutierten Personen der modernen Antikenforschung. Wer ins Studium einsteigt, hat also eine große Zahl an gut aufbereiteten Vergleichsquellen und Interpretationshilfen zur Verfügung. Die

18 Einführend zur Editionstechnik lateinischer und griechischer Quellen siehe Delz 1997; Dover 1997.
19 Siehe Kapitel 10 (Paläographie).
20 Zu den Übersetzungsreihen siehe Kapitel 3 (Recherche).
21 Siehe oben S. 35.

Herausforderung liegt eher darin, nicht den Überblick zu verlieren – oder sich ohne weiteres Nachdenken der ersten plausibel klingenden Darstellung anzuschließen.

Quellenkritik

Quellenkritik ist ein Prozess, in dem die eigene Position oftmals erst durch die Auseinandersetzung mit abweichenden Deutungen gefestigt wird. Diese Arbeit ist mühsam, und sie verführt zur Suche nach leichteren Wegen. Im Vergleich zu vielschichtigen Texten wirkt ein Sachzeugnis wie die günstigere, weil neutrale Option. Ein Soldaten- oder Gladiatorenhelm ist vermeintlich keine komplexe Äußerung mit soziopolitischen, religiösen oder ökonomischen Untertönen, sondern ein handfestes Stück Geschichte (Abb. 50). Beim genaueren Hinsehen erweist sich diese Annahme allerdings als recht naiv. Selbst Sachquellen sprechen nicht einfach aus sich selbst heraus, und ein vermeintlich klarer Verwendungszweck – als Schutz in einer bewaffneten Auseinandersetzung – ist nicht die einzige „Aussage", die das Objekt „macht". Der Helm kann zum Beispiel altertümlich wirken im Vergleich zu anderen Helmen der Fundzeit, weil er aus Geldnot lange wiederverwendet wurde. Er könnte jedoch auch neuwertig, aber bewusst antiquiert gestaltet sein, weil er als gefälschtes Erbstück oder als dekorativer „Retrochic" hergestellt wurde.[22] Die Einordnung antiker Bild- und Sachquellen nach Moden, die so genannte *Stildatierung*,[23] ist ein notorisch unsicherer Prozess. Entscheidend ist, dass in all diesen Punkten der Grundsatz der Quellenkritik zur Anwendung kommt: das fortgesetzte kritische Befragen der Überlieferung. Wo wurde der Helm gefunden? Wie ist er gefertigt, und welche Materialien wurden dafür eingesetzt? Was ist von ihm noch erhalten? Welche Anwendungsspuren sind sichtbar? Wann ist der Fundkontext anzusiedeln? Warum wurde der Helm deponiert, verloren oder weggeworfen?

Abb. 8 Verkohlte Traubenkerne aus dem antiken Petra, Jordanien.

22 Bildbeispiele und Kategorisierungsversuche bei Junkelmann 2000, 50–70.
23 Siehe Kapitel 11 (Archäologie).

Mit nur leichter Übertreibung: Die Abbildung auf der Vorseite ist eines der stärksten Zeugnisse für menschlichen Einfluss auf die antike Umwelt und für die kulturellen Umwälzungen im Zuge der römischen Expansion. Die Bedeutung der Objekte erschließt sich zugegebenermaßen nicht auf den ersten Blick. Es handelt sich um eine Reihe von Traubenkernen, die in der Nähe antiker Siedlungen gefunden wurden. Für sich genommen sind sie zuerst einmal ein Teil antiker Vegetation und bestätigen die Existenz von Trauben am jeweiligen Ort. Da sich die frischen Früchte schlecht halten und Massentransport in der Antike eher langsam abläuft, lässt sich in der Regel auf die Existenz von Weinstöcken schließen. Wein kann nun als Wild- oder Zuchtpflanze auftreten. Falls wir die Kerne der zweiten Kategorie zuordnen können, wird daraus eine Quelle für Weinanbau in einer bestimmten Region. Wenn wir sie datieren können, lässt sich damit womöglich die Ausbreitung des Weinanbaus sogar für eine Zeit ohne schriftliche Tradition belegen.[24] Sollten wir sie mit kaiserzeitlichen Siedlungsspuren in der Gegend in Verbindung bringen können, sind sie vielleicht ein Anhaltspunkt dafür, wie sich die Bevölkerung römische Ackerbautechnik aneignete und sich so – wie die Forschung es gerne zuspitzt – ein Stück weiter selbst „romanisierte“.[25] Die gleiche Handvoll Samen kann das exakte Gegenteil bedeuten, wenn sie in einem römischen Marschlager gefunden wird, in dessen Umkreis es keine weiteren Anzeichen für antiken Weinbau gibt. Einige Soldaten haben vielleicht Rosinen mitgebracht und als willkommene Abwechslung zum lokal verfügbaren Essen verzehrt. Die Exklusivität der Umstände spricht dann gerade gegen eine weite Verbreitung und Aneignung römischer Ackerbaukultur – oder alternativ für eine falsche Interpretation, weil die Samen von wilden Weinreben und Kulturreben je nach Erhaltungszustand schwer bis nicht zu unterscheiden sind.[26]

Gerade am Anfang kann die Informationsfülle überfordernd wirken, die von der Forschung auch zu unscheinbaren Zeugnissen zusammengetragen worden ist. Umso wichtiger ist es, sich früh ein systematisches Vorgehen bei der Quellenkritik anzugewöhnen, das sich in sechs Schritte und Fragen einteilen lässt.

- *Schritt 1 – Wer?* Zuerst fragen wir nach der Person des Autors: Woher kam er, und wann lebte er? Wie war sein sozialer und familiärer Stand? Hatte er eine besondere politische oder religiöse Funktion?
- *Schritt 2 – Was?* Danach machen wir uns an die Einordnung des jeweiligen Werks. Wie umfangreich ist es, und was ist davon erhalten? Welcher Textgattung gehört es an? Welche Hauptthemen werden darin behandelt? Wie sind der innere Aufbau und die Gewichtung der Teile zu beschreiben?

24 Zu den Grundlagen siehe Thurmond 2017, 1–21.

25 Im Sprachgebrauch der deutschen Altertumswissenschaft wird oftmals unterschieden zwischen „Romanisierung“ als von außen erwirkte Veränderung und „Romanisation“ als Prozess der Selbstaneignung, etwa durch die Übernahme neuer Essgewohnheiten (beispielhaft in Spickermann 2008). Eine kritische Einordnung bietet Dench 2018, 1–16; siehe auch das Kapitel 11 (Archäologie).

26 Zu Aussagekraft und methodischen Grenzen der Befundauswertung siehe Jacquat – Martinoli 1999; Orrù u. a. 2013.

- *Schritt 3 – Wo und Wann?* Oftmals ist es entscheidend, an welchem Ort und mit Zugang zu welchen Informationen ein Werk verfasst wurde – aber auch mit wie großem zeitlichem Abstand zum dargestellten Gegenstand. Wo ist der Autor aktiv und woher stammen seine Quellen? War er selbst Augenzeuge und falls ja, wie viel Zeit ist zwischen dem Ereignis und der Niederschrift vergangen? Handelt es sich um ein Früh- oder ein Spätwerk des Autors?
- *Schritt 4 – Wie?* Selbst hinter dem unorganisiertesten Text steckt eine bestimmbare Arbeitsweise. Wie organisiert der Autor seine Erzählschritte? Führt er politisch einschlägige Kategorien ein? Versucht er, die Aufmerksamkeit der Leserschaft zu steuern oder abweichende Meinungen zu diskreditieren? Schreibt er betont altertümlich oder neutral oder intellektuell?
- *Schritt 5 – Warum?* Manche antiken Schriftsteller schreiben aus tagespolitischem Anlass, andere sammeln über Jahrzehnte für ihr Lebenswerk. Ist die Quelle ein Auftragswerk, und lassen sich die Intentionen des Auftraggebers identifizieren? Ist der Text die Antwort auf die Äußerung einer anderen Person, etwa als Brief oder Verteidigungsrede? Äußert sich der Autor über seine Motivation, und wie glaubwürdig ist diese Aussage?
- *Schritt 6 – Wozu?* Antike Quellen haben ganz unterschiedliche Zielsetzungen von der Unterhaltung eines gelehrten Publikums bis zur Unterrichtung breiter Bevölkerungsschichten. Wer sind der Adressat und/oder die Zielgruppe des Textes, und was kann der Autor von diesen Leuten erwarten? Wie beeinflusst das erwünschte Resultat die Darstellungsweise und Glaubwürdigkeit der Quelle?

Nicht immer lassen sich all diese Fragen beantworten, beispielsweise wenn eine Quelle nur anonym überliefert ist. Auch die Reihenfolge der Schritte muss manchmal angepasst werden, weil ein bestimmter Aspekt so dominant ist, dass er die anderen bedingt. Soweit als möglich sollten jedoch die genannten Fragen als Grundbausteine der eigenen Quellenkritik berücksichtigt werden. Wie das im Einzelnen funktionieren kann, soll hier am Beispiel einer Episode aus *De bello Gallico* vorgeführt werden.

Einführungsliteratur

A. von Brandt, Werkzeug des Historikers, Kohlhammer Urban Taschenbücher 33 [17](Stuttgart 2007).

J. Delz, Textkritik und Editionstechnik, in: F. Graf (Hrsg.), Einleitung in die lateinische Philologie, Einleitung in die Altertumswissenschaft (Stuttgart 1997) 51–71.

E. Dench, Empire and Political Cultures in the Roman World, Key Themes in Ancient History (Cambridge 2018).

K. Dover, Textkritik, in: H.-G. Nesselrath (Hrsg.), Einleitung in die griechische Philologie, Einleitung in die Altertumswissenschaft (Stuttgart 1997) 45–58.

C. Jacquat – D. Martinoli, *Vitis vinifera* L.: Wild or Cultivated? Study of the Grape Pips Found at Petra, Jordan, 150 B.C. – A. D. 400, in: Vegetation History and Archaeobotany 8 (1999) 25–30.

M. Junkelmann, Das Spiel mit dem Tod. So kämpften Roms Gladiatoren, Sonderbände der Antiken Welt/Zaberns Bildbände zur Archäologie (Mainz 2000).

K. Meister, Einführung in die Interpretation historischer Quellen. Schwerpunkt Antike, Bd. 2: Rom, UTB Wissenschaft 2056 (Paderborn 1999).

M. Orrù – O. Grillo – G. Lovicu – G. Venora, Morphological characterisation of *Vitis vinifera* L. seeds by image analysis and comparison with archaeological remains, in: Vegetation History and Archaeobotany 22 (2013) 231–242.

W. Spickermann, Romanisierung und Romanisation am Beispiel der Epigraphik der germanischen Provinzen, in: R. Häussler (Hrsg.), Romanisation et épigraphie. Études interdisciplinaires sur l'acculturation et l'identité dans l'Empire Romain, Archéologie et histoire Romaine 17 (Montagnac 2008) 307–320.

D. L. Thurmond, From Vines to Wines in Classical Rome. A Handbook of Viticulture and Oenology in Rome and the Roman West (Leiden 2017).

Quellenkritik: Caes. Gall. 7,40,4–50,4

Die Handlung beginnt mit dem Anmarsch der Römer und Gallier,[27] darauf folgt der als Eingangsbeispiel zitierte Verrat in der Führung der Haedui, durch den Soldaten unter dem Kommando von Litaviccus gegen Caesars Stellungen vorrücken.[28]

(7,40,4) Daraufhin feuerte *[Caesar]* die Soldaten an, sich zu diesem kritischen Zeitpunkt nicht durch die Anstrengungen eines Marsches beeindrucken zu lassen. Sie zeigten den allergrößten Eifer, so dass das Heer der Haedui nach einem Marsch von 25 Meilen schon in Sicht kam. Caesar sandte die Reiterei dorthin, um sie anzuhalten und ihren weiteren Vormarsch zu verhindern, wobei er allen verbot, einen der Haedui zu töten. (5) Gleichzeitig befahl er Eporedorix und Viridomarus, von denen die Haedui annahmen, sie seien tot, sich zu den Reitern zu gesellen und ihre Landsleute anzusprechen. (6) Als man sie erkannte und damit den Betrug des Litaviccus durchschaute, begannen die Haedui, ihre Hände hochzustrecken und Zeichen ihrer Kapitulationsbereitschaft zu geben. Gleichzeitig warfen sie ihre Waffen weg und baten um ihr Leben. (7) Litaviccus floh mit seinen Klienten nach Gergovia. Für Klienten ist es nach gallischer Sitte ein Frevel, selbst im größten Unglück ihren Patron zu verlassen. (41,1) Caesar schickte Boten an den Stamm der Haedui, die ihnen vor Augen führen sollten, dass sie nur durch seine Nachsicht gerettet worden seien, da er sie ja nach dem Kriegsrecht hätte töten können. Nachdem er das Heer in der Nacht drei Stunden hatte ausruhen lassen, brach er wieder nach Gergovia auf. (2) Auf halber Strecke etwa kamen ihm Reiter entgegen, die Fabius geschickt hatte, um mitzuteilen, in welcher Gefahr er sich befunden habe. Sie berichteten, das Lager sei von einem riesigen Heer bestürmt worden […]. (5) Als

27 Caes. Gall. 7,35–36.
28 Caes. Gall. 7,37–39.

dies bekannt wurde, strengten sich die Soldaten aufs äußerste an, so dass Caesar noch vor Sonnenaufgang im Lager ankam. *[Caesar zeigt sich nach weiteren Revolten als gnädiger Sieger und wagt den ersten Vorstoß.]*
(46,5) Die Geschwindigkeit, mit der sie die Lager eroberten, war so groß, dass der König der Nitiobroges, Teutomatus, plötzlich in seinem Zelt bedrängt wurde, wohin er sich um die Mittagszeit zur Ruhe begeben hatte. Mit nacktem Oberkörper, auf einem verwundeten Pferd, konnte er sich kaum noch den Händen der plündernden Soldaten entreißen. (47,1) Als Caesar sein Vorhaben plangemäß durchgeführt hatte, ließ er zum Rückzug blasen und hielt durch Rufen die 10. Legion an, bei der er sich befand. (2) Die Soldaten der übrigen Legionen hörten zwar den Klang der Tuba nicht, weil eine recht große Schlucht dazwischenlag, doch wurden sie gemäß Caesars Befehl von den Militärtribunen und Centurionen zurückgehalten. (3) Da sie aber die Hoffnung auf einen schnellen Sieg, die Flucht der Feinde und die Erfolge der letzten Zeit beflügelten, glaubten sie, es gebe keine Schwierigkeiten, die sie nicht mit ihrer Tapferkeit überwinden könnten. Sie hielten daher nicht eher in der Verfolgung inne, bis sie in die Nähe der Mauern und Tore der Stadt gelangt waren. *[Caesar erkennt zwar die ungünstige Lage richtig, doch scheitert eine Entlastungsaktion im allgemeinen Chaos an einem unglücklichen Missverständnis. Die Römer treten einen unfreiwilligen Rückzug an.]*
(50,4) Marcus Petronius, ein Zenturio derselben Legion, hatte versucht, die Tore zu sprengen, war jedoch von der Überzahl der Feinde so bedrängt worden, dass er, schon schwer verwundet, die Hoffnung auf Rettung aufgab und den Soldaten seines Manipels, die ihm gefolgt waren, zurief: „Da ich mich und euch nicht gleichzeitig retten kann, will ich doch wenigstens für euch sorgen, denn ich habe euch aus Ruhmgier in diese Gefahr gebracht. Sorgt für euch, während ihr noch Gelegenheit dazu habt." (5) Gleichzeitig warf er sich mitten in die Feinde, tötete zwei und drängte die übrigen für kurze Zeit von dem Tor zurück. (6) Als seine Soldaten versuchten, ihm zu helfen, rief er: „Ihr versucht vergeblich, mein Leben zu retten, denn mein Blut und meine Kräfte verlassen mich. Fort also, solange es noch möglich ist, zieht euch zur Legion zurück." So fiel er kurz darauf im Kampf, rettete aber seine Soldaten.
(51,1) Da unsere Soldaten von allen Seiten bedrängt wurden, trieben die Feinde sie schließlich aus ihrer Stellung den Abhang hinunter. Dabei verloren wir 46 Centurionen. [...] (3) Sobald die Legionen die Ebene erreichten, machten sie Front gegen die Feinde. (4) Vercingetorix führte daraufhin seine Soldaten vom Fuß der Anhöhe in die Befestigungen zurück. Wir vermissten an diesem Tag nicht viel weniger als 700 Soldaten.

(7,40,4) Adhortatus milites, ne necessario tempore itineris labore permoveantur, cupidissimis omnibus progressus milia passuum xxv agmen Aeduorum conspicatus immisso equitatu iter eorum moratur atque impedit interdicitque omnibus ne quemquam interficiant. (5) Eporedorigem et Viridomarum, quos illi interfectos existimabant, inter equites versari suosque appellare iubet. (6) His cognitis et Litavicci fraude perspecta Aedui manus tendere, deditionem significare et proiectis armis mortem deprecari incipiunt. (7) Litaviccus cum suis clientibus, quibus more Gallorum nefas est etiam in extrema fortuna deserere patronos, Gergoviam profugit. (41,1) Caesar nuntiis ad civitatem Aeduorum missis, qui suo beneficio conservatos docerent quos iure belli interficere potuisset, tribusque horis noctis exercitui ad quietem

datis castra ad Gergoviam movit. (2) Medio fere itinere equites a Fabio missi, quanto res in periculo fuerit, exponunt. Summis copiis castra oppugnata demonstrant […]. (5) His rebus cognitis Caesar summo studio militum ante ortum solis in castra pervenit. […]
(46,5) Ac tanta fuit in castris capiendis celeritas, ut Teutomatus, rex Nitiobrigum, subito in tabernaculo oppressus, ut meridie conquieverat, superiore corporis parte nudata vulnerato equo vix se ex manibus praedantium militum eriperet. (47,1) Consecutus id quod animo proposuerat, Caesar receptui cani iussit legionique decimae, quacum erat, continuo signa constituit. (2) Ac reliquarum legionum milites non exaudito sono tubae, quod satis magna valles intercedebat, tamen ab tribunis militum legatisque, ut erat a Caesare praeceptum, retinebantur. (3) Sed elati spe celeris victoriae et hostium fuga et superiorum temporum secundis proeliis nihil adeo arduum sibi esse existimaverunt quod non virtute consequi possent, neque finem prius sequendi fecerunt quam muro oppidi portisque appropinquarunt. […]
(50,4) Marcus Petronius, eiusdem legionis centurio, cum portam excidere conatus esset, a multitudine oppressus ac sibi desperans multis iam vulneribus acceptis manipularibus suis, qui illum secuti erant, „Quoniam," inquit, „me una vobiscum servare non possum, vestrae quidem certe vitae prospiciam, quos cupiditate gloriae adductus in periculum deduxi. Vos data facultate vobis consulite." (5) Simul in medios hostes irrupit duobusque interfectis reliquos a porta paulum summovit. (6) Conantibus auxiliari suis „Frustra," inquit, „meae vitae subvenire conamini, quem iam sanguis viresque deficiunt. Proinde abite, dum est facultas, vosque ad legionem recipite." Ita pugnans post paulum concidit ac suis saluti fuit. (51,1) Nostri, cum undique premerentur, xlvi centurionibus amissis deiecti sunt loco. […] (3) Legiones, ubi primum planitiem attigerunt, infestis contra hostes signis constiterunt. (4) Vercingetorix ab radicibus collis suos intra munitiones reduxit. Eo die milites sunt paulo minus septingenti desiderati.[29]

Zuerst fragen wir nach dem „Wer?" und kommen zu einer dreifachen Unterscheidung: Gaius Iulius Caesar ist der Autor der Zeilen, nimmt zugleich die Erzählerrolle ein und ist – als Gegenüber des gallischen Anführers Vercingetorix – die Hauptfigur der Handlung. Daraus ergibt sich das Problem nicht voneinander trennbarer Rollen: Als historischer Akteur gehörte Caesar zu den „großen Männern" der Späten Republik. Diese Mitglieder der römischen Oberschicht mussten sich im ständigen Wettstreit um militärische Erfolge, zivile Ämter und andere Einflussmöglichkeiten profilieren.[30] Im 1. Jh. v. Chr. kippte dieser Wettbewerb, als sich einzelne Personen wie Sulla (138–78 v. Chr.) Sonderrechte aneigneten und zur Alleinherrschaft streben konnten. Formal lag Roms Kriegsführung im Aufgabenbereich der nur auf ein Jahr gewählten zwei Konsuln. Faktisch konnten Männer wie Pompeius (106–48 v. Chr.) vom Senat mit Sonderkommandos ausgestattet oder als *consul sine collega*, als oberster Amtsinhaber und Oberbefehlshaber ohne einen kontrollierenden

29 Caes. Gall. 7,40,4–7,51,4.
30 Trotz der heute kritischer gesehenen Darstellung der Republik als „System" mit klaren Regeln noch immer die beste Einführung: Bleicken 2000, 182–211. Vgl. auch Hölkeskamp 2006; Walter 2017, 72–96.

Kollegen, gewählt werden.[31] Caesar hatte sich für seine politische Karriere hoch verschuldet, Versprechungen und Feinde gemacht. Als Heerführer im damals noch nicht römischen Gallien und Statthalter *(proconsul)* der Nachbarprovinzen mit einer ungewöhnlich langen Amtszeit konnte er hoffen, Prestige und Reichtum zu erwerben, die sich als Mittel für seinen weiteren Aufstieg in Rom einsetzen ließen.[32]

Seine Kriegszüge waren jedoch bei den anderen Entscheidungsträgern der Republik stark umstritten, so dass es Gegenwehr gegen eine rechtliche Absegnung und Unterstützung des Krieges gab. Ähnlich sah es mit Caesars Plänen aus, sich unmittelbar aus dem Prokonsulat in der Provinz als Konsul an die Staatsspitze wählen zu lassen und so Immunität vor Anklagen zu erhalten.[33] Mittelfristig konnten seine Gegner sich nicht gegen das sogenannte *Erste Triumvirat* durchsetzen, eine Allianz der drei mächtigsten und reichsten Männer Roms: Caesar, Pompeius und Crassus. Langfristig überlebte oder manövrierte Caesar auch diese Verbündeten aus und wurde mit dem Titel eines *dictator,* eigentlich ein republikanisches Sonderamt für Notzeiten, zum faktischen Monarchen. Seine Alleinherrschaft endete 44 v. Chr. mit der Ermordung durch Verschwörer aus der senatorischen Oberschicht.[34]

Anschließend müssen wir uns damit befassen, was für eine Art von Quelle uns vorliegt. Der Form nach handelt es sich um einen Prosatext, dem Aufbau nach um eine chronologische Abfolge von Kriegshandlungen, die als nachträglicher Ereignisbericht von einem Erzähler in der dritten Person präsentiert wird.

Genauer geht es um den Vorlauf und die Schlachtereignisse von Gergovia – und damit sind wir beim „Wann?“ und „Wo?“ angekommen. Hierbei sind zwei Ebenen zu unterscheiden: Die Handlung fällt in die Spätphase des 58 v. Chr. begonnenen Eroberungszugs, als die lebenslange Diktatur noch in weiter Ferne liegt. Die verbliebenen gallischen Gegner haben sich zum Widerstand unter Vercingetorix versammelt, der Caesar im Jahr 52 v. Chr. bei Gergovia die letzte große Niederlage in den Gallischen Kriegen zufügt. Geschrieben ist die Passage aber nach Abschluss der Kriegshandlungen und mit dem Wissen, dass bald darauf die Schlacht von Alesia die entscheidende Wendung zugunsten der Römer gebracht hatte.[35] Der Text ist somit trotz des unerfreulichen Rückschlags als Erfolgsgeschichte angelegt, mit der sich ein Autor an einer für ihn äußerst heiklen Stelle seiner Karriere eine Art Selbstverteidigung zurechtlegt.

31 Zu Sulla und Pompeius siehe als Einstieg Baltrusch 2011; Linke 2015.

32 Auf die Rolle der militärischen Bewährung im republikanischen Elitenwettbewerb fokussieren Rosenstein 1990; Lentzsch 2019. Auf den Wert von sozialem Prestige und Vernetzungen hebt Rollinger 2014 ab.

33 Solche Konflikte mit den oft auch gar nicht verschriftlichten Regeln der Republik – oder auch der Einsatz von Gewalt zu politischen Zielen – waren ein Dauerthema dieser Zeit; vgl. Lintott 1999; Lundgreen 2011; Russell 2019; Walter 2019.

34 Zum von Caesar umgestalteten politischen System noch immer maßgeblich: Jehne 1987.

35 Von Caesar als Abschluss und Höhepunkt des siebten Buchs beschrieben: Caes. Gall. 7,68–90.

Daran schließt sich die Frage an, wovon das Werk handelt – beziehungsweise warum und wie der Autor seine Erzählung gestaltet. Nach eigener Darstellung Caesars liegt uns eine Ereignisgeschichte der 50er Jahre v. Chr. vor, die sich auf das Verhalten der gallischen (und germanischen) Stämme sowie das dadurch provozierte Handeln der Römer konzentriert. Die vorrangig politik- und militärgeschichtliche Schilderung wird ergänzt durch eine Vielzahl kleiner geographischer und ethnographischer Exkurse. Faktisch handelt es sich um einen Tatenbericht eines römischen Feldherrn, der sich selbst als zentralen Akteur und Repräsentanten des Römischen Reiches darstellt. Während die ersten Bücher jeweils eine Art Zwischenfazit der einzelnen Kriegsjahre bilden, schließt das – von Aulus Hirtius ergänzte – achte Buch aus der Sicht von 51/50 v. Chr. die Eroberung ganz Galliens als Erfolgsgeschichte ab. Der Stil ist betont nüchtern, selbst militärische Erfolge werden eher strategisch erklärt. Mitten im Kampf hätte der Centurio Petronius dagegen kaum die Zeit und Luft für so wohlkonstruierte Sätze gehabt. Derartige eingeschobene Reden, deren Wortlaut mehrheitlich als literarische Erfindung gelten muss, liefern emotionalere Anteile und auch die (vermeintlichen) Stimmen der Gegenseite. Letztere ist oft stark schematisiert: Um eine Drohkulisse im Osten Galliens zu erzeugen, gibt es dort die zahlen- und kampfstarken Germanen. Die historischen Akteure wären vermutlich überrascht gewesen zu hören, dass sie einer so einheitlichen Gruppe unter diesem Namen angehörten.[36]

Diese Überlegungen betreffen bereits den nächsten Aspekt: die Frage nach der Zielgruppe des Textes. Für wen Caesar mehrheitlich schreibt, ergibt sich schon aus der Wahl von Inhalt, Gattung und Sprache. Selbst bei Reden von Galliern vor gallischem Publikum ist der Text komplett in Latein. Der Stil ist zwar sachlich und schnörkellos, aber auf einem gehobenen sprachlichen Niveau. Caesars Kriegsberichte waren an die lateinischsprachige Oberschicht Roms gerichtet, die in der Späten Republik die Politik des Reiches – und damit auch Caesars eigenes Schicksal – beeinflussen konnte. Andere Rezipientinnen und Rezipienten sind ebenfalls vorstellbar, hätten aber über eine ordentliche Lesefähigkeit sowie über genügend Geld für den Kauf des Textes oder eine andere Zugangsmöglichkeit dazu verfügen müssen.[37] Dass wir heute eine so breite Kopientradition haben, ist eine Spätfolge von Caesars Aufstieg an die Staatsspitze. Zur Entstehungszeit des Werkes stand keinesfalls fest, dass zweitausend Jahre später Schulkinder damit Latein oder Alte Geschichte lernen würden.

Wenn wir uns diese Punkte bewusstmachen, sehen wir, dass wir oben beim „Wo?“ ergänzen und mehrere Ebenen trennen müssen: Als Text erzeugt wurde eine erste Stufe sicherlich aus Notizen vor Ort in Gallien, die später zu einem Gesamttext vereinheitlicht wurden. Als Handlungsort ist wiederum Gallien selbst, im konkreten Fall das Gebiet von Gergovia in der heute zentralfranzösischen Auvergne, anzu-

36 Siehe Kapitel 9 (Geographie).

37 Zu den Grundlagen antiker Lesefähigkeit und Zugänglichkeit von Bildung siehe Too 2001; Christes u. a. 2006. Siehe Kapitel 5 (Epigraphik).

setzen. Als literarisches Erzeugnis war *De bello Gallico* vor dem Hintergrund der oben genannten Informationen zuerst vor allem im Kerngebiet des Reiches und insbesondere in Rom selbst präsent. In der späteren Tradition verbreitete es sich dann weit über diesen Raum hinaus.[38]

Erst mit den Antworten auf all diese Fragen können wir die konkrete Stelle einordnen: Caesar bemüht sich darum, die Ereignisse zu einem großen Maß als Fremdverschulden darzustellen. Mehrfach erinnert er an Erfolge wie in Avaricum, wo die Römer wichtige Vorräte geplündert hatten. Trotz seiner Warnungen werden bestimmte Truppenteile übermütig, während sich bislang treue Verbündete vom Feind zum Seitenwechsel bestechen lassen.[39] Die ausführliche Schilderung der militärischen Details soll nicht zuletzt verdeutlichen, dass Caesar als Vertreter Roms in dieser überaus schwierigen Lage noch das bestmögliche von vielen schlechten Resultaten erwirkt hat. In die gleiche Richtung geht die nüchterne Feststellung der Verlustzahlen. Die Zahl der römischen Verluste ist zwar hoch, wirkt aber im Vergleich zur Gesamtstärke des Heeres verschmerzbar. Zudem wird der Ton abgeschwächt. Die Soldaten sind nicht explizit getötet worden, sondern gelten als verloren, fehlend oder vermisst.[40] Caesars Gegner wiederum sind zwar wild in Verhalten und Aussehen, was sie in die Nähe des Tierhaften rückt, aber durch Kampfstärke und Kriegslist gefährliche Feinde. Auch wenn ihnen deutlich weniger Raum in der Darstellung zugestanden wird, sind sie bedeutsam für die Bewertung der römischen Leistung und der Qualität von Caesars Armee. Letztere kann sich sogar in der Niederlage und im Tod beweisen, wie die Selbstaufopferung des Zenturios Marcus Petronius zeigt.[41] Aus der an sich gefährlichen Lage während und durch Gergovia wird so eine letzte große Prüfung auf dem Weg zum triumphalen Erfolg der Römer unter Caesars Führung.

Diese Schlacht ist bei einer Vielzahl anderer antiker Autoren belegt, die allerdings wenig Neues beizutragen haben. Im frühen 2. Jahrhundert n. Chr. beziffert etwa der Biograph Sueton (geboren um 70 n. Chr.) die römischen Verluste bei Gergovia pauschal auf eine Legion – und damit deutlich höher als Caesars eigene Angabe.[42] Eine Sonderstellung nimmt der im frühen 3. Jahrhundert n. Chr. schreibende Historiker Cassius Dio ein: Seine Version sieht beide Seiten mäßig planvoll vorgehen. Die Gallier sitzen Fehlinformationen über die Lage der römischen Truppen auf und verbarrikadieren sich mangels Alternative. Caesar führt seine Leute in eine von Anfang an strategisch sinn- und aussichtslose Belagerung. Die von Caesar selbst so detailliert dargestellten Einzelmaßnahmen sorgen laut Cassius Dio nur für eine Steigerung der ohnehin enormen Verluste. Der Verrat der Haeduer wird eher

38 Wie stark Caesar dabei durch seine Selbstdarstellung das Bild der Nachwelt von ihm geprägt hat, verdeutlicht beispielhaft Dimitrova 2018.

39 Avaricum und die Folgen: u. a. Caes. Gall. 7,29,4; 7,30,2; 7,32,1. Bestechung und „gallische Gier“: Caes. Gall. 7,37,1–6.

40 Etwa Caes. Gall. 7,51,1–4.

41 Caes. Gall. 7,50,4–6.

42 Suet. Caes. 25,2; vgl. u. a. Flor. epit. 1,24–26.

als Nachtrag erwähnt, mit dem das Fass endgültig übergelaufen sei.[43] Nicht immer liegen solche Gegendarstellungen vor; wo ein Quellenvergleich jedoch möglich ist, sollte er immer durchgeführt werden. Ein Weg zu diesen Stellen kann über die oben genannten Quellenkommentare führen. In allen anderen Belangen helfen die Fachlexika weiter, die im folgenden Kapitel vorgestellt werden.

Auf dieser Basis lassen sich nun eine Vielzahl an Fragen an den Text stellen: Was waren die wichtigsten Eigenschaften für einen „guten Feldherren" im Sinne der römischen Selbstwahrnehmung? Welche Kenntnisse über regionale Geographie und Politik Galliens können im Rom der ausgehenden Republik als bekannt vorausgesetzt werden? Wie individuell oder stereotyp sind die Beschreibungen von Nicht-Römern in der römischen Geschichtsschreibung? Wie lassen sich einzelne Schlachten des Gallischen Krieges rekonstruieren und deren Dimensionen bewerten? Welche dieser Fragestellungen Sie weiter verfolgen wollen, hängt von der Zielsetzung Ihres Seminars und auch von Ihren persönlichen Vorlieben ab. Eines bleibt jedoch immer gleich: Der Wert einer Quelle erschließt sich erst aus einer gründlichen Quellenkritik.

Quellen- und Literaturverzeichnis

Gaius Iulius Caesar, De bello Gallico, hrsg. u. übers. von M. Deißmann, Reclams Universal-Bibliothek 9960 (Stuttgart 1991).

E. Baltrusch, Caesar und Pompeius, Geschichte kompakt: Antike ³(Darmstadt 2011).

J. Bleicken, Die Verfassung der Römischen Republik. Grundlagen und Entwicklung, UTB 460 ⁸(Paderborn 2000).

J. Christes – R. Klein – C. Lüth (Hrsg.), Handbuch der Erziehung und Bildung in der Antike (Darmstadt 2006).

M. Dimitrova, Julius Caesar's Self-Created Image and Its Dramatic Afterlife, Bloomsbury Studies in Classical Reception (London 2018).

K.-J. Hölkeskamp, Konsens und Konkurrenz. Die politische Kultur der römischen Republik in neuer Sicht, in: Klio 88 (2006) 360–396.

M. Jehne, Der Staat des Dictators Caesar, Passauer Historische Forschungen 3 (Köln 1987).

S. Lentzsch, „Immer an der Spitze, manchmal, oder nie?" Normenkonflikte in der Rolle des römischen Feldherrn, in: K.-J. Hölkeskamp – J. Hoffmann-Salz – K. Kostopoulus – S. Lentzsch (Hrsg.), Die Grenzen des Prinzips. Die Infragestellung von Werten durch Regelverstöße in antiken Gesellschaften (Stuttgart 2019) 193–208.

B. Linke, Die römische Republik von den Gracchen bis Sulla, Geschichte kompakt: Antike ³(Darmstadt 2015).

A. Lintott, Violence in Republican Rome ²(Oxford 1999).

C. Lundgreen, Regelkonflikte in der römischen Republik. Geltung und Gewichtung von Normen in politischen Entscheidungsprozessen, Historia Einzelschriften 221 (Stuttgart 2011).

43 Cass. Dio 40,35–36.

C. Rollinger, *Amicitia sanctissime colenda.* Freundschaft und soziale Netzwerke in der späten Republik, Studien zur Alten Geschichte 19 (Heidelberg 2014).

N. Rosenstein, *Imperatores victi.* Military Defeat and Aristocratic Competition in the Middle and Late Republic (Berkeley 1990).

A. Russell, The Rhetoric of Losing and the Construction of Political Norms, in: K.-J. Hölkeskamp – H. Beck (Hrsg.), Verlierer und Aussteiger in der „Konkurrenz der Anwesenden". Agonalität in der politischen Kultur des antiken Rom (Stuttgart 2019) 127–146.

Y. L. Too (Hrsg.), Education in Greek and Roman Antiquity (Leiden 2001).

U. Walter, Politische Ordnung in der römischen Republik, EGRA 6 (Berlin 2017).

U. Walter, Gewalteruption in der späten Republik. Unfall, stete Option oder Agens einer Dehnung von Regeln und Normen?, in: K.-J. Hölkeskamp – J. Hoffmann-Salz – K. Kostopoulus – S. Lentzsch (Hrsg.), Die Grenzen des Prinzips. Die Infragestellung von Werten durch Regelverstöße in antiken Gesellschaften (Stuttgart 2019) 179–192.

3. Recherche

Irgendwann in den ersten Wochen Ihres Studiums der Alten Geschichte tritt der Ernstfall ein: Die Seminarleitung gibt Ihnen ein Referatsthema, zu dem Sie „erst einmal recherchieren" sollen. Eine nennenswerte Zahl Ihrer Mitstudierenden wird daraufhin den exakten Wortlaut ihres jeweils eigenen Referatstitels in die Suchmaske des Bibliothekskatalogs eingeben – eine Aktion, die ebenso bequem wie sinnlos ist. Mit der richtigen Herangehensweise können Sie in der gleichen Zeit ein wesentlich besseres Ergebnis erzielen. Dafür müssen aber nicht nur bestimmte handwerkliche Abläufe sitzen, indem sie immer wieder geübt werden, sondern es bedarf auch einer gedanklichen Hierarchisierung, die das Ganze in sinnvolle Bahnen lenkt.

Nehmen wir an, die eingangs genannte Situation spielt in einem Seminar mit dem Titel „Der Peloponnesische Krieg", einer Auseinandersetzung zwischen von Sparta und Athen gelenkten Bündnissen im 5. Jh. v. Chr. Ihr Thema lautet „Aristophanes und die griechische Komödie". Am Anfang kommt Ihnen die Kombination aus Krieg und Theater vielleicht merkwürdig vor,[1] aber die Alte Geschichte ist reich an solchen Momenten des Staunens für Einsteigerinnen und Einsteiger. Aus Erfahrung ist es übrigens eine gute Strategie, Themen zu nehmen, unter denen sich nicht sofort jede oder jeder etwas vorstellen kann. Ihre Dozierenden sind dankbar für Freiwillige, und Sie haben oft das spannendere Material als die Referierenden mit den vermeintlichen Selbstläufer-Themen. Sie nehmen also die Herausforderung „Aristophanes und die griechische Komödie" an – nur wonach sollen Sie suchen?

Der Einstieg

Der erste Schritt ist der an ein Fachlexikon; besonders geeignet ist als Anlaufstelle *Der Neue Pauly (DNP)*. Dessen Hauptbände sind inzwischen abgeschlossen und auch in einer – allerdings lizenzpflichtigen – Onlineversion verfügbar. Fortgesetzt wird das Lexikon durch *Supplemente* wie eine Übersicht von Herrscherchronologien, einen historischen Atlas oder Bände zur Rezeptions- und Wissenschaftsgeschichte. Die Einträge bieten eine gute Balance zwischen Informationsdichte und Verständlichkeit

1 Siehe Kapitel 4.1 (Poesie).

sowie erste Quellen- und Literaturhinweise. Griechische Namen und Begriffe werden im *DNP* in lateinische Buchstaben umgeschrieben, aber nicht „eingedeutscht". Λυκοῦργος, der legendäre Gesetzgeber Spartas, taucht damit anders als oftmals in der Forschungsliteratur nicht unter „Lykurg", sondern unter „Lykurgos" auf. Bei namensgleichen Personen wird chronologisch gereiht, teilweise noch unterteilt in Sonderkategorien wie Kaiser, Literaten oder Ärzte. Frauen stehen in alphabetisch korrekter Reihung, also „Claudia" vor „Claudius". Ältere Lexika ordnen die Frauen als abgeleitete Namensformen – so die damalige Begründung – nach, womit sich „Iulius" vor „Iulia" befindet.[2]

Im angelsächsischen Raum ist das *Oxford Classical Dictionary (OCD)* als Standard verbreitet. Mit der aktuell entstehenden 5. Auflage wird das Lexikon in eine reine Online-Publikation umgewandelt. Umfang und Zahl der Artikel sind deutlich geringer als beim *DNP*, dafür bieten die kompakteren Texte und die aktuellen Literaturverweise oft einen guten Schnelleinstieg. Zu beachten ist, dass im *OCD* englische Namensformen genutzt werden, also „Livy" statt „Livius" oder „Ptolemy" statt „Ptolemaios".

In der deutschsprachigen Forschung haben sich wiederum eigene Regeln hinsichtlich antiker Namen eingebürgert: Gerade bei Autoren oder wichtigen historischen Persönlichkeiten gibt es neben der ausgeschriebenen antiken Form meist auch eine kürzere und oft „eingedeutschte" Version. Unser Band reflektiert diese Vorgehensweise, indem er gleichwertig „Quintus Horatius Flaccus" und „Horaz" – im *OCD* unter der anglisierten Kurzform „Horace" zu finden – verwendet.[3]

Gewissermaßen der Vorfahre des *DNP* ist die *Real-Encyclopädie der classischen Alterthumswissenschaft in alphabetischer Ordnung*, die von August Friedrich Pauly (1796–1845) begründet wurde. Daraus entstand die 1890 von Georg Wissowa (1859–1931) initiierte *Paulys Realencyclopädie der classischen Altertumswissenschaft (RE)*, die nochmals knapp ein Jahrhundert bis zu ihrer Fertigstellung brauchte. Die *RE* betreibt positivistische Realienkunde, sprich: Sie verzeichnet historische Akteure, Orte, Sachverhalte, Objektgruppen und so weiter mit dem Anspruch einer möglichst vollständigen Belegführung. Dabei entstehen oft sehr lange Artikel, etliche mit Titeln in Altgriechisch. Außerdem finden sich Informationen vielfach an ungeahnter Stelle: Wichtige Aussagen für die abstrakte Kategorie „Schädlinge" stecken etwa im Realienartikel „Maus". Die Konzentration der *RE* auf Realia ist nicht ohne Ausnahmen – das Lexikon hat beispielsweise auch einen Eintrag zum Abstraktum „Aberglaube". Die *RE* empfiehlt sich vor allem als vertiefende Lektüre, hat ihre Stärken für Einsteigerinnen und Einsteiger jedoch als schier unerschöpflicher Schatz an Quellenverweisen.

Ob Sie für den Einstieg den *DNP* oder das *OCD* wählen, ist für eine einleitende Orientierung fast schon egal. Lassen Sie nur die Finger von *Wikipedia* und ähn-

2 Siehe Kapitel 7 (Onomastik und Prosopographie).

3 Um Missverständnisse zu vermeiden, werden bei der jeweils ersten Namensnennung in einem Kapitel die Lebensdaten mit angegeben.

lichen Ressourcen – egal ob online oder offline – ohne fachliche Qualitätskontrolle. Es ist sympathisch, dass dort jede und jeder Interessierte seine Gedanken zu Aristophanes einbringen kann. Wenn Sie aber noch überhaupt keinen Anhaltspunkt und damit noch kein kritisches Bewusstsein für das Thema haben, sollten Ihre Informationen doch besser aus einem Hilfsmittel stammen, das eine Qualitätsprüfung durchlaufen hat, statt von jemandem, der vor allem Zeit und Motivation für ein Posting hatte. Die einschlägigen Fachlexika bringen Ihnen einen Grundstock an Daten, und Sie lernen so, dass Aristophanes ein Dichter war, der zwischen der Mitte des 5. Jh. und den 380er Jahren v. Chr. in Athen lebte. Sie erfahren außerdem, dass er mindestens 44 Komödien geschrieben hat, von denen noch ein Viertel komplett erhalten ist. Sie bekommen Namen von Verwandten, von Orten, von Theaterstücken – im Prinzip scheinbar genug, um mit dem Vorlesen des Artikels Ihr ganzes Referat zu füllen.

Das wäre aus mehreren Gründen keine sonderlich gute Idee: Einerseits ist es schlicht ein Plagiat, wenn Sie statt der geforderten Eigenleistung einen Fremdtext präsentieren. Die Seminarleitung würde dies auch sehr rasch bemerken, da die Zahl der großen althistorischen Fachlexika überschaubar und der Stil sehr charakteristisch ist. Andererseits würden Sie sich mit solch einem Vorgehen vor allem selbst schädigen: Derartige Aufgaben werden eher weniger in der Hoffnung gestellt, dass Sie die Forschung mit Ihrem Referat revolutionieren, sondern damit Sie anhand eines machbaren Themas die Techniken einüben, ohne die Sie im weiteren Studienverlauf Schiffbruch erleiden werden. Konkret besteht die erste Hürde in unserem Fall darin, dass die Relevanz der Erstinformationen und -hinweise für das allgemeine Oberthema des Seminars wie für den speziellen Referatsbereich ermittelt werden muss.

Dafür brauchen Sie zwar auch biographische Informationen zu Aristophanes. Im Fokus sollten allerdings seine Rolle als (politischer) Komödiendichter und der zeitgenössische literarisch-historische Kontext stehen. Hierbei können Ihnen Autoren- und Werklexika viel Arbeit abnehmen. Das einbändige *Metzler Lexikon antiker Autoren (MLAA)* – gelegentlich nach seinem Herausgeber auch als *(Der) Schütze* zitiert – bietet die wichtigsten Autorinnen und Autoren der Antike in über 400 biographischen Abrissen an. Alphabetisch eingereiht sind einige weitere Artikel, die streng genommen nicht ins Schema der Autorensortierung passen – etwa zu „Gnosis/Gnostizismus", eine in der Kaiserzeit entstehende Glaubensrichtung innerhalb des Christentums, oder zur „Suda", einer wohl über mehrere Generationen aufgebauten Enzyklopädie der byzantinischen Zeit. Lesbarkeit und Kontextualisierung stehen im *MLAA* höher im Kurs als Vollständigkeit. Die Beiträge sind wie Essays gehalten, die Autor und Werk in den jeweiligen sozio-historischen Kontext einbetten. Besprechungen einzelner Werke und Literaturhinweise fallen dagegen kurz aus. Der Eintrag zu Aristophanes liefert Ihnen beispielsweise auf rund fünf Seiten einen ohne Vorkenntnisse gut verständlichen Essay, in dem Autor und Werk in Bezug zum Verlauf des Peloponnesischen Krieges gesetzt werden. Passend zum Titel des Lexikons bekommen Sie zum Werk des Aristophanes eher vergleichende und übergreifende Aussagen.

Als Gegenstück liefert das ebenfalls einbändige *Lexikon der antiken Literatur (LaL)* – nach seinem Autoren auch bekannt als *(Der) Nickel* – zwar praktisch keine Informationen zum Autor, aber für jedes der Werke eine Zusammenfassung und Erläuterung, die Sie in maximal drei Minuten lesen können. Das *LaL* ist nach den kompletten Originaltiteln der antiken Werke sortiert, womit sich etwa die meist nur kurz als *Germania* bezeichnete Schrift des Tacitus (etwa 55–120 n. Chr.) unter *De origine et situ Germanorum* findet. Griechische Werktitel sind in lateinische Buchstaben umgeschrieben und alphabetisch eingereiht. Bei besonderen Problemfällen helfen nach Autoren und Gattungen sortierte Übersichten sowie eine Gegenüberstellung deutscher und originalsprachlicher Werktitel. Die Einträge selbst sind sehr kompakt: Nennung von Autor und Datierung, Charakterisierung des Werks in einem Satz, danach eine Strukturbeschreibung und Inhaltsangabe, eventuell ergänzt um einige Sätze zu den Vorlagen und Quellen des Autors oder der Wirkungsgeschichte des Textes. Verhältnismäßig umfangreich ist im *LaL* der „Serviceteil", bestehend aus Listen von Editionen, Übersetzungen und neuerer Fachliteratur.

Jenseits der genannten themenübergreifenden Lexika existiert eine Vielzahl von Speziallexika, deren Fokus sich in der Regel aus dem Namen erschließt, etwa das *Lexikon des Hellenismus (LdH)*, das *Reallexikon der Germanischen Altertumskunde (RGA)* oder das *Reallexikon für Antike und Christentum (RAC)*. Im Zweifelsfall ist immer die Verschränkung von mehreren Suchmöglichkeiten mit unterschiedlichen Graden der Spezialisierung empfehlenswert. Arbeiten Sie sich vom Allgemeinen zum Besonderen vor, und vertrauen Sie nie nur auf eine Option.

Mit diesem Rüstzeug können Sie nun anfangen, einen Schritt tiefer einzusteigen – inhaltlich wie gedanklich: Besonders angetan hat es Ihnen das Stück Λυσιστράτη („Lysistrate"), in dem die Frauen auf beiden Seiten des Peloponnesischen Krieges mit einem „Sexstreik" einen Friedensschluss erzwingen. In diesem Zusammenhang fallen in den gelesenen Artikeln immer wieder Schlagwörter wie „Kriegsmüdigkeit" – und solche Begriffe sollten Sie sich sammeln. Es kann helfen, daraus eine Art *Matrix* zu erstellen, um die eigenen Gedanken zu systematisieren: Ein möglicher Oberbegriff wäre „Komödie", eine damit verbundene Unterkategorie „Politik" oder „politische Komödie". Verwandte Begriffe könnten dann „Satire", „Theater" oder eben „Kriegsmüdigkeit" sein. Wenn Sie dies mit weiteren Oberbegriffen tun, entsteht eine tabellenartige Stichwortliste. Zu den Begriffen selbst kommen dabei noch Varianten und Übersetzungen: Λυσιστράτη wird im Deutschen meist in der lateinischen Form „Lysistrata" geschrieben; statt „Komödie" sollten Sie auch das englische Äquivalent „comedy" oder das französische „comédie" berücksichtigen. Falls Sie eher eine visuelle Hilfe brauchen, kann auch eine *Mind Map* beim Sortieren der Gedanken helfen.

Bei all diesen Techniken geht es nicht um Vollständigkeit, sondern um einen Grundstock an sinnvollen Suchbegriffen, mit denen Sie wiederum an die Fachlexika gehen können (oder auf die sich eine der weiter unten vorgestellten anderen Suchstrategien anwenden lässt).

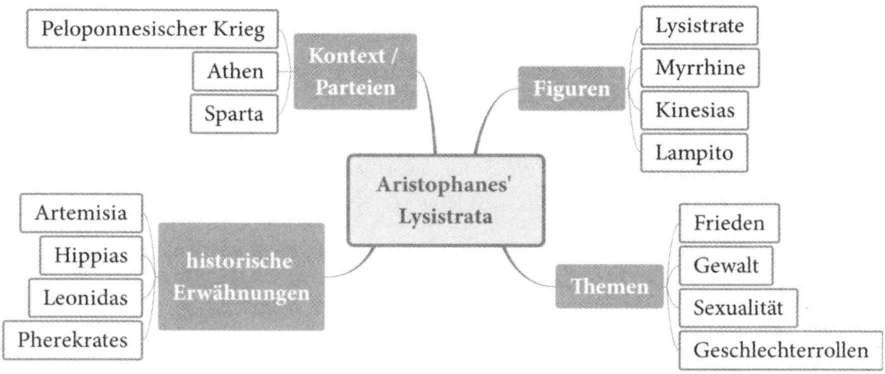

Abb. 9 Aufbau einer *Mind Map* zum Beispiel „Aristophanes' *Lysistrata*".

Das Verwerten

Bei Ihrer Lektüre werden Sie auf zahlreiche Abkürzungen gestoßen sein, hinter denen sich Quellenangaben verbergen. Innerhalb all dieser Hilfsmittel wird eine im Grundaufbau weltweit in den Altertumswissenschaften gleiche Systematik zum Verzeichnen der Quellen eingesetzt: Antike Quellen nach den Seiten einer Ausgabe zu benennen, würde immer nur mit dieser einen, vielleicht nicht überall verfügbaren Fassung funktionieren. Was in der einen Ausgabe auf Seite 85 steht, findet sich in der anderen auf Seite 112. Stattdessen wird die Stelle innerhalb der Quellengliederung benannt: „Suet. Aug. 71,1" ist die von Sueton (geboren um 70 n. Chr.) verfasste Vita des Kaisers Augustus – und darin im 71. Kapitel der erste Abschnitt. Die Bestandteile der Verzeichnung sind also der abgekürzte Autorenname, dann der abgekürzte Werktitel und anschließend die Stelle innerhalb des Werks in absteigender Reihenfolge der jeweiligen Gliederungsebenen – etwa Buch, Kapitel, Absatz. Sofern einzelne Bestandteile nicht benötigt werden, um Eindeutigkeit zu erzielen, können sie auch entfallen. Von Herodot (etwa 485–424 v. Chr.) ist uns beispielsweise nur ein Werk überliefert, so dass der abgekürzte Name „Hdt." auch ohne abgekürzten Titel ausreicht. Manche Werke sind wiederum so kurz, dass sie lediglich eine Gliederungsebene haben; andere müssen wegen Verwechslungsgefahr mit zwei abgekürzten Titelwörtern identifiziert werden. Überdies existieren einige Besonderheiten in bestimmten Sprachen oder Forschungstraditionen, aber das Prinzip dieser Verzeichnung bleibt immer gleich.

Wenn Sie eine solche Angabe in Ihren Texten finden, nehmen Sie *DNP* oder *OCD* zur Hand und lösen mit der dort am Anfang stehenden Liste die Abkürzung in Autor- und Werknamen auf.[4] Anschließend informieren Sie sich mit dem *MLAA*

4 Im *DNP* existiert zu der o. g. Liste in Band 1 noch ein erweitertes Verzeichnis in Band 3.

über den Urheber, mit dem *LaL* über den Inhalt der Schrift. Falls Sie dann entscheiden, dass die gefundene Stelle für Sie interessant sein könnte, bekommen Sie in den jeweiligen Hilfsmitteln einen Hinweis auf konkrete Textausgaben und -übersetzungen, womit Sie nun im Bibliothekskatalog gezielt auf die Suche gehen können. Die zuerst aufgelistete Edition ist meist die „gültige“;[5] bei den Ausgaben finden sich je nach Lexikon Hilfen wie „vollst. gr.-dt. mit Einf.“ für eine zweisprachige Komplettausgabe mit einem Einleitungsteil. Besondere Erwähnung hat dabei der zweite *DNP*-Supplementband *Geschichte der antiken Texte* verdient, in dem Sie auch frühe Drucke, Teilübersetzungen, zweisprachige Ausgaben, Kommentare und vieles mehr aufgelistet finden. Insbesondere über die wissenschaftlichen Kommentare lassen sich dann Hinweise auf Parallelquellen sammeln.[6]

Mit dieser Art der Auswertung und Weiterverfolgung haben Sie eine erste Suchstrategie, die sich auch auf Fachliteratur übertragen lässt. Dabei ist es wichtig, sich die verschiedenen Funktionen der jeweiligen Textarten zu verdeutlichen: Lexika liefern Ihnen bereits eine Liste an Grundlagenliteratur, allerdings mit gattungsbedingten Einschränkungen. Die Artikel sind vor allem darauf ausgerichtet, den zu ihrer Entstehungszeit gültigen Mehrheitskonsens der Forschungsmeinungen abzubilden. Einmal abgesehen von Extremfällen wie der *RE* zielen Lexika auf eine möglichst komprimierte und neutrale Zusammenfassung. Für eine weitere Beschäftigung brauchen Sie jedoch aktuelle Forschungsliteratur, der Sie entnehmen können, welche Neufunde es gibt und wie die volle Bandbreite der momentan diskutierten Forschungsthesen aussieht. Dies leisten insbesondere Aufsätze, die Sie in Zeitschriften oder aktuellen Sammelbänden finden. Viele Forscherinnen und Forscher publizieren hier Erkenntnisse, die erst mit gewisser zeitlicher Verzögerung Eingang in Monographien finden, also ganze Bücher einer oder eines Forschenden (manchmal auch eines Autorenduos oder -trios) zu einem größeren Themenfeld. Eine Sonderstellung nehmen die Handbücher ein, die Ihnen auch als „Studienbücher“, „Companions“ oder ähnliches begegnen werden. Hier ist der Umfang der Artikel oft ähnlich wie bei Aufsätzen, aber der Anspruch ist wie bei Lexika eher eine Zusammenfassung des Forschungsstandes, wenn auch in erzählender Form und häufig mit wenigen, dafür aber kommentierten Literatur- und Quellenverweisen.

Als Grundlage für Ihre weiterführende Suche sollten Sie einen möglichst aktuellen Anfangspunkt wählen, statt sich nur auf einen – eventuell schon etwas älteren – Lexikonartikel zu verlassen. Dankbar ist in dieser Hinsicht der Semesterapparat, eine Art Handbibliothek für Ihre Veranstaltung. Darin befinden sich die essentiellen Bücher, die Ihre Dozentin oder Ihr Dozent für alle Teilnehmenden sichern wollten und zum Einstieg empfehlen. In der Regel stehen die Semesterapparate in einem gesonderten Bibliotheksregal, wobei es der Seminarleitung überlassen ist, ob er oder sie so etwas einrichten lassen möchte. Falls es diese Hilfe gibt, lohnt es sich, immer zuerst dort nachzuschauen. Innerhalb des Apparats brauchen Sie zur Orientierung

5 Siehe Kapitel 2 (Quellenkritik).

6 Zu Aufbau und Verwendung von Kommentaren siehe ebenfalls das Kapitel 2 (Quellenkritik).

wieder Ihre Stichwortliste. Manches relevante Buch würden Sie ansonsten nicht einmal in Erwägung ziehen, weil der Titel nicht zu Ihrem Thema zu passen scheint. Bei Sammelbänden können Sie rasch die Inhaltsverzeichnisse nach Aufsätzen mit entsprechenden Schlüsselbegriffen durchsehen. Auch die Indizes und Register, die Stichwortverzeichnisse am Ende wissenschaftlicher Publikationen, lassen sich so ökonomisch auswerten.

Sobald Sie einen Titel gefunden haben, können Sie, nachdem sie ihn gelesen haben, wiederum die Quellen- und Literaturangaben auswerten. Sie gehen erneut durch Bibliographie, Fußnoten und Index, notieren sich abermals alles, was Ihnen für Ihr Thema interessant erscheint. Ein solches Arbeiten hat einiges für sich, denn ein Verweis in einem als relevant identifizierten Buch wird mit großer Wahrscheinlichkeit ein zweites für Sie relevantes Buch bringen. Diese nahezu endlos wiederholbare Vorgehensweise ist als *Schneeballmethode* bekannt, denn wie ein rollender Schneeball wird die Menge der Fundstellen rasch größer. Dabei bewegt sich die Suche jedoch immer nur in eine Richtung: Mit jedem Schritt gehen Sie in der Zeit weiter zurück und bekommen einen immer älteren Forschungsstand. Die Methode hat dennoch ihren Wert, weil sie sehr rasch zu einem guten Bestand einschlägiger Studien führen kann. Neben der zeitlichen Limitation sind allerdings „Zitierkartelle" ein Problem: Sobald ein Autor oder eine Autorin und deren befreundete Kolleginnen und Kollegen sich vorzugsweise immer gegenseitig als Autoritäten angeben, schon weil sie einander ihre jeweils neuesten Arbeiten zuschicken, landen Sie rasch in einer Echokammer.

Schon deswegen sollten Sie immer als zweiten Weg der Informationsauswertung die *systematische Suche* angehen. Die zwei für Einsteigerinnen und Einsteiger hilfreichsten Lösungen sind heute in elektronischer Form existierende *Fachdatenbanken: L'Année philologique (APh)* und *Gnomon Bibliographische Datenbank (GBD)*. Trotz der auf den ersten Blick vielleicht abschreckenden Namen haben beide eine leicht bedienbare deutschsprachige Oberfläche, die der von Bibliothekskatalogen ähnelt. Zusätzlich besitzen sie Funktionen wie das Einschränken auf bestimmte hilfswissenschaftliche Teilgebiete oder Epochen. *APh* und *GBD* erfassen die altertumswissenschaftliche Fachliteratur von Büchern über Aufsätze bis zu Rezensionen der letzten gut einhundert Jahre in allen großen Wissenschaftssprachen. Hinter der *APh* steht eine Gruppe von Redaktionen auf der ganzen Welt, die wissenschaftliche Literatur sichten, verschlagworten und die bibliographischen Einträge teilweise sogar um Abstracts ergänzen. Das System ist gründlich, detailliert und qualitativ abgesichert, allerdings notgedrungen eher langsam. Wenn Sie die allerneueste Literatur suchen, hat *GBD* oft Vorteile, da hier die Forschenden selbst die bibliographischen Informationen zu ihren Publikationen melden können. Die Ergebnisse werden zwar vor der Übernahme in die Datenbank in formaler Hinsicht geprüft, erreichen aber notgedrungen nicht die Einheitlichkeit und Tiefe wie im Redaktionssystem von *APh*. Selbst bei älterer Literatur gibt es jedoch keine Garantie, dass *GBD* und *APh* übereinstimmend jeweils alle Titel erfasst haben. Daher sollten Sie lieber parallele Suchen in beiden Datenbanken durchführen.

Spätestens bei der weiteren Nutzung dieser Angebote brauchen Sie, um nicht in der Menge der Ergebnisse die Übersicht zu verlieren, eine Technik zur Abstufung und Modifikation Ihrer Suchbegriffe. Einige davon lassen sich hier gut schriftlich erklären, für andere sollten Sie das Angebot einer Rechercheschulung so früh als möglich im Studium annehmen – eventuell auch mehrmals. Die nutzbaren Optionen und erzeugbaren Resultate hängen stark von der genutzten Ressource ab: Der Katalog Ihrer Universitätsbibliothek verzeichnet nur konkret vorhandene Buchbestände, liefert dafür aber direkt den Standort an Ihrer Universität. *APh* oder *GBD* zeigen Ihnen auch Aufsatzliteratur an und informieren Sie, was für Forschung es gibt – für die Sie sich danach selbst um die Beschaffungsmöglichkeiten kümmern müssen.

Einige Techniken zur Ausrichtung der Suche lassen sich jedoch in einer Vielzahl von Hilfsmitteln nutzen, etwa die *Trunkierung:* Wenn Sie in Katalogen oder Datenbanken nur nach „Theater" als Titelstichwort suchen, entgehen Ihnen alle Einträge von „theatralisch", „Theaterdichter" und so weiter. Bei der *Trunkierung* wird das Wort verkürzt und mit einem Asterisk versehen: „Theat*". Damit finden die Suchalgorithmen alle Titel, in denen ein Wort vorkommt, das mit diesen fünf Buchstaben beginnt. Nutzen Sie zudem die Kombination von Suchanfragen mit *Booleschen Operatoren:* „Attisch ODER Komödie" gibt ein relativ großes Suchfeld, weil schon einer der beiden Suchbegriffe für einen Treffer ausreicht. Sie werden dann auch Titel über attisches Geldwesen und römische Komödien angezeigt bekommen. „Attisch UND Komödie" ist spezieller, weil für einen Treffer ein Titel beide Suchbegriffe kombinieren muss. Noch spezifischer wäre hier übrigens die *Phrasensuche:* Setzen Sie den kompletten Ausdruck „attische Komödie" in Anführungszeichen, und Sie bekommen nur Titel, die diese Begriffe in exakt dieser Schreibung und Reihenfolge enthalten. Seltener genutzt, aber eigentlich sehr leistungsstark ist die Verwendung des dritten Booleschen Operators: „Komödie NICHT römisch". Damit bekommen Sie alle Treffer von „Komödie", aber abzüglich derjenigen, die zusätzlich „römisch" enthalten und für Sie aller Voraussicht nach nicht relevant wären.

Die einzelnen Techniken lassen sich verknüpfen, etwa zu „attisch* UND Komödie*". Mit dieser Sucheinstellung würden Titel mit „attische Komödie" erfasst, aber auch mit „attischen Komödiendichtern" und so weiter. Je nach Datenbank werden die genannten Operatoren entweder durch verschiedene Suchfelder eingestellt oder direkt ins Suchfeld eingetragen. Auch die Schreibweise – deutsch „NICHT" oder englisch „NOT" – kann dabei variieren. Wieder ist der beste Weg zum Erlernen der Funktionen eine Schulung an praktischen Beispielen. Auf struktureller Ebene ist der Mechanismus jedoch stets der gleiche: Sie verfolgen mit dieser Form der *systematischen Suche* die gedankliche Struktur, die sie sich vorher erarbeitet haben. Ihre Funde in den Datenbanken können Ihnen dann wieder neue Ideen für weitere Schlagwörter geben oder dazu führen, dass sie alte als zu wenig ertragreich streichen. Suchen und Auswerten sind zwei sich ständig gegenseitig beeinflussende Teile der Recherche.

Mit der Zeit werden Sie weitere Funktionen der verschiedenen Datenbanken schätzen lernen, etwa das Eingrenzen auf einen Publikationszeitraum ab Jahr A oder auf Werke nur in der Sprache B. Zur weiteren Orientierung ist auch der Weg über den *Thesaurus* hilfreich: *APh* und *GBD* bieten beide eine Art thematischen Stammbaum an, innerhalb dessen man immer weitere Verzweigungen anwählen kann. Beim Klick auf eine Kategorie wie „Kulturgeschichte" öffnen sich Verzweigungen wie „Konflikt" oder „Alltagsleben", unter der zweiten Option dann wiederum solche zu „Ernährung", „Spiel" oder „Wohnen". Die Kategorisierung ist nie perfekt oder exklusiv, und viele Einträge tauchen aus unterschiedlichen Gründen in mehreren Kategorien auf. Wie immer gilt: Es ist die Verschränkung mehrerer Suchweisen, die das beste Ergebnis bringt. In diesem Sinne ist die Liste der Fachdatenbanken mit *APh* und *GBD* auch keineswegs erschöpft. So wie bei den Lexika gibt es wiederum speziellere Angebote, die den Fokus verengen, aber dafür mehr in die Tiefe gehen. Die *Bibliographie zur antiken Sklaverei Online (BASO)* hat logischerweise weniger Einträge als die allgemeinen bibliographischen Datenbanken, kann jedoch innerhalb dieses engeren Rahmens mit zusätzlichen und spezialisierteren Informationen aufwarten.

In gewisser Hinsicht ist Ihre Universitäts- oder Bereichsbibliothek ebenfalls eine Art analoger *Thesaurus:* Wenn Sie einen relevanten Titel gefunden haben, können Sie links und rechts davon zumeist thematisch verwandte Werke oder Titel der gleichen Autorin beziehungsweise des gleichen Autors finden. Auf die gleiche Art stehen üblicherweise Kommentare und Monographien zu einer antiken Quelle direkt hinter deren Textausgabe und Übersetzung im Regal. Wenn Sie ein Referat wie „Aristophanes und die griechische Komödie" bekommen haben, suchen Sie ruhig einmal anhand der Beschriftung der Bibliotheksregale den Bereich „Griechische Geschichte", dort wiederum „Kunst- oder Kulturgeschichte" und so weiter. Ähnlich wie bei der Suche über den *Thesaurus* der Datenbanken gelangen Sie so zu einer „Themeninsel", die ihrerseits mit den links und rechts anschließenden Beständen schon die nächsten Verknüpfungen anbietet.

Unabhängig vom einzelnen Bibliotheksbestand können *Reihen* als Anhaltspunkt für die eigene Recherche fungieren: Die meisten wissenschaftlichen Werke erscheinen heutzutage in einer Buchserie, für die ein Gremium besonders gute und thematisch zueinander passende Arbeiten auswählt. Wenn Sie dann ein hilfreiches Buch in der Reihe *Beiträge zum antiken Drama und seiner Rezeption* gefunden haben, finden Sie mit einer einfachen Suche im Bibliothekskatalog weitere rasch greifbare Werke zu Ihrem Themenbereich.

Das Verzeichnen

Die beste Recherche nützt wenig, wenn man das Ergebnis hinterher nicht (langfristig) verwerten kann. Notieren Sie sich Funde immer gleich, damit Sie die Arbeit nicht später ein zweites Mal machen müssen. Außerdem verringern Sie so die Gefahr eines versehentlichen Plagiats, denn alles, was Sie verwenden, muss im Quellen- und Literaturverzeichnis angegeben werden. Nutzen Sie bei dieser Erfassung gleich die

Form, die auch für Ihr Handout, ihre Hausarbeit oder Ihren sonstigen Prüfungsleistungen erfordert wird. In der Regel gibt es an den jeweiligen Einrichtungen gemeinsame Zitiervorgaben oder zumindest für Ihr Seminar ein Formblatt des oder der Lehrenden. Wenn Sie gleich nach diesem Schema die bibliographischen Angaben erfassen, üben Sie einerseits das Muster, das Ihnen danach leichter von der Hand geht. Andererseits sparen Sie sich später Zeit beim Übertragen. Manchmal wird Ihnen auch nur ein genereller Hinweis wie „es ist nach DAI zu zitieren" gegeben, was im Klartext „nach den Standards und Zitierregeln, wie sie das Deutsche Archäologische Institut für seine Publikationen vorschreibt" bedeutet. In solchen Fällen haben Sie mit *Literaturverwaltungsprogrammen* wie *Citavi, EndNote* oder *Zotero* einen ersten Vorteil. Diese erlauben es Ihnen, einen Datensatz automatisch an dieses Schema anzupassen und zu exportieren. Wenn Sie bei der nächsten Hausarbeit einige Titel wieder benutzen wollen, aber diesmal nach einem anderen Schema zitieren sollen, ist die Umwandlung mit nur wenigen Klicks erfolgt. Bei einer individuell von der Seminarleitung entwickelten Zitiervorlage, die in keiner Software erfasst ist, funktioniert das natürlich nicht.

Ob Sie ansonsten für eine erste Hausarbeit mit fünfzehn oder zwanzig Forschungstiteln unbedingt ein Programm zur Literaturverwaltung brauchen, ließe sich diskutieren. Wichtiger ist jedoch, dass Sie es nicht nur für dort brauchen und irgendwann zumindest ausprobieren sollten. Während der Recherche erlauben Ihnen diese Tools, sich an gesichtete Titel Anmerkungen zu machen, die sich durchsuchen, verknüpfen, gruppieren und exportieren lassen. Es ist hilfreich, wenn Sie dadurch für die aktuelle Hausarbeit keine bearbeiteten Werke mehr übersehen; der größte Nutzen zeigt sich allerdings erst im Laufe des weiteren Studiums: Oft werden Sie sich nach der Durchsicht eines Forschungswerkes entscheiden, dass Sie es für den aktuellen Anlass doch nicht verwenden können. Ein oder zwei Jahre später mag das in einem neuen Seminar ganz anders aussehen. Wenn Sie jetzt Ihre Notizen nicht entsorgt, sondern in einem *Literaturverwaltungsprogramm* gespeichert haben, ist das gewissermaßen Ihr persönlicher Recherchevorsprung. Wenn Sie eine Hausarbeit aus einem Vertiefungsseminar zur BA-Abschlussarbeit ausweiten wollen, können Sie mit Ihrem Grundstock an Recherchedaten und zusätzlichen Notizen einfach weiterarbeiten.

Die oben genannten Lösungen halten sich schon lange am Markt und sind entweder kostenfrei oder über Universitätslizenzen verfügbar. Von vielen Fachbereichen oder Bibliotheken werden zudem Schulungen angeboten. Sehen Sie sich zuerst mindestens zwei Lösungen an, bevor Sie Ihre Arbeit und Zeit in eine Software investieren. Je früher im Studium Sie dies tun, desto besser.

Einführungsliteratur

D. J. Brauner, Erfolgreiches wissenschaftliches Arbeiten. Seminararbeit, Diplomarbeit, Doktorarbeit [2](Sternenfels 2008).

D. Böhner – T. Stöber – A. Teichert, Softwarevergleich Literaturverwaltung. Citavi, Colwiz, EndNote, JabRef, Mendeley, Zotero, ZoteroBib [7](München 2018).

N. Franck, Handbuch wissenschaftliches Arbeiten. Was man für ein erfolgreiches Studium wissen und können muss, UTB 4748 [3](Paderborn 2017).

F. Rost, Lern- und Arbeitstechniken für das Studium [8](Wiesbaden 2018).

M. Schröter, Erfolgreich recherchieren. Altertumswissenschaften und Archäologie (Berlin 2017).

J. Stary – H. Kretschmer, Umgang mit wissenschaftlicher Literatur. Eine Arbeitshilfe für das sozial- und geisteswissenschaftliche Studium, Studium kompakt [3](Berlin 2004).

C. Stickel-Wolf – J. Wolf, Wissenschaftliches Arbeiten und Lerntechniken. Erfolgreich studieren – gewusst wie! [7](Wiesbaden 2013).

4. Literarische Quellen

Literarische Quellen sind die in Forschung und Lehre am häufigsten verwendeten antiken Zeugnisse.[1] Die Vielzahl der literarischen Werke kann grob in Poesie und Prosa unterteilt werden. Daneben sind viele Quellen nur noch in Fragmenten überliefert, so dass kein zusammenhängender Text mehr vorliegt. Begonnen wird mit den dichterischen Zeugnissen, da diese zu den ältesten überlieferten Schriftquellen gehören.

4.1 Poesie

Poetische Quellen der Antike stehen in einer oralen Tradition, denn zunächst wurden sie zu Musik vorgetragen. Diese Musikalität der Darbietung ist noch im Versmaß erkennbar. Zwar stehen die frühesten dichterischen Zeugnisse am Beginn einer zunehmenden Verschriftlichung, poetische Werke wurden aber weiterhin auswendig gelernt und zu bestimmten Anlässen vorgetragen. Eine Professionalisierung der Dichtkunst ist ab dem 6. Jh. v. Chr. erkennbar: Zunehmend tauchten reisende Berufsdichter auf. Spätestens im Hellenismus wurde die Poesie dann zu einer geschriebenen Kunst. Von der Prosa unterscheidet sich Poesie zum einen durch ihre gebundene Form. So bezeichnet der griechische Rhetoriker Gorgias von Leontinoi (etwa 480–380 v. Chr.) jede „Rede, die ein Metrum hat“, als Dichtung.[2] Zum anderen sind die Vortragsanlässe verschieden, denn Poesie war häufig mit (religiösen) Feierlichkeiten verbunden. Ferner ist sie stets an der Schnittstelle von Wirklichkeit und Fiktion angesiedelt.

Die antiken Dichter verfolgten mit ihren Werken ganz unterschiedliche Zielsetzungen. So wollten manche Wissen vermitteln, andere belehren und wieder andere vor allem das Publikum erfreuen. Eine einheitliche Gattungslehre gab es in der Antike nicht, und so ist es bis heute. Aristoteles (384–322 v. Chr.) unterscheidet in seiner Ποιητική Τέχνη („Poetik“) nach formalen und inhaltlichen Kriterien drei

1 Siehe Kapitel 2 (Quellenkritik).

2 Gorg. 9: „Τὴν ποίησιν ἅπασαν καὶ νομίζω καὶ ὀνομάζω λόγον ἔχοντα μέτρον·“

Formen der Poesie, welche die folgenden Ausführungen gliedern sollen:[3] Epos, Drama und kleinere lyrische Gattungen.

Epik

Epen gehören zu den ältesten Texten der griechisch-römischen Antike. Die Zugehörigkeit zu dieser Gruppe definiert sich zunächst über das Versmaß, den daktylischen Hexameter.[4] Außerdem charakteristisch für Epen sind eine gewisse Länge und die Erzählstruktur. Der Erzähler ist allwissend und die Erzählpartien werden von direkter Rede in Form von Dialogen unterbrochen. Die Handlung der Epen ist im Mythos oder gelegentlich in der historischen Vergangenheit verortet und wird häufig um einen oder mehrere Heroen konstruiert. Dabei können längere Zeiträume, konkrete Ereignisse oder einzelne Personen thematisiert werden. Außerdem typisch sind sich wiederholende Formelemente wie die Musenanrufung am Anfang des Werks, die Gleichnisse und die *Ekphraseis* (anschauliche Beschreibungen). In der Antike wurde den Epen besondere Bedeutung beigemessen: Sowohl im griechischen als auch im römischen Schulunterricht gehörten sie zum festen Lesekanon und wurden zur Wissensvermittlung eingesetzt.[5]

Am Beginn der griechischen Literatur entstanden die Homer (8./7. Jh. v. Chr.) und Hesiod (7. Jh. v. Chr.) zugeschriebenen Werke. Über „Homer" ist wenig bekannt. Die Vorstellung eines blinden und verarmten Wandersängers, der von der Insel Chios stammte, ist von späteren Quellen geprägt.[6] Daher entspann sich bereits in der Antike ab dem 6./5. Jh. v. Chr. eine Tradition der Homer-Kritik, die bis heute anhält. In diesem Zusammenhang wurde und wird immer wieder die „Homerische Frage" diskutiert: Wie und von wem wurden die Epen verfasst? Tatsächlich können für die Datierung der homerischen Epen Ἰλιάς („Ilias") und Ὀδύσσεια („Odyssee") lediglich Indizien angeführt werden. So könnte die Inschrift auf dem Nestor-Becher (7. Jh. v. Chr.) auf den elften Gesang der Ilias verweisen und somit einen *terminus ante quem* liefern.[7]

Thema der Ἰλιάς ist der Zorn des Achilleus, nachdem dieser von dem griechischen Heerführer Agamemnon gedemütigt worden war. Folglich werden im Epos lediglich 51 Tage im letzten Jahr des zehnjährigen Kriegs zwischen den Griechen und Trojanern geschildert. In der Ὀδύσσεια dagegen wird der νόστος (die Heimkehr) des Odysseus beschrieben, der erst nach einer zehnjährigen Irrfahrt seine Heimat

---

3 Aristot. poet. 1,1447a. Horaz unterscheidet dagegen in Epos, Tragödie und Komödie, Lyrik, Elegie und Iambos (Hor. ars poet. 73–85); Quintilian zählt zusätzlich die Satire zu den poetischen Genera (Quint. inst. or. 10,1,85–100).

4 Siehe dazu Korzeniewski 1968, 28–35.

5 Suet. poet. p. 17: „Carmine hexametro divinarum rerum et heroicarum humanarumque comprehensio." Zur Schullektüre: Hdt. 2,53; Hor. epist. 2,1,69–71.

6 Hom. h. 3,172.

7 SEG 14–604 (Pithekussai). Zum *terminus ante quem* siehe Kapitel 8 (Chronologie).

Ithaka erreicht. In beiden Epen werden zwei Ebenen beschrieben: die menschliche und die göttliche Welt.

Hesiods Werke können dagegen als Lehrepen bezeichnet werden. Die Θεογονία („Entstehung der Götter") dient der Vermittlung von mythisch-religiösem Wissen, wobei die Entstehung und Entwicklung der Welt und ihrer göttlichen Mächte in mehreren Zeitaltern bis zu den Olympiern, die für Hesiods Zeitgenossen gegenwärtig waren, besungen werden. Die Ἔργα καὶ ἡμέραι („Werke und Tage") sind ein Lehrgedicht über die Landwirtschaft und enthalten Lebensregeln für das soziale Miteinander.

Im Zeitalter des Hellenismus erlebte das Epos eine Renaissance. So beschrieb Apollonios Rhodios (etwa 300–245 v. Chr.) in den vier Büchern seiner Ἀργοναυτικά („Fahrt der Argonauten") die Fahrt des Heros Jason. Dieser reist auf dem Schiff Argo in das Land der Kolcher, um das goldene Vlies nach Griechenland zu bringen. Obgleich das Epos als Neugestaltung der homerischen Vorlage angelegt ist, sind immer wieder Reflexe hellenistischer Wissenschaft und Technik erkennbar.

In der römischen Antike blieben zunächst die griechischen Werke stilprägend. So übertrug Livius Andronicus (etwa 284–205 v. Chr.) das homerische Werk ins Lateinische *(Odusia)*. Die frühen römischen Epen, wie das *Bellum Punicum* („Punischer Krieg") von Gnaeus Naevius (etwa 270–201 v. Chr.) und die *Annales* („Annalen") von Quintus Ennius (etwa 239–169 v. Chr.) entstanden in der Folge von Kriegen und weisen damit einen hohen Aktualitätsbezug auf. Dieser und der patriotische Unterton sind charakteristisch für die Großepen der augusteischen Zeit. Die *Aeneis* („Fahrt des Aeneas") des Publius Vergilius Maro (70–19 v. Chr.) gilt als römisches Pendant zu Homers Epen.[8] Nach dem verlorenen Trojanischen Krieg findet der Heros Aeneas gemeinsam mit seinem Vater und weiteren Gefolgsleuten eine neue, von den Göttern vorherbestimmte Heimat am Tiber, muss aber um diese kämpfen. Das Epos enthält somit nicht nur die Vorgeschichte zur Gründung Roms, sondern ist gleichzeitig eine Legitimation des herrschenden Geschlechts der Iulier, die sich auf Aeneas zurückführen. Auch die *Metamorphoseon libri* („Bücher der Verwandlungen") des Publius Ovidius Naso (43 v. Chr.–17 n. Chr.) enden mit einer teleologischen Rechtfertigung für die Herrschaft des Augustus (63 v. Chr.–14 n. Chr.). In dem aus etwa 250 Einzelerzählungen bestehenden *perpetuum carmen*[9] werden mehrere Verwandlungsgeschichten des Mythos in chronologischer Reihenfolge besungen. Noch die christliche Literatur der Spätantike nutzt die Form des Epos, um Glaubensinhalte zu vermitteln. Einflussreich war das Lehrgedicht *Psychomachia* („Seelenkampf") des Aurelius Prudentius Clemens (etwa 348–405/410 n. Chr.). Daneben wurden in der Tradition von Hesiod auch Lehrepen, wie das Werk *De Rerum Natura* („Über die Natur der Dinge") von Lukrez (etwa 95–53 v. Chr.), verfasst oder Epen für Lob und Kritik an politischen Akteuren der Gegenwart genutzt.

8 Vergil starb, bevor er das Epos vollendet hatte. Entgegen seiner Anweisungen – er wollte die Manuskripte verbrennen lassen – veröffentlichte sein Dichterfreund Varius Rufus die Schrift postum.

9 Ov. met. 1,4.

Dramatik

Die Ursprünge der dramatischen Dichtung liegen in Kultpraktiken für den Gott Dionysos, der Schutzherr der Dichter und Dichterwettbewerbe war. Hierbei können drei dramatische Formen unterschieden werden: die Tragödie, das Satyrspiel und die Komödie.[10] Alle zeichnen sich durch ein Wechselspiel zwischen gesungenen und gesprochenen Partien aus. Charakteristisch ist zudem, dass die Erzählung meist auf einen Ort beschränkt bleibt, große Zeitsprünge fehlen und Entferntes oder Vergangenes durch Boten berichtet wird.

Im griechischen Raum lösten Tragödien und Komödien die Epik als vorherrschende poetische Gattung ab. Dies hatte politische und soziale Gründe, denn während die Epen eng mit der aristokratischen Lebensweise verbunden waren, war das Theater Sache der Polis: Der Chor wurde von Bürgern besetzt, reiche Bürger, die Choregen, waren für die Organisation und Finanzierung des Wettbewerbs zuständig und Bürger bildeten die Jury.

In der athenischen Tragödie dominierten mythische Themen.[11] Bekannte Stoffe wurden neu interpretiert oder Lücken in der Erzählung geschlossen. Außerdem konnte im Gewand des Mythos die Gegenwart thematisiert werden. Neben der unterhaltenden Funktion transportierten Dramen damit einen Verhaltenskodex für Individuen und die Gemeinschaft. Seltener wurden historische Stoffe der Zeitgeschichte direkt in Theaterform aufgeführt, wobei die Themenwahl bei den Zeitgenossen auf wenig positive Resonanz stieß. Das Satyrspiel ist in formaler Hinsicht der Tragödie ähnlich, dient aber seit dem 5. Jh. v. Chr. als Kontrast zu ihr. Der große Unterschied besteht in der Besetzung des Chors, der als Satyrn mit überdimensionalem Phallos kostümiert ist, und der Wahl leichterer Themen mit Situationskomik. Nur sehr wenige dieser Texte sind überliefert.

Griechische Komödien waren im politischen und gesellschaftlichen Alltag angesiedelt. Sie setzen auf Wortwitz und eine schnelle Erzählweise mit häufigen Schlagabtauschen zwischen den Schauspielern. Die Komödie wird von der Forschung in drei Phasen eingeteilt: Die Alte Komödie charakterisiert Martin Hose als „politisches Theater“, denn hier nutzten die Autoren die Redefreiheit der Bürger im demokratischen Athen für scharfe Gesellschaftskritik und Spott.[12] Amtierende Politiker und andere Personen des öffentlichen Lebens wurden auf die Bühne gebracht. Dabei verbanden die Dichter reale Missstände mit grotesken Elementen. Ebenso spielte Sexualität häufig eine große Rolle.[13] In der Mittleren Komödie (ab 400 v. Chr.) fand bereits eine Abkehr von politischen Themen und eine Hinwendung zu mythischen Stoffen statt, wobei die Schwächen der einzelnen Figuren heraus-

10 Zur Entwicklung der Gattung: Aristot. poet. 4,1449a.

11 Wichtige Vertreter waren: Aischylos (etwa 525–455 v. Chr.), Sophokles (etwa 496–406/405 v. Chr.) und Euripides (etwa 480–406 v. Chr.).

12 Hose 2012, 99.

13 Zu ihren Vertretern gehören Kratinos (520–423 v. Chr.), Eupolis (446–411 v. Chr.) und Aristophanes (etwa 450–385 v. Chr.).

gearbeitet wurden. Später standen Szenen des bürgerlichen Alltags im Mittelpunkt. Typenrollen wie der reiche Bürgersohn, sein strenger Vater, die schöne Hetäre oder der geschwätzige Koch konnten immer wieder eingesetzt werden. Die Neue Komödie (ab etwa 321 v. Chr.) beschäftigte sich nicht mehr mit politischen Fragen.[14] Vorherrschend waren nun Themen des bürgerlichen Familienlebens und die Beziehungen der Familienmitglieder zu nicht bürgerlichen Bevölkerungsschichten wie Fremden, Sklaven oder Prostituierten.

Die römische Dramendichtung war zunächst ebenso politisch wie die griechische, obgleich sie von Anfang an im Auftrag von Magistraten entstand. Titus Livius (etwa 59 v. Chr.–17 n. Chr.) berichtet, dass der Dichter Livius Andronicus (etwa 284–205 v. Chr.) damit betraut worden sei, für die *ludi Romani* mehrere Stücke zu verfassen.[15] In der römischen Tragödie wurden mythische, meist griechische Stoffe frei adaptiert, aber auch römische Handlungsrahmen verwendet. Diese republikanischen Werke blieben bis in die Kaiserzeit prägend. Erst Seneca der Jüngere (etwa 1–65 n. Chr.) verfasste wieder Tragödien, die eine Mischung aus Tragödie und philosophischem Lehrstück sind.

Die römische Komödie kann in drei Genres unterteilt werden: die *Fabula Palliata*, die *Togata* und die *Trabeata*. Die *Palliata* stand in der Tradition der Neuen Komödie.[16] In ihren Stücken entwarfen die Autoren eine Gegen- oder Phantasiewelt zum bürgerlichen Alltag: Häufig werden Generationenkonflikte ausgetragen, wobei die Autorität des *pater familias* (Hausvater) oder der *senes* (Greise) durch die jüngere Generation oder durch Frauen sowie Sklaven erschüttert wird. Benannt sind die Stücke nach der standestypischen Kleidung: Während die *Palliata* noch im griechischen Ambiente angesiedelt ist, spielen die Handlungen der anderen, deutlich weniger beliebten Gattungen in der römischen Lebenswelt: Die *Togata* widmet sich der Mittelschicht, die *Trabeata* dem ritterlichen Milieu.

Lyrik

Lyrik war und ist kein abgegrenzter Gattungsbegriff, sondern ein Sammelbegriff für sehr verschiedene Formen der Dichtkunst.[17] Der Einfachheit halber werden hier alle Formen der Poesie, die nicht in epischer oder dramatischer Form gehalten sind, zur Lyrik gezählt.[18] Der Begriff, der sich von λυρική ποίησις (die zur Lyra gehörige Dichtung) ableitet, war seit dem Hellenismus verbreitet. Vorher wurden mit instrumentaler Begleitung vorgetragene Dichtungen als μέλος (Lied) bezeichnet. Dabei kann in monodische Lyrik, die von Einzelpersonen, und Chorlyrik, die von Personen-

14 Die Neue Komödie ist vor allem mit Menander (342/341–291 v. Chr.) verbunden.

15 Liv. 7,2; Val. Max. 2,4,4. Als weitere Vertreter der frühen römischen Tragödie können Quintus Ennius (etwa 239–169 v. Chr.) und Lucius Accius (etwa 170–90 v. Chr.) genannt werden.

16 Zu ihren wichtigen Vertretern gehören Titus Maccius Plautus (etwa 254–184 n. Chr.) und Publius Terentius Afer (etwa 195–159/158 v. Chr.).

17 Siehe z. B. Tac. dial. de or. 10,4; Hor. ars poet. 73–85; Quint. inst. or. 10,1,85–100.

18 Zur Metrik der einzelnen Gattungen siehe Zgoll 2012.

gruppen vorgetragen wurde, unterteilt werden. Eine weitere Unterscheidung ist anhand der Vortragsweise und der Aufführungspraxis möglich: Im Gegensatz zu den poetischen Großformen war Lyrik anlassbezogener und schneller, mit etwas Übung sogar spontan produzierbar. Als Aufführungsräume können sowohl öffentliche Feste als auch die *Symposia* oder Gastmähler in den Bürgerhäusern benannt werden, wobei oft ein Wettbewerbsgedanke prägend war.

Die Gelehrten der Bibliothek von Alexandria stellten einen Kanon der neun bedeutendsten griechischen Lyrikerinnen und Lyriker zusammen:[19] aus dem 7. Jh. v. Chr. Alkman, aus dem 6. Jh. v. Chr. Sappho, Alkaios, Anakreon, Stesichoros und Ibykos, aus dem 5. Jh. v. Chr. Simonides von Keos, Pindar und Bakchylides. Unter den griechischen Lyrikern ragt wegen der vergleichsweise guten Überlieferung Pindaros von Theben (etwa 520–440 v. Chr.) hervor. Er komponierte und choreographierte im Auftrag zahlungskräftiger aristokratischer Kunden Sieges- und Kultlieder für politische, sportliche und religiöse Anlässe. In seinen Werken verknüpft er den Mythos mit der Gegenwart, indem die Heroen der mythischen Vergangenheit als Bezugspunkte eine Rolle spielen, während der Vortrag dem Ruhm der lebenden Auftraggeber dient. In hellenistischer Zeit ersetzte Buchdichtung allmählich den mündlichen Vortrag der archaischen und klassischen Zeit. Die Königshöfe wurden zu kulturellen Anziehungspunkten, an denen sich Gelehrte verschiedenster Couleur versammelten.

Die antike Literaturtheorie unterscheidet *Iamboi* und *Elegoi* als wichtige Unterformen der Lyrik. Charakteristisch für Iamben sind ihr beißender Spott und die Kritik.[20] Inhaltlich reichen sie von philosophischen und lebenswirklichen Reflexionen bis zu Obszönitäten. Da Iamben vor allem im Kontext von Gastmählern vorgetragen wurden, waren sie häufig an konkrete Adressaten gerichtet.[21] Im Gegensatz dazu dominierten in der Elegie Melancholie und Klage über Tod, Alter und gesellschaftliche Probleme. Daneben wurden in elegischer Form Ereignisse der Zeitgeschichte gewürdigt oder Lehrgedichte verfasst. Ab dem Hellenismus dominierte das Thema der unerfüllten Liebe. Diese Schwerpunktsetzung und die neue Subjektivität in der Dichtung führte in Rom zur Ausbildung einer höchst produktiven Unterform: der römischen Liebeselegie.[22] In diesen Werken wird immer wieder die unglückliche Liebe eines Verliebten (*poeta* oder *amator*) zu einem Mädchen *(puella)* oder seltener zu einem Knaben beschrieben, wobei Lob und Klage gleichberechtigt nebeneinanderstehen. Für die Liebesgeschichten dienen oft Mythen als Rahmen.

19 Anth. Gr. 9,184; 9,571; Hor. carm. 4,9,6–12.

20 Aristot. polit. 1448b,33.

21 Einflussreiche griechische Iambendichter waren Archilochos (etwa 680–645 v. Chr.), Semonides von Amorgos (7./6. Jh. v. Chr.) und Hipponax (6. Jh. v. Chr.). Im Hellenismus verhalf vor allem Kallimachos von Kyrene (etwa 320–245 v. Chr.) der Gattung zu Ansehen. In augusteischer Zeit erlebte die Iambendichtung in Rom durch Gaius Valerius Catullus (etwa 80–51 v. Chr.), Albius Tibullus (etwa 55–18 v. Chr.) und Quintus Horatius Flaccus (65–8 v. Chr.) eine Blüte.

22 Die Liebeselegie wurde vor allem von Albius Tibullus (etwa 55–18 v. Chr.), Sextus Aurelius Propertius (etwa 48–15 v. Chr.) und Publius Ovidius Naso (43 v. Chr.–17 n. Chr.) geprägt.

Einführungsliteratur[23]

F. Budelmann (Hrsg.), The Cambridge Companion to Greek Lyric, Cambridge Companions to Literature (Cambridge 2009).

S. Elit, Lyrik. Formen – Analysetechniken – Gattungsgeschichte, Literaturwissenschaft elementar 3111 (Paderborn 2008).

J. M. Foley (Hrsg.), A Companion to Ancient Epic, Blackwell Companions to the Ancient World. Literature and Culture (Malden 2005).

R. Fowler (Hrsg.), The Cambridge Companion to Homer, Cambridge Companions to Literature ^{4}(Cambridge 2008).

N. Holzberg, Die römische Liebeselegie. Eine Einführung, Einführung Klassische Philologie ^{5}(Darmstadt 2011).

M. Hose, Kleine griechische Literaturgeschichte. Von Homer bis zum Ende der Antike, Beck'sche Reihe 1326 ^{2}(München 2012).

D. Korzeniewski, Griechische Metrik, Die Altertumswissenschaft (Darmstadt 1968).

J. Latacz, Einführung in die griechische Tragödie, UTB 1745 ^{2}(Göttingen 2003).

K. Lennartz, Iambos. Philologische Untersuchungen zur Geschichte einer Gattung in der Antike, Scrta Graeca 27 (Wiesbaden 2010).

R. Müller, Antike Dichtungslehre. Themen und Theorien (Tübingen 2012).

H.-G. Nesselrath, Die attische mittlere Komödie. Ihre Stellung in der antiken Literaturkritik und Literaturgeschichte, Untersuchungen zur antiken Literatur und Geschichte 36 (Berlin 1990).

J. Rüpke, Antike Epik. Eine Einführung von Homer bis in die Spätantike, Nova classica 1 ^{2}(Marburg 2012).

G. A. Seeck, Die griechische Tragödie, Reclam Universal-Bibliothek 17621 (Stuttgart 2000).

L. Swift – C. Carey (Hrsg.), Iambus and Elegy. New Approaches, Oxford Classical Texts (Oxford 2016).

T. S. Thorsen (Hrsg.), The Cambridge Companion to Latin Love Elegy, Cambridge Companions to Literature (Cambridge 2013).

C. Zgoll, Römische Prosodie und Metrik. Ein Studienbuch mit Audiodateien (Darmstadt 2012).

B. Zimmermann, Die griechische Tragödie, Kröners Taschenausgabe 515 (Stuttgart 2018).

R. Zymner, Lyrik. Umriss und Begriff (Paderborn 2009).

Quellenkritik: Kall. h. 4,160–211

Darauf versuchte sie [Leto], Meropeïs, die alte Insel der Koer, zu erreichen, das heilige Brautgemach der Heroine Chalkiope. Doch die folgenden Worte ihres Sohnes hielten sie zurück: „Keinesfalls, Mutter, gebäre mich dort! Ich finde zwar nichts auszusetzen an der Insel, noch habe ich sonst etwas gegen sie, da sie fett ist und reich an Weideland, wenn nur sonst eine; aber ihr schulden die Moiren einen anderen Gott, das hochgeborene Kind der rettenden Götter. Unter dessen, eines Makedonen, Krone werden Platz nehmen, gern bereit, von ihm

23 Für Einführungen zur antiken Literaturgeschichte siehe Kapitel 4.2 (Prosa).

regiert zu werden, beide Länder und die im Meer liegenden Inseln, bis dorthin, wo der äußerste Rand ist und woher die schnellen Pferde den Helios heranbringen. Der aber wird das Wesen seines Vaters erkennen lassen. Und auf uns beide wird einst in der Zukunft ein harter Kampf zukommen, wenn gegen Griechen ihr Barbarenschwert zücken und den keltischen Ares aufstacheln werden die spätgeborenen Titanen, die aus dem äußersten Westen heranstürmen, Schneeflocken gleich oder ebenso zahlreich wie Sterne, wenn sie in größter Zahl am Himmel weiden [...] und die Ebene von Krissa und die Schluchten des Hephaistos werden ringsum eng werden (durch die Mengen der Galater), sie werden den dicken Rauch ihres brennenden Nachbarn sehen. Und nicht mehr nur mit ihrem Gehör, sondern mit den eigenen Augen werden sie die Schlachtreihen der Wüstlinge schon beim Tempel erkennen, ja schon neben meinen Dreifüßen ihre Schwerter, trotzigen Gürtel und verhassten Schilde. Die werden stehenbleiben, den Galatern, einem vermessenen Stamm, vom üblen Ausgang ihres Zugs zu künden. Von diesen Schilden werden die einen meine Ehrengabe sein, die anderen aber, die sahen, wie am Nil ihre Träger im Feuer den letzten Atemzug taten, werden daliegen als Kampfpreis der großen Mühen des Königs. Künftiger Ptolemaios, dies sind die Orakel des Phoibos für dich. Du wirst später alle Tage gewaltig den Seher loben, der ja noch im Mutterleib steckt! Du aber gib acht, Mutter: Es gibt im Meer eine Insel, deutlich zu sehen, obgleich sehr schmal, die auf den Meeren umherwandert. Die Füße wurzeln ihr nicht in festem Land, sondern mit den Strömungen schwimmt sie wie ein Strohhalm, wohin sie gerade der Südwind, wohin sie der Westwind, wohin sie das Meer treiben. Bringe mich doch auf die! Die nämlich wirst du betreten nicht gegen ihren Willen." Während er das alles sagte, liefen die Inseln im Salzmeer davon. Du aber, Asteria, die du Gesang liebst, kamst von Euboia herab, gerade im Begriff, die im Kreis daliegenden Kykladen zu besuchen; lange warst du nicht unterwegs, denn noch folgte dir Tang vom Geraistos hinterdrein. Sobald du aber Leto sahst, da hieltest du an [...] aus Mitleid [...] mutig sprachst du folgendes [...], als du erkanntest, wie schwer die Göttin unter ihren Wehen litt: „Hera, mach mit mir, was du willst; um eure Drohungen kümmere ich mich nicht! Herüber, herüber auf mich, Leto!" Das sagtest du; die aber machte ihrer leidvollen Irrfahrt ein erwünschtes Ende und setzte sich an die Fluten des Inopos, den die Erde immer dann als besonders tiefes Wasser hervorfließen lässt, wenn mit vollem Strom der Nil aus dem Hochland Äthiopiens herabfließt. Sie löste ihren Gürtel, mit den Schultern lehnte sie sich rückwärts an den Stumpf einer Palme, von schmerzender Hilflosigkeit gequält; nass rann ihr der Schweiß über die Haut.

Ὠγυγίην δἤπειτα Κόων, Μεροπηίδα νῆσον, | ἵκετο, Χαλκιόπης ἱερὸν μυχὸν ἡρωίνης. | ἀλλά ἑ παιδὸς ἔρυκεν ἔπος τόδε „μὴ σύ γε, μῆτερ, | τῇ με τέκοις. οὔτ' οὖν ἐπιμέμφομαι οὐδὲ μεγαίρω | νῆσον, ἐπεὶ λιπαρή τε καὶ εὔβοτος, εἴ νύ τις ἄλλη· | ἀλλά οἱ ἐκ Μοιρέων τις ὀφειλόμενος θεὸς ἄλλος | ἐστί, Σαωτήρων ὕπατον γένος· ᾧ ὑπὸ μίτρην | ἵξεται οὐκ ἀέκουσα Μακηδόνι κοιρανέεσθαι | ἀμφοτέρη μεσόγεια καὶ αἳ πελάγεσσι κάθηνται, | μέχρις ὅπου περάτη τε καὶ ὁππόθεν ὠκέες ἵπποι | ἠέλιον φορέουσιν· ὁ δ' εἴσεται ἤθεα πατρός. | καί νύ ποτε ξυνός τις ἐλεύσεται ἄμμιν ἄεθλος | ὕστερον, ὁππότ' ἂν οἱ μὲν ἐφ' Ἑλλήνεσσι μάχαιραν | βαρβαρικὴν καὶ Κελτὸν ἀναστήσαντες Ἄρηα | ὀψίγονοι Τιτῆνες ἀφ' ἑσπέρου ἐσχατόωντος | ῥώσωνται νιφάδεσσιν ἐοικότες ἢ ἰσάριθμοι | τείρεσιν, ἡνίκα πλεῖστα κατ' ἠέρα βουκολέονται, | φρούρια καὶ [κῶμαι Λοκρῶν καὶ Δελφίδες ἄκραι] | καὶ πεδία Κρισσαῖα καὶ ἠπείροι [ο φάραγγες] | ἀμφιπεριστείνωνται, ἴδωσι δὲ πίονα καπνὸν | γείτονος αἰθομένοιο, καὶ οὐκέτι μοῦνον ἀκουῇ, | ἀλλ' ἤδη παρὰ νηὸν ἀπαυγάζοιντο φάλαγγας | δυσμενέων, ἤδη δὲ παρὰ τριπόδεσσιν ἐμεῖο | φάσγανα καὶ ζωστῆρας ἀναιδέας ἐχθομένας τε | ἀσπίδας, αἳ Γαλάτῃσι κακὴν ὁδὸν ἄφρονι φύλῳ | στήσονται· τέων αἱ μὲν ἐμοὶ γέρας, αἱ δ' ἐπὶ Νείλῳ | ἐν πυρὶ τοὺς φορέοντας ἀποπνεύσαντας ἰδοῦσαι | κείσονται βασιλῆος ἀέθλια πολλὰ καμόντος. | ἐσσόμενε Πτολεμαῖε, τά τοι μαντήια φαίνω. | αἰνήσεις μέγα δή τι τὸν εἰσέτι γαστέρι μάντιν | ὕστερον ἤματα πάντα. σὺ δὲ ξυμβάλλεο, μῆτερ· | ἔστι διειδομένη τις ἐν ὕδατι νῆσος ἀραιή, | πλαζομένη πελάγεσσι· πόδες δέ οἱ οὐχ ἑνὶ χώρῳ, | ἀλλὰ παλιρροίῃ ἐπινήχεται ἀνθέρικος ὥς, | ἔνθα νότος, ἔνθ' εὖρος, ὅπη φορέῃσι θάλασσα. | τῇ με φέροις· κείνην γὰρ ἐλεύσεαι εἰς ἐθέλουσαν." | αἱ μὲν τόσσα λέγοντος ἀπέτρεχον εἰν ἁλὶ νῆσοι· | Ἀστερίη φιλόμολπε, σὺ δ' Εὐβοίηθε κατῄεις, | Κυκλάδας ὀψομένη περιηγέας, οὔ τι παλαιόν, | ἀλλ' ἔτι τοι μετόπισθε Γεραίστιον εἵπετο φῦκος· | [...] φλεξας ἐπεὶ περικαίεο πυρί, | τλῆμον' ὑπ' ὠδίνεσσι βαρυνομένην ὁρόωσα· | „Ἥρη, τοῦτό με ῥέξον ὅ τοι φίλον· οὐ γὰρ ἀπειλὰς | ὑμετέρας ἐφύλαξα· πέρα, πέρα εἰς ἐμὲ Λητοῖ." | ἔννεπες· ἡ δ' ἀρητὸν ἄλης ἀπεπαύσατο λυγρῆς, | ἕζετο δ' Ἰνωποῖο παρὰ ῥόον, ὅντε βάθιστον | γαῖα τότ' ἐξανίησιν, ὅτε πλήθοντι ῥεέθρῳ | Νεῖλος ἀπὸ κρημνοῖο κατέρχεται Αἰθιοπῆος· | λύσατο δὲ ζώνην, ἀπὸ δ' ἐκλίθη ἔμπαλιν ὤμοις | φοίνικος ποτὶ πρέμνον ἀμηχανίης ὑπὸ λυγρῆς | τειρομένη· νότιος δὲ διὰ χροὸς ἔρρεεν ἱδρώς.

Kallimachos (etwa 320/303–245 v. Chr.) stammte aus der griechischen Kolonie Kyrene im heutigen Libyen.[24] Seine Familie gehörte sehr wahrscheinlich zu den einflussreichsten sowie wohlhabendsten der Stadt und führte sich sogar auf den mythischen Stadtgründers Battos I. zurück.[25] Der genaue Zeitpunkt, zu dem Kallimachos nach Alexandria ging, lässt sich nicht mehr ermitteln. Die neue Hauptstadt des ptolemäischen Königreichs war zu dieser Zeit noch eine vergleichsweise junge Gründung, sodass viele Bauten und Institutionen gerade erst entstanden. Ein Ergebnis der Kulturpolitik der Ptolemäer war die bis heute weltberühmte Bibliothek.[26] In Ägypten wurde zwar seit Jahrhunderten in Tempelbibliotheken nicht nur religiöses Wissen aufbewahrt, in der neuen Bibliothek sollten nun aber dezidiert griechische Texte gesammelt und gespeichert werden.[27] Am ptolemäischen Königshof versammelte sich ein Gelehrtenkreis, der in ständigem Austausch über Theorie und Praxis des literarischen Schaffens stand, wie die zahlreichen Anspielungen und intertextuellen Bezüge in den Werken des Kallimachos zeigen.[28] Als Leserschaft seiner Werke können daher die intellektuelle Elite genauso wie ein größeres, griechisch sozialisiertes Publikum angenommen werden.[29]

24 Stephens 2015, 4–6.
25 Asper 2004, 5.
26 Huß 2001, 318. Kim Ryholt schlägt vor, dass die Bibliothek erst von Ptolemaios II. eingerichtet wurde (Ryholt 2013, 23–24).
27 Ryholt 2013, 33–36.
28 Er selbst war sehr wahrscheinlich nie als Bibliothekar tätig (P. Oxy 1241).
29 Asper 2004, 52–53.

Kallimachos war ein äußerst produktiver Autor. Von seinem Werk, welches neben Dichtung auch Prosaschriften zur Geographie oder Literaturgeschichte enthielt, haben sich lediglich etwa 60 Epigramme und sechs Hymnen vollständig erhalten. Der zitierte Text ist dem vierten und mit 326 Versen längsten Hymnos – Εἰς Δῆλον („Hymnos an Delos") – entnommen. Die Datierung desselben gestaltet sich schwierig. Als *terminus post quem* kann der Konflikt zwischen den Halbbrüdern Magas von Kyrene (etwa 320–250 v. Chr.) und Ptolemaios II. (308–246 v. Chr.) im Jahr 275 v. Chr. angenommen werden.[30] Als *terminus ante quem* dagegen kommt am ehesten das Jahr 262 v. Chr. in Frage, da die Ptolemäer nach dem Chremonideischen Krieg (etwa 268–262 v. Chr.) die Vorherrschaft über die Insel Delos verloren.[31]

Hymnen waren für den kultischen und agonalen Bereich vorgesehene Dichtungen.[32] Ob der Delos-Hymnos bei einem öffentlichen Ereignis vorgetragen wurde oder nur schriftlich zirkulierte, ist nicht zu klären. Jeder Hymnos ist zudem an einen oder mehrere Götter adressiert und nach einem festgelegten Schema gestaltet: Auf die *Epiklesis* (Anrufung der Gottheit) folgt das Lob der Gottheit (*Eulogia* oder *Euphemia*) und ein abschließendes Gebet oder eine Bitte. Kallimachos spielt mit den Traditionen der Gattung, indem er einerseits formal nach dem Vorbild der Homer (8./7. Jh. v. Chr.) zugeschriebenen Hymnen aus archaischer Zeit verfährt. Andererseits weicht er in inhaltlicher Hinsicht davon ab. So ist die Adressatin des vorliegenden Lobgedichts keine der olympischen Gottheiten, sondern die personifizierte Insel Delos.

Im Hymnos wird die Irrfahrt der Leto und die Geburt des Gottes Apollon besungen. Nach einem Proömium mit der Götteranrufung[33] wird zunächst der Mythos der Insel Delos dargelegt.[34] Die vergöttlichte Insel habe ursprünglich Asteria geheißen und sei als „Unterwasserinsel" herumgezogen, seit sie ins Meer gesprungen war, um sich vor den Avancen des Zeus in Sicherheit zu bringen. Der Hauptteil der Handlung ist Letos Suche nach einem Ort für ihre Niederkunft gewidmet.[35] Die zornige Hera, die von ihrem Ehemann Zeus mit Leto betrogen wurde, will genau das verhindern.[36] Nachdem Leto nirgendwo Asyl erhält, meldet sich der noch im Mutterleib befindliche Apollon mit einer Prophezeiung:[37] Er wolle nicht auf der Insel Kos geboren werden, weil diese für einen anderen Gott – Ptolemaios II. – vorgesehen sei.[38] Im Folgenden preist Apollon den König und berichtet, dass sie zukünftig gemeinsam der Gefahr durch die keltischen Galater entgegentreten werden. Die Prophezeiung endet mit dem Hinweis an seine Mutter, dass die Insel Aste-

30 Cameron 1995, 260–261.
31 Huß 2001, 271–281.
32 Stephens 2015, 9.
33 Kall. h. 4,1–10.
34 Kall. h. 4,11–54.
35 Kall. h. 4,55–248.
36 Kall. h. 4,55–69; 4,215–248.
37 In einer ersten Prophezeiung hatte Apollon das Schicksal von Niobe vorausgesagt: Kall. h. 4,86–98.
38 Theokr. 17,56–76.

ria der Ort ihrer Niederkunft sein soll. Asteria erklärt sich dazu bereit und als sich die Insel für einen festen Platz in der Inselgruppe der Kykladen entschied, habe sich ihr Name in Delos geändert.[39] Danach werden Apollons Geburt, bei der Asteria als Amme assistiert,[40] und eine *Aitiologie* (Erklärungserzählung) der Kulte für Apollon auf Delos geboten.[41]

Kallimachos bettet den schon seit Hesiod bekannten Mythos neu ein, indem er die Geburt von Ptolemaios II. als Parallele anführt.[42] Der Delos-Hymnos ist eine Ausnahme, denn Kallimachos hat nur vergleichsweise wenige, offen panegyrische Elemente in seine Werke eingeflochten.[43] Somit gibt die Quelle Einblicke in das Zusammenspiel von Poesie und Politik in der hellenistischen Zeit. Dabei kann der Frage nachgegangen werden, inwiefern der Hymnos Legitimationsstrategien für die Herrschaft des Ptolemaios II. enthält.

Ptolemaios II. Philadelphos war Sohn und Nachfolger von Ptolemaios I. Soter (367–283 v. Chr.) und seiner zweiten Frau Berenike I.[44] Nach deren Tod ließ Ptolemaios II. seine Eltern als θεοὶ σωτῆρες (rettende Götter) divinisieren. Nach dem Ableben seiner zweiten Frau Arsinoë II. (316–270 v. Chr.), die gleichzeitig seine Schwester gewesen war, wurden beide als θεοὶ ἀδελφοί (Geschwistergötter) vergöttlicht. Damit war Ptolemaios II. ein Kind zweier Götter und wurde selbst schon zu Lebzeiten als Gott verehrt.[45]

Die schmückenden Beinamen, die Ptolemaios II. in der Prophezeiung des Apollon erhält, verweisen auf seine Herrschaftsrealität: Die ptolemäischen Könige mussten die Balance zwischen ägyptischen und griechischen Traditionen halten.[46] In Ägypten, dem Kernland des Königreichs, stand der dünnen griechischen Oberschicht eine deutlich größere Zahl ägyptischer Untertanen gegenüber, deren politische und religiöse Bedürfnisse es zu erfüllen galt. Entsprechend wurde Ptolemaios II. in der Tradition der ägyptischen Pharaonen als Gott verehrt, um zwischen Göttern und Menschen vermitteln zu können.[47] Im Hymnos vermischt Kallimachos verschiedene Zeitebenen: Für den ungeborenen Apollon ist die Geburt von Ptolemaios II. noch in der Zukunft, für die Leser des Hymnos allerdings in der Vergangenheit. Die glorreiche gemeinsame Zukunft von Apollon und Ptolemaios II. war für die Zeitgenossen jüngste Vergangenheit oder eine Momentaufnahme.[48] Dies gelingt in der poetischen Realität des Hymnos, da Apollon der antiken Vorstellung gemäß ein Gott des Orakel und der Dichtkunst war.

39 Ukleja 2005, 166–172.
40 Kall. h. 4,249–274.
41 Kall. h. 4,275–326.
42 Hes. theog. 918–920.
43 Cameron 1995, 12.
44 Pfeiffer 2017, 51.
45 Chaniotis 2005, 436–437.
46 Stephens 2015, 162.
47 Pfeiffer 2017, 55–65.
48 Ambühl 2005, 347–348.

Die Ptolemäer sahen sich, wie alle Diadochenkönige, als griechische Herrscher und legitime Nachfolger Alexanders des Großen (356–323 v. Chr.). Auch Kallimachos betont immer wieder die Verbindung des ptolemäischen Königshauses zur griechischen Kultur.[49] Daher wird Ptolemaios II. von Apollon als makedonischer König angesprochen.[50] Mit dem folgenden Hinweis, dass sich die Herrschaft von Ptolemaios II. auf beide Länder beziehe, können sowohl Asien und Europa als auch Ober- und Unterägypten gemeint sein.[51] Sicher nicht zufällig wurde dieser Einschub zwischen der ägyptischen und der griechischen Charakterisierung des Herrschers positioniert. Vielmehr waren die Doppeldeutigkeit und das Nebeneinander beider Interpretationsmöglichkeiten erwünscht.

Im weiteren Verlauf des fiktiven Orakels wird die enge Beziehung zur griechischen Hemisphäre anhand des gemeinsamen Kampfs der Hellenen gegen äußere Feinde und der geteilten Vergangenheit herausgearbeitet. Hieran wird der Spagat zwischen Wirklichkeitsbezug und Fiktionalität besonders deutlich. Ein kollektiver Feind im 3. Jh. v. Chr. waren die Galater.[52] Diese waren Nachfahren von keltischen Söldnern, die sich nach ihrem Ausscheiden aus dem Militärdienst in Kleinasien niedergelassen hatten. Ihr Einfall in Zentralgriechenland wurde in der Tradition der Perserkriege und des Alexanderfeldzugs als Angriff der Barbaren auf die gesamte Griechenheit stilisiert.[53]

Im Hymnos werden zwei Ereignisse symbiotisch verbunden, ohne dass sie historisch oder strategisch tatsächlich zusammenhingen. Das erste Ereignis, das in den Quellen als besonders einschneidend beschrieben wird, war der Angriff der Galater auf Delphi (279 v. Chr.).[54] Bei der Rettung dieses wichtigen panhellenischen Heiligtums und in den folgenden Kämpfen in Thrakien und Kleinasien konnten sich hellenistische Könige wie Antigonos II. Gonatas (etwa 319–239 v. Chr.) beweisen; Ptolemaios II. dagegen war an den Konflikten nicht oder kaum beteiligt.[55] Im Hymnos wird dieses Defizit insofern ausgeglichen, als Apollon der alleinige Erfolg zugerechnet und somit die Leistung der anderen Könige geschmälert wird. Das zweite Ereignis, welches in anderen Quellen sonst nur am Rande Erwähnung findet, ist die erfolgreich niedergeschlagene Revolte der keltischen Söldner gegen Ptolemaios II. im Jahr 275 v. Chr.[56] Diese Söldner hatte er selbst angeworben, da Ägypten von drei Seiten bedroht war: im Westen durch Magas von Kyrene, im Osten von Antigonos II. Gonatas und im Süden von den Äthiopiern. Dieser eigentlich nur lokale Konflikt wird im Hymnos

49 Asper 2011, 173.
50 Kall. h. 4,167.
51 Kall. h. 4,168.
52 Ihr als fremd empfundenes Aussehen, welches ihnen die Bezeichnung „spätgeborene Titanen" (Kall. h. 4,174: „ὀψίγονοι Τιτῆνες") einbringt, wird auch in anderen Quellen thematisiert (Paus. 10,20,7; Liv. 7,10,9; Gell. 9,11).
53 Barbantani 2011, 197–198.
54 Huß 2001, 264, 277.
55 Barbantani 2011, 194.
56 Paus. 1,7,2; Schol. Kall. h. 4. Das nur fragmentarisch erhaltene Werk Γαλάται („Die Galater") des Kallimachos stand möglicherweise ebenfalls damit in Zusammenhang.

gleichberechtigt neben die Verteidigung Delphis gestellt und als alleiniger Sieg von Ptolemaios II. gewürdigt. Die Anzahl der Gegner wird mit poetischen Mitteln überhöht: Sie seien so zahlreich wie Schneeflocken oder Sterne gewesen.[57] Zusätzlich wird das Ereignis mit dem mythischen Zweikampf zwischen Apollon und dem Drachen Python, der ursprünglich das Orakel von Delphi bewachte, verglichen.[58] Beim tatsächlichen Kampf um Delphi 279 v. Chr. war Ptolemaios nicht beteiligt, dafür wird sein Sieg in Ägypten 275 v. Chr. mit dem mythischen Kampf um Delphi gleichgesetzt.

Den Hymnos als bloße Herrscherpanegyrik abzutun, wird ihm nicht gerecht. Die komischen Elemente, etwa die Prophezeiung des Fötus, und die zahlreichen zeithistorischen und mythologischen Anspielungen geben einen einmaligen Einblick in den geistes- und literaturgeschichtlichen Diskurs des 3. Jh. v. Chr. Damit ist bereits eine der Besonderheiten der Dichtung als Quelle genannt: Dichterische Zeugnisse sind aus vielen Regionen bekannt, weshalb sie Kontrapunkte zu der athenisch geprägten Überlieferung bilden können. Zu beachten ist allerdings stets, dass das lyrische Ich nicht mit der Person des Dichters verwechselt werden darf. Außerdem erlaubt die Poesie einen freien Umgang mit Personen und Ereignissen der Gegenwart, der die ganze Spanne zwischen Lob und Kritik abdecken kann.

Quellen- und Literaturverzeichnis

Kallimachos, Werke. Griechisch und deutsch, hrsg. u. übers. v. M. Asper (Darmstadt 2004).
Callimachus, The Hymns, hrsg., übers. u. komm. v. S. A. Stephens (New York 2015).

M. Asper, Dimensions of Power. Callimachean Geopoetics and the Ptolemaic Empire, in: B. Acosta-Hughes – L. Lehnus – S. A. Stephens (Hrsg.), Brill's Companion to Callimachus, Brill's Companions in Classical Studies (Leiden 2011) 155–177.

A. Ambühl, Kinder und junge Helden. Innovative Aspekte des Umgangs mit der literarischen Tradition bei Kallimachos, Hellenistica Groningana 9 (Leuven 2005).

S. Barbantani, Callimachus on Kings and Kingship, in: B. Acosta-Hughes – L. Lehnus – S. A. Stephens (Hrsg.), Brill's Companion to Callimachus, Brill's Companions in Classical Studies (Leiden 2011) 178–200.

A. Cameron, Callimachus and his critics (Princeton 1995).

A. Chaniotis, The Divinity of Hellenistic Rulers, in: A. Erskine (Hrsg.), A Companion to the Hellenistic World, Blackwell Companions to the Ancient World. Ancient History (Oxford 2005) 431–445.

W. Huß, Ägypten in hellenistischer Zeit. 332–30 v. Chr. (München 2001).

S. Pfeiffer, Die Ptolemäer. Im Reich der Kleopatra (Stuttgart 2017).

K. Ryholt, Libraries in ancient Egypt, in: K. Oikonomopoulou – G. Woolf – J. König (Hrsg.), Ancient Libraries (Cambridge 2013) 96–108.

K. Ukleja, Der Delos-Hymnus des Kallimachos innerhalb seines Hymnensextetts, Orbis antiquus 39 (Münster 2005).

57 Kall. h. 4,175–176.
58 Hom. h. 3,300–309.

4.2 Prosa

Der moderne Begriff Prosa leitet sich von der römischen Tradition der *prosa oratio* (gerade heraus, schlichte Rede) ab. Entsprechend werden unter diesem Begriff literarische Zeugnisse in ungebundener Sprache, also ohne Versmaß oder Reimschema, verstanden. Dies bedeutet jedoch nicht, dass die Erzeugnisse oder deren Sprache als weniger kunstvoll wahrgenommen wurden. Ziel der frühen Prosaliteratur war die „Mitteilung von Tatsachen, die durch eigene Nachforschungen und Autopsie erkundet worden waren".[59] Als Begründer gilt der ionische Naturphilosoph Anaximander von Milet (etwa 610–547 v. Chr.) mit seinem Werk Περὶ Φύσιος („Über die Natur"), welcher für die einsetzende philosophisch-wissenschaftliche Welterfassung eine neue Ausdrucksform nutzbar machte.

In der modernen Forschung wurden mehrere Kategorisierungen, etwa die Unterscheidung in Gebrauchsprosa und literarische Prosa, vorgeschlagen. Michael von Albrecht nimmt auf der Grundlage der antiken Zeugnisse eine Dreiteilung vor, welche auch die folgenden Ausführungen gliedert:[60]

- Geschichtsschreibung und Verwandtes
- Rede, Philosophie und Brief
- Fach- und Bildungsliteratur.

Historiographie

Der Begriff Geschichte (ἱστορίη, *historia*) ist im deutschen Sprachgebrauch doppeldeutig: Einerseits wird damit das Vergangene, andererseits auch der Bericht über das Vergangene bezeichnet. Entsprechend war und ist ein Ziel der Historiographie (Geschichtsschreibung), über Ereignisse der fernen oder nahen Vergangenheit zu berichten und ihre Ursachen zu erforschen.

Obgleich die antike Historiographie vielseitig ist, können einige Tendenzen ausgemacht werden. So wird oft eine Geschichte von Kriegen geschrieben. Dies bedeutet jedoch keineswegs, dass die Darstellungen auf Schlachtenbeschreibungen beschränkt sind. Ferner basieren die Werke auf der eigenen Wahrnehmung (αὐτοψία), auf den Erfahrungen anderer (ἱστορία, *historia*) und auf schriftlichen Überlieferungen unterschiedlicher Couleur. Am Beginn steht meist ein *Proömium* (Auftakt, Vorrede), welches die Zielstellung definiert. Danach folgt in chronologischer Reihenfolge die Rekonstruktion der Vergangenheit, die durch Exkurse, eigens verfasste Reden oder Charakterbilder herausragender Persönlichkeiten untermalt wird. Die Autoren hatten zwar den Anspruch, die „Wahrheit" als unparteiischer Erzähler widerzugeben, tatsächlich waren die Darstellungen aber selten neutral und objektiv. Gleichzeitig sollten die historischen Werke die Erinnerung sicherstellen, dem Wissenserwerb sowie der Belehrung dienen und nicht zuletzt den Lesern gefallen.

59 Zimmermann 2011, 4.
60 Albrecht 2016, Bd. I, 16–17.

Die griechische Geschichtsschreibung begann mit den verlorenen Γενεαλογίαι („Genealogien") des Hekataios von Milet (etwa 550–480 v. Chr.), welche sich den Heroen in der griechischen Frühzeit widmeten. Dabei schlug der Autor eine chronologische Systematisierung vor und wog verschiedene Quellenmeinungen ab. In der Nachfolge entstanden die Ἱστορίαι („Historien") Herodots (etwa 485–424 v. Chr.), die sich mit den Perserkriegen beschäftigen. Zunächst widmet sich Herodot der Geschichte des Perserreichs und macht den fremden Gegner für seine Leserschaft greifbar. Daran anschließend wird die gemeinsame Vergangenheit der sich gegenüberstehenden, unvereinbaren Parteien der Griechen und Perser aufgearbeitet, die in dem von ihm geschilderten Konflikt mündet. In seinem Proömium legt Herodot, der als „Vater der Geschichtsschreibung"[61] gilt, fest, wozu seine Darstellung diente:[62]

> „Herodot von Halikarnass gibt hier eine Darlegung seiner Forschungen, damit durch die (fortschreitende) Zeit nicht in Vergessenheit gerate, was durch Menschen einst geschehen ist; auch soll der Ruhm großer und wunderbarer Taten, die sowohl die Griechen als auch die Barbaren getan haben, nicht vergehen."

Wichtiges Ziel war es, das gesammelte Wissen vor dem Vergessen zu bewahren. Zu diesem Zweck beschreibt Herodot einerseits, was passiert ist, andererseits schlägt er eine Begründung vor, warum es passiert sein könnte. Somit ist sein Werk nicht nur Geschichtsschreibung, sondern auch „Geschichtsdeutung".[63]

Als weiterer Vertreter der griechischen Historiographie kann Thukydides (etwa 454–396 v. Chr.) angeführt werden, der den Peloponnesischen Krieg bis zum Jahr 411 v. Chr. beschrieb. Ihm verdankt die moderne Geschichtswissenschaft die Grundlage ihrer Methodik, wie unter anderem das folgende Zitat zeigt:[64]

> „Für das Niederschreiben des tatsächlichen Kriegsgeschehens aber hielt ich nicht die Befragung jeder sich zufällig bietenden Quelle für die richtige Grundlage und auch nicht meine eigene Einschätzung, sondern die mit aller nur möglichen Genauigkeit geführte Untersuchung jeder Einzelheit sowohl der Geschehnisse, bei denen ich selbst zugegen war, als auch der von anderen mir mitgeteilten."

Nach Thukydides führen allein das kritische Quellenstudium und die Suche nach den Ursachen zu verlässlichem Wissen über Ereignisse in der Vergangenheit. Des

61 Cic. de leg. 1,5: „Quamquam et apud Herodotum patrem historiae et apud Theopompum sunt innumerabiles fabulae."

62 Hdt. 1,1,0 (Übers. Heinz-Günther Nesselrath 2017): „Ἡροδότου Ἁλικαρνησσέος ἱστορίης ἀπόδεξις ἥδε, ὡς μήτε τὰ γενόμενα ἐξ ἀνθρώπων τῷ χρόνῳ ἐξίτηλα γένηται, μήτε ἔργα μεγάλα τε καὶ θωμαστά, τὰ μὲν Ἕλλησι, τὰ δὲ βαρβάροισι ἀποδεχθέντα […]."

63 Lendle 1992, 52.

64 Thuk. 1,20–22; Zitat 1,22,2 (Übers. Michael Weißenberger 2017): „Τὰ δ' ἔργα τῶν πραχθέντων ἐν τῷ πολέμῳ οὐκ ἐκ τοῦ παρατυχόντος πυνθανόμενος ἠξίωσα γράφειν, οὐδ' ὡς ἐμοὶ ἐδόκει, ἀλλ' οἷς τε αὐτὸς παρῆν καὶ παρὰ τῶν ἄλλων ὅσον δυνατὸν ἀκριβείᾳ περὶ ἑκάστου ἐπεξελθών."

Weiteren sollen historische Darstellungen, so sein Anspruch, insofern nutzbringend sein, dass die Zeitgenossen daraus Handlungsmaximen für sich selbst ableiten können.

Eine Mittlerstellung zwischen der griechischen und römischen Historiographie kann dem hellenistischen Geschichtsschreiber Polybios von Megalopolis (etwa 200–120 v. Chr.) zugewiesen werden. Weil der Grieche Polybios eine hochrangige Position im Achäischen Bund innehatte, wurde er nach dessen Niederlage 169 v. Chr. nach Rom verschleppt. Dort gelangte er in den Freundeskreis des einflussreichen römischen Feldherrn und Politikers Scipio der Jüngere und avancierte zu einem angesehenen Berater der Römer. In seinem Werk Ἱστορίαι („Historien") zeichnet Polybios auf einer breiten Materialbasis die politisch-militärischen Ereignisse und deren Ursachen während der Punischen Kriege (264–146 v. Chr.) nach, die Rom zu einer Weltmacht machten. Seinen Stil bezeichnet er selbst als „pragmatische Geschichtsschreibung":[65] Damit eine historische Abhandlung lehrreich ist, müssen Nutzen und Genuss Hand in Hand gehen.

Daneben wurden auch andere „römische Geschichten" von Griechen oder in griechischer Sprache geschrieben. Erst Cato der Ältere (234–149 v. Chr.) verfasste mit seinen *Origines* („Urgeschichte") das erste Werk in Latein. Die frühe römische Geschichtsschreibung war Sache des Senats: Mitglieder der Führungsschicht schrieben für ihre Standesgenossen oder kommende Generation. Daher ist jede überlieferte römische Geschichte patriotisch und von moralisierenden Elementen durchzogen. In der römischen Historiographie können drei Traditionen unterschieden werden: die Annalistik, die Zeitgeschichte und die historische Monographie.[66] Die Annalistik ist eine an Jahren orientierte Darstellungsform, welche auf die priesterlichen Jahreschroniken *(annales)* zurückgeht. Die meisten Ausführungen beginnen mit der Gründung Roms. Dagegen werden in der Zeitgeschichte *(historiae)* aktuell Erlebtes oder Ereignisse der jüngeren Vergangenheit von Zeitzeugen niedergeschrieben. Ziele sind die Weitergabe von Wissen an jüngere Generationen und die politische Rechtfertigung. Die historische Monographie wird auch als „tragische Geschichtsschreibung"[67] bezeichnet, weil sie sich in Aufbau und Gestaltung an die Tragödien anlehnt. In ihrem Zentrum steht meist eine herausragende Persönlichkeit.

Ein einflussreicher Vertreter der römischen Historiographie war Titus Livius (etwa 59 v. Chr.–17 n. Chr.). Er schrieb ein großes Werk namens *Ab urbe condita libri* („Von der Gründung der Stadt") bestehend aus ursprünglich 142 Büchern, von denen 35 erhalten sind. Behandelt wird darin die Zeit von der Gründung Roms bis 9 v. Chr. Unter den römischen Geschichtsschreibern nimmt Livius eine Sonder-

---

65 Pol. 1,2,8: „Ὁμοίως δὲ καὶ περὶ τοῦ πόσα καὶ πηλίκα συμβάλλεσθαι πέφυκε τοῖς φιλομαθοῦσιν ὁ τῆς πραγματικῆς ἱστορίας τρόπος."

66 Albrecht 2016, Bd. I, 306. Wichtige Vertreter der Annalistik waren Quintus Fabius Pictor (etwa 254–201 v. Chr.) und Lucius Cassius Dio (etwa 163–299 n. Chr.); der Zeitgeschichte Marcus Porcius Cato (234–149 v. Chr.) und Gaius Iulius Caesar (100–44 v. Chr.); der historischen Monographie Lucius Coelius Antipater (180/170–120 v. Chr.) und Gaius Sallustius Crispus (86–35/34 v. Chr.).

67 Meister 1990, 99.

stellung ein, da er nie politisch oder militärisch aktiv war. Das Werk ist in annalistischer Tradition geschrieben und beruht auf der Lektüre einer Vielzahl schriftlicher Quellen griechischer und römischer Provenienz. Dabei betreibt Livius weniger ein kritisches Quellenstudium, sondern stellt vielmehr zu seiner Aussageabsicht passende Informationen zusammen, die er vorfindet. Wegen der Anschaulichkeit *(evidentia)* seiner Darstellung war Livius schon zu Lebzeiten ein Klassiker. Dafür benutzt er *exempla* (Beispiele), das heißt, er führt anhand einzelner Personen oder Handlungen vor, inwiefern diese zur Nachahmung oder Abschreckung im Sinne römischer Sozialnormen dienen können.

Der Historiograph Publius Cornelius Tacitus (etwa 55–120 n. Chr.) verfasste gleich zwei große Schriften: die *Historiae* („Historien") und die *Annales* („Annalen"). Die *Historiae* zählen zur Tradition der Zeitgeschichte, denn Tacitus überliefert die selbsterlebte Zeit der Flavier (69–96 n. Chr.). Dagegen behandeln die *Annales* die Zeit des julisch-claudischen Kaiserhauses nach Augustus (14–69 n. Chr.). In beiden Werken fällt die kunstvolle sprachliche und inhaltliche Komposition ins Auge. Obgleich er der jährlichen Struktur treu bleibt, gelingt es Tacitus, einzelne Persönlichkeiten herauszustellen. Er zeichnet Charakterbilder der Kaiser und führt dem Publikum vor Augen, wie Charakter und Gesellschaft zusammenhängen und sich bedingen. Obgleich er nach eigenen Angaben um eine neutrale Darstellung „ohne Zorn und Eifer"[68] bemüht war, kommt er in Bezug auf einzelne Kaiser, vor allem der julisch-claudischen Dynastie, zu drastischen Urteilen.

In der Spätantike hat das Lateinische das Griechische als Sprache der Historiographen weitgehend abgelöst, sodass der aus Antiochia in Syrien stammende Offizier Ammianus Marcellinus (etwa 333–395 n. Chr.) seine *Res gestae* („Tatenbericht") in lateinischer Sprache verfasste. Das ursprünglich 31-bändige Werk schließt inhaltlich an die *Historiae* des Tacitus an: Die Darstellung beginnt mit dem Kaiser Nerva (96 n. Chr.) und endet mit dem Tod des Kaisers Valens (378 n. Chr.). Erhalten sind die Bücher 14–31, in denen die Jahre 353–378 n. Chr. beschrieben werden. Seine chronologische Darlegung bereichert Ammianus mit Exkursen, sodass neben dem historiographischen auch geographisches und naturwissenschaftliches Wissen festgehalten ist. Für seine Zeitgeschichte beruft er sich auf eigene Beobachtungen und Augenzeugenberichte. Daneben hatte er Zugang zum kaiserlichen Archiv und damit zu Briefen und amtlichen Dokumenten.[69] Außerdem werden andere Historiker, Panegyriker oder ältere Autoren wie Platon (428/427–348/347 v. Chr.) und Cicero (106–43 v. Chr.) namentlich erwähnt.[70] Die annalistische Struktur seiner Vorgänger kann Ammianus aufgrund der Größe des *Imperium Romanum* nur noch bedingt einhalten, weshalb die *Res gestae* auch nach Orten und Regionen gegliedert sind. Für ihn stehen *veritas*[71] (Wahrheit) und die Konzentration auf die wichtigsten Ereig-

68 Tac. ann. 1,1: „sine ira et studio".

69 Amm. 16,12,70.

70 Siehe z. B. Amm. 31,10,5; Liban. or. 18.

71 Amm. 31,16,9.

nisse – im Gegensatz zu einer unübersichtlichen, zu kleinteiligen Darstellung – im Vordergrund.[72] Neu an Ammianus' Stil ist, dass er die Geschichte des römischen Reiches und seiner Kaiser als einen persönlichen Bericht in Wir-Form gestaltet. In großer Breite wird das Selbsterlebte dargestellt, während andere für den Verlauf der Geschichte vielleicht wesentlichere Ereignisse nur knapp genannt werden.

Rhetorik und Philosophie

Mit der sich verbreitenden Demokratie in den griechischen Stadtstaaten entstanden neue Räume der öffentlichen Selbstdarstellung. Besonders die Rhetorik erlebte ab dem 4. Jh. v. Chr. einen Aufschwung. Die drei Arten der Rede, die Aristoteles in seiner Schrift Τέχνη Ῥητορική („Rhetorik") festlegt, hatten in der gesamten Antike Bestand: vor Gericht (γένος δικανικόν, *genus iudiciale*), in der Versammlung (γένος συμβουλευτικόν, *genus deliberativum*) und zu öffentlichen Festanlässen (γένος ἐπιδεικτικόν, *genus demonstrativum*).[73] Am Anfang der Rede stand meist ein Proömium, darauf folgten der Hauptteil, welcher in Sinnabschnitte eingeteilt war und von Exkursen unterbrochen sein konnte, ehe ein kurzer Schlussteil die Argumente und Appelle zusammenfasste. Diese Struktur war als Orientierung gedacht, denn der Aufbau der Reden hing von Inhalt und Kontext ab.[74] Die Rede war eigentlich ein Medium der mündlichen Kommunikation, jedoch wurden viele Reden entweder, nachdem sie gehalten worden waren, überarbeitet und erweitert oder nie gehaltene Reden nur in geschriebener Form publiziert.[75]

Philosophisches Gedankengut wurde ebenfalls mehrheitlich in Prosaform dargebracht. Dabei waren die Abhandlungen an keine Gattung gebunden, sondern konnten beispielsweise als Dialog, Brief oder Kompendium angelegt sein. Philosophen strebten ein Verständnis von Wirklichkeit an, aus dem sich Handlungsmaximen für das eigene Leben ableiten ließen. Die antike Philosophie kann für eine erste Orientierung in vier Epochen eingeteilt werden: die Vorsokratiker, die griechische Klassik (Sophisten, Akademiker, Peripatetiker und Kyniker), die hellenistische und römische Philosophie (Stoiker, Epikureer) und die Spätantike (Neuplatoniker).[76] Innerhalb der Epochen, aber auch epochenübergreifend, bildeten sich

72 Amm. 26,1,1: „[…] discurrere per negotiorum celsitudines assuetae, non humilium minutias indagare causarum".

73 Aristot. rhet. 1,3.

74 Wichtige Vertreter der griechischen Rhetorik sind zum Beispiel Demosthenes (384–322 v. Chr.), Isokrates (436–388 v. Chr.) oder Aelius Aristides (117–181 n. Chr.), während in römischer Zeit etwa Marcus Tullius Cicero (106–43 v. Chr.), Marcus Fabius Quintilianus (etwa 35–96 n. Chr.), Seneca der Jüngere (etwa 1–65 n. Chr.) oder Plinius der Jüngere (etwa 61/62–113/115 n. Chr.) zu nennen sind.

75 Damit in enger Verbindung stehen die überlieferten Briefe. Der Brief, eigentlich ein persönliches Schriftstück, wurde zur Selbstdarstellung genutzt und entweder in überarbeiteter Form oder erst postum veröffentlicht; wichtige Vertreter sind Marcus Tullius Cicero (106–43 v. Chr.), Plinius der Jüngere (etwa 61/62–113/115 n. Chr.) oder Sidonius Apollinaris (etwa 431/432–479 n. Chr.).

76 Wichtige Vertreter der griechischen Philosophie sind Platon (428/427–348/347 v. Chr.), Aristoteles (384–322 v. Chr.) oder Theophrastos von Eresos (etwa 371–287 v. Chr.); der römischen Philosophie

Schulen, die nach ihrem jeweiligen Gründungsvater benannt sein konnten und in denen eine ähnliche Lebensweise angestrebt wurde. So basierten die Lehren des Epikureismus auf der Gedankenwelt Epikurs (etwa 341–270 v. Chr.).

Fachliteratur

Als eine sehr verbreitete Form der Prosa kann die Fachliteratur angeführt werden. In diesen Schriften wurde das gesammelte Wissen eines Bereichs zusammengestellt oder mehrere Disziplinen wurden in einer Enzyklopädie behandelt. Dabei kann zwischen theoretischem und praktischem Wissen unterschieden werden. Die Autoren dieser Werke entstammten nicht mehr ausschließlich der Oberschicht, da hier die Sachkenntnis ausschlaggebend war. Gestaltet waren die meisten praktischen Darstellungen so, dass sie Handlungsanweisungen für das alltägliche Leben bereithielten. Daher waren sie auf Leserfreundlichkeit und Anschaulichkeit angelegt. Die Palette der möglichen Themen war groß und reichte von der Geographie über die Medizin *(Corpus Hippocraticum)* und Landwirtschaft bis hin zum Recht *(Digesten)*.[77]

Die Trennung zwischen Fachliteratur und Philosophie wurde in der Antike weniger strikt vorgenommen, wie das Beispiel Aristoteles (384–322 v. Chr.) zeigt. Als Sohn des Arztes Nikomachos war er mit fachwissenschaftlichen Themen vertraut.[78] Nach seiner Ausbildung an der Akademie Platons (428/427–348/347 v. Chr.) unternahm er ausgedehnte Forschungsreisen, um sich seinen biologischen, physikalischen oder meteorologischen Studien zu widmen. Nach Athen zurückgekehrt gründete er eine eigene Schule, den Peripatos, in der neben naturwissenschaftlichen auch politischen und philosophischen Fragestellungen nachgegangen wurde. Bereits in der Antike galt Aristoteles als Universalgenie, das nach seiner eigenen Einschätzung in manchen Wissenschaftsbereichen überhaupt erst die Grundlage für empirische Forschung gelegt habe.[79]

Einführungsliteratur

M. von Albrecht, Geschichte der römischen Literatur. Von Andronicus bis Boethius und ihr Fortwirken, II Bd. ³(Berlin 2016).

W. Eisenhut, Einführung in die antike Rhetorik und ihre Geschichte, Die Altertumswissenschaft ⁴(Darmstadt 1990).

D. Flach, Einführung in die römische Geschichtsschreibung ³(Darmstadt 1998).

Marcus Tullius Cicero (106–43 v. Chr.), Titus Lucretius Carus (etwa 95–53 v. Chr.) oder Seneca der Jüngere (etwa 1–65 n. Chr.).

77 Wichtige Vertreter der Geographie waren Hekataios von Milet (etwa 550–480 v. Chr.) oder Pomponius Mela (1. Jh. n. Chr.); der Medizin Aulus Cornelius Celsus (etwa 25 v. Chr.–50 n. Chr.); der Landwirtschaft Xenophon (etwa 430–354 v. Chr.), Marcus Terentius Varro (116–27 v. Chr.) oder Lucius Iunius Columella (1. Jh. n. Chr.); des Rechts Gaius (2. Jh. n. Chr.).

78 Flashar 2013, 14–15.

79 Aristot. soph. el. 34,183b1.

H. Flashar, Aristoteles. Lehrer des Abendlandes (München 2013).
M. Fuhrmann, Geschichte der römischen Literatur, Reclam Universal-Bibliothek 17658 (Stuttgart 2005).
M. Fuhrmann, Die antike Rhetorik. Eine Einführung [6](Mannheim 2011).
H. Holzhey – L. Cesalli – G. Hartung (Hrsg.), Grundriss der Geschichte der Philosophie. Die Philosophie der Antike, Bd. I: Frühgriechische Philosophie, Bd. II/1: Sophistik. Sokrates. Sokratik. Mathematik. Medizin, Bd. II/2: Platon, Bd. III: Ältere Akademie. Aristoteles, Peripatos, Bd. IV: Die hellenistische Philosophie, Bd. V: Die Philosophie der Kaiserzeit und der Spätantike (Basel 1998–2018).
M. Hose, Kleine griechische Literaturgeschichte. Von Homer bis zum Ende der Antike, Beck'sche Reihe 1326 [2](München 2012).
T. Howe – S. Müller – R. Stoneman (Hrsg.), Ancient Historiography on War and Empire (Oxford 2017).
O. Lendle, Einführung in die griechische Geschichtsschreibung. Von Hekataios bis Zosimos, Die Altertumswissenschaft (Darmstadt 1992).
A. Mehl, Römische Geschichtsschreibung. Grundlagen und Entwicklungen. Eine Einführung (Stuttgart 2001).
K. Meister, Die griechische Geschichtsschreibung. Von den Anfängen bis zum Ende des Hellenismus (Stuttgart 1990).
W. Ries, Die Philosophie der Antike, Basiswissen Philosophie (Darmstadt 2005).
T. F. Scanlon (Hrsg.), Greek Historiography, Blackwell Introductions to the Classical World (Chichester 2015).
H. Seidl, Einführung in die antike Philosophie. Hauptprobleme und Lösungen dargelegt anhand der Quellentexte (Freiburg im Breisgau 2010).
B. Zimmermann – A. Rengakos (Hrsg.), Handbuch der griechischen Literatur der Antike. Bd. I: Die Literatur der archaischen und klassischen Zeit, Bd. II: Die Literatur der klassischen und hellenistischen Zeit (München 2011–2014).

Quellenkritik: Xen. hell. 7,2,1–4

(1) Während die geschilderten Ereignisse bis dahin gediehen waren, hatten die Argeier auf dem Gebiet von Phleius das Trikaranon-Gebirge auf der Höhe oberhalb des Hera-Heiligtums befestigt, und die Sikyonier befestigten Thyamia auf der Grenze ihres Gebiets, und so sahen sich die Phleiasier schwer bedrängt und litten Mangel an allem Lebenswichtigen. Dennoch hielten sie standhaft zu ihrem Bündnis. Nun ist es ja so, dass alle irgendwie rühmlichen Taten, wenn sie von den großen Städten vollbracht werden, bei sämtlichen Geschichtsschreibern erwähnt werden. Mir aber will scheinen, wenn eine Stadt, die nur geringe Bedeutung besitzt, viele ruhmvolle Taten vollbracht hat, dass es noch mehr der Mühe wert ist, diese darzulegen. (2) Die Phleiasier also waren die Freunde der Lakedaimonier zu einer Zeit geworden, als diese auf der Höhe ihrer Macht standen. Aber nach ihrer Niederlage in der Schlacht bei Leuktra und dem Abfall nicht nur vieler Perioiken, sondern auch sämtlicher Heloten und darüber hinaus ihrer Bundesgenossen mit Ausnahme ganz weniger, als schließlich sozusagen ganz Hellas gegen sie ins Feld zog, blieben ihnen die Phleiasier immer noch treu und kamen

ihnen zu Hilfe, ohne Rücksicht darauf, dass die stärksten Völkerschaften der Peloponnesos, nämlich die Arkader und Argeier, ihre Feinde waren; und als bei dem gemeinsamen Aufgebot zur Unterstützung der Lakedaimonier das Los sie traf, als letzte von allen nach Prasiai überzusetzen – an diesem Unternehmen waren die Korinthier, Epidaurier, Troizenier, Hermioneer, Halieer, Sikyonier und Pellener beteiligt, (3) denn diese letzteren waren zu der Zeit noch nicht abgefallen –, und als dann auch noch der Xenagos mit denen, die vor ihnen schon herübergekommen waren, aufbrach und sie allein im Stich ließ, nicht einmal da ließen sie sich zur Umkehr verleiten, sondern mieteten einen Führer aus Prasiai, da die Feinde in der Gegend von Amyklai standen, wanden sich auf Schleichwegen, wie sie eben konnten, durch das Gebirge und erreichten glücklich Sparta. Freilich ehrten sie dafür die Lakedaimonier auf verschiedene Weise, unter anderem dadurch, dass sie ihnen einen Ochsen als Freundschaftsgabe übersandten. (4) Als aber nach dem Abzug der Feinde aus Lakedaimon die Argeier aus Erbitterung darüber, wie sich die Phleiasier und die Lakedaimonier bemüht hatten, mit ihrem gesamten Heerbann in das Gebiet von Phleius einfielen und dort das Land verwüsteten, gaben sie auch da wieder nicht nach, im Gegenteil machten die phleiasischen Reiter, als die Feinde, die zerstört hatten, was sie nur konnten, sich zurückzogen, einen Ausfall und ritten hinter ihnen her; bei den Argeiern war die Nachhut aus sämtlichen Reitern und den an diese in der Aufstellung anschließende Hoplitenabteilungen gebildet, aber die Phleiasier, die nur sechzig Reiter waren, sprengten auf diese los und trieben die gesamte Nachhut in die Flucht. Sie töteten zwar nur wenige von ihnen, stellten aber trotzdem unter den Augen der Argeier ein Siegeszeichen auf, nicht anders, als hätten sie sie allesamt niedergehauen.

(1) Οὕτω δὲ τούτων προκεχωρηκότων, καὶ τῶν τε Ἀργείων ἐπιτετειχικότων ἐν τῷ Φλειοῦντι τὸ ὑπὲρ τοῦ Ἡραίου Τρικάρανον, καὶ τῶν Σικυωνίων ἐπὶ τοῖς ὁρίοις αὐτῶν τειχιζόντων τὴν Θυαμίαν, μάλα ἐπιέζοντο οἱ Φλειάσιοι καὶ ἐσπάνιζον τῶν ἐπιτηδείων· ὅμως δὲ διεκαρτέρουν ἐν τῇ συμμαχίᾳ. ἀλλὰ γὰρ τῶν μὲν μεγάλων πόλεων, εἴ τι καλὸν ἔπραξαν, ἅπαντες οἱ συγγραφεῖς μέμνηνται· ἐμοὶ δὲ δοκεῖ, καὶ εἴ τις μικρὰ πόλις οὖσα πολλὰ καὶ καλὰ ἔργα διαπέπρακται, ἔτι μᾶλλον ἄξιον εἶναι ἀποφαίνειν. (2) Φλειάσιοι τοίνυν φίλοι μὲν ἐγένοντο Λακεδαιμονίοις, ὅτ' ἐκεῖνοι μέγιστοι ἦσαν· σφαλέντων δ' αὐτῶν ἐν τῇ ἐν Λεύκτροις μάχῃ, καὶ ἀποστάντων μὲν πολλῶν περιοίκων, ἀποστάντων δὲ πάντων τῶν Εἱλώτων, ἔτι δὲ τῶν συμμάχων πλὴν πάνυ ὀλίγων, ἐπιστρατευόντων δ' αὐτοῖς ὡς εἰπεῖν πάντων τῶν Ἑλλήνων, πιστοὶ διέμειναν, καὶ ἔχοντες πολεμίους τοὺς δυνατωτάτους τῶν ἐν Πελοποννήσῳ Ἀρκάδας καὶ Ἀργείους ὅμως ἐβοήθησαν αὐτοῖς, καὶ διαβαίνειν τελευταῖοι λαχόντες εἰς Πρασιὰς τῶν συμβοηθησάντων, ἦσαν δ' οὗτοι Κορίνθιοι, Ἐπιδαύριοι, Τροιζήνιοι, Ἑρμιονεῖς, Ἁλιεῖς, Σικυώνιοι καὶ Πελληνεῖς· (3) οὐ γάρ πω τότε ἀφέστασαν – ἀλλ' οὐδ' ἐπεὶ ὁ ξεναγὸς τοὺς προδιαβεβῶτας λαβὼν ἀπολιπὼν αὐτοὺς ᾤχετο, οὐδ' ὣς ἀπεστράφησαν, ἀλλ' ἡγεμόνα μισθωσάμενοι ἐκ Πρασιῶν, ὄντων τῶν πολεμίων περὶ Ἀμύκλας, ὅπως ἐδύναντο διαδύντες εἰς Σπάρτην ἀφίκοντο. καὶ μὴν οἱ Λακεδαιμόνιοι ἄλλως τε ἐτίμων αὐτοὺς καὶ βοῦν ξένια ἔπεμψαν. (4) ἐπεὶ δ' ἀναχωρησάντων τῶν πολεμίων ἐκ τῆς Λακεδαίμονος οἱ Ἀργεῖοι ὀργιζόμενοι τῇ τῶν Φλειασίων περὶ τοὺς Λακεδαιμονίους προθυμίᾳ ἐνέβαλον πανδημεὶ εἰς τὸν Φλειοῦντα καὶ τὴν χώραν αὐτῶν ἐδῄουν, οὐδ' ὣς ὑφίεντο, ἀλλὰ καὶ ἐπεὶ ἀπεχώρουν φθείραντες ὅσα ἐδύναντο, ἐπεξελθόντες οἱ τῶν Φλειασίων ἱππεῖς ἐπηκολούθουν αὐτοῖς,

καὶ ὀπισθοφυλακούντων τοῖς Ἀργείοις τῶν ἱππέων ἁπάντων καὶ λόχων τῶν μετ᾽ αὐτοὺς τεταγμένων, ἐπιθέμενοι τούτοις ἑξήκοντα ὄντες ἐτρέψαντο πάντας τοὺς ὀπισθοφύλακας· καὶ ἀπέκτειναν μὲν ὀλίγους αὐτῶν, τροπαῖον μέντοι ἐστήσαντο ὁρώντων τῶν Ἀργείων οὐδὲν διαφέρον ἢ εἰ πάντας ἀπεκτόνεσαν αὐτούς.

Noch heute wird in der Geschichtswissenschaft über Methoden und Darstellungsformen von Vergangenheit diskutiert. Immer wieder werden dabei die griechischen Historiographen als Vorbilder angeführt. Zu diesen Autoren gehört auch Xenophon (etwa 430–354 v. Chr.), obgleich seine Position innerhalb der antiken Geschichtsschreibung in der Forschung umstritten ist. Xenophon stammte aus dem athenischen Demos Erchia und war Mitglied einer wohlhabenden ritterlichen Familie.[80] In jungen Jahren schloss er Bekanntschaft mit Sokrates und wurde Mitglied seines Schülerkreises.[81] Die sokratischen Lehren spiegeln sich beispielsweise in den philosophischen Schriften Xenophons wider. Daneben verfügte Xenophon über ausgeprägte militärische Kenntnisse. Er bekleidete nicht nur 411 v. Chr. das Amt des Hipparchen, sondern nahm auch am Feldzug des Kyros teil (401–399 v. Chr.), wovon die Schrift Ἀνάβασις („Hinaufmarsch") berichtet. Auf dem Rückweg machte er die Bekanntschaft des Spartanerkönigs Agesilaos II. (etwa 433–358 v. Chr.), den er auf weiteren Kriegszügen begleitete.[82] Nachdem Xenophon aus ungeklärten Gründen aus Athen verbannt worden war, lebte er auf seinem Landgut Skillus, das ihm Agesilaos geschenkt hatte.[83] Seinen Lebensabend verbrachte Xenophon wohl wieder in Athen. Anhand seiner Biographie zeigt sich bereits, was für die historiographische Tätigkeit stilgebend war: Xenophon stand zwischen zwei Welten, der seiner Heimatstadt Athen und der seiner Exilheimat Sparta.

Eine der historiographischen Schriften Xenophons ist die sieben Bücher umfassende Ἑλληνικά („Griechische Geschichte"), welche die Zeit von 411 v. Chr. bis zur Schlacht von Mantineia (362 v. Chr.) behandelt.[84] Das Werk kann in zwei Abschnitte unterteilt werden: Die ersten beiden Bücher erzählen die Geschichte des Peloponnesischen Krieges bis 404 v. Chr. Ab dem dritten Buch steht dann die spartanische Geschichte im Fokus. Der vorliegende Abschnitt ist dem letzten Buch entnommen, welches die Zeit nach der entscheidenden Schlacht von Leuktra (371 v. Chr.) behandelt. Auslöser war die Weigerung Thebens, die Städte in der Landschaft Boiotien eigenständig einen griechischen Friedensvertrag unterzeichnen zu lassen.[85] Bei Leuktra verloren die Spartaner ihre militärische und politische Vormachtstellung im griechischen Raum. Im folgenden Jahrzehnt der thebanischen Hegemonie war sogar die regionale Dominanz Spartas auf der Peloponnes bedroht.

80 Schütrumpf 2002, 633.
81 Nickel 2016, 15–16.
82 Schütrumpf 2002, 634.
83 Nickel 2016, 7, 16–17.
84 Roussel - Étienne 2018, 10–12.
85 Roussel - Étienne 2018, 621.

Abb. 10 Zentralgriechenland im 5. Jh. v. Chr., (1) Phleius, (2) Sparta, (3) Argos, (4) Sikyon.

Der Bericht Xenophons setzt mit der Belagerung von Phleius durch die Poleis Argos und Sikyon ein.[86] Diese Polis, die auf einer fruchtbaren Ebene in der nördlichen Peloponnes lag, blieb im Gegensatz zu zahlreichen anderen eine treue Verbündete Spartas, weshalb sie mehrmals zum Kriegsschauplatz wurde.[87] Die Phleiasier, deren Tugendhaftigkeit und Mut Xenophon außerordentlich lobt, halten trotz der aussichtslosen Lage dieses Mal, wie bereits in früherer Zeit, den Lakedaimoniern die Treue.[88] Wegen ihres vorbildlichen Verhaltens und ihrer strategischen Leistungen, so Xenophon weiter, sei es den Bewohnern von Phleius in der akuten Bedrohungslage gelungen, die Argeier zu schlagen und das, obwohl sie zahlenmäßig unterlegen gewesen seien und bereits Lebensmittelknappheit in der Stadt herrschte.[89]

In seine Ausführungen über die kleine Stadt Phleius webt Xenophon einige methodische Überlegungen ein, anhand derer die Frage aufgeworfen werden kann, was Xenophon als Historiographen auszeichnet. Diesbezüglich können sowohl die

86 Xen. hell. 7,2,1.
87 Strab. 8,6,24; Paus. 2,13,3–8.
88 Xen. hell. 7,2,2–3
89 Xen. hell. 7,2,4. Eine Parallelquelle überliefert, dass die Phleiasier verloren hätten: Diod. 15,69,1.

Gemeinsamkeiten mit als auch die Unterschiede zu anderen Geschichtsschreibern in den Blick genommen werden. Xenophon gilt neben Theopompos von Chios und Kratippos von Athen als „Fortsetzer des Thukydides".[90] Dafür spricht vor allem der Anfang der Ἑλληνικά: Das Werk beginnt ohne einführende Bemerkung oder Erläuterungen und knüpft direkt an den Bericht des Thukydides an.[91] Während sich die ersten beiden Bücher noch eng am Vorbild orientieren, setzt Xenophon im Laufe des Werkes eigene Akzente. So wird die chronologische Erzählweise nach Jahren beibehalten, neben die unpersönlichen Schilderungen treten aber verstärkt Werturteile.[92]

Vor allem in der deutschsprachigen Forschung hat diese Nähe zu einem negativen Xenophon-Bild geführt, da seine Darstellung im Vergleich zu Thukydides als weniger qualitätvoll angesehen wurde.[93] Dies entspricht jedoch nicht der antiken Wahrnehmung, denn Xenophon wurde von hellenistischen und römischen Autoren viel gelesen und zitiert.[94] Dagegen erfährt Xenophon in der anglophonen Welt in den letzten Jahren große Aufmerksamkeit, wobei seine eigenständige historiographische Leistung herausgestellt wird. Während zur Zeit seiner Vorgänger Herodot und Thukydides noch wenige Geschichtsschreiber tätig waren, entstanden Xenophons Werke in einer Phase, in der zahlreiche historiographische Werke produziert wurden und somit viel über Methode und Zweck der Gattung diskutiert wurde.[95] Daher ist eine historische Programmatik in seinen Schriften deutlich fassbar.

Für Xenophon bedeutet der Anschluss an Thukydides eine zeitliche Kontinuität zwischen den Werken und weniger eine stilistische oder methodische Einheit. Dies zeigt sich an dem unvermittelten Anfang, welcher als ein Indiz für die bewusste Abkehr von der bisherigen Historiographie, die immer ein Proömium oder andere einführende Bemerkungen an den Beginn stellt, interpretiert werden kann.[96] In diese Richtung deutet auch das Fehlen eines Fazits. Ein Abarbeiten an Vorbildern war und ist ein Charakteristikum der Geschichtsschreibung und führt zur Ausbildung der eigenen literarischen Persönlichkeit.[97] Von seinen Vorgängern übernahm Xenophon den Anspruch einer möglichst breiten Quellenbasis. So stehen neben dem Selbsterlebten die Lektüre anderer Autoren und die Berichte von Augenzeugen. Mehr als bei Herodot oder Thukydides rücken bei Xenophon einzelne Personen ins Zentrum der Betrachtung, während das Quellenstudium oder die systematische Zusammenschau der Ereignisse teilweise in den Hintergrund geraten.[98]

Des Weiteren besonders an seinem Werk ist die thematische Schwerpunktsetzung: Während vorher vor allem Athen im Mittelpunkt stand, berichtet Xenophon über

90 Meister 2013, 17.
91 Xen. hell. 1,1.
92 Meister 2013, 18.
93 Dillery 1995, 9.
94 Nickel 2016, 209–213.
95 Flower 2017, 311–313.
96 Flower 2017, 304; Dillery 1995, 10–11.
97 Baragwanath 2017, 155.
98 Schütrumpf 2002, 637.

den Aufstieg und Niedergang Spartas. Dafür kann er, der selbst zeitweise in Sparta lebte und im Heer des Agesilaos kämpfte, auf spartanische Augenzeugenberichte zurückgreifen. Diese Ausrichtung des Werkes erklärt auch, warum Ereignisse zum Nachteil Spartas, wie die Einrichtung des Arkadischen Bundes, die Wiedergründung von Messene und die Installation des zweiten Athenischen Seebundes, nicht direkt thematisiert werden.[99] Um sein Ziel – die Ursachen der schwindenden spartanischen Macht darzulegen – zu erreichen, selektiert Xenophon, genauso wie es Herodot und Thukydides taten. Damit erklärt sich auch die Darstellung des Königs Agesilaos, der zwar wenig kritisch, aber doch nicht durchweg positiv beschrieben wird.[100]

Im vorliegenden Abschnitt thematisiert Xenophon die Selektion als Mittel des Historikers sogar direkt, indem er die Frage nach der Überlieferungswürdigkeit aufwirft. Diese bewusste Auswahl und Gestaltung des historischen Stoffes wird von Sarah Brown Ferrario als „Historical Agency" bezeichnet.[101] Nicht nur bei Xenophon,[102] sondern auch bei Thukydides[103] und Herodot[104] wird das Problem, das mit dem griechischen Begriff ἀξιόλογον (Bemerkenswertes) umschrieben werden kann, thematisiert. Xenophon äußert im Zusammenhang mit der Phleius-Episode Kritik an der Arbeit „sämtlicher Geschichtsschreiber", die nur die Geschichte großer Städte berichten, anstatt sich den erwähnenswerten Taten zu widmen, auch wenn diese sich in kleinen Städten zugetragen haben.[105] Hierin spiegelt sich eine Besonderheit der xenophontischen Historiographie wider: Er schrieb „philosophische Geschichte".[106] Genauso wie die Philosophie soll auch die Geschichtsschreibung immer dem Zweck des Belehrens und Lernens dienen.[107] Die Phleius-Episode zeigt, wie die belehrende Absicht mithilfe von *exempla* umgesetzt werden konnte.[108] Das Verhalten der kleinen Stadt, die stets selbstbestimmt sowie diszipliniert handelte und den Verbündeten gegenüber treu war, sollte als Vorbild für die anderen griechischen Poleis dienen.[109] Selbstbeherrschung (ἐγκράτεια) als Ideal erscheint häufiger in den Schriften Xenophons.[110] Wenn jeder einzelne und die Gemeinschaft der Bürger danach strebe, so Xenophon, könnten sie Tugend und Stärke erlangen. Die Phleiasier, die sich trotz ihrer aussichtslosen Lage und der knappen Lebensmittel in Selbstbeherrschung übten, überstanden den Konflikt. Damit kritisiert Xenophon gleichzeitig die großen Städte Athen und Sparta, deren schlechtes Verhalten letztendlich dazu geführt habe, dass sie ihre Vormachtstellung einbüßten.[111]

99 Flower 2017, 305–306.
100 Flower 2017, 308–310.
101 Brown Ferrario 2012, 341–343.
102 Xen. hell. 2,3,56; 4,8,1; 5,1,4; 7,2,1.
103 Thuk. 1,1,1; 1,17; 3,90,1.
104 Hdt. 2,148.
105 Xen. hell. 7,2,1: „ἅπαντες οἱ συγγραφεῖς".
106 Baragwanath 2017, 166.
107 Flower 2017, 304.
108 Nickel 2016, 82.
109 Dillery 1995, 135.
110 Dorion 2003, 646–650.
111 Dillery 1995, 138.

Xenophon nimmt unter den griechischen Historiographen eine Vermittlerposition zwischen den frühen Vertretern Herodot und Thukydides und den hellenistischen Autoren ein. Während er sich in vielem an den Vorbildern orientierte, setzte er eigene thematische und methodische Schwerpunkte, die wiederum von anderen aufgegriffen und erweitert wurden. Daher könnten weitere Untersuchungen der Frage nachgehen, inwiefern Xenophon in der Antike als „Klassiker" galt. Außerdem könnte diskutiert werden, warum in der griechischen Historiographie der Gegensatz zwischen Griechen und Barbaren immer wieder thematisiert wurde und inwiefern in jeder Fremdbeschreibung der Barbaren eine Selbstbeschreibung der Griechen zu lesen ist.

Quellen- und Literaturverzeichnis

Xenophon, Hellenika, übers. v. G. Strasburger, Sammlung Tusculum ^{4}(Düsseldorf 2005).
Xénophon, Helléniques, übers. u. krit. ed. v. D. Roussel u. R. Étienne (Paris 2018).

E. Baragwanath, Intertextuality and Plural Truths in Xenophon's Historical Narrative, in: I. Ruffell – L. I. Hau (Hrsg.), Truth and History in the Ancient World. Pluralising the Past, Routledge Studies in Ancient History (New York 2017) 155–171.
S. Brown Ferrario, Historical Agency and Self-Awareness in Xenophon's Hellenica and Anabasis, in: F. Hobden – C. Tuplin (Hrsg.), Xenophon. Ethical Principals and Historical Enquiry, Mnemosyne 348 (Leiden 2012) 341–376.
J. Dillery, Xenophon and the history of his times (London 1995).
L.-A. Dorion, «Akrasia» et «enkrateia» dans les «Mémorables» de Xénophon, Dialogue: Canadian Philosophical Review 42/4 (2003) 645–672.
M. A. Flower, Xenophon as a Historian, in: M. A. Flower (Hrsg.), The Cambridge Companion to Xenophon, Cambridge Companions to Literature (Cambridge 2017) 301–322.
K. Meister, Thukydides als Vorbild der Historiker. Von der Antike bis zur Gegenwart (Paderborn 2013).
R. Nickel, Xenophon. Leben und Werk (Marburg 2016).
E. E. Schütrumpf, s. v. Xenophon, in: DNP 12/2 (2002) 633–642.

4.3 Fragmente

Person A sucht die geliebte Person B, die von der bösen Gruppe C entführt wurde. A inszeniert eine Ablenkung, um B im letzten Moment vor dem sicheren Tod durch C zu bewahren. Das Muster kommt uns aus vielen Actionfilmen oder Comics bekannt vor – doch ohne Kenntnis der davorliegenden Ereignisse hätten wir Schwierigkeiten, hinter dieser Handlung mehr als den bloßen Ereignisablauf zu erkennen. So ähnlich ergeht es uns mit Hunderten antiker Autoren und Werke. Wir haben nur Fragmente: einige Strophen aus einem Gedicht, einige Zeilen aus einem Drama, einige Sätze aus einem Fachtext.[112] Als wären wir zu spät in eine Kinovorstellung

112 Einleitend Brunt 1980; Hölkeskamp 2016. Für das Folgende vgl. auch Kussl 1991.

gekommen, müssen wir uns mühevoll die Akteure, den inhaltlichen Kontext, den Ort der Handlung und vieles mehr erschließen. Wenn wir Glück haben, liegt das Fragment nicht nur als isoliertes Stückchen Papyrus oder Bruchteil einer Inschrift vor. Eine antike Zitatsammlung zum Beispiel kann etwa Einleitungen oder Kommentare zu den enthaltenen Versatzstücken liefern und eine Einordnung ermöglichen. Bei solchen begleitenden Elementen sprechen wir vom *Paratext* eines Fragments. Haben wir solch eine Hilfe nicht, müssen wir bei den Informationen ansetzen, die aus den – oft sehr kurzen – Textstücken selbst hervorgehen.

Ein Anhaltspunkt für die Einordnung von Fragmenten können *sprachliche Kriterien* sein: Enthält die Passage vielleicht einen Ausdruck, der in einem bestimmten griechischen Dialekt üblich ist? Wird ein lateinischer Begriff genannt, der in bisher bekannten und datierbaren Quellen nicht vor dem 3. Jh. n. Chr. auftaucht? Auch das Imitieren bestimmter Sprachmoden kann bei der Einschätzung helfen, aber solche „weichen" Kriterien können leicht überinterpretiert werden. Zu welchem Behufe antike Autorinnen und Autoren ihre Worte wählen, ist oft nicht eindeutig. Der veraltete Ausdruck „Behufe" statt „Zweck/Absicht" im vorigen Satz wirkt irritierend – und ist genau für diesen Effekt ausgesucht, der die Aussage des Satzes unterstreichen soll. Aus dem Kontext verstehen wir diesen Einsatz als bewussten Anachronismus. Wenn wir allerdings nur die ersten drei Worte, „Zu welchem Behufe", als Fragment ohne Kontext vorliegen hätten, würden wir womöglich einen deutlich älteren Text vermuten. Je kürzer die antiken Bruchstücke sind, desto höher ist die Gefahr, aus einem vielleicht ganz anders gemeinten Sprachsignal eine falsche Herkunft des Urhebers oder eine fehlerhafte Datierung abzuleiten.

Verlässlicher sind oft *äußere Kriterien*, die den Inhalt des einzelnen Textstücks nur mittelbar betreffen. In Fällen von antiken Originalfragmenten kann etwa die Kenntnis von Handschriften und zeittypischen Alphabeten oder von Schreib- und Beschreibstoffen bei der Eingrenzung helfen.[113] Bei inschriftlich überlieferten Fragmenten können uns die Methoden der epigraphischen Quellenkritik Anhaltspunkte geben.[114]

Auch *Text- und Überlieferungsvergleiche* können in dieser Hinsicht helfen. Manchmal sehen wir in einer Abschrift ein Werk zusammen mit einem anderen Text tradiert, den wir wiederum besser datieren können. Eine Fortsetzung durch einen anderen Urheber kann uns die Datierung des Vorgängers erleichtern. Gelegentlich haben wir von einem (mutmaßlichen) Fragmentautor andere, besser erhaltene Werke, die wir zum Abgleich einsetzen können. Dazu können kleinere Hinweise kommen, beispielsweise direkte Werkbezüge oder gar ein Zitat innerhalb des Fragments, das auf einen anderen, eindeutig datierten Text verweist. Damit ist noch nichts über den zeitlichen Abstand zu diesem Fixpunkt gesagt, aber zumindest ein *terminus post*

113 Siehe Kapitel 10 (Paläographie). Als Einführung in das Arbeiten mit Papyri siehe Pestman 1994; Rupprecht 1994.

114 Siehe Kapitel 5 (Epigraphik).

quem festgelegt. Umgekehrt gibt uns natürlich ein Zitat an anderer Stelle, in dem das Fragment selbst vorkommt, einen *terminus ante quem.*[115]

Für alles andere müssen wir über *inhaltliche Kriterien* an Informationen kommen. Womöglich wird eine regional typische Bezeichnung einer Gottheit erwähnt oder eine historische Herrschergestalt. Vielleicht spielt eine Formulierung auf ein datierbares Ereignis an. Oft helfen sogar die nicht überlieferten Informationen: Wenn das Fragment etwa eine abgeschlossene Liste von berühmten Bauwerken eines Ortes enthält, aber ein etwas jüngeres Wahrzeichen fehlt, dürfte die Aufstellung vor dessen Bau geschrieben worden sein. Ärgerlicherweise kann es auch bedeuten, dass der Autor von veralteten oder unvollständigen Vorlagen abgeschrieben hat. Ebenso könnte er einen bewusst antiquierten Zustand wiedergegeben haben, um die „gute alte Zeit" von der Gegenwart abzugrenzen. Datierung und Identifikation des Urhebers sind zwar wichtige Punkte, aber nicht die einzigen Aspekte der Fragmentanalyse.

Dazu kommt etwa die Einordnung in Muster, wie sie der damaligen Leserschaft vertraut waren und heutigen Forscherinnen und Forschern vertraut sind. Textgattungen haben oft ihren ganz eigenen Charakter. Uns reicht „Man nehme drei Eier …" als Fragment aus, um sofort ein Kochrezept dahinter zu vermuten (oder „Es war einmal …" für ein Märchen). Auf ähnliche Weise kann eine formelhafte Wendung auf eine antike Gerichtsrede schließen lassen oder ein besonderes Versmaß auf eine spezifische Art von Dichtung. Dadurch – und in der Verschränkung aller oben genannten Methoden – wird es für uns zudem möglich, die historische und literarische Relevanz eines Fragments besser einzuschätzen. Haben wir es mit der zehnten schlechten Auszugskopie eines schon besser belegten Werkes zu tun? Füllt das Fragment vielleicht eine Lücke zwischen anderen Bruchstücken und bringt uns so näher an einen vollständigen Originaltext?

Dass ein Autor nur in Fragmenten überliefert ist, passiert sehr häufig und muss überhaupt kein Anzeichen für dessen Relevanz aus Sicht der Zeitgenossen und/oder der Forschung sein. Ktesias von Knidos (5./4. Jh. v. Chr.) wurde mit seiner unterhaltsamen Persienschilderung gerne gelesen; Eratosthenes war mit seiner Grundlagenarbeit zur Globusberechnung Standard bei antiken Geographen.[116] Trotzdem haben wir beide nur in – dafür aber sehr zahlreichen – Fragmenten erhalten. Manchmal wurde ein Werk schon in der Antike nicht mehr komplett überliefert, weil es außer Mode gekommen war oder weil ihm eine leichter verständliche Alternative den Rang abgelaufen hatte. Diesen ungewollten Effekt hatten offenbar viele *Epitomen* oder *Breviarien,* als leserfreundliche Lösungen erstellte Kurzversionen, die ihre eigenen Vorlagen verdrängten.[117] Andere Brüche könnten absichtsvoll herbeigeführt sein: So fehlt in mittelalterlichen Abschriften der um 500 n. Chr. entstandenen *Historia nea* („Neue

115 Zu diesen Begriffen siehe Kapitel 8 (Chronologie).

116 Zu den Autoren siehe Kapitel 9 (Geographie).

117 Dusil u. a. 2017, 12–13 heben zu Recht hervor, dass es sich dabei um eine bis in republikanische Zeiten zurückreichende Form handelt, die teilweise sogar von Autoren der „richtigen" Werke selbst erstellt wurde. Zum spätantiken Höhepunkt der Textgattung umfassend Sehlmeyer 2009.

Geschichte") des Zosimos ausgerechnet der Part zum Christenverfolger Diokletian (Kaiser 284–305 n. Chr.).[118] Im Fall des Lehrgedichts *De rerum natura* („Über die Natur der Dinge") von Titus Lucretius Carus (etwa 95–53 v. Chr.) sorgte die neuzeitliche Zensur für eine oft lückenhafte Tradierung. In verschiedenen Ausgaben wurden umfangreiche Passagen wegen religiöser oder sittlich-moralischer Bedenken getilgt.[119]

Wir sollten uns allerdings ohnehin abgewöhnen, antike Überlieferung nach den Maßstäben modernen Urheberrechtsdenkens zu beurteilen. Autoritäten wurden gerne und natürlich ohne Rückfrage abgeschrieben, oft sogar ohne Details zur Herkunft des Zitats; Bücherfreunde erweiterten Gedichtsammlungen oder Epen um selbstgemachte Verse. Da sich Kopien erheblich voneinander unterscheiden konnten, war vielfach eher von einer sinngemäßen Wiedergabe auszugehen, was für uns heute die Unterscheidbarkeit in der Autorschaft weiter erschwert.[120]

In diesem Sinne wäre sogar ein Großteil der antiken Texte als „fragmentarisch" zu bezeichnen. Etliche Schriften von Aristoteles (384–322 v. Chr.) sind uns nicht komplett erhalten; bei den Kaiserbiographien des Sueton (geboren um 70 n. Chr.) fehlt uns der Auftakt des Gesamtwerks. Dennoch sind solche Fälle im engeren Sinne keine Fragmente, da wir so viel weiteren Text und Parallelzeugnisse haben, dass die Auswertbarkeit nicht von der Lückenhaftigkeit der Überlieferung dominiert wird. Anders sieht das nicht nur für die unzähligen Autoren aus, von denen oft nicht mehr als einige Zeilen existieren.

In der Forschung gab und gibt es mehrere Projekte, die aus den vielen im Original oder als Zitat erhaltenen Fragmenten ganze Corpora erstellen. Die Eingrenzung erfolgt in der Regel über Sprache, Zeitstellung und Gattung: Im 19. Jahrhundert entstanden die *Fragmenta historicorum Graecorum (FHG)* unter der Leitung von Karl Müller. Diese Sammlung von Bruchstücken antiker griechischer Geschichtsschreibung wurde ab 1923 von den *Fragmenten der griechischen Historiker* (*FGrHist* oder *FGrH*) unter Leitung von Felix Jacoby ergänzt und überholt. Die letzten Bände erschienen Ende der 1990er Jahre und bieten eine – überwiegend englische – Übersetzung zusätzlich zum umfangreichen Kommentar. In den vergangenen Jahren ist hieraus eine (allerdings kostenpflichtige) Online-Edition als *Brill's New Jacoby (BNJ)* entstanden, deren komplette Neufassung mit Übersetzungen bis Mitte der 2020er Jahre abgeschlossen sein soll.[121]

Fragmentsammlungen gliedern sich in der Regel nach Textgruppen, innerhalb derer dann nach Autoren und dort wieder nach Fragmenten. Einzelne Stellen werden nach Autorzählung und Nummer innerhalb dieser Corpora angegeben: „FGrHist 70 F42" ist das 42. Fragment aus den Werken des Ephoros von Kyme (etwa 400–300 v. Chr.). In den *FGrHist* ist dazu der Hinweis auf „Strab. 7,3,9" gegeben. Dieses Stellenkürzel

118 Was allerdings nicht erklärt, warum einige ähnlich problematische Passagen weitertradiert wurden; vgl. Leven 1988.

119 Ein Textvergleich bei Butterfield 2014.

120 Vgl. Mülke 2008.

121 Falls Ihre Universitätsbibliothek eine Lizenz erworben hat, nutzen Sie den Vorteil des *BNJ:* Die gedruckten Bände der *FGrHist* bieten keine Übersetzung.

bringt uns zur Γεωγραφικά („Geographie") des in augusteischer Zeit lebenden Strabon von Amaseia. Wenn Sie wie im Kapitel „Recherche" beschrieben[122] diesen Weg weiterverfolgen, kommen Sie an eine Übersetzung des Ephoros-Fragments – als Teil des 7. Buches von Strabons Γεωγραφικά, in dem es zitiert ist.

Ähnlich wie im griechischen Bereich verlief die Entwicklung der Fragmenterfassung auch im römischen: Unter der Leitung von Hermann Peter entstanden im 19. Jahrhundert die *Historicorum Romanorum Reliquiae (HRR)* und *Historicorum Romanorum Fragmenta (HRF)*, die in den letzten Jahren eine Neufassung als *The Fragments of the Roman Historians* (*FRH* oder *FRHist*) erhalten haben. Der Schwerpunkt sind römische Historiographen der Republik und Kaiserzeit, wobei auch auf Griechisch schreibende Römer aufgenommen sind. Wiederum werden zusätzlich zu den lateinischen Fragmenten selbst Kommentare und englische Übersetzungen geboten. Analog zu oben werden für die Identifikation des konkreten Fragments wieder der Autoreneintrag und die Fragmentnummer angegeben. Der Dritte im Bunde der großen Corpora sind die derzeit ebenfalls noch nicht abgeschlossenen *KFHist (Kleine und fragmentarische Historiker der Spätantike)*, die sich Texten aus dem 3. bis 6. Jh. n. Chr. widmen. Hier sind die Fragmente um Übersetzungen auf Deutsch ergänzt und die Bände nach Textgattungen – Sammelbiographien, Kirchengeschichte, Chroniken und so weiter – aufgebaut.

In anderen Bereichen gibt es ähnliche, mehr oder minder umfassende Projekte: Die griechischen Dramenfragmente sind in den ebenfalls mehrfach überarbeiteten und ergänzten *Tragicorum Graecorum Fragmenta (TrGF)* zusammengefasst, die Komödienfragmente in den *Poetae Comici Graeci (PCG)*. Die *Fragmenta Philosophorum Graecorum (FPG)* aus dem 19. Jahrhundert wurden im 20. Jahrhundert durch *Die Fragmente der Vorsokratiker* (abgekürzt meist als *Diels-Kranz*) ersetzt. Für die Anfänge der römischen Geschichtsschreibung gibt es *Die Frühen Römischen Historiker (FRH)* als Sammlung mit deutscher Übersetzung sowie als französisches Gegenstück *L'Annalistique Romaine*, beide in den frühen 2000er Jahren abgeschlossen. Auf dieser Basis entstanden nun wieder Spezialsammlungen wie die *Fragmente Römischer Memoiren (FRM)*, die einen oft deutlich umfangreicheren Textkommentar und Übersetzungen enthalten. Zwischen all diesen Corpora können Überschneidungen auftreten, und die ältere Forschung zitiert oftmals nach Ausgaben, die von besser erschlossenen oder durch Neufunde umfangreich gewordenen Corpora überholt sind. Zu allem Überfluss sind für manche Sammlungen unterschiedliche Abkürzungen parallel in Gebrauch. Daher ist es wichtig, immer auf die genaue Kennzeichnung zu achten und diese notfalls mit Hilfe eines Abkürzungsverzeichnisses zurückzuverfolgen. Im deutschen Sprachbereich kann die Liste im *Neuen Pauly* als maßgeblich betrachtet werden, im englischen gilt in der Regel die des *Oxford Classical Dictionary.*[123]

122 Siehe oben S. 53–54.

123 Siehe Kapitel 3 (Recherche).

Einführungsliteratur

P. Brunt, On Historical Fragments and Epitomes, in: CQ 30 (1980) 477–494.
D. Butterfield, *Contempta relinquas.* Anxiety and Expurgation in the Publication of Lucretius' *De rerum natura,* in: S. Harrison - C. Stray (Hrsg.), Expurgating the Classics. Editing Out in Greek and Latin (London 2014) 95–114.
S. Dusil - G. Schwedler - R. Schwitter, Transformationen des Wissens zwischen Spätantike und Frühmittelalter, in: S. Dusil - G. Schwedler - R. Schwitter (Hrsg.), Exzerpieren - Kompilieren - Tradieren. Transformationen des Wissens zwischen Spätantike und Frühmittelalter, Millennium-Studien 64 (Berlin 2017) 1–22.
K.-J. Hölkeskamp, Vom Nutzen und Nachteil fragmentierter Geschichte(n), in: HZ 303 (2016) 137–147.
R. Kussl, Papyrusfragmente griechischer Romane. Ausgewählte Untersuchungen, Classica Monacensia 2 (Tübingen 1991).
K.-H. Leven, Zur Polemik des Zosimos, in: M. Wissemann (Hrsg.), Roma Renascens. Beiträge zur Spätantike und Rezeptionsgeschichte (Frankfurt a. M. 1988) 177–197.
M. Mülke, Der Autor und sein Text. Die Verfälschung des Originals im Urteil antiker Autoren, Untersuchungen zur antiken Literatur und Geschichte 93 (Berlin 2008).
P. W. Pestman, The New Papyrological Primer ²(Leiden 1994).
H.-A. Rupprecht, Kleine Einführung in die Papyruskunde, Die Altertumswissenschaft (Darmstadt 1994).
M. Sehlmeyer, Geschichtsbilder für Pagane und Christen. Res Romanae in den spätantiken Breviarien, Beiträge zur Altertumskunde 272 (Berlin 2009).

Quellenkritik: Lollianus *Phoinikika* – P. Colon. Inv. 3328, P. Oxy. 1368

Gelegentlich ist von ganzen Textgattungen nur noch ein so kleiner Teil erhalten, dass es für einzelne Fragmente kaum genügend Bezugspunkte für eine Analyse von Mustern oder sprachlichen Ähnlichkeiten gibt. Dies gilt aus ganz unterschiedlichen Gründen für eine in der Antike wohl recht verbreitete Textgattung: den Abenteuerroman.

In den Beständen der Universität Köln lagerten Dutzende solcher Fragmente eines Papyrus.[124] Der Text muss ursprünglich das Format eines antiken Codex besessen haben – etwas über der Größe einer heutigen A4-Seite. Die erhaltenen griechischen Textstücke wurden zwei verschiedenen Schreibern und zwei beidseitig beschriebenen Blättern zugeordnet. Letzteres war oft nur durch formale Anhaltspunkte, etwa die Schriftführung oder Lesehilfen am Rand, möglich. Die inhaltliche Zuordnung war ungleich schwieriger, denn der Umfang der Teilfragmente schwankt zwischen mehreren Sätzen und wenigen Buchstaben. Erst 1972 konnte der Gräzist Albert Henrichs eine rekonstruierte Textfassung vorlegen, für die er das

124 P. Colon. Inv. 3328.

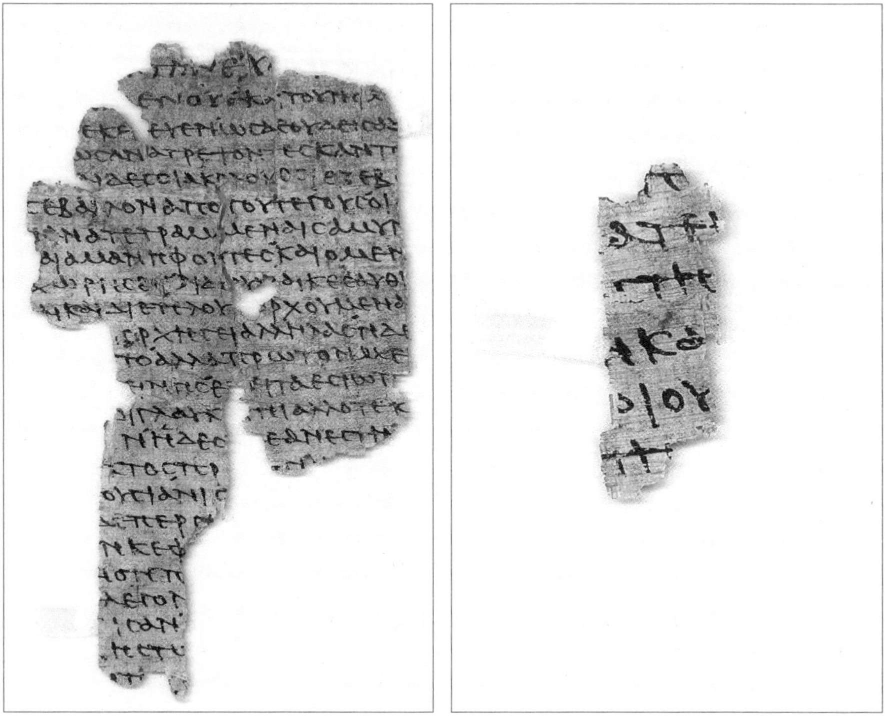

Abb. 11a und 11b Fragmente von P. Colon. Inv. 3328, zweite Hälfte 2. Jh. n. Chr. (?), Ägypten.

Fragment eines anderen ägyptischen Papyrus aus Oxyrhynchus einbezog.[125] In der übersetzten Lesefassung von Gerald N. Sandy – die zwangsläufig in hohem Maß auf Interpretationen beruht – ergibt sich auf dieser Basis folgender Text:

[A1 recto:] … and the name … he instructed; but when none of (them) … to overturn; and meanwhile … the young male attendants (came out) … threw from the roof … overturned; keep(ing) off … and at the same time sober. And the … moved. But the women again … and continued dancing … one another in the dancing … but she [Persis?] … first … then was silent … to Glaucetes … stood up … Persis … head …
[A2 recto:] … to Persis … persuading and … (took) me to a hidden (room) … serving women … and I found Persis waiting (inside for me). And then I had my first experience of sex … she took off and gave me the golden jewelry that she was wearing … (for) loss of virginity. I said that I would not take it. (She) called Gla(ucetes), however, and when he came, she gave

125 P. Oxy. 1368. Zum konkreten Fall siehe Henrichs 1972, 1–10; zum weiteren Kontext der Romanrekonstruktion als papyrologischen Zeugnissen siehe Henrichs 2011. Für die folgende Begrifflichkeit von *recto* und *verso* siehe Kapitel 10 (Paläographie).

(it) to him and ordered (the steward) to bring to her two thousand (drachmas) and to count it out … she turned towards me and did not leave off until (satiety) took us both, and day dawned … outside and both knocked at the door and … I remained on the spot, but Persis … when her mother returning from the (town) caught sight of her and immediately … and then (was silent) when both … (asked) … Instruction [in love?] … sister … force [of passion?] of lovers … eye of love.
[B1 recto:] … says to him … you wretched man … to die … say(s) to them … you … the boy … self they (said) experienced … (why) shouldn't he, since … encouraging … to (him). "What an odious creature I am!" I said, "what … you perish …" (Meanwhile), another man arrived, naked except for a purple (loincloth) … throwing the boy's body onto its back … and removed the heart and placed it over a fire. (Then) … removing (it), he cut it in half. Onto the surface he sprinkled (?barley) and drenched it with olive oil. When it was adequately cooked, (?he distributed it to the) initiates. And as they held it, (?he ordered them to swear an oath) over the blood of the heart … neither to abandon nor betray, not even (if) … the should be carried (off) or be tortured or have (their eyes) gouged out. (They) … half of the heart, the rest … Androtimos and the … (in the middle) … drinking and … to drink … and brought everything that one man seemed … Persis.
[B1 verso:] … feet … from song (?magic spell) … bring down … of the boy's heart, the very thing that … to swallow and … (what had) been vomited (on the) table. They recooked it, and (Androtimus) said: "Something awful happened to me – my food is still uncooked … this damned (girl) … belching and farting … I have put up with this sickening smell. But pour the boy's (blood …") … into a large wine cup … they called it … on it had been carved … to him … Androtimus … and in distress since … meanwhile … the belt … with … they fastened on. And the others entered (… say) nothing … everyone had entered, and there was still no one outside … the (?windows) … they began singing and drinking and making love to the women before (Androtimus's) eyes … fell asleep, exhausted. However, the eleven men (in charge of) the corpses did not drink much but only enough to warm themselves up. (When) it was the middle of the night, they first stripped the bodies of the (dead), not even (leaving) the girl's brassiere … Then raising the (?bodies/clothes) above the windows, they dropped (them) down to the … and after this they put on tunics, some white ones, some black ones … swathing their heads like … those wearing black … smeared their faces with soot and those wearing white with white lead and … they went outside, wearing white through … black made their way through the moonlight. And Androtimus … for there was no escape from them, for (they) were (being) guarded … the thought they would give information if they went away so that (necessarily) … workshop of a goldsmith … old man … to save … Persis … (?Glaucetes)

Sofern die Rekonstruktion zutrifft, haben wir es mit drei aufeinander aufbauenden Episoden einer Romanhandlung zu tun: Im ersten Teil feiert die weibliche Hauptfigur Persis mit ihren Gästen ein Fest, von dem sie sich aber absetzt, um ihren anfangs namenlosen Liebhaber zu treffen.[126] Letzterer ist Androtimos, der mit Persis

126 In Sandys Zählung seiner stark raffenden Übersetzung: P. Colon. Inv. 3328, A1 recto und A2 recto.

zum ersten Mal Geschlechtsverkehr hat. Es kommt zu einer etwas unklaren Szene um Entlohnungsversuche durch Persis. Schließlich schlafen die beiden ein und werden morgens von der erzürnten Mutter der Persis überrascht. Der zweite Teil scheint deutlich später zu spielen, denn Androtimos ist – vielleicht auf der Suche nach Persis – in die Gefangenschaft von Räubern geraten.[127] Aus unklaren Gründen versuchen die Banditen, Androtimos zur Teilnahme an einem Kinderopfer zu bewegen, worauf er seinerseits womöglich den Räubern die barbarische Handlung ausreden möchte. Der Mord wird jedoch ausgeführt, die Beteiligten essen in einer kultischen Handlung das Herz des Jungen und schwören dabei einen grausigen Eid. Bevor klar wird, ob Androtimos ebenfalls zum Kannibalen wird, bricht die Erzählung ab. Der dritte Teil setzt im späteren Verlauf des Gelages nach Ende der Opferzeremonie ein.[128] Die Beteiligten sind schwer alkoholisiert, andere erschöpfen sich durch Verkehr mit hinzugebrachten Frauen. Eine Verfluchung einer Frau – womöglich Persis – bleibt in diesem Zusammenhang rätselhaft. Wächter entkleiden die Leichen weiterer Toter; anschließend verkleiden und schminken sich die Schurken kontrastfarbig in schwarz oder weiß. Die Teilgruppen beginnen eine Art von Prozession, während Androtimos und andere Gefangene einen Fluchtplan aushecken.

In welchen Kontext gehören nun diese Fragmente? Anhand von *äußeren Kriterien* und *Textvergleichen* ordnete Albert Henrichs das Werk ins 2. Jh. n. Chr. ein.[129] Das buchartige Codex-Format war damals schon einigermaßen verbreitet, hatte aber die Buchrolle noch nicht wirklich abgelöst, so dass sich hiermit für wie gegen die Datierung argumentieren ließe.[130] Als Titel des Werkes ist *Phoinikika* („Phönizische Geschichten") und als Urheber ein ansonsten unbekannter Lollianos genannt.[131] Solche Autor- und Titelangaben werden eigentlich erst in der Spätantike üblich, nur haben wir sehr wenige komplett erhaltene Romane als Basis für diese Aussage. Da im Werk weder historische Persönlichkeiten noch datierbare Ereignisse auftauchen, lässt sich auf diesem Weg keine Datierung über *inhaltliche Kriterien* erreichen. Lollianos wird in der antiken Literatur nirgendwo zitiert, und es sind keine ihm zugeschriebenen Werke außer den *Phoinikika* bekannt.

Wir können trotz all dieser Einschränkungen aus den Fragmenten einige Erkenntnisse für historisch interessante Aspekte gewinnen, etwa für die Frage nach der Akzeptanz und Verbreitung des antiken Romans.[132] Hier könnte paradoxerweise gerade die schlechte Überlieferungslage der *Phoinikika* helfen: Die einzelnen kaiserzeitlichen Romane unterscheiden sich stark in ihren Settings und in Details ihrer

127 P. Colon. Inv. 3328, B1 recto und B1 verso.

128 P. Colon. Inv. 3328, B1 verso und Einzelfragmente.

129 Henrichs 1972, 1.

130 Kontext und Vergleichsbeispiele bei Pöhlmann 2003, 79–96; für die Existenz früher Papyrus-Codices spricht sich Rupprecht 1994, 20–21 aus.

131 P. Colon. Inv. 3328, A2 verso.

132 Die Antike selbst kannte allerdings den Roman nicht als eigene Gattung. Zu den historischen Rahmenbedingungen siehe Winkler 1994; weiterführend Whitmarsh 2018. Zur Abgrenzung von romanähnlichen Texten mit vergleichbaren Elementen siehe Holzberg 2006, 20–38.

Erzählung. Etliche Muster – die entführte Geliebte, Räuber- oder Piratenbanden, Gewalt und moralische Dilemmata, der schaurige Reiz düsterer Kulte – gehörten dagegen offenbar zum Standardrepertoire der Gattung.[133] Sehr phantasievolle bis reißerische Plots sind nicht grundsätzlich ein Problem, nur wirken die Lollianos-Fragmente gegenüber anderen antiken Romanen unbeholfen drastisch und sprachlich platt. Die Forschung hat herausgearbeitet, in wie vielen Punkten Lollianos das mäßig talentierte Gegenstück zu Apuleius oder Achilleus Tatios ist, auch wenn sich direkte Bezüge wegen der Kürze der Fragmente nicht eindeutig nachweisen lassen.[134] In der Tat wirken die *Phoinikika* nicht, als hätte der Autor sie als qualitätvolle Belletristik angelegt, die man noch Generationen später immer wieder kopieren und lesen wollte. Vermutlich haben wir eher einen rasch zu konsumierenden „Groschenroman" vor uns. In diesem Sinn würden uns die *Phonikika* eine Seite der Antike zeigen, die in der sonstigen Tradition kaum zu Wort kommt. Man rezipierte die billigen Gruselgeschichten, ob mit Faszination oder Belustigung, aber man betrachtete sie nicht unbedingt als langfristig überlieferungswürdig.[135] Zugespitzt gesagt: Werke wie das des Lollianos waren zwar populär und in einfachen Kopien leicht zugänglich, fanden aber keinen Eingang in die (nachantike) Überlieferungstradition.

Der Reiz der Romanfragmente liegt noch heute in der wilden Mischung verschiedenster Elemente, die von Bezügen zum Bacchanalienskandal über die von Cicero (106–43 v. Chr.) verewigte Verschwörung des Catilina bis hin zu Klischees der antiphönizischen, antiägyptischen, antisemitischen und antichristlichen Propaganda reichen.[136] Es fällt schwer, die kleinteiligen und oft rätselhaften Fragmente exakt auf einen einzelnen dieser Bezugspunkte festzulegen. Dies ist aber womöglich ohnehin nicht sinnvoll. Vielmehr könnten wir uns als zweite Frage stellen, welche Welt- und Fremdbilder in der hohen und späten Kaiserzeit kursierten. Die *Phoinikika* repräsentieren dann die Summe dessen, was zeitgenössisch als vage exotisch und/oder reizvoll bedrohlich empfunden wurde – ohne dass es einer größeren Reflexion bedurft hätte. Schon die Figur der Persis mit ihrem sprechenden Namen und das Setting deuten auf antiken „Orientalismus" hin;[137] die Opferszene spielt auf phönizische Klischees an.[138] Womöglich lassen sich sogar Echos von geographisch begründeten (proto-)rassistischen Denkmustern erkennen.[139] Die Fragmente geben uns vielleicht keine neuen Aufschlüsse über die antike Gesellschaftsstruktur oder

133 Zu den einzelnen Aspekten: Frauen/Liebesbeziehungen bei Johne 2003; Lefteratou 2018. Gewalt/Moral bei Harland 2017; Montigilio 2010. Religion bei Beck 2003; Zeitlin 2008.

134 Eine Abgrenzung bei Holzberg 2006, 73–75; vgl. auch Hägg 1987, 60; Jones 1980. Gegen eine historische Vorlage, die der Erstherausgeber (Henrichs 1972, 48–51) für möglich hielt, argumentiert Szepessy 1978; teilweise auch Winkler 1980.

135 Zur Frage der Leserschaft des antiken Romans siehe einführend Hunter 2008. Zu den verschiedenen Rekonstruktionsmöglichkeiten siehe Bowie 2003; Stephens 1994.

136 Zur Tradition dieser Melange in der römischen Geschichte siehe Lindner 2015.

137 Zu dieser weit zurückreichenden Tradition Moyer 2011.

138 Zur Opferung bzw. zum Fremden-/Phönizierbild siehe Kuch 2003; Whitmarsch 2011, 87–89. Die religionsbezogene Instrumentalisierung im 2. Jh. n. Chr. wird diskutiert bei McGowan 1994.

139 Siehe Kapitel 9 (Geographie).

Ereignishistorie. Dafür können sie mentalitätshistorisch wichtig werden, etwa als Zeugnis für die Verbreitung historischer Stereotypen.[140] Hierfür eignen sie sich unter Umständen sogar besser als manche elaborierten Werke der höheren Literatur oder doch zumindest als Gegenstück zu diesen.

Fragmente wirken oft gerade durch ihre Form authentischer. Das einzelne Fragment ist jedoch selten das spektakuläre „Einhorn“, das die Aufmerksamkeit einer ganzen Forschungsrichtung zu ändern vermag. Für die Mehrheit der Fragmente gilt wie für Lollianos und die *Phoinikika:* Jedes Stückchen hilft uns, die antike Welt ein klein bisschen besser zu verstehen – und es bekommt seine Bedeutung erst durch die wissenschaftliche Einordnung in dieselbe.

Quellen- und Literaturverzeichnis

A Phoenician Story, komm. u. übers. v. G. N. Sandy, in: Collected Ancient Greek Novels, hrsg. von B. P. Reardon ³(Oakland 2019) 939–943.

Die Phoinikika des Lollianos. Fragmente eines neuen griechischen Romans, hrsg. u. erl. v. A. Henrichs, Papyrologische Texte und Abhandlungen 14 (Bonn 1972).

R. Beck, Mystery Religions, Aretology and the Ancient Novel, in: G. Schmeling (Hrsg.), The Novel in the Ancient World, Mnemosyne Suppl. 159 ²(Leiden 2003) 131–150.

E. Bowie, The Ancient Readers of the Greek Novels, in: G. Schmeling (Hrsg.), The Novel in the Ancient World, Mnemosyne Suppl. 159 ²(Leiden 2003) 87–106.

T. Hägg, Eros und Tyche. Der Roman in der antiken Welt, Kulturgeschichte der antiken Welt 36 (Mainz 1987).

P. A. Harland, “Do not deny me this noble death”. Depictions of Violence in the Greek Novels and Apocryphal Acts, in: Ancient Narrative 14 (2017) 129–147.

A. Henrichs, Missing Pages. Papyrology, Genre, and the Greek Novel, in: D. Obbink – R. Rutherford (Hrsg.), Culture in Pieces (Oxford 2011) 302–322.

N. Holzberg, Der antike Roman. Eine Einführung ³(Darmstadt 2006).

R. Hunter, Ancient Readers, in: T. Whitmarsh (Hrsg.), The Cambridge Companion to the Greek and Roman Novel (Cambridge 2008) 261–271.

R. Johne, Women in the Ancient Novel, in: G. Schmeling (Hrsg.), The Novel in the Ancient World, Mnemosyne Suppl. 159 ²(Leiden 2003) 151–208.

C. P. Jones, Apuleius’ Metamorphoses and Lollianus’ Phoinikika, in: Phoenix 34 (1980) 243–254.

J. Konrad, Stereotype in Dynamik. Zur kulturwissenschaftlichen Verortung eines theoretischen Konzepts (Tönning 2006).

H. Kuch, A Study on the Margins of the Ancient Novel. “Barbarians” and Others, in: G. Schmeling (Hrsg.), The Novel in the Ancient World, Mnemosyne Suppl. 159 ²(Leiden 2003) 209–220.

A. Lefteratou, Mythological Narratives. The Bold and Faithful Heroines of the Greek Novel, MythosEikonPoiesis 8 (Berlin 2018).

140 Einführend zur Stereotypenforschung siehe Konrad 2006, insb. 90–98 (zur historischen Stereotypenforschung).

M. Lindner, Die Kannibalen und das Ende der Römischen Republik, in: Pöhl, Friedrich – Fink, Sebastian (Hrsg.), Kannibalismus, eine anthropologische Konstante?, Philippika 82 (Wiesbaden 2015) 101–120.

A. McGowan, Eating People. Accusations of Cannibalism against Christians in the Second Century, in: Journal of Early Christian Studies 2 (1994) 413–442.

S. Montiglio, "My soul, consider what you should do". Psychological Conflicts and Moral Goodness in the Greek Novels, in: Ancient Narrative 8 (2010) 25–58.

I. S. Moyer, Egypt and the Limits of Hellenism (Oxford 2011).

E. Pöhlmann, Einführung in die Überlieferungsgeschichte und die Textkritik der antiken Literatur. Bd. 1: Altertum, Die Altertumswissenschaft [2](Darmstadt 2003).

H.-A. Rupprecht, Kleine Einführung in die Papyruskunde, Die Altertumswissenschaft (Darmstadt 1994).

S. A. Stephens, Who Read Ancient Novels?, in: J. Tatum (Hrsg.), The Search for the Ancient Novel (Baltimore 1994) 405–418.

T. Szepessy, Zur Interpretation eines neu entdeckten griechischen Romans, in: Acta Antiqua Academiae Scientiarum Hungaricae 26 (1978) 29–36.

T. Whitmarsh, Dirty Love. The Genealogy of the Ancient Greek Novel, Onassis Series in Hellenic Culture (Oxford 2018).

T. Whitmarsh, Narrative and Identity in the Ancient Greek Novel. Returning Romance, Greek Culture in the Roman World (Cambridge 2011).

J. J. Winkler, The Invention of Romance, in: J. Tatum (Hrsg.), The Search for the Ancient Novel (Baltimore 1994) 23–38.

J. J. Winkler, Lollianos and the Desperadoes, in: JHS 100 (1980) 155–181.

F. Zeitlin, Religion, in: T. Whitmarsh (Hrsg.), The Cambridge Companion to the Greek and Roman Novel (Cambridge 2008) 91–108.

5. Epigraphik

Alle auf dauerhaften Materialien wie Stein, Holz, Metall oder Ton angebrachten griechischen und lateinischen Texte werden von der Epigraphik (ἐπὶ: auf, γράφειν: schreiben) oder Inschriftenkunde untersucht.[1] Inschriften unterscheiden sich in vielerlei Hinsicht von literarischen Quellen. Letztere wurden nach den Bedürfnissen und den Interessen der Leserschaft ausgewählt und vervielfältigt, die epigraphische Überlieferung oblag in der Regel dem Zufall. Damit ist bereits ein weiterer Unterschied angesprochen: Von den Inschriften ist zumeist nur ein Exemplar vorhanden, während literarische Texte oft in mehreren Handschriften vorliegen. Obwohl bei Inschriften Erklärungen und Ergänzungen durch andere Zeugnisse nötig sind, zeichnet sich die Quellengattung durch ihre Unmittelbarkeit aus. Des Weiteren sind in den Inschriften bis zu einem gewissen Maße auch Angehörige derjenigen Schichten greifbar, die nicht am aktiven politischen Leben teilhatten, wie Frauen, Kinder, Freigelassene, Sklaven oder Fremde.

Da Inschriften auf langlebigen und vielfach kostenintensiven Materialien angebracht waren, sind sie in großer Zahl entweder *in situ,* das heißt an ihren ursprünglichen Aufstellungsorten, überliefert oder wurden als *Spolien* in späterer Zeit wiederverwendet (Abb. 12). Daneben zitieren einige antike Autoren Inschriften in ihren Werken. Die Zuverlässigkeit dieser Zitate muss jedoch im Einzelfall geprüft werden, da die Inschriften nicht immer nach eigener Lesung, sondern häufig auch aus Erzählungen oder der Erinnerung wiedergeben wurden.

Zum besseren Verständnis der großen Gruppe der Inschriften werden diese in drei Hauptkategorien unterteilt: die *instrumenta publica* (öffentliche Inschriften, Abb. 13), die *instrumenta privata* (private Inschriften, Abb. 14) und die *instrumenta domestica* (Kleininschriften, Abb. 15). Zu der Gruppe der *instrumenta publica* zählen beispielsweise Gesetze und Senatsbeschlüsse oder Kalender *(fasti Romani)* und Protokolle *(commentarii)*. Ebenfalls zu nennen sind die Weihinschriften *(tituli sacri)*, die Ehreninschriften *(tituli honorarii)* oder die Bauinschriften *(tituli operis)*. In diesen Bereich fallen auch die zahlreichen Meilen- und Grenzsteine *(miliaria, termini*

1 Die auf Papyrus oder Pergament aufgebrachten Texte werden von der Papyrologie und Paläographie untersucht. Siehe Kapitel 10 (Paläographie).

Abb. 12 *Spolien*: Venezianischer Bembo-Brunnen (1588) in Heraklion (Kreta) mit wiederverwendeten Teilen eines römischen Sarkophags und einer römischen Statue.

oder ὅροι) sowie die Militärdiplome *(diplomata militaria)*. Dagegen besteht die Gruppe der *instrumenta privata* vor allem aus Grabinschriften *(tituli sepulcrales)*, aber auch aus den im Alltag verwendeten flüchtigeren Inschriften, wie den Graffiti *(tituli scarifati)*, den gemalten Dipinti *(tituli picti)* oder den *Tabulae* (Schreibtafeln). Zu den *instrumenta domestica* zählt eine Vielzahl von Gegenständen, die mit Schrift versehen sein konnten. Die Spanne reicht von Amphorenstempeln über Bleirohre von Wasserleitungen, Schleuderbeilen und *Tesserae* (Marken) bis zu *Ostraka* (Tonscherben) und Ziegelstempeln.

Sprache und Schrift

In der Antike wurde bei öffentlichen Inschriften oder solchen, die im öffentlichen Raum standen, zumeist *Majuskelschrift* (Großbuchstaben) verwendet. Dabei variierten Größe und Anordnung der Schrift je nach Alter, Herkunft und Verwendungszweck. Neben der Schrift konnten auch weitere Verzierungen wie Bildmotive angebracht sein. Außerdem zeichnen sich Inschriften durch Knappheit und oft wiederholte Formulierungen aus.

Die griechische Welt, die von kleineren Herrschaftsgebieten, wie den Stadtstaaten oder den hellenistischen Monarchien geprägt war, hat einen bunten Flickenteppich unterschiedlicher Inschriftenpraktiken hinterlassen. So existierten mehrere Alphabete und Dialekte nebeneinander, da die Sprache ein individueller Ausdruck einer

Abb. 13 *instrumenta publica:* Horosinschrift (IG II^2 2618, 350–300 v. Chr.) des Kerameikos von Athen, Inschrift: „Ὅρος Κεραμεικοῦ" (Grenze des Kerameikos).

Abb. 14 *instrumenta privata*: Grabstele des Nikomachos aus Nikomedeia (Museum Izmit 124, 2. Jh. v. Chr.), Inschrift: „Νικόμαχος Σαγαρίου | χαὶρε" (Nikomachos, Sohn des Sagarios, lebe wohl).

Abb. 15 *instrumenta domestica:* Töpfereistempel (Grosvenor Museums, 3. Jh. n. Chr.) aus dem britannischen Deva, Inschrift: „(Centuriae) Mali Cras|si Lucilius Sa|binianus" (Von der Zenturie des Malius Crassus Lucilius Sabinianus).

(Stadt-)Gemeinschaft sein konnte. Überregionale Bedeutung erlangte schließlich das ionische oder milesische Alphabet, das beispielsweise die Athener im Archontat von Euklid (403/402 v. Chr.) übernahmen.[2] Alle griechischen Inschriften waren in *Scriptura* (oder: *scriptio*) *continua* geschrieben, was mit „fortlaufende Schrift" übersetzt werden kann:

> ZWISCHENDENEINZELNENWÖRTERNGIBTESKEINEZWISCHENRÄUM
> EWORTTRENNUNGENKOMMENNURSEHRSELTENVORUNDSATZZE
> ICHENWARENWEITGEHENDUNBEKANNT

Auftraggeber und Handwerker waren bemüht, den begrenzten Platz bestmöglich auszunutzen. Deshalb wurde am Zeilenende keine Rücksicht auf Silben- oder Wortendungen genommen, sondern einfach weitergeschrieben.

Abb. 16 *Scriptura continua*: Stele mit drei Ehrenbeschlüssen (I. Priene 29–31, 281–261 v. Chr.) für den Offizier der Seleukiden Larichos. Aus Platz- und Kostengründen wurden alle Beschlüsse hintereinander in den Stein gemeißelt.

Ferner wurden unterschiedliche Schreibweisen verwendet. Auf älteren Inschriften findet man zum Beispiel *Boustrophedon* (βουστροφεδόν). Der Begriff leitet sich von einem Ochsenpflug ab, der auf dem Feld hin und her geführt wird.[3] Die Schrift verläuft nicht in jeder Zeile von rechts nach links, sondern abwechselnd rechts- und linksläufig.

2 Siehe Kapitel 10 (Paläographie).

3 Paus. 5,17,6.

Abb. 17 *Boustrophedon:* Stadtrecht von Gortyn (I.Creta IV 72, 500–450 v. Chr.).

Daneben wurde bei Inschriften jüngeren Datums und vor allem bei attischen Inschriften seit dem 5. Jh. v. Chr. *Stoichedon* (στοιχεδόν) verwendet, wobei alle Buchstaben jeweils innerhalb eines gleichgroßen Quadrats stehen und vertikal sowie horizontal genau untereinander gesetzt wurden. Diese neue Schreibweise steht in Zusammenhang mit einem zunehmenden Wunsch nach Ordnung und Einheitlichkeit, der auch in der Kunst und Architektur zu beobachten ist.

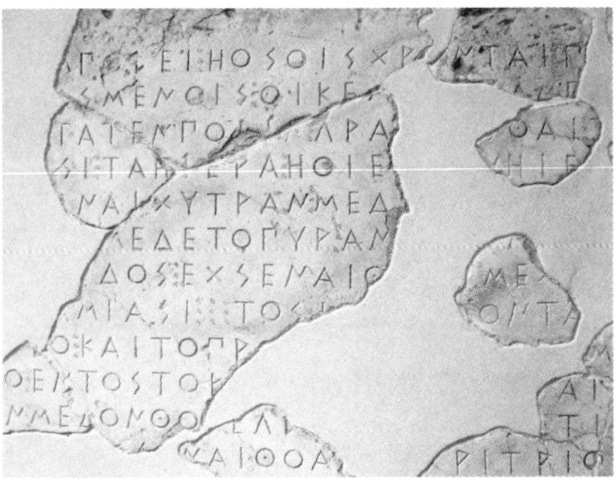

Abb. 18 *Stoichedon:* Kultvorschrift von der athenischen Akropolis (IG I^3 4B, 485/484 v. Chr.).

Im Gegensatz dazu dominierte in römischer Zeit, besonders seit der Kaiserzeit, der *epigraphic habit*[4] Stadtroms, wobei regionale Besonderheiten und bilinguale Inschriften auf einen regen Kulturaustausch hindeuten. Viele lateinische Inschriften verwendeten Wort- und Satztrennungen. Dafür wurden auf halber Zeilenhöhe Markierungen angebracht, die einfache Punkte oder Dreiecke, aber auch Ornamente oder kleine Bilder sein konnten. Aus ökonomischen Gründen wurden Wörter weiterhin über das Zeilenende hinaus geschrieben und häufig *Ligaturen* (verbunden geschriebene Buchstaben wie Æ) verwendet. Zusätzlich gebrauchten die Römer zahlreiche Abkürzungen und oft wurde auf Kasusendungen verzichtet.

4 MacMullen 1982. *Epigraphic habit* meint, dass in bestimmten Zeiten und Räumen eine „epigraphische Gewohnheit" zu beobachten ist, wie Inschriften inhaltlich und äußerlich gestaltet waren.

Abb. 19 Inschrift des Septimius-Severus-Bogens in Rom (CIL VI, 1033, 203 n. Chr.). Enthalten sind zahlreiche Abkürzungen von Namen (M = Marcus), Amts- und Ehrenbezeichnungen (COS = Konsul) oder feststehende Wendungen (SPQR = *senatus populusque Romanus*).

In der lateinischen Epigraphik wird zwischen der *Scriptura capitalis quadrata,* der *Scriptura actuaria* und der *Scriptura cursiva*[5] unterschieden. Die beiden erstgenannten waren für Inschriften im öffentlichen Raum reserviert. Aufwendiger und repräsentativer war die *Scriptura capitalis quadrata,* die in augusteischer Zeit ihre Vollendung fand. Dabei wird den Buchstaben A, O, Q und V ein gleichgroßes Quadrat zugewiesen. Die Größe der anderen Buchstaben bemisst sich in einem festgelegten Verhältnis dazu. Diese Schrift ist nicht nur an ihrem gleichmäßigen Schriftbild, sondern auch an der neuen Steinmetztechnik, dem Keilschnitt, erkennbar. Dagegen ist die preisgünstigere *Scriptura actuaria* durch ein geschwungenes und ornamentales Schriftbild gekennzeichnet, welches an gemalte Buchstaben erinnert. Bei beiden Schrifttypen werden wichtige Passagen durch Position und Größe hervorgehoben. So stehen beispielsweise bei Bauinschriften die Namen der Stifter häufig am Beginn und in überschriftartigen Zeilen mit größeren Buchstaben.

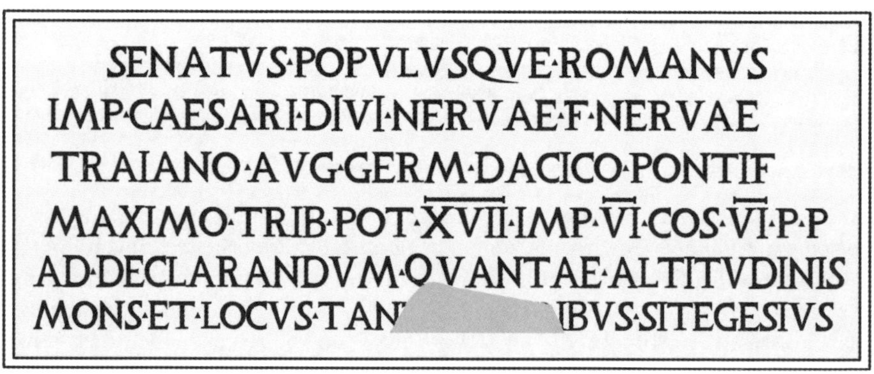

Abb. 20 *Scriptura capitalis quadrata:* Inschrift an der Basis der Traianssäule (CIL VI, 960, 112/113 n. Chr.), die an die Siege in den Daker-Kriegen (101–102 und 105–106 n. Chr.) erinnert.

5 Siehe Kapitel 10 (Paläographie).

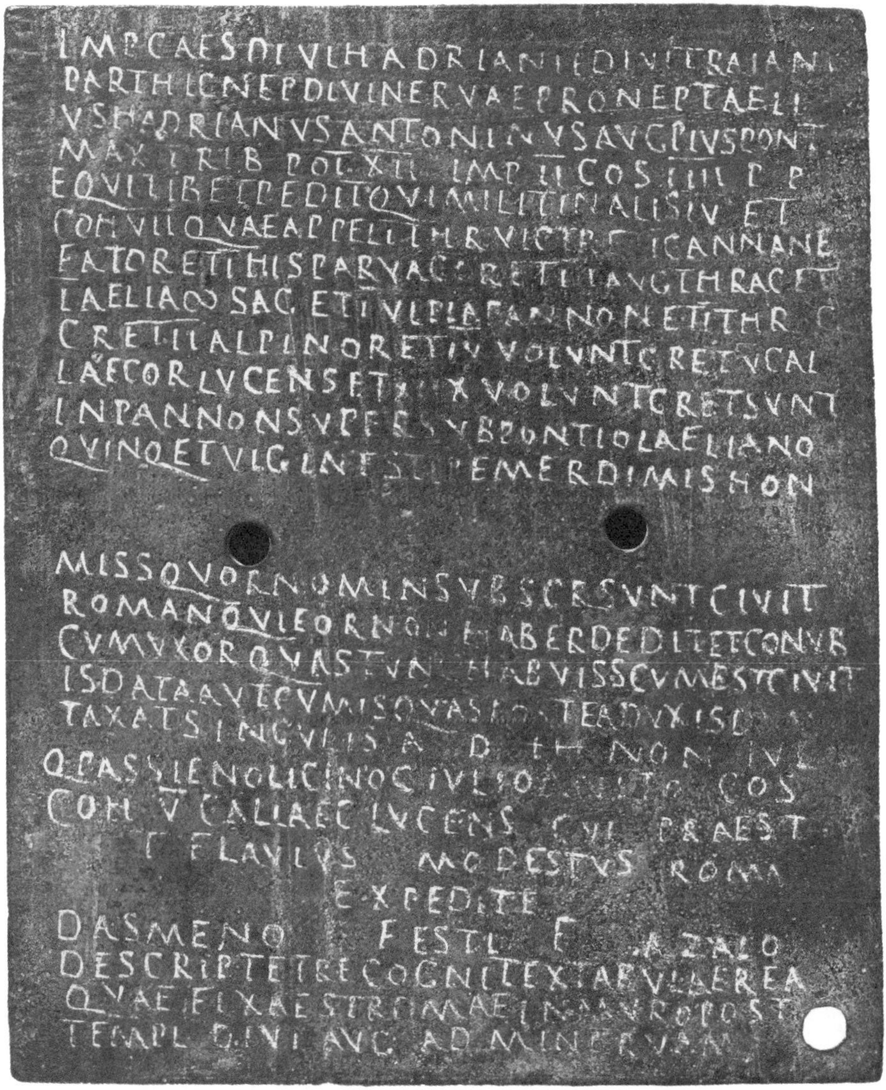

Abb. 21 *Scriptura actuaria:* Militärdiplom für den ehemaligen Soldaten Dasmenus (CIL XVI 97, 149 n. Chr.) aus Brigetio *(Pannonia Superior)*.

Antike Rezeption

Inschriften schufen einen Kommunikationsraum zwischen Auftraggeber und Leser beziehungsweise Betrachter. Damit einher geht die Frage nach der Literalität in der Antike, die noch nicht endgültig geklärt ist. Festgehalten werden kann jedoch, dass mehr Menschen lesen als schreiben konnten und ihr Anteil je nach Region und sozialem Hintergrund stark variierte. Außerdem gab die äußere Gestaltung selbst Leseunkundigen bereits Hinweise auf Inhalt und Zweck der Inschriften.

In der Antike wurden Inschriften in unterschiedlicher Weise rezipiert. Eine Beschreibung, welche Aufgaben Inschriften in Athen zugewiesen wurden, enthält die Gerichtsrede „Gegen Leokrates" des attischen Redners Lykurgos (4. Jh. v. Chr.). Er wendet sich mit den folgenden Worten an sein Publikum:[6]

> „Hipparchos, der Sohn des Charmos, wartete seinen Prozess wegen Verrat vor dem Volk gar nicht ab, sondern ließ den Fall in Abwesenheit verhandeln. Die Vorfahren bestraften ihn mit dem Tode. [...] Und sie fassten einen Volksbeschluss, dass [auf eine Stele] die Namen aller Verfluchten und Verräter aufgezeichnet werden sollten. Hipparchos selbst ist auf dieser Stele verzeichnet und auch die übrigen Verräter. Nimm und verlies zuerst das Dekret [...] und danach die Aufschrift auf der Stele und die Namen derjenigen Verräter, die später noch auf die Stele hinzugeschrieben worden sind."

Die mit einer Inschrift versehene Stele sollte die Erinnerung an Verräter erhalten und künftige Missetäter abschrecken. Somit dienten Inschriften einerseits dazu, die Beschlüsse der politischen Gremien einer breiten Öffentlichkeit zugänglich zu machen. Daher richtete sich deren Anbringung nach dem Inhalt und den Adressaten. Andererseits konnten sie Ausdruck der historischen Identität einer Gemeinschaft sein.

Da Inschriften im sozialen, religiösen und politischen Leben der Menschen omnipräsent waren, wurden bereits in der Antike systematische Inschriftensammlungen angefertigt. Ein Beispiel ist das nur noch fragmentarisch erhaltene Werk von Krateros dem Makedonen[7] (3. Jh. v. Chr.), in dem er Volksbeschlüsse wörtlich wiedergibt, erläutert und kommentiert. Ein weiteres Beispiel ist das Handbuch *De notis iuris* („Über rechtliche Abkürzungen"), in welchem der Grammatiker Marcus Valerius Probus (20–105 n. Chr.) die wichtigsten Abkürzungen erklärt.

6 Lykurg. 117–118 (Übers. Johannes Engels 2008): „Ἵππαρχον γὰρ τὸν Χάρμου, οὐχ ὑπομείναντα τὴν περὶ τῆς προδοσίας ἐν τῷ δήμῳ κρίσιν ἀλλ' ἔρημον τὸν ἀγῶνα ἐάσαντα, θανάτῳ τοῦτον ζημιώσαντες, ἐπειδὴ τῆς ἀδικίας οὐκ ἔλαβον τὸ σῶμα ὅμηρον, τὴν εἰκόνα αὐτοῦ ἐξ ἀκροπόλεως καθελόντες καὶ συγχωνεύσαντες καὶ ποιήσαντες στήλην, ἐψηφίσαντο εἰς ταύτην ἀναγράφειν τοὺς ἀλιτηρίους καὶ τοὺς προδότας· καὶ αὐτὸς ὁ Ἵππαρχος ἐν ταύτῃ τῇ στήλῃ ἀναγέγραπται, καὶ οἱ ἄλλοι δὲ προδόται. καί μοι λαβὲ πρῶτον μὲν τὸ ψήφισμα, καθ' ὃ ἡ εἰκὼν τοῦ Ἱππάρχου τοῦ προδότου ἐξ ἀκροπόλεως καθῃρέθη, ἔπειτα τῆς στήλης τὸ ὑπόγραμμα καὶ τοὺς ὕστερον προσαναγραφέντας προδότας εἰς ταύτην τὴν στήλην, καὶ ἀναγίγνωσκε, γραμματεῦ. Ψήφισμα καὶ Ὑπόγραμμα τῆς Στήλης."

7 Krateros FGrH 342.

Editionen und Auswahlsammlungen

Die Hauptaufgabe der Epigraphik ist die Herstellung eines gesicherten Textes mit Hinweisen auf Lücken oder Mängel. Nach einer Autopsie vor Ort wird die Inschrift zunächst dokumentiert. Dazu gehört die Anfertigung einer Kopie, wofür verschiedene Verfahren zur Verfügung stehen. Am besten geeignet für das Studium der Inschriften ist der *Abklatsch*. Bei diesem wird mit Hilfe eines speziellen Papiers, das in feuchtem Zustand mit einer Bürste auf den Stein und in die Vertiefungen „geklatscht" wird, ein Negativ des Schriftfeldes erstellt. Daneben werden Photographien angefertigt oder Abgüsse mit Latex oder Gummi produziert.

Abb. 22a Photographie der Stele mit den wiederveröffentlichten Gesetzen Drakons (IG I[3] 104, 409/408 v. Chr.) aus Athen. Form und Beschaffenheit des Inschriftenträgers sind gut zu erkennen; kaum lesbar ist die Schrift.

Abb. 22b Abklatsch derselben Inschrift. Besonderheiten des Steines und die Schrift sind deutlich zu erkennen; die Faltung des Papiers weist auf Herstellung und Aufbewahrung hin.

Auf dieser Grundlage werden die Inschriften in verschiedenen Corpora systematisch publiziert, die wesentliche Werkzeuge bei der epigraphischen Arbeit mit griechischen und lateinischen Texten sind. Für die griechischen Inschriften gehören dazu vor allem das *Corpus Inscriptionum Graecarum* (CIG), die *Inscriptiones Graecae* (IG) und deren laufende Erweiterungen im *Supplementum Epigraphicum Graecum* (SEG). Für die lateinischen Inschriften sind es das *Corpus Inscriptionum Latinarum* (CIL) und dessen fortlaufende Erweiterung in der *L'Année Épigraphique* (AE). Diese Sammelwerke haben den Anspruch, alle Inschriften zusammenzustellen, wobei die Bände in der Regel regional gegliedert sind. Bei größeren Inschriftengruppen wie beispielsweise den Militärdiplomen werden auch einzelne Bände erstellt. In den einzelnen Bänden sind die Inschriften nach Typen wie Gesetze oder Weihungen unterteilt. Innerhalb dieser Bereiche werden die Inschriften chronologisch geordnet. Zudem sind die meisten Bände mit einem Index ausgestattet.

Um die Publikationen zu vereinheitlichen und die Arbeit zu erleichtern, wurden allgemein gültige Editionsrichtlinien, das *Leidener Klammersystem,* festgelegt. Damit können Besonderheiten des antiken Textes bis zu einem gewissen Maße auch in einem Lesetext kenntlich gemacht werden. Der Blick auf das Original oder eine Reproduktion bleibt für die epigraphische Arbeit trotzdem unabdingbar. Zu den häufigen Zeichen zählen:

[– – –]	Lücke im Text (ganze fehlende Zeile: [– – – – – –])
(abc)	Auflösung von Abkürzungen
{*abc*}	Tilgung des Herausgebers
[[*abc*]]	antike Tilgung *(rasura)*
v *(vacat/vac.)*	unbeschriftete Stelle
/ oder |	Zeilenwechsel
âê	Ligatur
ạḅc̣	unsichere Lesung
a◦bc	Interpunktion *(punctum)*
a[bc]	Ergänzung des Herausgebers *(Konjektur)*

Jeder Eintrag folgt einem einheitlichen Muster und enthält Informationen über die Inschrift und deren Träger. Die Kenntnis dieses Musters ist besonders nützlich, da die Kommentare meist in lateinischer Sprache verfasst sind. Anhand des einführenden Abschnitts zu IG I³ 104 wird dies hier verdeutlicht:

> „[1] DRACONTIS LEGES ITERUM INSCRIPTAE. [2] Olim ad Metropolim minorem, nunc EM 6602. [3] Stela infra fracta, alibi integra, a. 0,96, l. 0,725, cr. 0,135. [4] Litt. Att. vulgares […]; στοιχηδόν […]. spiritus asper in vv. 3–9 omitittur. […] [5] *Phot.* apud The Athenian Agora XIV tab. 48b. Edd. IG I 61+; IG I s p. 18, 61; Syll.³ 111; IG I² 115 c. add. p. 303+ […].“

Am Anfang steht eine kurze Inhaltsangabe [1]. Darauf folgen Informationen zu Fund- und Aufbewahrungsort [2], Aussehen des Inschriftenträgers [3], Buchstaben sowie Schriftbild [4] und Hinweise auf Abbildungen, frühere Editionen und weiterführende Literatur [5]. Im Anschluss wird eine Umschrift des Textes in Kapitalbuchstaben und, wenn nötig, eine Transkription gegeben. Diese Transkription ist bereits eine Interpretation der Herausgeber, da sie Korrekturen und Ergänzungen beinhaltet. Am Ende des Eintrags steht ein *Apparatus criticus,* der auf sprachliche Besonderheiten und auf weitere Quellen verweist. Einige Einträge enthalten zusätzlich einen Datierungsvorschlag. Eine Datierung von Inschriften kann auf der Grundlage von fünf Kriterien vorgenommen werden:

1. Provenienz (Woher stammt die Inschrift?)
2. Charakter (Wie ist der Inschriftenträger gestaltet?)
3. Inhalt (Werden bekannte Personen oder Ereignisse genannt?)
4. Typ (Werden bestimmte Ämter genannt oder Formulare verwendet?)
5. Schrift (Welche Schriftform wird verwendet?).

Daneben erleichtern Auswahlsammlungen den Einstieg in die Epigraphik. Dazu gehören die aktuellste Auflage der *Sylloge Inscriptionum Graecarum* (Syll.^{4}) und die *Inscriptiones Latinae Selectae* (ILS) oder moderne Studienausgaben, die deutsche Übersetzungen enthalten, wie die „Historischen griechischen Inschriften in Übersetzung“ oder die „Historischen Inschriften zur römischen Kaiserzeit“.

Einführungsliteratur

J. Bodel (Hrsg.), Epigraphic Evidence. Ancient History from Inscriptions, Approaching the Ancient World (London 2001).

C. Bruun – J. Edmondson (Hrsg.), The Oxford Handbook of Roman Epigraphy (Oxford 2015).

A. E. Cooley, The Cambridge Manual of Latin Epigraphy (Cambridge 2012).

G. Klaffenbach, Griechische Epigraphik ^{2}(Göttingen 1966).

R. MacMullen, The Epigraphic Habit in the Roman Empire, AJPh 103 (1982) 233–246.

B. H. McLean, An Introduction to Greek Epigraphy of the Hellenistic and Roman Periods from Alexander the Great down to the Reign of Constantine 323 B.C.–A. D. 337 (Ann Arbor 2002).

E. Meyer, Einführung in die lateinische Epigraphik, Die Altertumswissenschaft (Darmstadt 1973).

G. Pfohl (Hrsg.), Das Studium der griechischen Epigraphik. Eine Einführung (Darmstadt 1977).

M. G. Schmidt, Lateinische Epigraphik. Eine Einführung, Einführungen Altertumswissenschaft ^{3}(Darmstadt 2015).

M. Steinhart, Griechische Inschriften als Zeugnisse der Kulturgeschichte, Sammlung Tusculum (Berlin 2017).

A. G. Woodhead, The Study of Greek Inscriptions, CAM 424 (Cambridge 1967).

Quellenkritik: IG I³ 104

Diogn[e]tos aus (dem Demos) Phrearrhioi war Schriftführer. | Diokles war Archon. | Beschlossen haben der Rat und das Volk; (die Phyle) Aka[m]antis hatte die P[r]ytanie inne, [D]io[g]|netos war Schriftführer, Euthydikos war [E]pistates, [..]e[...ph]anes stellte den Antrag: Das |5 Gesetz Drakons über Mord sollen aufschreiben lassen die Anagraphei|s (=Aufschreiber), nachdem sie es sich haben aushändigen lassen vom (Archon) B[asi]leu[s, zusammen mit dem Schriftfüh]re|r des Rats auf einer Stele aus Marmor und (sie) aufstel[-len lassen vor] der Sto|a Basileios (=Amtssitz des Basileus). Die Poletai sollen den Auftrag verge[ben entsprechend dem G]ese|tz; die Hellenotamiai sollen den Ge[ld]be[trag] zur Verfügung stellen.
|10 Erster Axon (=drehbare, vierseitig beschriebene Holztafel): | Auch wenn jemand einen nicht vorsätzlich get[ötet hat, soll er verbannt werden]. | Für des Mordes schuldig sollen erklären die Basileis [den, der die Tat selbst ausgeführt hat oder (?) dazu] angestif|-tet hat; die Epheten (=„Zulasser") sollen abstimmen. [Sich aussöhnen sollen, wenn der Vate]r (noch) le|bt oder der Bruder oder die Söhne, diese allesamt; andernfalls soll derjenige, der Ein[spruch erhebt, Vorrang haben. Wenn nicht] (mehr) die|15se leben, (sollen die Verwandten sich aussöhnen) einschließlich der Vettersöhne und [Vettern, wenn alle zur Aussö]h|nung bereit sind; Vorr[ang haben soll] derjenige, der Einspruch erhebt. [Wenn von diesen niemand (mehr) lebt und die T[ö|tung unabsichtlich begangen wurde und die [Einundfünfzig, die Epheten,] darauf anerkannt haben, [dass unabsichtl]ich | die Tötung begangen wurde, sollen d[ie Ph]r[atrie-Mitglieder, zehn an der Zahl,] (ihn) zulassen, [wenn sie (dazu) willens sind. Diese sollen von d]e|n Ein[und]fünfzig nach Maßgabe ihrer arist[okratischen Herkunft gewählt werden. Auch diejenigen, welche fr]üh[e]|20r eine Töt[ung begangen hab]en, [sollen unter] die[se Satzung fallen. Erfolgen soll die öffentliche Ankündigung] an denjenigen, der die T|ötung begangen h[at, auf der A]gor[a (durch die Verwandten) einschließlich der Vetternsöhne und Vettern; an der Verfolgu]ng sollen [sich beteiligen] | die Vett[ern, Vetternsöhne, die Schwiegersöhne, die Schwiegervä]ter und die Phratr[ie-Mitglieder –] schul|dig [ist des] Mor[des –] die Einund[fünzig |25 –] des Mordes | überführe[n – Wenn je]mand d|e[n Mö]rd[er tötet oder dessen Tötung veranlasst hat, obwohl dieser sich fernhielt von der Agor]a an der Gre|nze und [den Spielen und den Kulthandlungen der Amphiktyonie, soll er wie derjenige, der einen Athe]ner g|[etö]t[et hat, unter dieselben Bestimmungen fallen; abstimmen sollen die] E[ph]ete[n. |30 – | – | – | – den Urhe]ber einer Gewalt|tat [– den Gewa]lttäter t|35öt[et – abstim]men sollen die E|[phet]en [– ein] Frei|er ist. Un[d wenn jemand denjenigen, der sich unter Anwendung von Gewalt des unrechtmäßigen Zugriffs schuldig macht, sogleich] in Gegenweh|r tötet, soll [die Tötung ohne Buße bleiben. –|] *(17 Zeilen weitgehend zerstört)* |56 [Zw]eiter [Axon: | –] *(weitere Spuren)*

Διόγν[ε]τος Φρεάρριος ἐγραμμάτε[υε·] | Διοκλε͂ς ἐ͂ρχε· | ἔ̣δοχσεν τε͂ι βουλε͂ι καὶ τõι δέμοι· Ἀκα[μ]αντὶ̣ς ἐπ[ρ]υ̣τάνευε, [Δ]ι̣ό [γ]- | νετος ἐγραμμάτευε, Εὐθύδικος [ἐ]πεστάτε, . . Ε. . . ΑΝΕΣ εἶπε· τὸ[ν] |5 Δράκοντος νόμον τὸμ περὶ τõ φό[ν]ο ἀναγρα[φ]σά[ν]τον οἱ ἀναγρ̣αφε͂- | ς τõν νόμον παραλαβόντες παρὰ τõ β̣[α]σ̣[ι]λ̣έ[ος με]τ[ὰ τõ γραμμ]ατέο- | ς τε͂ς βουλε͂ς ἐστέλει λιθίνει καὶ κα[τ]α[θ]έντ[ον πρόσ]θε[ν] τε͂ς στο- | ᾶς τε͂ς βασιλείας· οἱ δὲ πολεταὶ ἀπ̣ομι[σθο]σ[άντον κατὰ τὸν ν]όμο- | ν, οἱ δὲ ἑλλενοταμίαι δόντον τὸ ἀρ̣[γ]ύ[ρ]ι[ον]. |[10] πρõτος ἄχσον. | καὶ ἐὰμ μὲ 'κ {ἐκ} [π]ρονοί[α]ς [κ]τ[ένει τίς τινα, φεύγ]ε[ν· δ]ι- | κάζεν δὲ τὸς βασιλέας αἴτι̣ο[ν] φόν̣[ο] Ε . . . . 17 . . . . Ε [β]ολ- | εύσαντα τὸς δὲ ἐφέτας διαγν[õ]ν̣[α]ι̣. [αἰδέσασθαι δ' ἐὰμ μὲν πατὲ]ρ ἒ- | ι ἒ ἀδελφὸ[ς] ἒ *h*υε͂ς, *h*άπαντ[α]ς, ἒ τὸν κ̣ο[λύοντα κρατε͂ν· ἐὰν δὲ μὲ] *h*̣οῦ- |[15] τοι ὦσι̣, μέχρ' ἀνεφ[σι]ότετος καὶ̣ [ἀνεφσιõ, ἐὰν *h*άπαντες αἰδέσ]α̣σ- | θαι ἐθέλοσι, τὸν κο[λύ]οντ̣α [κ]ρα[τε͂ν· ἐὰν δὲ τούτον μεδὲ *h*ε͂ς ε͂ι, κτ]έ- | νει δὲ ἄσο[ν], γνõσι δὲ *h*οι̣ [πε]ντ[έκοντα καὶ *h*ε͂ς *h*οι ἐφέται ἄκοντ]α̣ | κτε͂ναι, ἐσέσθ[ο]ν δὲ *h*̣[οι φ]ρ[άτορες ἐὰν ἐθέλοσι δέκα· τούτος δ]ὲ *h*̣ο̣- | ι πεντέκο[ν]τ[α καὶ] *h*ε͂ς ἀρ̣[ι]στ̣[ίνδεν *h*αιρέσθον. καὶ *h*οι δὲ πρ]ότε[ρ]- |[20] ον κτέ[ν]α[ντ]ε[ς ἐν] τõ[ιδε τõι θεσμõι ἐνεχέσθον. προειπε͂ν δ]ὲ τõι κ- | τέν̣α̣ν̣[τι ἐν ἀ]γορ[ãι μέχρ' ἀνεφσιότετος καὶ ἀνεφσιõ· συνδιόκ]εν | δὲ [κ]ἀνεφσ[ιὸς καὶ ἀνεφσιõν παῖδας καὶ γαμβρὸς καὶ πενθερὸ]ς κ- | αὶ φρ̣[ά]τ[ο]ρ[ας . . . . 36 . . . .] αἴτι- | ος [ε͂ι] φό[νο . . . . 26 . . . . τὸς πεντέκοντ]α κα̣ὶ |[25] *h*ένα . . . . 42 . . . . φόνο | *h*έλ̣οσ[ι . . . . 35. . . . . ἐὰν δ]έ [τ]ις τ- | ὸ[ν ἀν]δ̣ρ̣[οφόνον κτένει ἒ αἴτιος ε͂ι φόνο, ἀπεχόμενον ἀγορᾶ]ς ἐφο- | ρί[α]ς κ̣[α]ὶ [ἄθλον καὶ *h*ιερõν Ἀμφικτυονικõν, *h*όσπερ τὸν Ἀθεν]αῖον κ̣- | [τένα]ν̣[τα, ἐν τοῖς αὐτοῖς ἐνέχεσθαι· διαγιγνόσκεν δὲ τὸς] ἐ[φ]έτα[ς] |[30] . . . Ε̣ . . . . 39 . . . . τει ἐμεδ̣- | [απεῖ . . . . 41 . . . .]ΟΝΑΤ. | . . . . 45 . . . . Α̣Ν̣Α̣ . . | Ν̣[. . . . . 39 . . . . ἄρχον]τ̣α χερ- | õν̣ ἀ[δίκον . . . . 30 . . . . χερ]õν ἀδίκον κ- |[35] τέ[νει . . . 7 . . .]Σ̣[. . . 19 . . . . διαγιγνόσκ]εν̣ δὲ τὸς ἐ- | [φέτ]ας . . . . 36 . . . . ΕΙΣΕ ἐλεύθ- | ε[ρ]ος ε̣͂ι̣. κ̣α̣[ὶ ἐὰν φέροντα ἒ ἄγοντα βίαι ἀδίκος εὐθὺς] ἀ̣μυνόμενο-| ς κτέ[ν]ει, ν̣[εποινὲ τεθνάναι . . . . 19. . . . .]Σ̣ΕΧΟΝΤΟΒ. [. . .]. |[56] [δεύτ]ε̣ρος [ἄχσον]· | [. . .].

Drakonische Strafen sind sprichwörtlich für besonders harte Strafen geworden. Tatsächlich fixierte Drakon aber lediglich die verschiedenen bereits gültigen Bestimmungen in Athen, um der bis dahin praktizierten grausamen und oft willkürlichen Blutrache entgegenzuwirken.[8] Eine Abschrift der drakonischen Gesetze ist auf dem oberen Teil einer nicht mehr vollständigen Stele aus pentelischem Marmor zu lesen, die während der Bauarbeiten der Kathedrale Mariä Verkündigung gefunden wurde und ursprünglich auf der Agora von Athen stand (Abb. 22).[9] Die Inschrift ist in *Stoichedon* geschrieben, wobei die Zeilen 1–2 durch deutlich größere sowie die Zeilen 10 und 56 durch etwas größere Buchstaben hervorgehoben sind. Da es sich um ein Dekret handelt, ist die Inschrift zu den *instrumenta publica* zu zählen.

Der Text ist in zwei Abschnitte untergliedert. Zunächst wird der Volksbeschluss festgehalten, welcher üblicherweise mit der Nennung des Schriftführers und des eponymen Archonten beginnt.[10] Somit kann das Zeugnis in das Jahr 409/408 v. Chr., das Archontenjahr von Diokles, datiert werden.[11] Der gemeinsame Beschluss von

8 Schmitz 2018, 40.
9 IG I³ 104. Dazu: Stroud 1968.
10 IG I³ 104, 1–9.
11 Siehe Kapitel 8 (Chronologie).

Boule (Rat) und *Demos* (Volksversammlung) sieht vor, dass die Gesetze Drakons über Tötungsdelikte auf der Agora aufgestellt werden sollen und nennt die dafür zuständigen Amtsträger. Im zweiten Abschnitt sind die strafrechtlichen Regelungen überliefert. Festgelegt werden das Verfahren, die zuständigen Beamten und die Strafen, ausführlich aber auch Möglichkeiten der Aussöhnung. Die genannten Straftatbestände sind unabsichtliche Tötung,[12] Tötung eines Mörders[13] oder Tötung in Gegenwehr.[14]

Anhand der Inschriften können Fragen der Gesetzgebung und der Rechtspraxis beantwortet werden. In Athen waren zwei Verfahren möglich, um Gesetze zu beschließen. Zum einen berichten die Quellen von großen Gesetzgebern in mehreren griechischen Städten, welche bestehendes Recht fixierten und den aktuellen Begebenheiten anpassten.[15] In Athen waren die wichtigsten Reformen mit Drakon und Solon verknüpft.[16] Im Jahr 621/620 v. Chr. erließ Drakon Regelungen (θεσμοί) über verschiedene Tötungsdelikte.[17] Die Bestimmungen standen auf *Axones* (mehrseitigen Holzpfeilern), die auf Achsen montiert waren und von den Betrachtern gedreht werden konnten.[18] Dabei griff Drakon einerseits auf bereits bestehendes Recht zurück und führte andererseits Neuerungen ein.[19] So sollte beispielsweise nicht mehr jeder Mord mit der Todesstrafe geahndet werden, sondern die Motivation des Täters ausschlaggebend sein. Bei der Wiederveröffentlichung im Jahr 409/408 v. Chr. wurden sehr wahrscheinlich alle Bestimmungen auf die Marmorstele übertragen.

Außerhalb dieser großen Reformen waren die Gesetze der Athener wie im vorliegenden Fall gemeinsame Volksbeschlüsse von *Boule* und *Demos*, die *ad hoc* als Reaktion auf unklare Situationen erlassen wurden.[20] Dafür stellte ein Bürger in der Volksversammlung einen Antrag, welcher diskutiert und im Anschluss abgestimmt wurde.[21] Stimmte die Volksversammlung zu, wurde der Beschluss der Öffentlichkeit meist in Form von Inschriften kommuniziert. Dafür waren Beamte, wie die *Anagrapheis* (Aufschreiber) und die *Grammateis* (Schriftführer), zuständig.[22]

Damit verknüpft ist die Frage, warum die Athener im Jahr 409/408 v. Chr. die Notwendigkeit sahen, die Gesetze Drakons nach 200 Jahren neu zu fixieren. Durch den andauernden Krieg mit Sparta, die Zerstörung der athenischen Flotte im Hafen

12 IG I[3] 104, 11–25.
13 IG I[3] 104, 25–36.
14 IG I[3] 104, 36–37.
15 Auf Kreta gelten Minos und Rhadamanthys (zu Minos: Ps.-Plat. Min. 318c–e; Plat. leg. 624a; zu Rhadamanthys: Plat. leg. 1,625a; 12,948b–c; Aristot. eth. Nic. 1132b) als große Gesetzgeber, auf Sizilien Charondas von Katane (Plat. rep. 599d–e; Aristot. pol. 1274a) oder in Sparta Lykurgos (Hdt. 1,65–66; Xen. Lak. pol.).
16 Ath. pol. 7,i; Plut. Sol. 17.
17 Phillips 2008, 35.
18 Ath. pol. 7,i.
19 Schmitz 2018, 42–43.
20 Osborne – Rhodes 2017, 508; Rieß 2008, 50–51.
21 Gagarin 2013, 230.
22 Gallia 2004, 452–455.

von Syrakus und den Austritt verschiedener Bündner aus dem Attisch-Delischen Seebund war die Situation in Athen sehr angespannt.[23] Dies nutzte eine Gruppe unzufriedener Flottenkommandeure aus, sodass Athen im Jahr 411 v.Chr. einen oligarchischen Umsturz erlebte. Mit der Unterstützung der *Hetairien* (adelige Männerverbände), gelang es ihnen, die Volksversammlung davon zu überzeugen, dass die bestehende Verfassung den aktuellen Begebenheiten nicht angemessen und nur eine Rückkehr zu der Verfassung der Väter (πάτριος πολιτεία) zielführend sei. Laut Thukydides (etwa 454–396 v.Chr.) handelte es sich aber lediglich um vorgeschobene Argumente, um den Rat der 400 einsetzen zu können, der aus oligarchisch gesinnten Athenern bestand und autark die politische Führung in Athen übernahm.[24] Die Umstürzler versuchten, die gewonnene Macht mit Gewalt und Einschüchterungsmaßnahmen zu festigen. Bereits nach vier Monaten scheiterten sie und im Jahr 410 v.Chr. war die Demokratie in Athen wiederhergestellt. Nachdem in dieser Phase der politischen Willkür Gesetze aufgehoben und neue beschlossen worden waren, herrschte Unsicherheit in der Bürgerschaft von Athen.[25] Als eine Reaktion darauf sind die Bestimmungen in der vorliegenden Inschrift zu sehen.[26]

Wie gezeigt wurde, geschah die Wiederveröffentlichung der Gesetze während einer Phase der politischen und rechtlichen Unsicherheit, in der eine Rückkehr zu traditionellen Gesetzen eine Stabilisierung der Lage nach sich ziehen sollte. Unter Hinzunahme der zahlreichen Gerichtsreden aus dem 4. Jh. v.Chr. könnte zudem diskutiert werden, inwiefern die Bestimmungen vor Gericht angewendet wurden. Die Erforschung der epigraphischen Zeugnisse gibt daher Einblicke in die Verwaltungs- und Rechtspraxis, die aus den literarischen Quellen nur schwer zu gewinnen sind. Doch Inschriften können nicht nur wie im vorliegenden Fall das Wissen ergänzen und erweitern, sondern sind in zahlreichen Fällen die einzigen Zeugnisse für historische Ereignisse.

Quellen- und Literaturverzeichnis

K. Brodersen – W. Günther – H. Schmitt (Hrsg.), Historische griechische Inschriften in Übersetzung. Studienausgabe in einem Band (Darmstadt 2011).

D. Lewis (Hrsg.), Inscriptiones Graecae, Ed. III, Vol. 1: Inscriptiones Atticae Euclidis anno anteriores, Fasc. 1: Decreta et tabulae magistratuum (Berlin 1981).

R. Osborne – P. J. Rhodes (Hrsg.), Greek Historical Inscriptions. 478–404 BC (Oxford 2017).

R. S. Stroud, Drakon's Law on Homicide (Berkeley 1968).

23 Schulz 2015, 119–121.

24 Thuk. 7,87.

25 Demosth. or. 24,154; Lys. 30,2–5; Aristot. Ath. pol. 31,2. Siehe auch: Demosth. or. 23.

26 And. 1,81–84.

M. Gagarin, Drakon and Early Athenian Homicide Law, Yale Classical Monographs 3 (New Haven 1981).
M. Gagarin, Law and Legislation in Ancient Greece, in: H. Beck (Hrsg.), A Companion to Ancient Greek Government, Blackwell Companions to the Ancient World. Ancient History (Chichester 2013) 221–234.
A. B. Gallia, The Republication of Draco's Law on Homicide, ClQ 54/2 (2004) 451–460.
D. D. Phillips, Avengers of Blood. Homicide in Athenian Law and Custom from Draco to Demosthenes, Historia ES 202 (Stuttgart 2008).
W. Rieß, Private Violence and State Control: The Prosecution of Homicide and Its Symbolic Meanings in Fourth-Century BC Athens, in: P. Ducrey – C. Brelaz (Hrsg.), Sécurité collective et ordre public dans les sociétés anciennes (Vandœuvres 2008) 49–101.
W. Schmitz, Das Gesetz Drakons über die Tötung in der neueren Forschung, in: W. Rieß (Hrsg.), Colloquia Attica. Neuere Forschungen zur Archaik, zum athenischen Recht und zur Magie, Hamburger Studien zu Gesellschaften und Kulturen der Vormoderne 4 (Stuttgart 2018) 37–60.
R. Schulz, Athen und Sparta, Geschichte kompakt. Antike [5](Darmstadt 2015).

Quellenkritik: CIL VI 1527 und 37053, Z. II 1–18, 25–39, 67–69

[…] Mit Recht sagte Caesar (Augustus), es sei dir zu verdanken, dass ich, den er seiner Heimat wiedergegeben habe, noch am Leben sei. Denn hättest du keine Vorkehrungen zu meiner Rettung getroffen, hätte er, als er sich für meine Rettung verwandte, seine Hilfe vergebens versprochen. So schulde ich mein Leben deiner Gattenliebe nicht weniger als Caesar.
[…] Doch will ich gestehen, dass mir das Bitterste in meinem Leben durch das Los widerfuhr, das dich traf, nachdem ich dank der gütigen Entscheidung des abwesenden Caesar Augustus meiner Heimat bereits als Bürger wiedergegeben war. Denn als sein in Rom schaltender Kollege Marcus Lepidus von dir … um die Wiederherstellung meiner Rechte ersucht wurde und du dich ihm zu Füßen geworfen hattest, wurdest du nicht nur nicht vom Boden aufgehoben, sondern der Verhöhnung preisgegeben und auf entwürdigende Weise fortgezerrt. Den Körper voll blauer Flecken, erinnertest du ihn mit beharrlichstem Mut an Caesars Gnadenerlass mitsamt seinem Glückwunsch zur Wiederherstellung meiner Rechte, und als du daraufhin sogar demütigende Beschimpfungen vernahmst und rohe Schläge empfingst, beschwertest du dich öffentlich, damit bekannt würde, wer meine Gefahren zu verantworten hatte. – Ihm hat dieser Vorfall bald darauf geschadet.
[…] Nachdem die Welt befriedet, das Gemeinwesen wiederhergestellt war, waren uns ruhige und glückliche Zeiten vergönnt. Unser Wunsch waren Kinder, die uns das Geschick schon ziemlich lange vorenthalten hatte. Wenn das Schicksal, dem üblichen Gang folgend, gestattet hätte, dass sich unser Wunsch erfüllte, was hätte uns beiden dann noch gefehlt? – Es nahm einen anderen Verlauf, begann unserer Hoffnung ein Ende zu setzen. Was du deswegen unternahmst und welche Wege du zu beschreiten versuchtest, will ich auslassen – so auffallend und bemerkenswert es bei manchen Frauen vielleicht sein mag, bei dir war es, verglichen mit deinen übrigen Leistungen, nicht im geringsten erstaunlich.

Als du an deiner Fruchtbarkeit zweifeltest und dich über mein kinderloses Dasein grämtest, sprachst du, um mir zu ersparen, dass ich, wenn ich dich als Ehefrau behielte, die Hoffnung auf Kinder aufgäbe und darüber unglücklich wäre, von Scheidung: Das Haus würdest du räumen, um es einer anderen, fruchtbaren Frau zu überlassen. Dies in keiner anderen Absicht, als dass du mir im Geiste unserer bekannten Eintracht selbst eine standesgemäße und passende Verbindung suchtest und verschafftest sowie erklärtest, die künftigen Kinder würden gehalten, als gehörten sie uns gemeinsam und stammten sie von dir. Auch würdest du unser Erbe, das bisher gemeinsames Vermögen gewesen war, nicht teilen, sondern es in meiner Verfügung und, wenn ich wollte, in deiner Verwaltung belassen. Nichts würdest du haben, was dir vorbehalten und mir entzogen wäre, nur würdest du mir fortan die Dienste und Zuneigung einer Schwester oder Schwiegermutter erweisen.
[…] Beschließen will ich diesen Nachruf mit den Worten, dass du alles verdient hast, mir es aber nicht vergönnt war, dir alles zu geben. Als Richtschnur hatte ich deine Weisungen: Was darüber hinaus in meine freie Entscheidung gelegt ist, will ich tun. Dass dich deine göttlichen Manen ruhen lassen und so behüten, wünsche ich.

[--- iure Caesar dixit tibi acceptum esse referendu]m extare [adhuc] | me patriae redditum a se, [na]m nisi parasses quod servar[et], cavens saluti meae | inaniter opes suas pollice[ret]ur. Ita non minus pietati tu[a]e quam Caesari |[4] me debeo.
[…] |[11] Acerbissumum tamen in vi[ta] mihi accidisse tua vice fatebo[r, reddito me iam] | cive patriae benificio et i[ud]icio apsentis Caesaris Augusti, [quom abs te ---] | de restitutione mea M. L[epi]dus conlega praesens interp[ellaretur et ad eius] | pedes prostrata humi n[on] modo non adlevata, sed tra[ducta et indignum in] |[15] modum rapsata livori[bus c]orporis repleta firmissimo [animo eum admone-] | res edicti Caesaris cum g[r]atulatione restitutionis me[ae atque vocibus eti-] | am contumeliosis et cr[ud]elibus exceptis volneribus pa[lam conquereris], | ut auctor meorum peric[ul]orum notesceret. Quoi noc[uit mox ea res].
[…] |[25] Pacato orbe terrarum res[titut]a re publica quieta deinde n[obis et felicia] | tempora contigerunt. Fue[ru]nt optati liberi, quos aliqua[mdiu sors nobis invi-] | derat. Si fortuna procede[re e]sset passa sollemnis inservie[ns, quid utrique no-] | strum defuit? Procedens a[li]as spem <f>iniebat. Quid agitav[eris propterea quae-] | que ingredi conata sis – f[ors] sit an in quibusdem feminis [conspicua et memorabi-] |[30] lia, in te quidem minime a[dmi]randa, conlata virtutibu[s ceteris – omittam]. Diffidens fecunditati tuae [et do]lens orbitate mea, ne tenen[do in matrimonio] | te spem habendi liberos [dep]onerem atque eius caussa ess[em infelix de divertio] | elocuta es vacuamque [do]mum alterius fecunditati t[e traditurам non alia] | mente, nisi ut nota con[co]rdia nostra tu ipsa mihi di[gnam et aptam con-] |[35] dicionem quaereres p[ara]resque ac futuros liberos t[e communes pro-] | que tuis habituram adf[irm]ares neque patrimoni nos[tri, quod adhuc] | fuerat commune, separa[ti]onem facturam, sed in eodem [arbitrio meo id] | et, si vellem, tuo ministerio [fu]turum: nihil seiunctum, ni[hil separatum te] | habituram, sororis soc[rusve] officia pietatemque mihi d[ehinc praestituram].
[…] |[67] Ultumum huius orationis erit omn[ia] meruisse te neque omnia contigisse mi[hi, ut praestarem] | tibi. Legem habui mandata tu[a]; quod extra mihi liberum fuerit pr[aestabo]. | Te Di Manes tui ut quietam pat[ia]ntur atque ita tueantur opto.

Grabinschriften können, obwohl sie zu den *instrumenta privata* gehören, zahlreiche Informationen über die sozialen und politischen Umstände ihrer Entstehungszeit verraten. Dies trifft in besonderer Weise zu, wenn es sich, entgegen der üblichen kurzen Grabinschriften, um eine so ausführliche Schilderung handelt. Die Gräber befanden sich außerhalb der Stadtmauern entlang der wichtigen Einfahrtsstraßen in die Stadt. „Gute Plätze" direkt an der Straße waren sehr begehrt, weshalb viele Wohlhabende bereits zu Lebzeiten eine Parzelle erwarben und ihre zukünftige Grabstätte aktiv mitgestalteten.

Dieses Zeugnis wird in der Forschung als *Laudatio Turiae* bezeichnet, weil die Aussagen von Appianos (etwa 90–160 n. Chr.) und Valerius Maximus (1 Jh. n. Chr.) über den Senator Quintus Lucretius Vespillo und seine Frau Turia (beide 1. Jh. v. Chr.) von der älteren Forschung überinterpretiert wurden.[27] Tatsächliche Belege für eine eindeutige Zuweisung fehlen weiterhin. Der Text war entlang einer römischen Gräberstraße auf zwei Marmorplatten angebracht, von denen sieben Fragmente gefunden wurden. Die erste Zeile, welche wahrscheinlich den Namen der Verstorbenen erhielt, war in größerer Schrift über beide Platten verteilt.[28] Die restliche Inschrift ist in gleichmäßiger *Scriptura capitalis* verfasst. Über die zeitliche Einordnung der Inschrift besteht in der Forschung ebenfalls keine Einigkeit, wobei der Vorschlag von Wilhelm Kierdorf, der das Zeugnis auf spätestens 9 v. Chr. datiert, die meisten Anhänger findet.[29]

Sehr wahrscheinlich wurde der Text vom Witwer als *laudatio funebris* vorgetragen und anschließend in Stein verewigt.[30] Als solche wird eine Lobrede für Verstorbene bezeichnet, die im Rahmen der Bestattung am Grab oder bei Mitgliedern der Oberschicht auf der Rednerbühne auf dem Forum *(laudatio pro rostris)* gehalten wurde und die Lob mit Klage verband.[31] Nach den Feierlichkeiten wurden die Reden im Archiv der Familie verwahrt. Dagegen ist eine inschriftliche Aufzeichnung, wie bei der *Laudatio Turiae,* eher die Ausnahme.[32]

In der *laudatio* berichtet der namenlose Witwer sehr ausführlich von den Verdiensten Turias als Ehefrau und römische Bürgerin. Dabei zählt er kurz die weiblichen Tugenden wie Häuslichkeit, Zurückhaltung und Bescheidenheit auf, um im Folgenden die individuellen Verdienste der Verstorbenen hervorzuheben.[33] Dabei folgt die Erzählung der Chronologie der Beziehung der beiden Eheleute. Der verschollene Anfang widmete sich sehr wahrscheinlich den Vorfahren.[34] Es folgt ein Abschnitt über die Verlobungszeit der beiden, in der ihre Eltern ermordet wurden

27 App. civ. 4,189–192; Val. Max. 6,7,2. Siehe dazu Flach 1991, 1–8.
28 Flach 1991, 8.
29 Kierdorf 1980, 42.
30 Flach 1991, 37.
31 Kierdorf 1999, 1184–1185.
32 Rühl 2010, 108.
33 CIL VI 1527, Z. I 30–34.
34 Kierdorf 1999, 1185.

und sie den anschließenden Erbstreit für sich entschied.[35] Im längsten Abschnitt werden ihre Verdienste während der Ehe betont.[36] Am Ende stehen Klagen des Ehemannes und die übliche Anrufung an die Totengeister.[37] Der vorliegende Abschnitt ist der Ehezeit entnommen und berichtet über die Ereignisse während des Bürgerkriegs gegen die Caesar-Mörder und des beginnenden Prinzipats. Die unsichere und gefährliche Bürgerkriegszeit habe er nach eigenen Angaben nur durch den außerordentlichen Einsatz seiner Ehefrau überlebt.[38] Leider, so führt der Redner weiter aus, hielt aber die folgende friedliche Zeit andere Herausforderungen für die Eheleute bereit, da das Paar kinderlos blieb.[39]

Anhand der Quelle kann die Frage aufgeworfen werden, welche Rollen Bürgerinnen in der Späten Republik und frühen Kaiserzeit zugewiesen wurden. Dabei muss stets beachtet werden, dass es sich um ein außergewöhnliches Schicksal handelte.[40] Die soziale Stellung des Ehepaares bekräftigt dies zusätzlich. Einerseits der Umfang und die Qualität der Inschrift und andererseits der Stil der Rede, welcher eine rhetorische Ausbildung voraussetzt, deuten darauf hin, dass beide der vermögenden römischen Oberschicht angehörten.

Im Text wird bereits eine Zweiteilung in öffentliche und private Handlungsfelder vorgenommen, wobei beiden etwa gleicher Raum gewährt wird. Dies deckt sich mit dem in der römischen Antike vorherrschenden Ideal der scharfen Grenzziehung zwischen männlichen und weiblichen Sphären.[41] Die politische Öffentlichkeit war den Männern vorbehalten. In bestimmten Situationen, so suggeriert die Inschrift, konnten Frauen aber „männliche“ Aufgaben übernehmen. Weil ihr Ehemann aus Rom verbannt wurde, musste die Verstorbene in der Öffentlichkeit für seine Rechte eintreten. Der Ehemann hatte bei Philippi (42 v. Chr.) im Gefolge der Caesar-Mörder Marcus Iunius Brutus (85–42 v. Chr.) und Gaius Cassius Longinus (etwa 84–42 v. Chr.) gekämpft und musste aus diesem Grund Rom verlassen.[42] Sieger waren die Triumvirn Gaius Octavius (63 v. Chr.–14 n. Chr.), Marcus Antonius (86–30 v. Chr.) und Marcus Aemilius Lepidus (90–12 v. Chr.), die mit außerordentlichen Befugnissen ausgestattet worden waren. In dieser Phase, die durch Gewalt und große Unsicherheit geprägt war, scheint die Ehefrau von Octavius eine Begnadigung erwirkt zu haben. Da dieser nicht selbst in Rom war, sollte Lepidus, der zeitweise in Rom das Kommando hatte, der Begnadigung zusätzlich zustimmen.[43] Lepidus wiederum habe dem Bericht zufolge nicht nur das Gesuch abgelehnt, sondern die Bittende zusätzlich beschämt und misshandelt. Davon habe sie sich jedoch nicht

35 CIL VI 1527, Z. I 1–26.
36 CIL VI 1527, Z. I 27–52; II 2a–11a; II 1–62.
37 Rüpke 2006, 70.
38 CIL VI 1527, Z. II, 1–18.
39 CIL VI 1527, Z. II 25–39.
40 Rühl 2010, 95.
41 Hemelrijk 2004, 185; 188.
42 Bellen 2016, 152–154.
43 Osgood 2014, 56.

einschüchtern lassen, sondern eine öffentliche Beschwerde eingelegt, die zum Ziel führte. Um das selbstbewusste Auftreten seiner Frau zu umschreiben, greift der Redner auf Vokabular des männlichen und militärischen Bereichs zurück.[44] So soll die Verstorbene zum Beispiel aus dem Kampf Wunden davon getragen haben.[45] Die soziale Grenzüberschreitung – schließlich hatte sie einen der mächtigsten Männer Roms herausgefordert und öffentlich diskreditiert – wird dadurch abgemildert, dass sie gleichzeitig als tugendhafte, aufopferungsvolle Gattin erscheint.[46] Ihr Verhalten wird immer wieder mit dem Begriff *pietas*[47] umschrieben, worunter pflichtgemäßes Verhalten gegenüber den Göttern, der Familie und dem Vaterland verstanden wird.

Mit dem Ende der Bürgerkriege brach eine friedliche Zeit an, in der sich die Ehefrau ihren *domestica bona* (häuslichen Pflichten) widmen konnte.[48] Die privaten Entfaltungsmöglichkeiten waren nun wieder auf die Rollen als Ehefrau und Mutter beschränkt. Als Ehefrau hatte sie ihrem Mann viele Wohltaten erwiesen und das gemeinsame Vermögen stets gut verwaltet. Dagegen konnte sie die Mutterrolle nicht ausfüllen, da die Ehe kinderlos blieb. Nachdem sie mehrere religiöse und medizinische Wege erfolglos beschritten hatte, bot sie ihrem Mann die Scheidung an, was keineswegs ungewöhnlich war.[49] Zusätzlich war sie bereit, ihm eine neue Frau zu suchen und auf ihr Vermögen zu verzichten. Dieses Angebot ist aus rechtshistorischer Perspektive interessant. Im antiken Rom existierten zwei Formen der Ehe: die Manusehe und die manusfreie Ehe.[50] Während bei der Manusehe die Ehefrau den Haushalt ihres Vaters endgültig verließ, verblieb sie bei der manusfreien Ehe aus juristischer Sicht im väterlichen Haushalt. Die zweite Form hatte den Vorteil, dass die Familie der Braut nicht aus der Erbfolge ausschied. Die *Laudatio Turiae* zeigt nun, dass eine manusfreie Ehe problemlos in eine Manusehe umgewandelt werden konnte. Zusätzlich war das Angebot ein weiteres Zeichen ihrer *pietas,* denn Nachwuchs war für den Fortbestand der römischen Gesellschaft essentiell.[51] Die Tote war sich ihrer Bürgerpflicht bewusst und bereit, dafür Ehemann und Vermögen aufzugeben.

Anhand der *Laudatio Turiae* hat sich gezeigt, dass das Verhalten von Frauen in der römischen Antike ein Spagat zwischen Ideal und Wirklichkeit war. In einem weiteren Schritt könnte ein Vergleich mit anderen Frauengestalten gezogen werden, die sich ebenfalls für ihre Männer einsetzten, um zu hinterfragen, wie sich Geschlechterrollen in Krisensituationen ändern. Eine Stärke der epigraphischen Quellen ist nämlich, dass sie ein Gegengewicht zu der ansonsten eher männlich-wohlhabenden Überlieferung bilden können. Wenn auch Frauen, Freigelassene oder Sklaven nicht

44 Hemelrijk 2004, 189.
45 CIL VI 1527, Z. II, 17.
46 Rühl 2010, 111.
47 CIL VI 1527, Z. I 7; I 26; I 32; I 42; II 2; II 39.
48 Rühl 2010, 101–103.
49 Wistrand 1976, 55.
50 Treggiari 2002, 365–366.
51 Osgood 2014, 66.

immer zu Wort kommen, so werden ihre Lebensumstände doch häufiger direkt oder indirekt beschrieben.[52] Außerdem erlauben die lateinischen Inschriften einen Einblick in das Alltagslatein zur jeweiligen Entstehungszeit, welches sich erheblich von der in der Literatur verwendeten Sprache unterscheiden konnte.[53]

Quellen- und Literaturverzeichnis

M. Bang, Corpvs inscriptionvm Latinarvm, Vol. VI: Inscriptiones vrbis Romae Latinae, Ps. 4, Fasc. 3 (Berlin 1933).
D. Flach, Die sogenannte Laudatio Turiae. Einleitung, Text, Übersetzung und Kommentar, TzF 58 (Darmstadt 1991).
G. Henzen – E. Bormann, Corpvs inscriptionvm Latinarvm, Vol. VI: Inscriptiones vrbis Romae Latinae, Ps. 1 (Berlin 1876).
E. Wistrand, The so-called Laudatio Turiae. Introduction, Text, Translation, Commentary, Studia Graeca et Latina Gothoburgensia 34 (Göteborg 1976).

H. Bellen, Die römische Republik bis zum frühen Prinzipat. Grundzüge der römischen Geschichte ³(Darmstadt 2016).
A. E. Hemelrijk, Masculinity and Femininity in the Laudatio Turiae, in: ClQ 54/1 (2004) 185–197.
W. Kierdorf, Laudatio Funebris. Interpretationen und Untersuchungen zur Entwicklung der römischen Leichenrede, Beiträge zur Klassischen Philologie 106 (Meisenheim am Glan 1980).
W. Kierdorf, s. v. Laudatio funebris, in: DNP 6 (1999) 1184–1186.
J. Osgood, Turia. A Roman Woman's Civil War, Women in Antiquity (Oxford 2014).
M. Rühl, Versteinerte Frauen. Die Inszenierung der Geschlechter in lateinischen Grabreden und -inschriften, in: M. Formisano – T. Fuhrer (Hrsg.), Gender Studies in den Altertumswissenschaften. Gender-Inszenierung in der antiken Literatur, Iphis 5 (Trier 2010) 95–112.
J. Rüpke, Die Religion der Römer. Eine Einführung ²(München 2006).
S. M. Treggiari, Roman Marriage. Iusti Coniuges from the Time of Cicero to the Time of Ulpian, Clarendon paperbacks (Oxford 2002).

52 Siehe Kapitel 7 (Onomastik und Prosopographie).
53 Siehe Kapitel 10 (Paläographie).

6. Numismatik

Der Begriff „Numismatik" leitet sich von der griechischen Bezeichnung νόμισμα (Münze, Währung) ab.[1] Diese Disziplin umfasst demnach die Beschäftigung mit Maßen, Materialien sowie Bild- und Schriftelementen historischer Münzen. Neben der Münzkunde gehört auch allgemein die Geldgeschichte zu ihrem Bereich.[2] Dabei kann Geld in den unterschiedlichsten Erscheinungsformen auftreten, als Barren, Stangen oder in Gestalt von Gegenständen wie Dreifüßen.[3] Alle Objekte, die als Wertmesser anerkannt sind, können als Zahlungsmittel gebraucht werden. Der grundsätzliche Unterschied zwischen antikem und modernem Geld besteht dabei darin, dass es sich bei Letzterem um Kreditgeld handelt, das heißt der Materialwert ist geringer als der angesetzte Tauschwert. In der Antike war dies zumindest theoretisch anders: Beim Kurantgeld sollte der Edelmetallwert mit dem Geldwert identisch sein.[4] Die Berücksichtigung materieller Aspekte und der bildlichen Gestaltung macht die Besonderheit dieser Quellengattung aus. So kann die Verbreitung von Münzen Aufschlüsse über wirtschaftliche Verhältnisse und Handelswege geben. Münzen spielen zudem eine wichtige Rolle bei der zeitlichen Einordnung von archäologischen Befunden.[5] Gleichzeitig ist Geld als kulturelles Zeugnis einer Gesellschaft zu sehen. So sind Münzbilder mit Blick auf Stil und Motivik zu betrachten. Münzlegenden, also die auf Münzen zu findenden Schriftelemente, können hinsichtlich Schriftform,[6] Aufbau sowie bezüglich der Angaben zum Prägeherrn, also der Instanz, bei der die Münzhoheit und damit die Kontrolle über die Gestaltung der Münze lag, analysiert werden.

Form und Ausführung der Münze sind grundsätzlich durch die Art ihrer Herstellung bedingt. Antike Münzen wurden, zumindest in späterer Zeit, nicht gegossen, sondern geprägt. Ein sogenannter Schrötling, ein Rohling spezifischen Gewichts, wurde zwischen zwei Stempel gelegt und mit Hilfe eines Hammers ausgeprägt. Dabei war der Oberstempel einer größeren Belastung ausgesetzt und nutzte sich

1 Aristot. eth. Nic.1133b. Zu weiteren Implikationen des Begriffs siehe Mittag 2016, 16.
2 Zum Verhältnis Numismatik und Geldgeschichte siehe Klüßendorf 2009, 44–52; Göbl 1978.
3 Mittag 2016, 41–43. Zu prämonetären Geldformen siehe Göbl 1978, 142–145.
4 Christ 1991, 15–16.
5 Siehe Kapitel 8 (Chronologie) und Kapitel 11 (Archäologie).
6 Siehe Kapitel 5 (Epigraphik) und Kapitel 10 (Paläographie).

schneller ab. Daher wurde in ihn das meist etwas simplere Rückseitenbild *(Revers)* eingraviert, während in den Stempel im Amboss das Bild der Vorderseite *(Avers)* eingeschnitten wurde.

Geschichte der antiken Münzen

Die ältesten Münzen der antiken Welt stammen aus Kleinasien, wo für die Prägungen eine Gold-Silber-Legierung, das sogenannte Elektron, verwendet wurde.[7] Aus diesem wurden im 7. Jh. v. Chr. normierte Metallstücke mit einer Stempelprägung hergestellt.[8] Im griechischen Raum war zunächst die Verwendung von Metallstücken oder -gegenständen vorherrschend.[9] Erste Münzen datieren in das 6. Jh. v. Chr.;[10] sie zeigen auf dem *Avers* Symbole der jeweiligen Polis, bei der das Prägerecht lag. Auf dem *Revers* ist bei den meisten frühen griechischen Münzen nur das *quadratum incusum* (eingetiefter quadratischer Stempel) zu sehen. Später etablierte sich die Tradition, eine Gottheit auf den *Avers* und ein ihr zugeordnetes Tier auf den *Revers* zu setzen. Bekanntestes Beispiel ist die athenische *Drachme* mit Athena auf der Vorder- und der Eule auf der Rückseite (Abb. 23). Neben dem Vogel ist ein Olivenzweig zu sehen, als Verweis auf den Olivenbaum, den Athena der Stadt geschenkt haben soll.[11] Die griechische Legende AΘE steht als Kürzel für die Gemeinschaft der Athener und damit für die prägende Instanz.

Münzen besaßen eine wichtige Funktion für die Polisidentität. Daher verweisen die Münzbilder häufig auf die zentrale Gottheit der Stadt, ihre Geschichte, Mythen oder relevante Wirtschaftsgüter. Zunächst orientierte sich jede Stadt zudem an einem eigenen Münzfuß, einem lokal festgelegten Verhältnis zwischen dem Gewicht und dem Metallgehalt der Prägungen. Dies änderte sich in der Zeit der Klassik. Der attische Münzfuß setzte sich durch, was zu einer Vereinheitlichung des Münzwesens führte, auch wenn andere Standards weiter existierten.

Zu beachten ist, dass es sich bei *Talent* (26,196 Kilogramm) und *Mine* (436,6 Gramm) um reine Gewichts- beziehungsweise Rechnungseinheiten handelte. Als gängigste Münzen sind *Drachme* und *Obole* anzusehen, wobei eine *Drachme* einem guten Tagesverdienst entsprochen haben dürfte.[12] Häufig sind Varianten der

7 Hdt. 5,101. Zu den Prägungen des Kroisos siehe Hdt. 1,94, zur Goldverfeinerung in Sardis Ramage – Craddock 2000.

8 Zum Folgenden siehe Howgego 2011, 14–25; Christ 1991, 24–30; Alföldi 1978, 71–125. Zur Problematik der Datierung siehe Mittag 2016, 44.

9 Hom. Il. 7,472–75; 23,700–705. Siehe dazu Mittag 2016, 40.

10 Aristoteles (Aristot. Ath. pol. 1257a) betont, dass durch das Münzgeld der Handel erleichtert wurde.

11 Paus. 1,24,2; 1,27,1; Hyg. fab. 164.

12 Als Orientierungspunkte können die Diäten (Sitzungsgelder) für die Teilnahme an Volksversammlung und Volksgerichten im klassischen Athen dienen, die eine halbe Drachme betrugen. Siehe dazu Mittag 2016, 222. Weitere Hinweise liefert eine athenische Inschrift (IG I³ 476), in der die Löhne der am Bau des Erechtheions (Tempel auf der Akropolis) beteiligten Arbeiter aufgeführt werden. Ein Handwerker erhielt eine Drachme.

Abb. 23 *Drachme* der Stadt Athen mit Lochung (Sammlung ZAW Heidelberg ID 1204, 470–460 v. Chr.): *Stater* (8,6 Gramm, Gold oder Silber) = 2 *Drachmen; Drachme* (4,37 Gramm, Silber) = 6 *Obolen.*

Abb. 24 *Obol* aus Korinth mit *quadratum incusum* (BCD 11, 550–500 v. Chr.): *Obol* (0,73 Gramm, Silber).

Drachme wie die *Hemidrachme* (Halbdrachme) sowie Großnominale wie die *Tetradrachme* (Vierdrachmenstück) oder die seltenere *Dekadrachme* (Zehndrachmenstück). Die Herrschaftszeit Alexanders des Großen (356–323 v. Chr.) stellte einen Einschnitt dar. Ab dieser Zeit traten Herrscherprägungen der hellenistischen Reiche in Konkurrenz zu den Münzen der Poleis, wobei vermehrt Goldmünzen geprägt wurden. Auf dem *Avers* sind meist der – idealisiert dargestellte – Herrscher oder das Herrscherpaar, auf dem *Revers* eine Gottheit oder aber ein herrschaftliches Symbol wie zum Beispiel ein Adler zu sehen.

Abb. 25 *Denar* des Gaius Julius Caesar (RRC 480, 44 v. Chr.): *Aureus* (7,8 Gramm, Gold) = 25 *Denare; Denar* (3,9 Gramm, Silber) = 4 *Sesterzen.*

Abb. 26 *Sesterz* des Traian (RIC II 624, 112–114 n. Chr.): *Sesterz* (27,3 Gramm, Messing) = 4 *Asse; As* (11 Gramm, Bronze/Kupfer).

Im römischen Bereich wurde anfangs Roherz *(aes rude)* als Tauschmittel benutzt.[13] Erster Schritt hin zu einer standardisierten Formgebung waren gegossene und geprägte Barren mit normiertem Gewicht *(aes signatum)*. Bereits von runder Form war das im 3. Jh. v. Chr. aufkommende Schwergeld (*aes grave*, 273 Gramm). Weitere Veränderungen im Münzwesen ergaben sich aus den Handelskontakten mit den in Italien liegenden griechischen Kolonialstädten. Anfang des 3. Jh. v. Chr. ließen die Römer *Didrachmen* (Doppeldrachmen) prägen, die in Gewicht und Metallgehalt an griechischen Standards ausgerichtet waren. Das noch in der Kaiserzeit gültige System wurde circa 211 v. Chr. mit der Einführung des *Denars* etabliert.

13 Zum Folgenden siehe Alföldi 1978, 144–177.

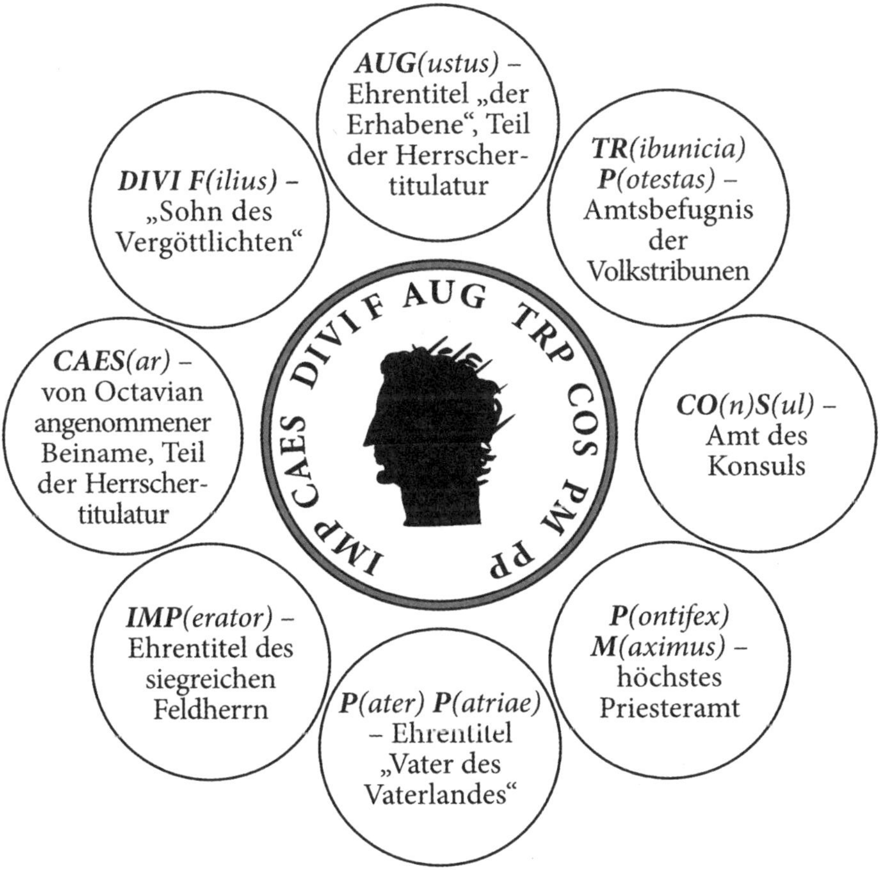

Abb. 27 Aufbau und Elemente der Kaisertitulatur, weitere mögliche Elemente: Siegerbeinamen wie *Germanicus* („Sieger über Germanien"), *Agnomina* wie *Pius* („der Fromme") oder *D(ominus) N(oster)* („unser Herr").

Beim *Denar* handelte sich um eine Silber-, beim *Sesterz* um eine Messingprägung.[14] Die übrigen Münzen wurden aus Bronze-Kupfer-Legierungen geprägt. Der in Gold geprägte *Aureus* wurde erst ab der Zeit Gaius Iulius Caesars (100–44 v. Chr.) zur zentralen Münze des römischen Systems. Die Wahl des Münzbildes lag in der Zeit der Republik bei den *tresviri monetales*, einem Dreimännerkollegium, das die Münzprägung überwachte. Dabei galt allerdings die Übereinkunft, noch lebende Personen

14 Zunächst galt, dass ein *Denar* (von *decem* – zehn) dem Wert von zehn *Assen* entsprach. Dieser Münzfuß wurde in der 2. Hälfte des 2. Jahrhunderts, wahrscheinlich nach 141 v. Chr., noch einmal abgeändert und die bis ins 3. Jh. n. Chr. gültige Relation etabliert.

nicht auf Münzen abzubilden. Es war nur gestattet, auf die Leistungen der Vorfahren zu verweisen. Der erste, der mit dieser Regel brach, war Caesar, der zu Lebzeiten sein Porträt auf eine Münze setzen ließ.[15] In der Kaiserzeit wurde die Prägung des Herrscherporträts dann zur Normalität. Der Kaiser wurde dabei meist auf dem *Avers* dargestellt. Auf dem *Revers* fanden sich verschiedenste Themen, die teilweise aktuelle Entwicklungen des Prägejahrs spiegelten: Götterbilder, Verweise auf Taten oder Bauten. Eine wichtige Rolle spielte auch die Münzlegende mit der Kaisertitulatur.

Über die Jahrhunderte verminderte sich trotz einzelner Gegenmaßnahmen der Feingehalt der Münzen. Als Reaktion auf die zunehmende Münzverschlechterung wurden ab dem 3. Jh. n. Chr. wiederholt neue Nominale eingeführt und in das bestehende System integriert. Diese unterschieden sich in Gestaltung und Gewicht von den bereits genannten Silber- und Bronzeprägungen. Ein erstes Beispiel wäre die Einführung eines Doppeldenars durch Caracalla (Kaiser 211–217 n. Chr.). Die Geldreformen konnten die Inflation insgesamt jedoch nicht stoppen, da auch der Wert der neuen Münzen starken Schwankungen unterworfen war.

Methodik der Numismatik

Bei der Analyse einer Münze sind vier Untersuchungskriterien und -elemente zu beachten:

1. die *Physis* (äußere Merkmale)
2. die *Typologie* (Nominal)
3. die *Ikonographie* (Münzbild)
4. die Um- oder Beischrift (Münzlegende).

Charakteristisch für eine Münze sind materielle Eigenschaften wie Gewicht und Abmessungen sowie die Art des verwendeten Metalls. Im griechischen wie im römischen Raum etablierte sich ein trimetallisches System, das auf den drei Metallen Gold, Silber und Kupfer(-Legierungen) basierte. Üblicherweise werden diesbezügliche Angaben folgendermaßen abgekürzt: AV (*aurum* – Gold) für Goldmünzen; AR (*argentum* – Silber) für Silbermünzen; AE (*aes* – Erz) für Kupfer beziehungsweise Legierungen wie Bronze. Ab dem 1. Jh. v. Chr. wurden zudem Münzen aus Messing geprägt (OR – *orichalcum*).[16] Über den Feingehalt (Gehalt des wertvollsten Metalls) sowie das Gewicht kann das Nominal bestimmt werden. Damit wird die Münzeinheit in einem spezifischen Münzfuß bezeichnet. Zu berücksichtigen sind zudem die Münzlegende sowie Darstellungen auf *Avers* und *Revers*. Bei der Beschreibung werden zunächst Nominal und physische Merkmale benannt, dann die Elemente der Prägung.

Das Münzfeld wird häufig von einer gepunkteten Linie, dem Perlkranz, umrahmt. Innerhalb dessen befindet sich das eigentliche Münzbild. Bei dessen Beschreibung

15 RRC 480.
16 Mittag 2016, 23.

ist die Ausrichtung – die Blickrichtung einer Person oder die genaue Position eines Gegenstandes – zu benennen. Als Orientierung kann hierbei die Standlinie dienen. Relevant ist zudem die Münzlegende, die als Umschrift am Rande oder als Beischrift im Bildfeld verläuft. Zusätzlich können Beizeichen, meist kurze Buchstabenkombinationen, erscheinen.[17] Sie verweisen meist auf die Prägestätte oder auf die für die Durchführung der Prägung zuständigen Personen. Münzbild und gegebenenfalls Münzlegende geben den Prägeherrn an, der den Wert der Münze garantiert.[18] Über eine stilistische Einordnung des Münzbildes und über die Legende erfolgt die Datierung der Münzen. Die Prägung eines spezifischen Münzbildes ist zudem häufig mit einer bestimmten Prägestätte verbunden, wobei zeitlich abzugrenzende *Emissionen* (Ausgaben) und Münzserien einzelner Herrscher unterschieden werden können.

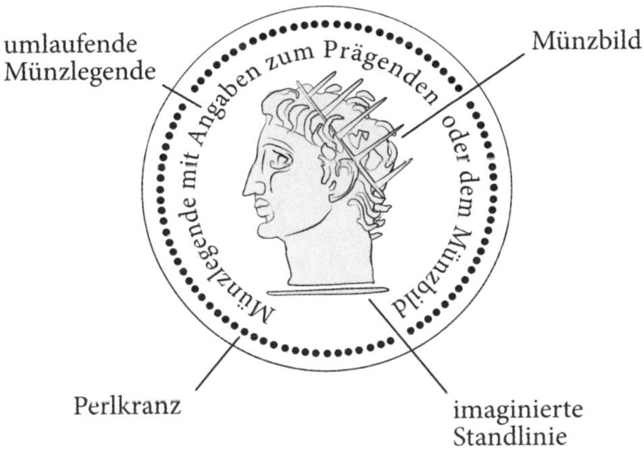

Abb. 28 Aufbau und Elemente des Münzfeldes.

Hilfsmittel und Corpora

Für die griechischen Münzen ist an erster Stelle der nach Landschaften und Poleis geordnete Katalog der *Greek Coins in the British Museum (BMC)* zu nennen. Von großer Bedeutung ist zudem die *Sylloge Nummorum Graecorum (SNG)*, ein Projekt, das es sich zum Ziel gesetzt hat, die griechischen Münzen in Sammlungsbeständen knapp zu erfassen. Für den römischen Bereich sind ebenfalls die Kataloge des British Museums maßgebliche Referenzpublikationen und zwar die chronologisch strukturierten Reihen der *Coins of the Roman Republic* und *Coins of the Roman Empire in the British Museum (BMCRR* und *BMCRE)*. Parallele Werke sind bezüglich der republikanischen Prägungen die Zusammenstellung *Roman Republican Coinage (RRC)* sowie für die Kaiserzeit die nach Herrschern und Dynastien gegliederte Reihe der

17 Mittag 2016, 20.
18 Alföldi 1978, 20–40.

Roman Imperial Coinage (RIC). Daneben existieren Corpora, die bestimmte Gebiete in den Blick nehmen: Für den griechischen Bereich ist das *Handbook of Greek Coinage* zu nennen, welches eine regional gegliederte Zusammenstellung der griechischen Prägungen bietet. Auch für römischen Münzprägungen existieren regional orientierte Projekte wie *Roman Provincial Coinage (RPC)* oder *Fundmünzen der römischen Zeit in Deutschland (FMRD).* Zur eindeutigen Identifikation erfolgt die Zitation einer Münze mit Angabe des Corpus, dessen jeweiligem Band sowie der Nummer der Münze innerhalb des Bandes. „BMC Achaia 54" ist damit zu lesen als „Stück aus dem Katalog der *Greek Coins in the British Museum,* Band zur Landschaft Achaia, 54. Münze innerhalb des Bandes". Der 67. Eintrag der Prägungen von Nerva (Kaiser 96–98 n. Chr.) in Band II der *Roman Imperial Coinage* wird verzeichnet als „RIC II Nerva 67".

Über die Corpora können zudem alle relevanten Informationen bezüglich einer Münze gewonnen werden. Angegeben werden üblicherweise: 1. die Nummer im Katalog, 2. das Nominal, 3. das Metall, 4. Münzbild und Legende auf dem *Avers,* 5. Münzbild und Legende auf dem *Revers,* 6. Besonderheiten der Prägung und des Randes, 7. Hinweise auf die *Emission* und Serie, 8. Verweise auf Abbildungen, andere Corpora und Literatur. Recherchemöglichkeiten bieten zudem Online-Kataloge von Sammlungen und überregionale Datenbanken. Beispiele für bedeutende Sammlungskataloge sind: der *Interaktive Katalog des Münzkabinetts Berlin* oder der *Katalog des Instituts für Numismatik und Geldgeschichte der Universität Wien.*[19] Beispiele für umfassende Datenbanken sind *Kenom. Das Virtuelle Münzkabinett, Coinage of the Roman Republic Online* oder die *Online-Coins of the Roman Empire* sowie *Nomisma* und das Portal des *NUMiD*-Verbunds.[20]

Einführungsliteratur

M. R. Alföldi, Antike Numismatik. Theorie, Praxis, Bibliographie, 2 Bd. (Mainz 1978).

K. Christ, Antike Numismatik. Einführung und Bibliographie, Die Archäologie ³(Darmstadt 1991).

R. Göbl, Antike Numismatik, Teil I: Einführung, Münzkunde, Münzgeschichte, Geldgeschichte, Methodenlehre, Praktischer Teil, Teil II: Fußnoten zum Gesamtwerk, Literaturverzeichnis, Stichwortverzeichnis, Katalog, Tafeln und Tabellen (München 1978).

R. Göbl, Numismatik. Grundriss und wissenschaftliches System (München 1987).

C. J. Howgego, Geld in der Antiken Welt. Eine Einführung ²(Darmstadt 2011).

N. Klüßendorf, Münzkunde. Basiswissen, Hahnsche historische Hilfswissenschaften 5 (Hannover 2009).

W. E. Metcalf (Hrsg.), The Oxford Handbook of Greek and Roman Coinage (Oxford 2016).

19 ikmk.smb.museum (Zugriff: 04.06.2020); numismatik.univie.ac.at (Zugriff: 04.06.2020).

20 www.kenom.de (Zugriff: 04.06.2020); numismatics.org/crro (Zugriff: 04.06.2020); numismatics.org/ocre (Zugriff: 04.06.2020); nomisma.org (Zugriff: 04.06.2020); numid.online (Zugriff: 04.06.2020).

P. F. Mittag, Griechische Numismatik. Eine Einführung, Alte Geschichte Forschung (Heidelberg 2016).
A. Ramage – P. T. Craddock, King Croesus' Gold. Excavations at Sardis and the History of Gold Refining, Archaeological Exploration of Sardis 11 (London 2000).

Quellenkritik: BMC Achaia 96

Der Achäische Bund galt noch bei den Autoren der amerikanischen Verfassung als Vorbild für ein gelungenes Zusammenspiel von lokaler und übergeordneter staatlicher Ebene. Dieses lässt sich auch bezüglich der Münzprägung konstatieren.

Abb. 29 *Hemidrachme* der Stadt Korinth (BMC Achaia 96, etwa 160–146 v. Chr.).

Bei der vorliegenden Münze handelt es sich um eine *Hemidrachme*. Die Münze ist aus Silber; ihr Gewicht liegt bei circa 2,4 Gramm und der Durchmesser beträgt 17 Millimeter. Beide Seiten der Münze sind mit einer Prägung versehen, wobei der Stempel nicht zentriert, sondern leicht nach unten *(Avers)* und nach links *(Revers)* verschoben ist. Auf dem *Avers* befindet sich eine Darstellung des Gottes Zeus, mit Blick nach links, im Perlkranz. Diese weist die für Zeus typischen Attribute auf: Der Gott ist bärtig und mit Lorbeerkranz dargestellt. Aufgrund der Herkunft der Münze dürfte es sich um eine spezifische lokale Variante des Gottes, den Zeus Hamarios, handeln, dessen Bild sich auf dem *Avers* aller achäischen Bundesprägungen findet. Der Gott wurde in Aigion verehrt, wie Polybios (etwa 200–120 v. Chr.) und Strabon (etwa 63 v. Chr.–24 n. Chr.) berichten.[21] Dort befand sich, zumindest in der Frühzeit des Bundes, das zentrale Heiligtum der Achäer.

21 Pol. 2,39,6; 5,93,10; Strab. 8,7,3. Siehe dazu Beck 1997, 55–56.

Der *Revers* zeigt das Symbol des Achäischen Bundes, eine *Ligatur* der griechischen Buchstaben A und X (zu lesen „Ach“), umrahmt von einem Lorbeerkranz. Über dem zentralen Symbol ist ein geflügeltes Pferd, der Pegasos, abgebildet. Der korinthische Held Bellerophon soll auf diesem reitend seine Taten vollbracht haben. Das Motiv, das sich bereits auf Prägungen der Stadt aus archaischer und klassischer Zeit findet, verweist somit auf den zentralen Mythos der Polis. Es handelt sich um ein für die achäischen Bundesprägungen typisches Münzbild, eine Kombination von auf den Bund wie auf die Polis verweisenden Symbolen. Ähnlich gestaltet sind auch die Prägungen anderer Städte. So ist für die Stadt Aigion die Kombination der Buchstaben A und X mit den auf die Polis verweisenden Buchstaben A und I sowie dem Beizeichen eines Donnerkeils typisch;[22] auf den Münzen aus Dyme wiederum erscheinen ergänzend der Buchstabe Delta (Δ) als Kürzel des Stadtnamens sowie als Beizeichen ein Fisch.[23]

Münzstätte der vorliegenden Prägung ist die Polis Korinth. Anders als in klassischer Zeit tritt jedoch eine weitere Instanz hinzu: das *Koinon* (Bundesstaat) der Achäer als Prägeherr. Hierbei handelte es sich um einen Zusammenschluss von Städten auf der Peloponnes, der im 5. Jh. v. Chr. entstand und zunächst nur einige Städte im Norden umfasste.[24] Nachdem er kurzzeitig, wohl aufgrund des Eingreifens Makedoniens, aufgelöst worden war, kam es im 3. Jh. v. Chr. zur Neugründung und Expansion. Seine Blütezeit erlebte das *Koinon* im 2. Jh. v. Chr., als es fast die gesamte Peloponnes kontrollierte und zu einer ernstzunehmenden politischen Größe in der hellenistischen Welt wurde. Diese Phase der Ausdehnung war verbunden mit einer inneren Konsolidierung. Diesbezügliche Informationen finden sich vor allem im Geschichtswerk des Polybios, der in Megalopolis, einer dem Bund zugehörigen Stadt, lebte, und selbst das Amt des Hipparchen (Reiterkommandanten) bekleidete. Entsprechend positiv fällt seine Bewertung der Bundesstruktur aus, die er als ideale Form des Zusammenschlusses ansieht:[25]

> „Denn während in früheren Zeiten viele versucht haben, die Peloponnesier auf ein gemeinsames Interesse hin zusammenzuführen, keiner aber dieses zu erreichen vermocht hat, weil die einzelnen Staaten nicht auf die gemeinsame Freiheit, sondern auf die eigene Herrschaft bedacht waren, wurde zu unserer Zeit in dieser Richtung ein so bedeutender Fortschritt erzielt, ja eine vollständige Verwirklichung, dass nicht nur eine Gemeinschaft

22 BMC Achaia 22.

23 BMC Achaia 29.

24 Zur Geschichte des Bundes siehe Bastini 1978; Urban 1979; Rizakis 2015, 118–131.

25 Pol. 2,37 (Übers. Hans Drexler 1961): „Πολλῶν γὰρ ἐπιβαλομένων ἐν τοῖς παρεληλυθόσι χρόνοις ἐπὶ ταὐτὸ συμφέρον ἀγαγεῖν Πελοποννησίους, οὐδενὸς δὲ καθικέσθαι δυνηθέντος, διὰ τὸ μὴ τῆς κοινῆς ἐλευθερίας ἕνεκεν, ἀλλὰ τῆς σφετέρας δυναστείας χάριν ἑκάστους ποιεῖσθαι τὴν σπουδήν, τοιαύτην καὶ τηλικαύτην ἐν τοῖς καθ’ ἡμᾶς καιροῖς ἔσχε προκοπὴν καὶ συντέλειαν τοῦτο τὸ μέρος ὥστε μὴ μόνον συμμαχικὴν καὶ φιλικὴν κοινωνίαν γεγονέναι πραγμάτων περὶ αὐτούς, ἀλλὰ καὶ νόμοις χρῆσθαι τοῖς αὐτοῖς καὶ σταθμοῖς καὶ μέτροις καὶ νομίσμασι, πρὸς δὲ τούτοις ἄρχουσι, βουλευταῖς, δικασταῖς τοῖς αὐτοῖς, [...].“

> des Bündnisses und der Freundschaft bei ihnen entstand, sondern dass sie sogar dieselben Gesetze befolgten, sich der gleichen Gewichte, Maße und Münzen bedienten, ja sogar nur einen Rat, alle dieselben Beamten und Richter hatten, […].“

Wie Polybios betont, ist der Bund an die Stelle der Polis getreten und übernimmt deren Funktionen hinsichtlich der Administration und der Münzprägung. Die innere Struktur des Bundes wird ausgebaut und zentrale Instanzen wie das *Synhedrion* (Bundesversammlung) sowie die *Boule* (Bundesrat) werden etabliert.[26]

Polybios thematisiert in seinem Werk auch den Niedergang des Bundes. Das *Koinon* geriet in einen Konflikt mit der neuen Großmacht Rom, was 147 v. Chr. im Römisch-Achäischen Krieg und der anschließenden Auflösung des Bundes mündete.[27] Letztere beendete auch die Bundesprägungen. Eine genaue zeitliche Einordnung der Münze ist zwar nicht möglich, da datierende Umschriften und Informationen zur Fundsituation fehlen. Es kann jedoch eine relative Datierung[28] über die Geschichte des Bundes erfolgen: Die Prägung ist in die Zeit nach der Vereinheitlichung der Maße und Gewichte zu Beginn des 2. Jh. v. Chr. und vor der erzwungenen Auflösung des Bundes im Jahre 146 v. Chr. anzusetzen.

Die Münze kann als Quelle für verschiedene Fragestellungen herangezogen werden – so könnten die Verwendung bestimmter Metalle und Maße oder die Bedeutung mythischer Motive in der Münzprägung Korinths diskutiert werden. Im Folgenden soll jedoch, im Anschluss an den Bericht des Polybios, gefragt werden, wie im Rahmen der achäischen Bundesprägungen sowohl die Interessen der einzelnen Poleis als auch die Bestrebungen hinsichtlich eines immer engeren administrativen Zusammenschlusses berücksichtigt wurden.

Die Einheit des Bundes wird durch die Wahl des Zeus Hamarios als Münzbild betont. Sein Heiligtum soll der Ausgangspunkt für die Gründung des Bundes gewesen sein.[29] Dort fanden zunächst auch die Bundesversammlungen statt. Die zentrale Verehrung dieser Gottheit wurde bereits im 5. Jh. v. Chr. etabliert, wohl auch um ein engeres Band zwischen den achäischen Poleis zu schaffen.[30] In diese Richtung weist auch der Beiname Hamarios, der mit „der Vereinende“ zu übersetzen ist. Zeus Hamarios war somit Schutzgottheit des Bundes; sein Kult besaß eine identitätsstiftende Funktion. Indiz für diese Bedeutung und Rolle ist eine gemeinsame Weihung der Achäer an den Gott im Heiligtum von Delphi.[31] Die Ikonographie des Zeus Hamarios ist auf den Prägungen der einzelnen Städte zwar prinzipiell ähnlich, jedoch sind die Münzbilder nicht völlig identisch. Die Abweichungen deuten darauf hin, dass die Prägung der Münzen nicht zentral, sondern auf lokaler Ebene erfolgte. Dies erklärt auch, warum die Münzen verschiedener Poleis unterschied-

26 Siehe dazu Beck 1997, 55–66; Rizakis 2019.
27 Paus. 7,11–12. Siehe dazu Schwertfeger 1974, 3–18; Rizakis 2015, 118–131.
28 Siehe Kapitel 8 (Chronologie).
29 Pol. 2,39,1.
30 Rizakis 2015, 119–120.
31 Paus. 5,25,8. Siehe dazu Rizakis 2015, 120.

liche Durchmesser aufweisen. Die für die Prägung benutzten Schrötlinge wurden offenbar lokal hergestellt.[32]

Auf die individuelle, polisspezifische Gestaltung der Rückseiten der Münzen wurde bereits hingewiesen. Dabei wurde im Fall von Korinth auf ein älteres, für die Polis typisches Münzbild zurückgegriffen. Weitere Erkenntnisse bezüglich der Gestaltung des *Revers* kann der Vergleich einzelner städtischen *Emissionen* liefern.[33] Auf Basis derartiger Untersuchungen konnten drei Prägezeiträume abgegrenzt werden (195–168 v. Chr., 160–150 v. Chr. und 147–146 v. Chr.), wobei als Kriterium die Hinzufügung weiterer Beizeichen beziehungsweise Verweise auf verantwortliche Magistrate diente.[34] Im Laufe des 2. Jh. v. Chr. traten diese Elemente häufiger auf, was als Indiz sowohl für die lokale Prägung der Münzen als auch für die bewusste Betonung dieses Faktums gesehen werden kann. Die vorliegende Prägung ist aufgrund des Fehlens weiterer Beizeichen somit in die frühe Phase der Bundesprägungen einzuordnen.

Die Münze kann insgesamt als Bestätigung der Angaben des Polybios gesehen werden. Sie belegt das Bestreben, die im Bund zusammengeschlossenen Poleis enger aneinander zu binden und die inneren Strukturen zu vereinheitlichen. Dabei wurde in die Autonomie der einzelnen Poleis eingegriffen und ein zentrales Element, das Recht der eigenen Münzprägung, zumindest eingeschränkt. Die Städte mussten auf dem *Avers* ein einheitliches Münzbild, das des Zeus Hamarios, übernehmen. Polybios, der von einheitlichen Münzen spricht, übergeht allerdings, dass der Bund nur einen Teil der Münzbilder vorgab und die Städte weiterhin selbständig – unter Rückgriff auf traditionelle und individuelle Symbole – prägten. Auf dem *Revers* waren zwar der Eichenlaubkranz und das Symbol des Achäischen Bundes ebenfalls zentral vorgegeben, durch die Beifügung eigener polisspezifischer Symbole und Zeichen konnten die Städte aber eine gewisse Eigenständigkeit bewahren. Die Kombination von einheitlichen Elementen und individueller Rückseitengestaltung spiegelt den Kompromiss zwischen vereinheitlichenden Tendenzen und Rücksichtnahme auf die Polisautonomie wider. Damit können die achäischen Prägungen in gewisser Weise als sinnbildlich für die föderalen Strukturen des Bundesstaates gesehen werden: Propagiert werden sowohl die Einheit des Bundes als auch die Autonomie der einzelnen Polis.

Die Analyse von Münzen kann somit historiographische Quellen ergänzen und bestätigen; in manchen Fällen aber auch falsifizieren. Dies ist schon deshalb von Bedeutung, weil literarische Quellen – wie im vorliegenden Fall – tendenziös sein können. Die Münze als unmittelbares und zeitgenössisches Zeugnis kann hier als Bestätigung bestimmter Vorstellungen und ideologischer Konzepte, aber auch als Korrektiv dienen. An die Analyse einer einzelnen Prägung können zudem weiterführende, empirische Studien angeschlossen werden – sei es ein Vergleich aller Bundesprägungen oder die Gegenüberstellung mit Prägungen anderer griechischer Bundesstaaten.

32 Warren 2007; Benner 2008; Grandjean 2019, 193–123.

33 So können zum Beispiel für die Bronzeprägungen des Bundes mehr als 1600 Vorderseitenstempel analysiert werden (Warren 2007).

34 Thompson 1968; Grandjean 2019, 193–123.

Quellen- und Literaturverzeichnis

P. Gardner, A Catalogue of the Greek Coins in the British Museum, Bd. X: Peloponnesus (excluding Corinth) (London 1887).

O. D. Hoover (Hrsg.), Handbook of Coins of the Peloponnesos. Achaia, Phleiasia, Sikynia, Elis, Triphylia, Messenia, Lakonia, Argolis, and Arkadia. Sixth to First Centuries BC, The Handbook of Greek Coinage 5 (Lancaster 2011).

Polybios, Geschichte. Gesamtausgabe in zwei Bänden, eingel. u. übers. v. H. Drexler, Bibliothek der Alten Welt. Griechische Reihe (Zürich 1961–1963).

A. Bastini, Der achäische Bund als hellenische Mittelmacht. Geschichte des achäischen Koinon in der Symmachie mit Rom, Europäische Hochschulschriften. Reihe 3: Geschichte und ihre Hilfswissenschaften (Frankfurt 1987).

H. Beck, Polis und Koinon. Untersuchungen zur Geschichte und Struktur der griechischen Bundesstaaten im 4. Jahrhundert v. Chr., Historia Einzelschriften 114 (Stuttgart 1997).

S. M. Benner, Achaian League Coinage of the 3rd through 1st Centuries B.C.E., Classical Studies 7 (Lancaster 2008).

C. Grandjean, Internal Mechanisms, External Relationships of the Achaians. A Numismatic Approach, in: H. Beck – K. Buraselis – A. McAuley (Hrsg.), Ethnos und Koinon. Studies in Ancient Greek Ethnicity and Federalism. Heidelberger Althistorische Beiträge und Epigraphische Studien 61 (Stuttgart 2019) 193–203.

A. D. Rizakis, The Achaian League, in: H. Beck – P. Funke (Hrsg.), Federalism in Greek Antiquity (Cambridge 2015) 118–131.

A. D. Rizakis, Achaians and Lykians. A Comparision of Federal Institutions, in: H. Beck – K. Buraselis – A. McAuley (Hrsg.), Ethnos und Koinon. Studies in Ancient Greek Ethnicity and Federalism. Heidelberger Althistorische Beiträge und Epigraphische Studien 61 (Stuttgart 2019) 219–242.

T. Schwertfeger, Der Achaiische Bund von 146 bis 27 v. Chr., Vestigia 19 (München 1974).

M. Thompson, The Agrinion Hoard (New York 1968).

R. Urban, Wachstum und Krise des Achäischen Bundes. Quellenstudien zur Entwicklung des Bundes von 280 bis 222 v. Chr., Historia Einzelschriften 35 (Wiesbaden 1979).

J. Warren, The Bronze Coinage of the Achaian Koinon. The Currency of a Federal Ideal, Special Publication of the Royal Numismatic Society 42 (London 2007).

Quellenkritik: RIC II Hadrian 296

Hadrian (Kaiser 117–138 n. Chr.) gilt als Reisekaiser und Griechenfreund. Beide Aspekte seiner Herrschaftspraxis finden ihren Niederschlag in einer Münzemission, die in die Endphase der Herrschaft datiert, den sogenannten „Reiseerinnerungsmünzen“.[35]

35 Zu den verschiedenen Typen und *Emissionen* siehe Zahrnt 2007, 195–196; Michels 2016, 60–63.

Abb. 30 *Aureus* des Hadrian (RIC II Hadrian 296, 134–138 n. Chr.).

Bei der vorliegenden Münze handelt es sich um einen *Aureus,* eine römische Goldmünze. Sowohl der *Avers* als auch der *Revers* sind mit einer Prägung versehen. Das Gewicht des *Aureus* beträgt 7,33 Gramm, der Durchmesser 20 Millimeter; er wurde in der Münzstätte der Stadt Rom geprägt.

Der *Avers* zeigt ein Porträt des Kaisers Hadrian im Profil – nach links blickend – und Teile des mit einem Mantel bekleideten Oberkörpers. Die Umschrift der Münze auf dem *Avers* ist aufzulösen in: „Hadrianus Aug(ustus) consul III p(ater) p(atriae)". Dies verweist als verantwortlichen Prägeherrn ebenfalls auf Hadrian. Die Münzlegende, in der das dritte Konsulat des Kaisers erwähnt wird, erlaubt eine zeitliche Einordnung. Die Münze muss nach dem Antritt dieses Amtes, aber vor dem vierten Konsulat geprägt worden sein, was den Prägezeitraum auf 134–138 n. Chr. eingrenzt.[36]

Hadrian gehörte zur Dynastie der sogenannten Adoptivkaiser, die dadurch charakterisiert war, dass die amtierenden Herrscher ihren jeweiligen Nachfolger adoptierten. Dem lag die Auffassung zugrunde, dass nicht Abstammung, sondern persönliche Eignung zur Herrschaft befähigte. Der Ideologie nach wurde der jeweils beste Mann zum Herrscher gewählt[37] – realiter besaßen die Kaiser durch eine Kette dynastischer Zufälle keine männlichen Nachkommen und waren somit gezwungen, einen Thronfolger zu bestimmen. Dabei wählten sie vorzugsweise Kandidaten aus dem

36 Für die Auswertung derartiger Angaben und ihre Nutzung zur chronologischen Einordnung von Texten und Objekten können die Übersichtstabellen bei Kienast – u. a. 2017 herangezogen werden.

37 In der Lobrede *(Panegyricus)* auf den Kaiser Traian, die der römische Statthalter Plinius der Jüngere verfasste, werden zentrale Begriffe der Herrscherideologie und -legitimation genannt (Plin. paneg. 4–55).

erweiterten Familienkreis.[38] Die Adoption Hadrians durch seinen Vorgänger Traian (Kaiser 98–117 n. Chr.), angeblich auf dem Totenbett, ist allerdings nicht gesichert.[39] Bereits in der Antike wurde vermutet, dass sie von Seiten des Hofes nachträglich fingiert wurde, um einen reibungslosen Übergang der Herrschaft zu ermöglichen. Da Hadrian allerdings zum engeren Kreis um Traian beziehungsweise zu den führenden Offizieren gehörte, wäre jedoch auch eine Vorbereitung der Thronfolge durch den Kaiser selbst denkbar.[40]

In seiner Herrschaftspraxis distanzierte sich Hadrian – wie sich auch an der Wahl und Gestaltung der Münzbilder zeigen lässt – deutlich von seinem Vorgänger. Ziel waren nicht mehr die Expansion und Schaffung neuer Provinzen sondern vielmehr die Sicherung der Grenzen.[41] Der Stabilisierung des Imperiums dienten die Aufgabe der erst unter Traian hinzugekommen Provinzen sowie die Befestigung der Grenzanlagen – namentlich der Ausbau des Limes und die Anlage des Hadrianswalls.[42] Es wäre allerdings ein Missverständnis, diese Politik etwa als pazifistisch einzuordnen. Hadrian war im Gegenteil durchaus an einer Stärkung des Militärs interessiert und inspizierte im Rahmen seiner Reisen durch das Imperium insbesondere auch die Truppenstützpunkte an den Grenzen.[43] Ein weiterer wesentlicher Aspekt der Herrschaft Hadrians war, dass die Provinzen des Reiches eine Aufwertung erfuhren. Eine besondere Förderung erfuhren die griechisch-sprachigen Provinzen des Ostens. Hadrian war ein *Philhellene* (Griechenfreund), der eine besondere Vorliebe für griechische Sprache, Literatur und Kultur hatte.[44]

Die Darstellung des Kaisers entspricht der auch sonst typischen Ikonographie des Herrschers. Hadrian trägt – anders als sein sehr schlicht frisierter Vorgänger Traian – das Haar länger und leicht gelockt. Charakteristisch ist zudem, dass er mit einem kurzen Bart abgebildet wird, was ebenfalls ein neues Element des Kaiserporträts darstellt. Diesbezüglich sind unterschiedliche Deutungen vorgeschlagen worden: In der Antike wurde vermutet, dass der Kaiser damit Narben im Gesicht verdecken wollte.[45] In der modernen Forschung wurde der Bart als äußeres Zeichen einer bestimmten Programmatik gesehen, als „Philosophenbart“ und damit als Hinweis auf Hadrians kulturelle Vorlieben.[46] Andere Forscher betonen, dass der Bart soldatisch kurz gehalten ist und somit auf die militärischen Tugenden des Kaisers verweisen könnte.[47] Tatsächlich unterscheidet sich die Haartracht Hadrians deutlich von der seiner Nachfolger, bei denen sowohl die Locken als auch der Bart

38 Seelentag 2011, 296.
39 Cass. Dio 69,1; SHA Hadr. 4.
40 Zur Karriere Hadrians siehe SHA Hadr. 3–4.
41 SHA Hadr. 5; 9; Aur. Vict. 14,1.
42 SHA Hadr. 10–12. Siehe Kapitel 10 (Paläographie).
43 SHA Hadr. 10,2; 11,2; 12,6; Cass. Dio 69,9.
44 SHA Hadr. 1,5; 16; Aur. Vict. 14,2–4.
45 SHA Hadr. 26,1.
46 Zanker 1995, 206–221.
47 Vout 2006, 117–119; vgl. auch Grieb 2017.

weit ausgeprägter sind. Deren Darstellungen entsprechen damit stärker den Konventionen eines Philosophenporträts.[48]

Der *Revers* zeigt eine liegende Frau, die eine Rassel in der Hand hält, sowie neben ihr weitere Objekte: links einen Vogel, rechts einen Korb mit einer Schlange. Bei der Gestalt handelt es sich um die symbolische Darstellung der Provinz *Aegyptus* – wie zudem aus der im oberen Bildfeld geprägten Legende *AEGYPTOS* zu erschließen ist. Die Provinz erscheint entsprechend der römischen Darstellungskonventionen in Frauengestalt. Sie ist in ein Gewand gehüllt und ruht an einen Korb gelehnt.[49] Eine Identifizierung ist auch anhand der ihr beigeordneten Attribute möglich, die als typisch für *Aegyptus* angesehen wurden. Einmal ist dies das sogenannte *Sistrum,* eine im ägyptischen Kult – insbesondere dem der Göttin Isis – verwendete Rassel. Zum anderen sind ein Korb mit einer Schlange und der in *Aegyptus* beheimatete Vogel Ibis auf einer Säule stehend abgebildet.

Die vorgestellte Münze eignet sich als Quelle für verschiedene Fragestellungen. So könnte der Wandel des Kaiserpoträts ebenso diskutiert werden wie die Frage nach der Geldpolitik Hadrians. Im Folgenden soll allerdings thematisiert werden, wie Münzen zur kaiserlichen Selbstdarstellung und zur Vermittlung spezifischer Botschaften instrumentalisiert werden konnten. Die Prägung darf dabei nicht für sich betrachtet werden, sondern muss im Kontext mit früheren wie späteren Münzprägungen gesehen werden. Bei der symbolischen Darstellung von Provinzen und Reichsgebieten in Frauengestalt handelt es sich um eine nicht nur im Bereich der Münzen zu findende Konvention, weshalb auch bei Illiteraten, das heißt ohne Kenntnis der Legende, ein gutes Verständnis des Münzbildes und seiner Botschaft vorausgesetzt werden kann. In der Art der Darstellung ist jedoch über die Jahrhunderte ein deutlicher Wandel zu beobachten: Zunächst stehen die Eroberung eines bestimmten Raumes oder der Sieg über den Gegner im Vordergrund. Als Beispiel können die Prägungen des Augustus (Kaiser 27 v. Chr.–14 n. Chr.) nach seinem Sieg über Kleopatra VII. (69–30 v. Chr.) angeführt werden, die in der Münzlegende *Aegypto capta* (*Aegyptus* ist besiegt) die Unterwerfung der Provinz betonen.[50] *Aegyptus* wird dabei noch nicht durch eine Frauengestalt sondern durch die Darstellung eines Krokodils symbolisiert. Eine andere Motivgestaltung, wenn auch mit ähnlicher Tendenz, findet sich auf den Münzen der flavischen Kaiser. Auf die Siege in *Iudaea, Britannia* und *Germania* wird durch Münzbilder verwiesen, die trauernde Frauengestalten neben römischen Siegesdenkmälern oder zerstörten Waffen zeigen.[51] Bereits in den Emissionen Traians findet sich eine gewisse Akzentverschiebung. So werden die Provinzen *Germania, Dacia, Arabia, Armenia* und *Mesopotamia,* also die Räume, in denen

48 Boschung 2017, 53–63.

49 Zur symbolischen Darstellung von Provinzen als Frauen im Bereich der Plastik siehe Vitale 2012, 156–161. Zur Verwendung von Personifikationen auf Münzen siehe Zahrnt 2007, 197–201; Michels 2016, 58–60.

50 BMCRE 650–655.

51 Die Provinzen werden als *capta* (eingenommen) und *devicta* (besiegt) charakterisiert. Siehe dazu Zahrnt 2007, 201–202; Seelentag 2011, 306.

der Kaiser erfolgreiche Feldzüge durchführte, nicht etwa trauernd gezeigt, sondern mit Attributen, die auf Frieden und Wohlstand verweisen.[52] Hadrian geht in dieser Hinsicht noch weiter, indem er den Kreis der Provinzen erweitert und diese durchgehend positiv darstellt. Die vorliegende Münze ist ein Beispiel für diesen neuen Ansatz. Bemerkenswert ist die Frauengestalt, die in entspannter Haltung abgebildet wird. Damit wird betont, dass die Provinz nicht etwa gewaltsam unterdrückt wird, sondern sich an Freiheit und Wohlstand erfreuen kann.

Das gesamte Spektrum der Motive dieser Serie reicht von Provinzen, die ähnlich wie *Aegyptus* friedlich ruhend dargestellt werden, bis zu solchen, denen der Kaiser persönlich die Hand reicht und symbolisch aufhilft.[53] Hadrian greift somit bereits von seinen Vorgängern verwendete und eingeführte Motive auf, gestaltet diese aber in signifikanter und augenfälliger Weise um, so dass eine eigenständige Linie deutlich wird. Die Münzenbilder veranschaulichen somit den neuen Ansatz der Reichspolitik Hadrians, der die Rolle der Provinzen im Sinne einer Integration aller Teile des Reiches aufwertete und dabei eine besondere Vorliebe für die östlichen Provinzen, insbesondere *Achaea* und eben auch *Aegyptus,* zeigte.[54] Zahlreiche Reisen des Kaisers in diesen Raum werden in der Geschichtsschreibung erwähnt, und er schmückte seine Villa in Tivoli mit ägyptischen Erinnerungsstücken.[55]

Der Wandel in der Instrumentalisierung der Provinzdarstellung zeigt, dass Münzen als Medium gesehen wurden, über das sich programmatische Botschaften kommunizieren ließen. Aufgrund ihres hohen Verbreitungsgrades und der Kontrolle der prägenden Instanz beziehungsweise des Prägeherrn über Münzbild und -legende sind Münzen somit als wichtige Träger von Informationen in der Antike zu betrachten.[56] Da sie allerdings sehr lange im Umlauf waren und damit von einer Aktualität der Münzbilder nur unmittelbar bei der Ausgabe gesprochen werden kann, wurden meist allgemeine Ideale propagiert. Gerade Veränderungen der Münzbilder bei einem Herrscherwechsel sind aber hinsichtlich der politischen Grundorientierung und Herrschaftsauffassung aufschlussreich.

Numismatische Quellen bieten allerdings nicht nur Informationen über politische und ideologische Konzepte. Sie können auch Hinweise auf bestimmte Personen und Ereignisse liefern, auf Bauwerke oder Mythen – auch auf solche, die in der Literatur keine oder nur knappe Erwähnung gefunden haben. Als unentbehrliche Quelle für die Wirtschaftsgeschichte können sie dazu dienen, Wirtschaftsräume und Handelsbeziehungen zu rekonstruieren, wobei die im Vergleich mit anderen Quellengattungen große Zahl an Funden auch empirische Untersuchungen ermöglicht.

52 Zahrnt 2007, 203–207; Seelentag 2011, 306; Michels 2016, 59.
53 Zu den sogenannten Restitutormünzen siehe Michels 2016, 61–62.
54 Cass. Dio 69,11; SHA Hadr. 13–14.
55 SHA Hadr. 13,5; 17,8; Cass. Dio 12,1.
56 Alföldi 1978, 1–20.

Quellen- und Literaturverzeichnis

H. Mattingly – E. A. Sydenham, The Roman Imperial Coinage, Bd. II: Vespasian to Hadrian (London 1972).

D. Boschung, Jenseits des Narrativs? Kaiserporträt und Staatsrelief in der Zeit des Antoninus Pius, in: C. Michels – P. Mittag (Hrsg.), Jenseits des Narrativs. Antoninus Pius in den nicht-literarischen Quellen, Alte Geschichte (Stuttgart 2017) 53–63.

V. Grieb: Marc Aurels Selbstdarstellung im Porträt, Aelius Caesar und die Bärtigkeit des Imperators, in: V. Grieb (Hrsg.), Marc Aurel. Wege zu seiner Herrschaft (Gutenberg 2017) 381–400.

D. Kienast – W. Eck – M. Heil, Römische Kaisertabelle. Grundzüge einer römischen Kaiserchronologie [6](Darmstadt 2017).

C. Michels, Reich und Reichsgedanke auf den Münzen der Antoninen. Überlegungen zu Hadrians und Pius' Provinzserien, in: B. Eckhardt – K. Martin (Hrsg.), Eine neue Prägung. Innovationspotentiale von Münzen in der griechisch-römischen Antike, Philippika 102 (Wiesbaden 2016) 57–92.

O. Schipp, Die Adoptivkaiser. Nerva, Trajan, Hadrian, Antonius Pius, Marc Aurel, Lucius Verus und Commodus, Geschichte kompakt (Darmstadt 2011).

G. Seelentag, Trajan, Hadrian und Antoninus Pius. Deutungsmuster und Perspektiven, in: A. Winterling (Hrsg.), Zwischen Strukturgeschichte und Biographie. Probleme und Perspektiven einer neuen römischen Kaisergeschichte von 31 v. Chr.–192 n. Chr., Schriften des Historischen Kollegs 75 (München 2011) 295–315.

M. Vitale, Personifikationen von provinciae auf den Münzprägungen unter Hadrian. Auf den ikonographischen Spuren von ‚Statthalterprovinzen' und ‚Teilprovinzen', in: Klio 94/1 (2012) 156–174.

C. Vout, What's in a Beard? Rethinking Hadrian's Hellenism, in: S. Goldhill – R. Osborne (Hrsg.), Rethinking Revolutions through Ancient Greece (Cambridge 2006) 96–123.

M. Zahrnt, Hadrians „Provinzmünzen", in: R. Haensch – J. Heinrichs (Hrsg.), Herrschen und Verwalten. Der Alltag der römischen Administration in der hohen Kaiserzeit, Kölner historische Abhandlungen 46 (Köln 2007) 195–212.

P. Zanker, Die Maske des Sokrates. Das Bild des Intellektuellen in der antiken Kunst, C. H. Beck Kulturwissenschaft (München 1995).

7. Onomastik und Prosopographie

Achilles und Odysseus, Romulus und Remus – die mythische Vorgeschichte Griechenlands und Roms ist bevölkert mit einnamigen Helden. Auch zu Beginn der historischen Überlieferung erscheint, soweit unsere dünne Quellenlage solche Aussagen zulässt, als übliche Identifikation der einteilige Eigenname. Letzterer konnte nach Bedarf verschiedene Zusätze erhalten, um gleiche oder ähnlich klingende Formen zu unterscheiden. Wie sich derartige Elemente entwickeln, wo sie wie für wen eingesetzt werden und welche Informationen sich aus antiken Namen gewinnen lassen, ist Gegenstand der Onomastik, der historischen Namenskunde. Die Prosopographie nutzt im Sinne einer historischen Personenkunde diese Informationen, um familiäre oder soziale und politische Verbindungen aufzuzeigen.

Namenswesen

Das einfache Grundprinzip blieb im griechischen Bereich bis zur Ankunft des römischen Namenwesens und oft darüber hinaus erhalten.[1] Kinder erhielten ihren Eigennamen am oder um den 10. Tag nach der Geburt. Eine Regel für die Auswahl gab es nicht, auch wenn beispielsweise viele Jungen den Namen des Großvaters väterlicherseits erhielten und Mädchen gerne nach ihren Großmüttern hießen. Eine Verwechselung war in solchen Fällen innerhalb der Familie durch den großen Altersunterschied ausgeschlossen. Außenstehende hätten aber zwei zufällig gleichnamige Mitglieder von verschiedenen Familien vertauschen können. Eine verbreitete Lösung hierfür bestand in der optionalen Verwendung eines *Patronymikons:* Der Name des Vaters wurde im Genitiv hinter dem Eigennamen der Person genannt, etwa Ἀκταίου – „(Tochter/Sohn) des Aktaios". Teilweise sind auch Ableitung im Stile von „die/der Aktaische" belegt oder der Bezug auf die Mutter, ein sogenanntes *Metronymikon.* Im unmittelbaren sozialen Umfeld reichte dies aus, aber auch im weiteren Umfeld war die Angabe des Vater- oder Mutternamens hilfreich, etwa um sich als vollwertiger Bürger aus einer lokal bekannten Familie kenntlich zu machen.[2]

1 Zum Folgenden einführend Matthews 2009.
2 Zum Perikleischen Bürgerrechtsgesetz siehe Aristot. Ath. pol. 26,3–4; Plut. Perikles 37,2–3.

Außerhalb dieser Kreise begegnen uns häufig Namenszusätze mit Orts- beziehungsweise Herkunftsverweis.[3] Ἀθηναῖος etwa meint „der Athener“ oder „aus Athen“, was in Korinth oder Alexandria ein gutes Unterscheidungsmerkmal war, aber natürlich nicht in Athen selbst. Hier war ein Bezug auf die *Phyle* oder den *Demos* sinnvoller, also auf eine Organisationseinheit innerhalb der Großstadt, der man angehörte. Offenbar existierten große Spielräume für Beifügungen bis hin zu Kose- oder Spitznamen wie Πυρρίας („Rotschopf“); auch konnten mehrere verschiedene Zusätze hintereinander gereiht werden. Festzuhalten bleibt jedoch, dass es sich bei alldem um unverbindliche Beifügungen zum „festen Kern“, dem Eigennamen, handelte.

Wer genauer hinsieht, bemerkt eine beschreibende Tendenz in der Namensnutzung: Schon die mythologische Überlieferung setzt bei Gottheiten und Heroen gerne *Epitheta* ein, schmückende oder erläuternde Zusätze zum Eigennamen. Odysseus ist bereits im 8./7. Jh. v. Chr. bei Homer πολυμήχανος („erfinderisch“ oder „der Listenreiche“).[4] Nach ähnlichem Prinzip erhielten viele Herrscher *Agnomina,* sprechende Beinamen mit in diesem Fall ehrender Funktion, etwa Νικάτωρ („der Siegreiche“). Umgekehrt waren auch weit verbreitete Eigennamen oft sprechend wie Ἀγαθόκλεια („mit gutem Leumund“) und Ἀπολλόδωρος („Geschenk des [Gottes] Apollon“). Für uns ist unklar, ob die Zeitgenossen im Alltag überhaupt noch an den ursprünglichen Sinn von verbreiteten Eigennamen wie dem „Pferdefreund“ Φίλιππος dachten. Konkreter fassbar wird eine solche Auseinandersetzung bei Sklavennamen, denn diese konnten von den jeweiligen Besitzerinnen oder Besitzern bestimmt werden. Εὐρύκλεια war eine naheliegende Wahl, da schon im Mythos die Amme im Haus des Helden Odysseus so hieß.[5] Wer seine Amme Εὐρύκλεια nannte, bezeichnete nicht nur seinen Besitz, sondern ließ die eigene Bildung erkennen. Gleichzeitig ist der Name sprechend, „weithin einen guten Ruf habend“ – sicher keine unerwünschte Eigenschaft aus Sicht der Besitzenden.

In Rom bildete sich dagegen ein System mit mehr verbindlichen Bestandteilen heraus, ohne dass es je eine pauschale gesetzliche Regelung oder einen für alle Zeiten und Bereiche gleichen Stand gegeben hätte.[6] Im Laufe der republikanischen Zeit etablierte sich das *(nomen) Gentile,* das nur bedingt unserem Familiennamen entsprach. *Gens* meint eigentlich „die Sippe“ oder „das Geschlecht, der Clan“. In der römischen Denkweise führte sich diese weit verzweigte Struktur auf einen – oft „nur“ legendären oder dem Mythos entnommenen – gemeinsamen Ahnen zurück, und die übliche Endung *-ius* wie in *Cornelius* oder *Iulius* bedeutete wohl ursprünglich „Sohn von“. Faktisch wäre eine Blutsverwandtschaft aller Mitglieder einer *gens* kaum zu belegen gewesen – nicht zuletzt, weil etwa auch die später noch zu diskutierenden Freigelassenen in dieses System aufgenommen wurden. Vor

3 Vgl. Fraser 2009.
4 Z. B. Hom. Il. 2,173.
5 Eingeführt Hom. Od. 1,428–442.
6 Einen Überblick bietet Solin 2017. Grundlegend, wenn auch teilweise überholt ist weiterhin Schulze 1904 (mit berichtigtem Neudruck 1991).

dem *Gentile* stand bei männlichen Bürgern das *Praenomen,* was sich wiederum nur eingeschränkt mit unserem Vornamen gleichsetzen lässt. Über weite Strecken der Republik und Kaiserzeit gab es eine Art Kernbestand von rund zwei Dutzend üblicher *Praenomina,* dessen Zusammensetzung sich aber wandelte. Nur eine kleine Auswahl unter ihnen war wirklich weit verbreitet. Viele *Praenomina* begegnen uns über Jahrhunderte inschriftlicher Überlieferung meist nur in Abkürzungen wie *A* für *Aulus* oder *P* für *Publius,* wohl weil sie derart standardisiert waren. Einige Fälle wie *Gnaeus* kamen aus der Mode oder wurden nur in bestimmten Familien weiterverwendet, andere wie *Marcus* waren „Dauerbrenner" in Tausenden Familien unterschiedlichster Schichten. Der älteste Sohn erbte in der Regel das *Praenomen* des Vaters; nachrangige Söhne erhielten jeweils ein alternatives, wobei wiederum Familientraditionen einen Einfluss haben konnten. Für den Geburtszeitpunkt galt dasselbe: Ein *Quintus* oder *Decimus* war nicht der fünfte oder zehnte Sohn der Familie, sondern häufig im fünften oder im zehnten Monat des Jahres geboren.[7]

Für Außenstehende war am Namen beziehungsweise dessen Gleichheit sofort erkennbar, wer der Erstgeborene und damit oft auch der Haupterbe der Familie war. Umgekehrt drohte durch die vielen Doppelungen Verwechslungsgefahr. Im täglichen Umgang konnte diese durch optionale Zusätze wie *maior* („der/die Ältere") oder *minor* („der/die Jüngere"), über Kosenamen oder mit Umschreibungen umgangen werden. Noch drastischer war das Problem bei Frauen: Deren Namen wurden vom *Gentile* des Vaters abgeleitet, so dass jede Tochter eines *Claudius* eine *Claudia* war. Wieder konnte mit optionalen Lösungen wie *minor* und *maior* gearbeitet oder schlicht durchgezählt werden: *Claudia tertia* wäre wörtlich zu übersetzen als „die dritte Claudia". Im Alltag konnten zudem Spitznamen, Angaben zum Ehemann oder ähnliches Abhilfe schaffen. *Praenomina* für Frauen kennen wir vor allem aus der Zeit der Republik, und auch dort scheinen sie nicht durchgehend verwendet worden zu sein. Als weiteres Unterscheidungsmerkmal außerhalb der Familie konnte bei freien Männern wie bei freien Frauen die Abstammung durch die *Filiationsangabe* angezeigt werden. Hierfür wurde das *Praenomen* des Vaters im Genitiv nachgestellt und mit *filius* („Sohn") oder *filia* („Tochter") ergänzt. *Praenomen* wie *Filiationsangaben* waren so gebräuchlich, dass die Steinmetze auf Inschriften meist nur Abkürzungen verwendeten. Die zwei Buchstaben *M F* bedeuteten je nach Kontext „Sohn des Marcus" oder „Tochter des Marcus". Einigen Römern reichte dies offenbar noch nicht aus; sie erweiterten die *Filiationsangabe* um die Nennung des Großvaters oder gar des Urgroßvaters. *N* stand dabei für *nepos* („Enkel"), *PRON* für *pronepos* („Urenkel"). Wie verbindlich *Filiationsangaben* vor der Kaiserzeit waren, lässt sich schwer beantworten. Sie tauchen jedoch besonders häufig bei „offiziellen" Anlässen auf, bei denen die eigene Abkunft betont werden sollte. Bürgerinnen und Bürger grenzten sich so von Nicht-Bürgern, Freigelassenen oder gar Sklaven ab.

Ausgehend von der römischen Oberschicht setzte sich ab der Späten Republik das *Cognomen* durch. Hierbei handelt es sich um Beinamen, die ursprünglich sprechend

7 Zur Entwicklung der *Praenomina* siehe Salomies 1987.

für einen bestimmten Träger gemeint gewesen sein könnten. Zunehmend wurde das *Cognomen* jedoch erblich. So hießen gleich mehrere römische Feldherren *Scipio,* was sich nach späteren Erklärungen entweder auf einen „Stock" oder den „Feldherrenstab" eines bekannten Ahnen zurückführen lässt. Gerade nachrangige Söhne konnten allerdings einen anderen Beinamen tragen, etwa um eine Verbindung zur berühmten Familie der Mutter aufzuzeigen. *Cognomina* bei Frauen setzten etwas später ein. Die erste Gattin des Claudius (Kaiser 41–54 n. Chr.) etwa war die Tochter von Marcus Plautius Silvanus und damit eine *Plautia.* Zur Unterscheidung trug sie den Zusatz *Urgulanilla,* eine Verniedlichungsform des Namens ihrer berühmt-berüchtigten Großmutter Urgulania.[8] Derartige weibliche *Cognomina* waren nicht durchgehend verbreitet, konnten aber das oben genannte Problem der Gleichnamigkeit innerhalb einer *gens* wie den Plautiern verringern helfen. Entsprechend scheinen sie den Gebrauch von weiblichen *Praenomina* regelrecht verdrängt zu haben.[9]

Bei freien Männern blieb zumindest die Reihenfolge aus *Praenomen, Gentile, Filiationsangabe* und *Cognomen* – sofern vorhanden und belegt – im Wesentlichen stabil. Dazu trat unter Umständen noch an vierter Position die *Tribusangabe.* Die *tribus* waren der Überlieferung nach Stämme, entsprachen historisch aber vor allem stadtrömischen Wohn- und Stimmbezirken. Der Zweck war ursprünglich eine Zuordnung für steuerliche, verwaltungstechnische oder militärische Belange. Mit der Ausweitung des römischen Herrschaftsgebiets war die Idee einer tatsächlichen Verortung innerhalb der Stadt überholt, da nur noch ein Bruchteil der Bürgerschaft des Reichs in Rom selbst lebte. Die *Tribusangabe* wurde dennoch nicht aufgegeben. Neubürger in den Provinzen mussten nie in Rom gewesen sein, erhielten aber dennoch eine römische *Tribusangabe,* die sich oft von Provinz zu Provinz und in Italien von Stadt zu Stadt unterschied. Erneut war das System so üblich, dass wir es meist nur in Abkürzungen von drei bis fünf Buchstaben belegt finden. *STE* stand beispielsweise für *Stellatina, POMP* für *Pomptina.* Seit der Zeit des Augustus wurde es auf Inschriften deutlich üblicher, sich durch die drei *Nomina,* die *Filiation* und die *Tribus* als römischer Bürger und damit als rechtlich privilegiert auszuweisen.[10]

Ein Sonderfall war die Adoption, ein in römischen Oberschichtfamilien sehr häufiges Ereignis. Wurde das Mitglied einer Bürgerfamilie von einem anderen Bürger adoptiert, war es von da an in religiöser wie juristischer Hinsicht genau wie ein leibliches Kind zu behandeln. Ein Adoptivsohn übernahm daher auch die Namenspraxis der neuen Familie, signalisierte seine biologische Herkunft aber spätestens seit der Mittleren Republik durch Anhängen seines ursprünglichen *Gentile* mit dem Zusatz „ianus": Scipio der Jüngere, der leibliche Sohn des Lucius Aemilius Paullus, wechselte durch Adoption zu den Cornelii Scipiones und führte daher den Namens-

8 Die Bewertung von Urgulania geht zurück auf zwei bei Tacitus beschriebene Episoden, in denen sie mit ihrem Einfluss auf Livia, die Gattin von Augustus, beispielhaft für negative Effekte von weiblichem „Networking" steht (Tac. ann. 2,34; 4,21–22).

9 Zur Entwicklung der *Cognomina* siehe Kajanto 1965.

10 Die Erweiterungen und Veränderungen des Systems sind zusammengestellt bei Forni 1985–2012.

zusatz „Aemilianus", den auch die moderne Forschung gern verwendet. Der spätere Augustus (63 v. Chr.–14 n. Chr.), Caesars Adoptivsohn durch testamentarische Verfügung, war der Sohn eines Gaius Octavius (etwa 101–58 v. Chr.). Er selbst ließ sich als „Caesar" anreden, in der modernen Literatur erscheint er, um Verwechslungen mit Caesar dem Dictator zu vermeiden, bis 27 v. Chr. als „Octavian", wie ihn auch seine Gegner mit Vorliebe bezeichneten. In der Kaiserzeit wurde es üblicher, das *Gentile* des Geburtsnamens ohne Zusatz als zweites *Gentile* in die eigene Namengebung aufzunehmen: Plinius der Ältere (Gaius Plinius Secundus, 23/24–79 n. Chr.) adoptierte den Sohn seiner Schwester, dessen Vater zur gens Caecilia gehörte; sein Neffe, Plinius der Jüngere (etwa 61/62–113/115 n. Chr.) hieß nach der Adoption dementsprechend Gaius Plinius Caecilius Secundus.

In den ersten Jahrhunderten um Christi Geburt lag die besondere Herausforderung für das System in der Aufnahme gänzlich unterschiedlicher Neubürger. Erhielten Freie das römische Bürgerrecht, war es nicht unüblich, dass sie parallel zwei verschiedene Namensformulare verwendeten. Der bekannte griechische Schriftsteller Plutarch (etwa 45–120 n. Chr.) war zugleich Πλούταρχος und *Mestrius Plutarchus*. In der römischen Variante geht das *Gentile* vermutlich auf *Lucius Mestrius Florus* zurück, der Plutarch während seines Romaufenthaltes das Bürgerrecht verschafft hatte. Für die griechischsprachige Welt blieb er Πλούταρχος und konnte zusätzlich nach seiner Geburtsstadt Chaironeia in Mittelgriechenland, seiner zeitweisen Heimat Athen oder seinem Priesteramt in Delphi definiert werden. Die antiken Namenwesen boten gerade in Fällen wie dem des Plutarch einen großen Spielraum – und die Möglichkeit mit dem Einsatz bestimmter Namen oder Namensbestandteile politisch-soziale Signale zu setzen oder den Akzent zwischen den verschiedenen Aspekten der eigenen Identität zu verschieben.[11] Ähnliches erreichten Mitglieder der römischen Oberschicht im späten 1. und frühen 2. Jh. n. Chr., indem sie ihren Namen um Namenselemente ihrer Verwandten in weiblicher Linie erweiterten – etwa um *Gentile* und *Cognomen* ihres Großvaters mütterlicherseits oder der Väter ihrer Großmütter. Solche Namensformen mit fünf, sieben oder noch mehr Einzelnamen signalisierten vermutlich die aristokratische Vernetzung über mehrere Generationen. Nach wenigen Generationen kamen sie aber – wohl wegen ihrer Unhandlichkeit – wieder außer Gebrauch.

Das römische Namenwesen experimentierte mit all diesen Elementen und war gerade bei der Aufnahme neuer Personen überaus flexibel. Deutlich wird dies nach der *Constitutio Antoniniana*, einem 212 n. Chr. erlassenen Gesetz des Caracalla (Kaiser 211–217 n. Chr.), durch das nahezu alle freien männlichen Bewohner des *Imperium Romanum* das Bürgerrecht erhielten.[12] Das Resultat waren kreative Lati-

11 Für den Kontext im konkreten Fall von Plutarch siehe Jones 1972.

12 Soweit sich der Gießener Papyrus (P. Giss. 40) rekonstruieren lässt, legte der Erlass neben der allgemeinen Bürgerrechtsverleihung v. a. die andauernde Gültigkeit bereits geltender lokaler Regelungen fest (vgl. Kuhlmann 2012). Das Namensrecht war in diesem Sinne als „Folgeproblem" dazuzudenken und zu lösen, was die oft sehr kreativen Umsetzungen erklärlich macht.

nisierungen von nicht-lateinischen Namen, wobei gerne *Patronymika* oder sonstige Elemente aus anderen Namenssystemen „romanisiert“ wurden. Das frühe Christentum konnte weitere Ergänzungen oder Ersetzungen bringen und förderte eine Überfrachtung des ohnehin schon recht komplexen Prinzips. Es ist daher wenig überraschend, dass sich allmählich das *Signum* oder *Supernomen,* eine Art übergeordneter Spitz- beziehungsweise Eigenname, verbreitete. Ähnlich einem *Agnomen* konnte ein Zusatz wie *qui et (vocatur) Modestus* („der auch Modestus [genannt wird]“) zum Einsatz kommen, was faktisch eine Rückkehr zur Einnamigkeit förderte. Etwa ab 300 n. Chr. bildete sich rund um das *Supernomen* ein völlig neues System der Namengebung heraus. Die Namen und Titel in den kaiserlichen Dynastien sind ein Thema für sich, das im Kapitel zur Numismatik behandelt wird.[13]

Gänzlich anders gelagert war der Fall bei ehemaligen Sklavinnen und Sklaven, die durch Freilassung in die Bürgerschaft aufstiegen. Vor ihrer Freilassung galt für Unfreie in Rom das gleiche Prinzip wie oben für Griechenland beschrieben: Der Herr oder die Herrin konnte den Namen frei festlegen. Bei neu Versklavten konnte das der alte Eigenname sein. Oft wurde jedoch auch in Rom ein Bezug auf Herkunft, Mythen, Historie oder Eigenschaften versucht. Dazu konnte eine Besitzerangabe treten, die nach dem inzwischen bekannten Prinzip meist komprimiert wurde: *S* oder *SER* für *serva* („Sklavin“) beziehungsweise *servus* („Sklave“) und dem abgekürzten Besitzernamen.[14] Mit einer Freilassung wurden aus den Sachen, als die Unfreie nach römischem Recht galten, Menschen, die einen regulären Namen benötigten. Bei freigelassenen Frauen wurde die übliche Lösung gewählt und eine weibliche Ableitung aus dem *Gentile* gebildet. Eine Freigelassene eines *Valerius* war eine *Valeria.* Zur Unterscheidung von frei geborenen Töchtern wurde der ehemalige Sklavenname angefügt: Aus der Sklavin *Aucta* wurde die Freigelassene *Valeria Aucta.* Männer erhielten üblicherweise das *Praenomen* des Freilassers sowie dessen *Gentile* und stellten den ehemaligen Sklavennamen als *Cognomen* nach. Bei beiden Geschlechtern wurde der Status zudem durch eine *Freilasserangabe* dokumentiert, die einerseits die ehemaligen Besitzverhältnisse verdeutlichen und andererseits Verwechselungen mit namensähnlichen frei Geborenen verringern sollte. Aufbau und Stellung sind analog zur *Filiationsangabe,* nur heißt es hier beispielsweise *M L* für *Marci libertus* („Freigelassener des Marcus“). Da Freigelassene nicht alle bürgerlichen Rechte besaßen und mit vielen Vorurteilen und sozialen Schranken konfrontiert waren, wundert es kaum, dass sie je nach Anlass ihre *Freilasserangabe* verwendeten oder sie „vergaßen“. In der Onomastik sind es oft solche Kleinigkeiten, die uns auf Signale aufmerksam machen, die den Zeitgenossen ohne Erklärung verständlich gewesen wären.

13 Siehe oben S. 125.

14 Eine Übersicht der in Rom vertretenen Beispiele bietet Solin 1996.

Personenkunde

Die hohe Aussagekraft von antiken Namen fördert die Leistungsfähigkeit dessen, was in der Alten Geschichte als „Prosopographie" bezeichnet wird. Der Begriff bedeutet wörtlich „Aufzeichnen von Personen", aber es ist sinnvoller, sich die Grundidee als Individuen- und Netzwerkkunde vorzustellen. Ausgangspunkt sind in der Tat Personen, zu denen alle Namensnennungen und biographischen Daten – wie Verwandtschaften oder Amtspositionen – in allen Quellen gesammelt werden. Aus den Ergebnissen sind anschließend Namensgleichheiten etwa zwischen Vätern und Söhnen auszusondern beziehungsweise Abstammungen zu ermitteln oder auszuschließen. Schon diese Art der Verzeichnung erlaubt eine Zusammenschau von ansonsten fragmentierten Informationen und damit ein besseres Verständnis der jeweils einzelnen namentlichen Erwähnungen.

Mindestens ebenso wichtig ist die Möglichkeit der Prosopographie, gewissermaßen zwischen den Zeilen lesen zu lassen. Mit genügend Einzelinformationen zu den Mitgliedern eines Personenkreises lassen sich beispielsweise politische Seilschaften erschließen, die so explizit nie in den Quellen benannt werden. Auch bestimmte Karriereformen oder soziale Strömungen lassen sich erst im Vergleich Hunderter oder Tausender ähnlich gelagerter Einzelfälle erfassen. Für Einzelpersonen kann umgekehrt eine entsprechende Zuordnung der Schlüssel sein, hinter einer namenlosen Anspielung in einer Quelle das konkrete Beispiel zu erkennen. Dabei sind der Methode jedoch gewisse Grenzen gesetzt:[15] Für manche Namensgleichheiten können zu wenige Kontextinformationen vorliegen, um sie verlässlich auflösen zu können. Dies gilt umso mehr für eine Gruppe wie die Unfreien, die wenige Namensbestandteile hatten, viel seltener eigene Quellenspuren hinterließen und zu allem Überfluss jederzeit umbenannt werden konnten. Gleichfalls problematisch sind Namenswechsel durch Adoption oder der Gebrauch von Spitznamen und ähnlichen freien Lösungen. In vielen Bereichen der Gesellschaft und zu bestimmten Zeiten ist außerdem die Quellenlage zu dünn, um eine kritische Masse für aussagekräftige Vergleiche zu erreichen. Unsere schriftliche Überlieferung stammt überwiegend von Männern, die über Männer schreiben, und Frauen sind entsprechend weniger repräsentiert. Zuletzt ist die Leistungsfähigkeit der Prosopographie auch ihr größtes Risiko – anders gesagt: Das Ziel, auch zwischen den Zeilen lesen zu können, kann zur Überinterpretation einzelner Fundstellen führen. Wenn in einer Quelle fünf Personen als Unterstützer einer Gesetzesvorlage genannt werden, muss es sich dabei nicht automatisch um ein politisches Netzwerk handeln. Zehn Männer konnten gleichzeitig das Amt eines Volkstribuns innehaben, aber der Grad der faktischen Machtausübung mochte sich zwischen diesen Zehn stark unterscheiden.

In diesem Sinne ist die Prosopographie eine auf Vollständigkeit angelegte Ermittlung von personenbezogenen Daten mit dem Ziel einer möglichst großen Wahrscheinlichkeit für Rekonstruktionen von Funktionen, Beziehungen und Netzwerken. Dies

15 Zum Folgenden siehe auch Eck 1993; Horster 2017.

funktioniert umso besser, je breiter die Quellenbasis und deren Erfassung ausfallen. Daher ist es wenig verwunderlich, dass zentrale Beispiele der Forschungsliteratur etwa die Oberschicht der Späten Republik oder den byzantinischen Kaiserhof behandeln.

Vor diesem Hintergrund lassen sich Einzelfälle wie der „verschwundene Nigrinus" einordnen. Letzterer hieß mit vollem Namen *M. Cornelius M. f. Gal. Nigrinus Curiatius Maternus,* also Marcus Cornelius Nigrinus Curiatius Maternus, Sohn des Marcus, aus der Tribus Galeria – ein Beispiel für die Konjunktur erweiterter Namen in den Jahrzehnten um und nach 100 n. Chr. Einzelne Zeugnisse mit oft unvollständigen Nennungen seines Namens wurden lange Zeit auf verschiedene Einzelpersonen des 1. bis 3. Jh. n. Chr. bezogen. Ausgehend von einer besseren Lesung von Bruchstücken einer Inschrift aus Liria in Spanien gelang es der Forschung, andere Hinweise zu vernetzen und so die Karriere dieses Senators unter den Kaisern der flavischen Dynastie (69–96 n. Chr.) zu rekonstruieren.[16] Nigrinus stieg zum Konsulat auf, später in leitende Funktionen in Gallien, im Balkanraum und in Syrien. Unter dem ersten Adoptivkaiser Nerva (Kaiser 96–98 n. Chr.) enden die Erfolgsmeldungen. Dazu passt eine Nachricht von Plinius dem Jüngeren (etwa 61/62–113/115 n. Chr.) über eine Art Graue Eminenz, „die seinerzeit ein äußerst wichtiges und berühmtes Heer im Osten führte und über die bedeutsame, wenn auch unbestätigte Gerüchte kursierten."[17] Angespielt wird wahrscheinlich auf eine Konkurrenz mit dem späteren Kaiser Traian um die Nachfolge Nervas, die Traian (Kaiser 98–117 n. Chr.) für sich entschied. Die Forschung hat für Nigrinus eine Biographie rekonstruiert, die fast ausschließlich auf einer Vernetzung von inschriftlich überlieferten Einzelinformationen beruht. Beinahe jede Station seines Lebens ließe sich im Einzelnen diskutieren, und die Forschung hat dies auch ausführlich getan.[18] Die Zusammenschau der Zeugnisse ergibt jedoch ein plausibles Bild von einem Rivalen des neuen Kaiserhauses, dessen große Karriere jäh gestoppt wurde – und der vielleicht auch deswegen in den späteren literarischen Quellen so wenig Beachtung gefunden hat.

Manchmal kann die Forschung solche großen Karrieren nachzeichnen. Die Regel ist jedoch eher die Vielzahl alltäglicher Einzelbefunde, in denen sich eine Bandbreite vom Beamten bis zum Handwerker, vom Grammatiklehrer bis zum Soldaten abbildet. Zugänglich sind diese Informationen über spezielle onomastische und prosopographische Hilfsmittel, die sich nach Zugriff und Fokus unterscheiden:

Das *Lexicon of Greek Personal Names (LGPN)* ist auf vollständige Erfassung antiker griechischer Personennamen und der betreffenden Fundstellen angelegt. Die Bände des noch nicht vollständig erschienenen Werks konzentrieren sich auf jeweils eine Region, der vierte *LGPN*-Band beispielsweise auf Makedonien, Thrakien und

16 Die folgenden Ausführungen zu den diversen inschriftlichen Zeugnissen basieren auf Alföldy – Halfmann 1973 (aktualisiert als Alföldy – Halfmann 1987).

17 Plin. epist. 9,13,11: „Qui tunc ad orientem amplissimum et famosissimum exercitum non sine magnis dubiisque rumoribus obtinebat."

18 Ansatzpunkt der Kritik ist in der Regel das Schweigen der literarischen Überlieferung während bzw. in der Folge der mutmaßlichen Absetzung; vgl. stellvertretend Alföldy 2004; Berriman – Todd 2001; Collins 2013.

den nördlichen Schwarzmeerraum. Innerhalb der Bände sind die Namen alphabetisch gereiht. Verschiedene Personen gleichen Namens werden durch arabische Ziffern unterschieden und nach Orten getrennt aufgelistet. Die einzelnen Einträge liefern eine Datierung, sofern möglich, und eine Nennung der Quellenstellen, aus denen die Hinweise stammen.

Persons of Ancient Athens (PAA) hat einen engeren geographischen Fokus, liefert innerhalb dessen aber mehr Details. Den Personen in alphabetischer Reihung ist jeweils eine sechsstellige Nummer zugeteilt, die mit gewissen Sprüngen fortlaufend gehalten ist. Die so entstehenden „Reservenummern" werden an Nachträge aus späteren Publikationen vergeben. Sofern in den Quellen nachweisbar, sind zu den Namen Verwandtschafts- oder sonstige Beziehung zu anderen Personen genannt. Dazu kommen weitere personenbezogene Daten zu gesellschaftlichem Status, Funktion und Lebenszeit. Die Fundstellen werden in *PAA* mit den üblichen Kürzeln benannt und anschließend die relevanten Passagen im Original aufgeführt.

The Magistrates of the Roman Republic (MRR) erfasst die Amtsträger der Römischen Republik seit der legendären Vertreibung des letzten Königs unter dem ersten Konsul Brutus im Jahr 509 v. Chr bis zur Schlacht bei Actium 31 v. Chr. Die Gliederung ist fortlaufend jahresweise und innerhalb wiederum nach – ohnehin meist nur auf ein Jahr besetzten – Magistraturen in absteigender Reihenfolge. Die meisten Informationen finden sich in der Regel zu den höchsten Positionen wie dem Konsulat. Nach Möglichkeit listen die *MRR*-Bände jedoch auch Militärtribunen, Münzmeister, Priester oder Vestalinnen auf. Die Personennamen werden gegebenenfalls mit einer knappen Erläuterung sowie Hinweisen auf Quellenstellen und Literatur ergänzt. In besonderen Fällen, etwa bei umstrittenen Namensformen oder Datierungsproblemen, erfolgt eine oft ausführlichere Kommentierung.

Das deutlich breiter angelegte Gegenstück für die Kaiserzeit ist die *Prosopographia Imperii Romani* (*PIR* beziehungsweise für die stark erweiterte Neubearbeitung *PIR2*). Die jeweiligen Bände sind alphabetisch aufgebaut – bei Männern nach dem *Gentile,* bei Frauen nach dem abgeleiteten Eigennamen. Die weiblichen Namensformen werden dabei hinter die männlichen eingereiht; *Octavius* beispielsweise steht vor *Octavia.* Innerhalb der Anfangsbuchstaben sind die Personen durchnummeriert und teilweise auch nach Schriftbild getrennt: Senatoren werden in Großbuchstaben, Ritter in Fettdruck und alle anderen in Normalsatz angegeben. Die Erläuterung der Person wird ergänzt durch eine kommentierte Auflistung der Fundstellen und Literatur, unter Umständen auch durch Familienstammbäume. Die *PIR*-Einträge können bei besser belegten Personen mehrere Seiten umfassen und sind komplett in Latein gehalten.

Die englischsprachige *Prosopography of the Later Roman Empire (PLRE)* ist auf die Personenerfassung im Zeitraum von 260 bis 641 n. Chr. angelegt. Diese Phase ist in drei Zeitabschnitte unterteilt,[19] für die intern eine alphabetische Sortierung

19 Der erste Teil deckt den Zeitraum von 260 bis 395 n. Chr. ab, der zweite 395–527 n. Chr., der dritte 527–641 n. Chr.

der Namen vorgenommen wird. Nicht-lateinische Eigennamen werden dabei in lateinische Buchstaben umgeschrieben und entsprechend eingereiht. Bei Namensgleichheiten werden die einzelnen Einträge durchnummeriert. Wegen der zeitlichen Dreiteilung der *PLRE* können Personen in verschiedenen Bänden auftauchen, wobei sich durch Ausblicke in den jeweiligen Einträgen einige Informationen wiederholen. Am besten erfasst sind wegen der günstigen Quellenlage erneut Mitglieder der Oberschicht sowie des Klerus, aber auch Militärs, Schreiber und sonstige Personen am Kaiserhof sind zahlreich vertreten. Die biographischen Informationen werden ausführlich kommentiert, zentrale Quellenstellen oftmals zusätzlich im Original zitiert.

Einführungsliteratur

G. Alföldy – H. Halfmann, M. Cornelius Nigrinus Curiatius Maternus. General Domitians und Rivale Trajans, in: Chiron 3 (1973) 331–373.

G. Alföldy – H. Halfmann, M. Cornelius Nigrinus Curiatius Maternus. General Domitians und Rivale Trajans, in: G. Alföldy, Römische Heeresgeschichte. Beiträge 1962–1985, Mavors 3 (Amsterdam 1987) 153–202 [Mit Nachträgen].

G. Alföldy, Marcus Cornelius Nigrinus Curiatius Maternus. Neues und Altes zum Werdegang eines römischen Generals, in: Revue des études militaires anciennes 1 (2004) 45–62.

A. Berriman – M. Todd, A Very Roman Coup. The Hidden War of Imperial Succession, AD 96–8, in: Historia 50 (2001) 312–331.

A. W. Collins, Casperius Aelianus, Trajan and the Mutiny of 97, in: Acta Classica 66 (2013) 55–61.

W. Eck, Überlieferung und historische Realität. Ein Grundproblem prosopographischer Forschung, in: W. Eck (Hrsg.), Prosopographie und Sozialgeschichte. Studien zur Methodik und Erkenntnismöglichkeit der kaiserzeitlichen Prosopographie (Köln 1993) 365–396.

G. Forni, Le tribù romane, 4 Bde., Historica (Rom 1985–2012).

P. M. Fraser, Greek Ethnic Terminology, LGPN Supplements 1 (Oxford 2009).

M. Horster, Perspektiven prosopographischer Arbeit, in: W. Eck – M. Heil (Hrsg.), Prosopographie des Römischen Kaiserreichs. Ertrag und Perspektiven (Berlin 2017) 239–260.

C. P. Jones, Plutarch and Rome ²(Oxford 1972).

I. Kajanto, The Latin Cognomina, Commentationes humanarum litterarum 36.2 (Helsinki 1965).

P. Kuhlmann, Die Constitutio Antoniniana. Der Bürgerrechtserlass von 212, in: B. Pferdehirt – M. Scholz (Hrsg.), Bürgerrecht und Krise. Die Constitutio Antoniniana 212 n. Chr. und ihre innenpolitischen Folgen, Mosaiksteine 9 (Mainz 2012) 45–51.

E. Matthews, The Greeks and their Names in the Ancient World. Innovation and Tradition, in: S. Urano – Y. Fukatsu (Hrsg.), Centrality and Marginality of Ancient Documents (Tokio 2009) 107–131.

O. Salomies, Die römischen Vornamen. Studien zur römischen Namengebung, Commentationes humanarum litterarum 82 (Helsinki 1987).

B. Salway, What's in a Name? A Survey of Roman Onomastic Practice from c. 700 BC to A. D. 700, in: The Journal of Roman Studies 84 (1994), 124–145.

W. Schulze, Zur Geschichte lateinischer Eigennamen (Berlin 1904). [Neudruck mit Berichtigungsliste von O. Salomies (Zürich 1991)]

H. Solin, Die stadtrömischen Sklavennamen. Ein Namenbuch, 3 Bde., Forschungen zur antiken Sklaverei Beihefte 2.1–2.3 (Stuttgart 1996).

H. Solin, Zur Entwicklung des römischen Namensystems, in: M. Haake – A.-C. Harders (Hrsg.), Politische Kultur und soziale Struktur der Römischen Republik. Bilanzen und Perspektiven, Alte Geschichte (Stuttgart 2017) 135–154.

Quellenkritik: CIL XI 961

Pettia Ge [hat diesen Stein setzen lassen] für sich und | für ihren Patron Gaius Pettius Pylades, Freigelassenen des Gaius, | [und] für Gaius Clodius Antiochus, Freigelassenen des Gaius, Steinmetz. | Auch für Pettia Sperata, Freigelassene einer Frau, [ist diese Stätte]. |[5] In der Tiefe [hat das Grab] 12 Fuß. | Auch für Peia Sige, Freigelassene einer Frau, [ist diese Stätte]. | In der Tiefe [hat das Grab] 15 Fuß.[20]

Abb. 31a Der Familiengrabstein der Pettier mit ergänztem Sockel; Frühe Kaiserzeit, Reggio nell'Emilia, Norditalien.

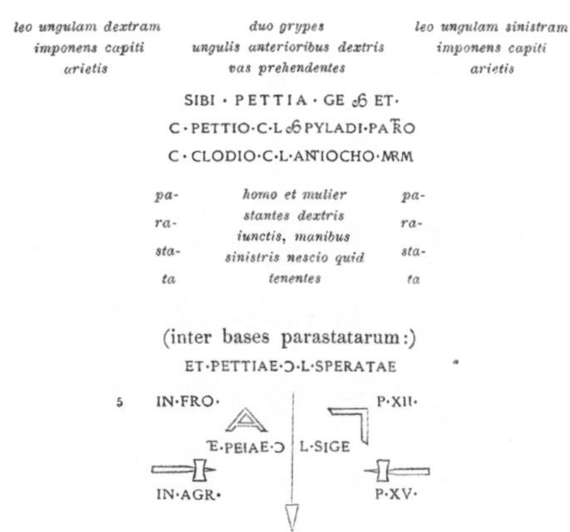

Abb. 31b Die Aufnahme des Grabsteins im *Corpus Inscriptionum Latinarum.*

20 Vgl. auch Corpusnummer 204 in der Sammlung von Schumacher 2001.

Römische Namen zeigen uns Familienbeziehungen oder erbrechtliche Konstellationen an, Statusänderungen und Statusdenken, freiwillige und unfreiwillige Angleichungen an römische Gepflogenheiten. Die Abstufungen von Herkunft und sozialem Stand durch den Namen lassen sich besonders gut an Inschriften auf Familiengräbern erkennen, wobei kleinste Bestandteile ganze Geschichten erzählen können.

Unser Beispiel (Abb. 31a und 31b) wurde vermutlich zu Beginn der Kaiserzeit im heutigen Reggio nell'Emilia in Norditalien gesetzt. Es handelt sich dabei um einen *cippus*, einen hochformatigen Grabstein nach etruskischem Vorbild, der gerne mit architektonischen Elementen gestaltet wurde. Das Exemplar ist aus Marmor, fast genau zweieinhalb Meter hoch und einen Meter breit. Die Dicke des Steins variiert stark durch die zahlreichen plastischen Bildelemente. Die für uns besonders interessanten Namen finden sich an zwei Stellen: Im regulären Schriftfeld oberhalb der Darstellung des stehenden Ehepaars lesen wir die Reihe bis zum Steinmetz Antiochus.[21] An der Basis waren ursprünglich nur Zeichen des Steinmetz-Handwerks und die Angaben zur Ausdehnung der Grabstätte angebracht. Dazwischen wurden die zwei weiteren Frauennamen offenkundig nachträglich eingepasst.[22]

Die historiographische Überlieferung ist von männlichen Akteuren dominiert und liefert uns entsprechend auch deutlich mehr namentliche Nennungen und personenkundliche Informationen für Männer als für Frauen. Quellen wie der Familiengrabstein der Pettier geben dagegen Antworten auf die Frage, welche Bedeutung Frauen in den Netzwerken des Alltags einnehmen konnten: Der Bildanteil verdeutlicht mit der zentralen Positionierung der Eheleute und den vielen Bezügen zum Steinmetzhandwerk, dass Pettia Ge und ihr Gatte, der Handwerker Gaius Clodius Antiochus, im Mittelpunkt stehen. In der Größe der dargestellten Hauptfiguren und der Gestik ist keine ausgeprägte Hierarchie der Ehepartner erkennbar. Im Sinne des Namenwesens müssen wir jedoch ohnehin erst chronologisch einen Schritt zurückgehen, sprich: zu Gaius Pettius Pylades und seinem Freilasser.[23] Pylades ist das *Cognomen* des Freigelassenen und damit auch sein vormaliger Sklavenname. Dieser dürfte als Bezug auf die gleichnamige mythische Figur zu verstehen sein, die in der Überlieferung als der weniger bedeutende, aber umso treuere Freund des Helden Orestes auftaucht.[24] Daraus könnte sich eine bestimmte Erwartungshaltung des Herren ablesen lassen, vielleicht sogar ein Verweis auf die Tätigkeit des Sklaven: Falls der Grabstein korrekt ins frühe 1. Jh. n. Chr. datiert ist, hätten sich die Zeitgenossen vielleicht an den berühmten Tänzer Pylades erinnert, der vermutlich ein Freigelassener des Kaisers Augustus (63 v. Chr.–14 n. Chr.) war.[25]

21 CIL XI 961, 1–3.

22 CIL XI 961, 4; 6–7.

23 CIL XI 961, 2. Einführend zur römischen Freilassung siehe Herrmann-Otto 2018, 222–234; Schumacher 2001, 291–302.

24 Insbesondere in den dramatischen Bearbeitungen des *Orestie*-Stoffes bei Aischylos oder Euripides.

25 PIR^2 P 1093; zur Verzeichnung in der *Prosopographia Imperii Romani* siehe oben S. 147. Pylades scheint regelrecht ein „Markenname" für (pantomimische) Tänzer gewesen zu sein, vgl. insbes. PIR^2 P 1096; Leppin 1992, 181–182.

Im vorliegenden Fall lässt sich zumindest der Freilasser sicher bestimmen, da Gaius Pettius Pylades von ihm das *Praenomen* und das *Gentile* erhalten hat. Welches *Cognomen* der ehemalige Herr Gaius Pettius hatte und ob er vielleicht selbst ein Freigelassener war, lässt sich dagegen nicht mehr sagen. Sein früherer Sklave Pylades wird im Text von Pettia Ge jedenfalls als *patronus* („Schutzherr“) angesprochen. Die Bezeichnung verweist auf ein antikes Grundprinzip nicht nur der römischen Gesellschaft, in der man sich als Klient einen möglichst einflussreichen Schutzherrn suchte.[26] Die Klienten unterstützten den Patron mit Geld oder Diensten und halfen bei dessen Repräsentation oder Wahl in Ämter. Die Patrone wiederum protegierten ihre Klienten, vertraten sie vor Gericht oder waren Vormund von deren unmündigen Kindern. Die ganze Beziehung war im römischen Rechtsgebrauch sehr formalisiert, wozu auch die Regel gehörte, dass Freigelassene ihren vormaligen Herrn automatisch zum Patron hatten. Frauen gehörten diesem System gegenseitiger Verpflichtungen genauso an wie Männer.[27]

Pettia Ge war also früher der Besitz des Gaius Pettius Pylades gewesen, der sie womöglich selbst als Ge benannt hatte – angelehnt an die Bezeichnung der personifizierten Erde beziehungsweise der Erdgottheit.[28] Nach der Freilassung erhielt Ge den neuen Eigennamen Pettia aus dem *Gentile* des Freilassers, ergänzt um ihren vormaligen Sklavennamen. Die *Freilasserangabe* fehlt im Text, ist aber auch verzichtbar, weil unmittelbar darauf der Patron selbst auftaucht. Letzterer kann auf Grabinschriften durchaus deutlicher angesprochen sein, gerade wenn sich Freigelassene vor allem über den Status und Ruf ihrer ehemaligen Herrinnen oder Herren definieren wollten.[29] Pettia Ge ist dagegen erkennbar eine Frau mit eigenen Möglichkeiten, die daher regelrecht im Stile eines Familienoberhauptes auftreten kann.

Nach der Freilassung von Pettia Ge erfolgte ihre Heirat mit Gaius Clodius Antiochus.[30] Hierbei zeigt sich nebenbei bemerkt, dass Heiraten in Rom keine Änderungen am Namen der Ehefrau auslösen mussten.[31] Pettia Ge hätte aber sehr wohl einen Zusatz als „Ehefrau von“ verwenden können, entschied sich aber dagegen – aber nur, weil das eindeutige Bildnis auf dem Grabstein solche Maßnahmen überflüssig erscheinen ließ? Ihr Ehemann war ebenfalls Freigelassener eines Gaius, der sich diesmal allerdings als Gaius Clodius mit unbekanntem *Cognomen* rekonstruieren lässt.

26 Zur Bandbreite siehe Wallace-Hadrill 1989.

27 Zur Entwicklung bis in die Kaiserzeit und weiteren Abstufungen siehe Ganter 2015.

28 CIL XI 961, 1.

29 Ein gutes Beispiel ist der Grabstein von Dorcas, der Friseurin von Livia, der Gattin des Augustus (CIL VI 8958), die trotz ihres Status als Freigelassene stolz ihre „Sklavenkarriere“ seit der Geburt im kaiserlichen Haushalt referiert, vgl. Günther 2006; Herrmann-Otto 1994.

30 CIL XI 961, 3.

31 Die relevante Frage war vielmehr die nach der rechtlichen Gewalt, *manus:* Bei einer Manusehe ging die Frau in die Familie des Mannes über, der juristisch und finanziell die Kontrolle über sie sowie alles in die Ehe gebrachte oder später erwirtschaftete Vermögen besaß. Manusfreie Ehen bedeuteten, dass die Frau rechtlich ihrer Herkunftsfamilie zugeordnet blieb und der Kontrolle ihrer männlichen Verwandten unterlag. Zudem wurden die Vermögenswerte getrennt, und eine Scheidung war deutlich einfacher. Ausführlich hierzu Gardner 1995, 10–117.

Antiochus ist damit der ehemalige Sklavenname. Dahinter könnte ein historischer Bezug stecken, für den der griechische Personenname Ἀντίοχος latinisiert und mit einer anderen Endung versehen worden wäre.[32] Mindestens so wahrscheinlich ist aber eine schlichte Herkunftsbezeichnung: Antiochia war eine bedeutende hellenistische Stadtgründung in der heutigen Südtürkei und zur Zeit der Grabsetzung als boomendes Zentrum der Provinz *Syria* für die vielen kaiserlichen Baumaßnahmen bekannt.[33] Ein Sklave mit Qualifikation als Steinmetz wäre passenderweise nach seiner Herkunftsregion als „der Antiochener" benannt worden.[34]

Die beiden letzten Personen auf der Inschrift waren vermutlich Schwestern, falls es sich bei Peia Sige um eine Verschreibung für Pettia Sige handelt.[35] Der untere Teil des Grabsteins war mit Abbildungen und mit den durchaus nicht ungewöhnlichen Flächenangaben als Demarkation des Grabes eigentlich bereits gut gefüllt.[36] Da die beiden Namen wie erwähnt später in die Lücken eingefügt wurden, würde ein Verschreiber zu dieser insgesamt etwas ungelenken Maßnahme passen. Pettia Sperata und Pettia Sige dürften mit großer Wahrscheinlichkeit die Töchter der Pettia Ge gewesen sein. Beide sind als Freigelassene gekennzeichnet und lassen frühere Sklavennamen erkennen, Sperata etwa als „die Erhoffte" oder „die Versprochene". In der *Freilasserangabe* taucht das umgekehrte *C* auf, das als pauschale Lösung für „von einer Frau" zu verstehen ist und die Stelle des nicht vorhandenen *Praenomens* der Freilasserin einnimmt.[37] Die Bildung des Namens Pettia folgt in beiden Fällen wiederum den üblichen Regeln für Freigelassene.[38] Die wahrscheinlichste Lösung ist, dass Sperata und Sige zu einer Zeit geboren wurden, als ihre Mutter Ge noch Sklavin des Gaius Pettius Pylades war. Letzterer könnte sogar der Vater von Sperata und Sige gewesen sein. Dass Herren mit ihren Sklavinnen Kinder zeugten, war nicht ungewöhnlich, und es war allein Sache des Herrn, ob er diese freiließ oder nicht.[39] Im vorliegenden Fall dürfte hinter „Ɔ" jedoch Pettia Ge als Freilasserin anzusetzen sein. Dies würde wiederum bedeuten, dass ihre beiden Töchter zuvor in ihren Besitz übergegangen waren – vermutlich also eine Verbindung aus Kauf vom ehemaligen gemeinsamen Herrn und anschließender Freilassung.

32 Die bekanntesten Träger des Namens Ἀντίοχος waren die 13 Könige, die zwischen dem 3. und 1. Jh. v. Chr. das hellenistische Seleukidenreich in Vorderasien regierten.

33 Zum Hintergrund siehe de Giorgi 2016, 34–65; Nabhani 2009, 15–62.

34 Denkbar wäre auch eine rein fiktive „Modebenennung", wie das bei Solin 2003 zusammengestellte Material zeigt.

35 CIL XI 961, 4 und 6.

36 CIL XI 961, 5 und 7.

37 In gleicher Weise kann sogar die Freilassung in anderer Richtung – der Mutter durch die Tochter – kenntlich gemacht werden, auch wenn dieser Fall deutlich seltener ist; vgl. Simonis 2017, 65–67.

38 Siehe oben S. 144.

39 Das römische Recht kannte neben der Ehe zwar den *concubinatus,* die dauerhafte Beziehung ohne formale Heirat, aber auch zu ihr waren Unfreie nicht zugelassen. Diesen wurde allenfalls das *contubernium,* eine geschlechtliche Beziehung, zugestanden, vgl. Friedl 1996, 45–85; Hersch 2010, 19–32. Der weitere Kontext der „Sklavenehen" wird erläutert bei Simonis 2017.

Pettia Ge war zweifelsohne in ihrem Umfeld eine wichtige Figur, die sich hier in aller Öffentlichkeit selbst verewigen wollte und konnte. Antike Grabmäler, die oft schon zu Lebzeiten als Repräsentationsobjekte eingerichtet wurden und viel stärker als heute im Alltag der Lebenden präsent waren, sind nicht nur hier als einmalige Zeugnisse für öffentliche Familien- und Selbstdarstellung aller Schichten erkennbar.[40] Als onomastische und prosopographische Quelle könnte die Inschrift noch in vielerlei Richtungen untersucht werden: als Teil eines Vergleichs von Sklavennamen, um „Trends" wie die Verwendung von Götter- und Regionalnamen zu untersuchen – oder in Verbindung mit anderen Familiengräbern, um nach möglichen „Handwerkerdynastien" zu forschen.

Quellen- und Literaturverzeichnis

T. Mommsen, Corpvs inscriptionvm Latinarvm, Vol. 9: Inscriptiones Calabriae, Apuliae, Samnii, Sabinorum, Piceni latinae (Berlin 1883).

L. Schumacher, Römische Inschriften, Reclams Universal-Bibliothek 8512 ²(Stuttgart 2001).

A. U. De Giorgi, Ancient Antioch. From the Seleucid Era to the Islamic Conquest (Cambridge 2016).

R. Friedl, Der Konkubinat im kaiserzeitlichen Rom. Von Augustus bis Septimius Severus, Historia Einzelschriften 98 (Stuttgart 1996).

A. Ganter, Was die römische Welt zusammenhält. Patron-Klient-Verhältnisse zwischen Cicero und Cyprian, Klio Beihefte NF 26 (Berlin 2015).

J. F. Gardner, Frauen im antiken Rom. Familie, Alltag, Recht (München 1995).

R. Günther, Matrone, *vilica* und *ornatrix*. Frauenarbeit in Rom zwischen Topos und Alltagswirklichkeit, in: T. Spät – B. Wagner-Hasel (Hrsg.), Frauenwelten in der Antike. Geschlechterordnung und weibliche Lebenspraxis (Stuttgart 2006) 350–376.

E. Herrmann-Otto, Ex ancilla natus. Untersuchungen zu den „hausgeborenen" Sklaven und Sklavinnen im Westen des Römischen Kaiserreiches, Forschungen zur antiken Sklaverei 24 (Stuttgart 1994).

E. Herrmann-Otto, Sklaverei und Freilassung in der griechisch-römischen Welt, Studienbücher Antike 15 ³(Hildesheim 2018).

K. K. Hersch, The Roman Wedding. Ritual and Meaning in Antiquity (Cambridge 2010).

V. M. Hope, Death in Ancient Rome. A Sourcebook (New York 2007).

H. Leppin, Histrionen. Untersuchungen zur sozialen Stellung von Bühnenkünstlern im Westen des Römischen Reiches zur Zeit der Republik und des Principats, Antiquitas 1.41 (Bonn 1992).

O. Nabhani, Städte Syriens im Hellenismus und in der römischen Kaiserzeit (Freiburg i. Br. 2009).

L. Schumacher, Sklaverei in der Antike. Alltag und Schicksal der Unfreien, Beck's Archäologische Bibliothek (München 2001).

40 Kontext und Vergleichsbeispiele bei Hope 2007, 128–171; siehe auch das Kapitel 5 (Epigraphik).

M. Simonis, *Cum servis nullum est conubium.* Untersuchungen zu den eheähnlichen Verbindungen von Sklaven im westlichen Mittelmeerraum des Römischen Reiches, Sklaverei – Knechtschaft – Zwangsarbeit 17 (Hildesheim 2017).

H. Solin, Die griechischen Personennamen in Rom. Ein Namenbuch, 3 Bde., CIL Avctarivm NS 2 ^{2}(Berlin 2003).

A. Wallace-Hadrill (Hrsg.), Patronage in Ancient Society, Leicester-Nottingham Studies in Ancient Society 1 (London 1989).

8. Chronologie

Chronologie ist die Lehre von der Zeit (χρόνος: Zeit, λόγος: Lehre). Damit ist nicht nur die Zeitrechnung, sondern auch die Vorstellung und die Rolle von Zeit in historischen Gesellschaften umfasst. Denn Zeit ist sowohl eine physikalische Größe als auch eine Ordnungsstruktur, welche die Abfolge von Ereignissen greifbar macht. Althistorikerinnen und Althistoriker haben ein doppeltes Interesse an Zeit: Zum einen zählt es zu ihren Aufgaben, Ereignisse in der Vergangenheit zu verorten; zum anderen ist der Umgang mit Zeit in antiken Gesellschaften selbst Forschungsinteresse.

Zeit in der Antike

Die Einteilung der Zeit in der Antike orientierte sich an der Bewegung der Himmelskörper Mond und Sonne. Ihre Umlaufbahnen legten die Länge eines Jahres fest. Ein Mondjahr ist jedoch nur etwa 354 Tage lang, während ein Sonnenjahr etwas über 365 Tage umfasst.[1] Aus dieser Differenz erwuchsen Schwierigkeiten, da bei einer Orientierung am kürzeren Mondjahr eine Verschiebung der Jahreszeiten drohte. Deswegen wurden Mond- und Sonnenjahr kombiniert, was als *lunisolarer* Kalender bezeichnet wird: Die Sonne gab die Tages- und Jahreslänge, der Mond die Jahreseinteilung in Monate vor. Damit einher ging die Notwendigkeit, dem Jahr in regelmäßigen Abständen zusätzliche Tage oder Monate hinzuzufügen *(Interkalation)*, so wie es heute im Schaltjahr üblich ist. Die zahlreichen Kalenderreformen aus der griechischen Antike deuten darauf hin, dass sich kein dauerhafter Schaltzyklus durchsetzen konnte, sondern dass Tage je nach Bedürfnis von der Obrigkeit

1 Bei den Begriffen Monat und Tag ist zwischen astronomischen Einheiten und historischen sowie sprachlichen Konventionen zu unterscheiden: Aus astronomischer Sicht ist beispielsweise ein (Sonnen-)Tag die Zeit, bis die Sonne nach einer vollen Erdumdrehung bei Durchquerung des Meridians wieder exakt im Süden steht. Diese Zeitspanne schwankt täglich, sodass der „mittlere Sonnentag" von 24 Stunden einen Durchschnittswert darstellt. Als historische Konvention kann ein Tag zum Beispiel von Sonnenaufgang zu Sonnenaufgang definiert werden (wie in Rom) oder von Sonnenuntergang zu Sonnenuntergang (wie in der jüdisch-christlichen Religionspraxis) statt wie im modernen Gebrauch von Mitternacht bis Mitternacht. Gleiches gilt für die Monate, welche sich an dem ebenfalls stark schwankenden Mondumlauf orientieren.

hinzugefügt oder gestrichen wurden. Vorrangiges Ziel der antiken Kalender war, dass die Feste und Opfer zur richtigen Zeit stattfanden und keine religiösen Nachteile für die Gemeinschaften zu befürchten waren. Weil die Kalender sich von Jahr zu Jahr unterschieden, wurden sie zum Beispiel in Form von *fasti* (Abb. 32) oder παραπήγματα (Steckkalendern, Abb. 34) an öffentlichen Plätzen bekannt gemacht.

Um Ereignisse in der Vergangenheit zu verorten, kann entweder absolut-chronologisch oder relativ-chronologisch datiert werden. Ausgangspunkt ist immer der Standpunkt des Betrachtenden. Absolute Chronologie bedeutet, dass ein Ereignis auf ein Jahr, manchmal sogar auf den Tag genau datiert werden kann. Dazu gehört auch die Festlegung eines genauen Zeitraums zwischen mehreren Ereignissen. Fehlen solche konkreten Daten, können Ereignisse in eine relative Chronologie eingeordnet werden. Dabei werden entweder die Abfolge oder die Zeitverhältnisse verschiedener historischer Ereignisse zueinander in Beziehung gesetzt. Als Hilfsmittel dafür dienen der *terminus post quem* (Zeitpunkt, nach dem) und der *terminus ante quem* (Zeitpunkt, vor dem). Dies soll am Beispiel der Bauzeit des Parthenons verdeutlicht werden. Eine Bauabrechnung des Jahres 447/446 v. Chr. belegt, dass das Material für den Tempel bezahlt wurde, sodass den Bauarbeiten nichts mehr im Weg stand.[2] 447/446 v. Chr. ist demnach der *terminus post quem,* das fest datierbare Ereignis, nach dem das einzuordnende Ereignis passiert sein muss. Ein letzter Rechenschaftsbericht von 434/433 v. Chr. dokumentiert die abschließenden Arbeiten der Bildhauer.[3] Dieses sicher datierbare Ereignis ist der *terminus ante quem,* vor dem die Bauarbeiten größtenteils abgeschlossen gewesen sein müssen.

Chronographie

Zeit wurde und wird in Gemeinschaften niedergeschrieben, was mit dem Begriff Chronographie ausgedrückt werden kann.[4] Um antike Daten in heutige zu übertragen, ist es zunächst nötig, sich bewusst zu machen, dass ein „Jahr 0" nicht existiert. So erhielt das für Christi Geburt angenommene Jahr in der Spätantike die Nummer 1 und nicht etwa 0. Auf das Jahr 1 v. Chr. folgt direkt das Jahr 1 n. Chr., denn das „Jahr 0" ist ein Zeitpunkt und kein Zeitraum:

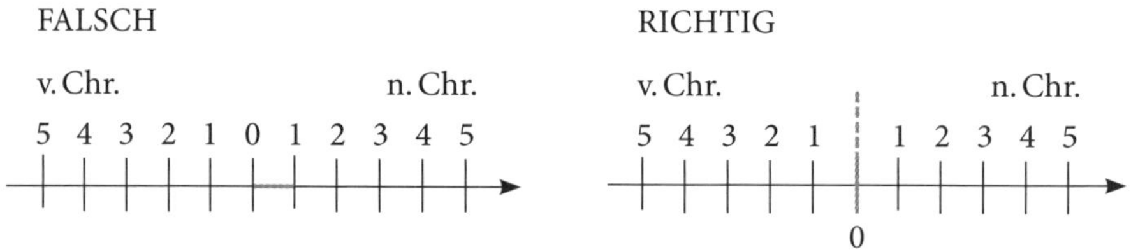

2 IG I³ 436.

3 IG I³ 449.

4 Berühmte antike Chronographen sind z. B. Censorinus (1. Hälfte 3. Jh. n. Chr.) und Eusebius von Kaisareia (etwa 260–337/340 n. Chr.).

In der Antike gab es drei verbreitete Formen der Datierung: die *eponyme* Datierung, die *Ära* und die *Indiktion.* Als eponyme Datierung wird die Benennung von Jahren nach den jährlich gewählten Magistraten bezeichnet. In Athen verlieh ab 682/681 v. Chr. der *archon eponymos* dem Jahr seinen Namen („Unter dem Archon Solon, Sohn des Exekistides ...“[5]). Dieser gehörte zu dem Gremium der neun Archonten, welche die höchsten Amtsträger in Athen waren.[6] Mehrere Inschriften, die Archontenlisten enthalten, belegen, dass sie öffentlich ausgestellt wurden und für jeden einsehbar waren.[7] In Sparta dagegen wurde das Jahr nach dem Vorsitzenden des Gremiums der Ephoren, ebenfalls die höchsten Magistrate, benannt. Weil diese Form der Datierung auf die eigene Stadt beschränkt war, kann in der griechischen Poliswelt von einer einheitlichen Datierung nicht die Rede sein. Autoren, wie der Historiograph Thukydides (etwa 454–396 v. Chr.), die ein größeres Publikum erreichen wollten, gaben daher mehrere eponyme Amtsträger an, wie das Zitat zeigt:[8]

> „Vierzehn Jahre hatte der auf dreißig Jahre befristete Friedensvertrag, der nach der Einnahme Euboias geschlossen worden war, Bestand gehabt; im fünfzehnten Jahr, als Chrysis in Argos seit achtundvierzig Jahren Priesterin war und Ainesias Ephor in Sparta und Pythodoros noch für zwei Monate Archon bei den Athenern, im sechsten Monat nach der Schlacht von Poteidaia und mit Beginn des Frühlings [...].“

Um den Beginn des Peloponnesischen Krieges zu bestimmen, nennt Thukydides sechs Fixpunkte. Trotzdem konnte ein konkretes Datum bisher nur vorgeschlagen werden.[9] Dies hängt unter anderem damit zusammen, dass den Zeitgenossen die Daten der jüngeren Vergangenheit, die Thukydides nennt, bekannt gewesen sein dürften. Außerdem lagen zur Entstehungszeit des Werkes noch deutlich mehr Quellen vor. So ist zwar eine Liste der spartanischen Ephoren, nicht aber eine Aufzählung der Könige Spartas überliefert.[10] Auch wissen wir nur theoretisch, dass Hellanikos von Lesbos (etwa 490–400 v. Chr.) eine Liste der Herapriesterinnen von Argos geführt haben soll.[11] Von ihm sind allerdings nur noch Fragmente erhalten, weshalb das achtundvierzigste Jahr der Priesterschaft von Chrysis nicht mehr zu errechnen ist. Der Datierungsvorschlag erfolgt also hauptsächlich über die Einnahme Euboias

5 Listen der Archonten und anderer eponymer Magistrate im antiken Griechenland finden sich z. B. in Eder – Renger 2004; Deißmann 1990.

6 Zu den neun Archonten gehörten der *Archon Basileus*, der *Archon Polemarchos*, der *Archon Eponymos* und die sechs *Thesmotheten.*

7 Vgl. z. B. IG I³ 1031 (Archontenliste der Jahre 526/525–523/522 v. Chr.).

8 Thuk. 2,2,1 (Übers. Michael Weißenberger 2017): „Τέσσαρα μὲν γὰρ καὶ δέκα ἔτη ἐνέμειναν αἱ τριακοντούτεις σπονδαὶ αἳ ἐγένοντο μετ' Εὐβοίας ἅλωσιν· τῷ δὲ πέμπτῳ καὶ δεκάτῳ ἔτει, ἐπὶ Χρυσίδος ἐν Ἄργει τότε πεντήκοντα δυοῖν δέοντα ἔτη ἱερωμένης καὶ Αἰνησίου ἐφόρου ἐν Σπάρτῃ καὶ Πυθοδώρου ἔτι δύο μῆνας ἄρχοντος Ἀθηναίοις, μετὰ τὴν ἐν Ποτειδαίᾳ μάχην μηνὶ ἕκτῳ καὶ ἅμα ἦρι ἀρχομένῳ [...].“

9 Siehe für die folgenden Ausführungen Hornblower 1992, 237–239.

10 Xen. hell. 2,3,9.

11 FGrH 4 F 74–83. Siehe Kapitel 4.3 (Fragmente).

(446 v. Chr.) und die Schlacht von Poteidaia. Letztere ist wiederum nur näherungsweise zu bestimmen: Die Quellen berichten von einer Revolte in Poteidaia im Frühling 432 v. Chr., die tatsächliche Schlacht hat aber wahrscheinlich erst im Oktober stattgefunden. Damit fiele der Kriegsbeginn des Peloponnesischen Krieges auf April 431 v. Chr., was wiederum mit der Angabe des athenischen Archonten zusammenfiele, der im Juni sein Amt abgab. Bis zusätzliche Quellen dies bestätigen, handelt es sich jedoch weiterhin nur um eine Vermutung.

In Rom waren die höchsten Amtsträger die beiden jährlich vom Senat gewählten Konsuln und diese dienten der Überlieferung zufolge ab 509 v. Chr. der eponymen Datierung („C. Iulio Caesare M. Calpurnio Bibulo consulibus …“[12]). Die Namen der Konsuln wurden von den Priestern in den *fasti consulares* festgehalten, die seit 304 v. Chr. öffentlich einsehbar sein mussten und für eine breite Masse verständlich waren.[13] Die *fasti* konnten entweder in Stein gemeißelt oder auf gekalkte Wände gemalt werden.

Abb. 32 *Fasti Capitolini* (augusteische Zeit, ursprünglich auf dem *Forum Romanum* aufgestellt) bestehend aus den *fasti consulares* (römische Konsuln von 483 v. Chr.–13 n. Chr.) und den *fasti triumphales* (Feldherren, denen der Senat bis 19 v. Chr. einen Triumph gewährte).

12 Listen der Konsuln finden sich z. B. in Eder – Renger 2004; Deißmann 1990.

13 Liv. 9,46,5; Cic. Att. 6,1,8.

Eine Datierung nach *Ären* ist sowohl für die griechische als auch für die römische Antike belegt. Dabei handelt es sich um eine fortlaufende Jahreszählung von einem bestimmten Ereignis oder einer herausragenden Persönlichkeit ausgehend („Im 7. Jahr des XY …“). Wie im oben zitierten Text von Thukydides gesehen, können dafür zum Beispiel Schlachten oder Friedensschlüsse dienen. Vor allem seit hellenistischer Zeit wurden Ären mit Herrschern verknüpft. Bei den Diadochen, den Nachfolgern Alexanders des Großen (356–323 v. Chr.), etablierten sich jeweils eigene Zählungen nach den Herrscherjahren der Könige. Überregionale Verwendung fand die sogenannte Seleukidenära, die mit der Rückeroberung Babylons durch Seleukos I. Nikator im Jahr 312/311 v. Chr. begann. In den Bereich der Ären gehören auch Datierungen, an deren Anfang religiöse Persönlichkeiten, wie Buddha (buddhistische Zeitrechnung ab 544 v. Chr.), Jesus Christus (christliche Zeitrechnung) oder Mohammed (islamische Zeitrechnung ab 622 n. Chr.), stehen.

Ären, die eher in der literarischen Überlieferung und weniger im antiken Alltag eine Rolle spielten, waren die Olympiaden und die Gründung der Stadt Rom *(ab urbe condita)*. Im Gegensatz zu den Regentschaftsjahren beginnt die Zählung hierbei nicht nach jedem Regierungswechsel neu, sondern von einem festgelegten Zeitpunkt an wird linear gezählt. Die Olympiaden orientierten sich an den panhellenischen Festspielen im Zeus-Heiligtum von Olympia, die in einem Vier-Jahres-Zyklus stattfanden. Die Olympiadenzählung soll der Geschichtsschreiber Timaios von Tauromenion (etwa 354–250 v. Chr.) eingeführt haben. Ausgangspunkt ist immer die erste Olympiade, der Tradition zufolge im Jahr 776 v. Chr. Für eine genaue Bestimmung wurde die Jahresangabe hinzugefügt: Das dritte Jahr der ersten Olympiade war zum Beispiel 774 v. Chr. Jede Olympiade kann mithilfe von Formeln selbst berechnet werden.[14]

Beispiel für eine vorchristliche Olympiade

Angabe in den Quellen: „Im 4. Jahr der 106. Olympiade …“
Rechnung:
$(x - 1) \cdot 4 = y$
$(106 - 1) \cdot 4 = 420 < 776 \rightarrow$ vorchristlich

$776 - y - (z - 1) =$ Jahr in christlicher Zeitrechnung
$776 - 420 - (4 - 1) =$ **353 v. Chr.**

14 x = Olympiade, y = Ergebnis der ersten Formel, z = Jahr der Olympiade.

Beispiel für eine nachchristliche Olympiade

Angabe in den Quellen: „Im 2. Jahr der 198. Olympiade …“
Rechnung:
(x – 1) • 4 = y
(198 – 1) • 4 = 788 > 776 → nachchristlich

y – 776 + z = Jahr in christlicher Zeitrechnung
788 – 776 + 2 = **14 n. Chr.**

In der römischen Literatur konnte die Gründung der Stadt in mythischer Zeit als Bezugspunkt dienen. Laut Terentius Varro (116–27 v. Chr.) fand diese am 21. April 753 v. Chr. statt, weshalb dieses Jahr die Grundlage der Datierung *ab urbe condita* oder der „varronischen Ära“ bildet.[15] Wichtig zu beachten ist, dass die Römer sowohl das Ausgangs- als auch das Bezugsjahr mitzählten, sodass 750 v. Chr. beispielsweise das vierte Jahr ab der Stadtgründung war. Die Quellenangaben *ab urbe condita* können ebenfalls in unsere Zeitrechnung übertragen werden.[16]

Verweis auf ein vorchristliches Ereignis

Angabe in den Quellen: 1 a. u. c.
Rechnung:
1 a. u. c. < 754 → vorchristlich

754 – x = Jahr in christlicher Zeitrechnung
754 – 1 = **753 v. Chr.**

Verweis auf ein nachchristliches Ereignis

Angabe in den Quellen: 870 a. u. c.
Rechnung:
870 a. u. c. > 754 à nachchristlich

x – 753 = Jahr in christlicher Zeitrechnung
870–753 = **117 n. Chr.**

15 Cens. 21. Die sogenannte „catonische“ oder auch „capitolinische Ära“ beginnt abweichend mit dem Jahr 752 v. Chr. (Dion. Hal. ant. 1,74).

16 x = Jahr nach Gründung der Stadt.

Die dritte Form der Datierung, die *Indiktion*, spielte vor allem in der Spätantike und bis ins Mittelalter hinein eine große Rolle. Damit ist der zunächst 5- und später 15-jährige Zyklus zwischen zwei Steuerschätzungen gemeint. Gezählt werden nur die Jahre innerhalb des Zyklus („Im 3. Jahr der aktuellen Indiktion …“).

Monate – Tage – Stunden

Monate orientieren sich wie Jahre an dem Verlauf von Mond und Sonne. Für die griechischen Monate gilt, was schon in Bezug auf die Jahresbenennung gesagt wurde: Viele *Poleis* oder Landschaften hatten eigene Kalender.[17] Der Jahresbeginn variierte ebenfalls und wich vom heutigen ab, weshalb die Daten der griechischen Geschichte oft als doppelte Jahreszahlen (312/311 v. Chr.) angegeben werden. In Athen begann das neue Jahr beispielsweise am 1. Hekatombaion, einem Sommermonat (Juli/August). Die griechischen Kalender sahen einen Wechsel von zwölf Monaten mit je 29 oder 30 Tagen vor und die Differenz zum Sonnenkalender wurde durch *Interkalation* ausgeglichen. Einzelne Monate wurden nach dem Hauptfest benannt: So heißt der athenische Monat Poseideon nach dem großen Poseidonfest.

Athen	Delphi	Makedonien
Ἑκατομβαιών (Hekatombaion)	Βουκάτιος (Boukatios)	Δίος (Dios)
Μεταγειτνιών (Metageitnion)	Ἡραίος (Heraios)	Ἀπελλαῖος (Apellaios)
Βοηδρομιών (Boedromion)	Ἀπελλαίος (Apellaios)	Αὐδναῖος (Audnaios)
Πυανεψιών (Pyanepsion)	Βοάθοος (Boathoos)	Περίτιος (Peritios)
Μαιμακτηριών (Maimakterion)	Δαδαφόριος (Dadaphorios)	Δύστρος (Dystros)
Ποσειδεών (Poseideon)	Ποιτρόπιος (Poitropios)	Ξανδικός (Xandikos)
Γαμηλιών (Gamelion)	Βύσιος (Bysios)	Ἀρτεμίσιος (Artemisios)
Ἀνθεστηριών (Anthesterion)	Ἀρτεμίσιος (Artemisios)	Δαίσιος (Daisios)
Ἐλαφηβολιών (Elaphebolion)	Ἡράκλειος (Heracleios)	Πάνεμος (Panemos)
Μουνυχιών (Mounichion)	Βοαθόος (Boathoos)	Λώιος (Loios)
Θαργηλιών (Thargelion)	Ιλαίος (Ilaios)	Γορπαῖος (Gorpaios)
Σκιροφοριών (Skirophorion)	Θεοξένιος (Theoxenios)	Ὑπερβερεταῖος (Hyperberetaios)

Abb. 33 Kalender der Polis Athen, des Heiligtums in Delphi und der Landschaft Makedonien.

17 Siehe Übersicht bei Trümpy 1997.

Neben diesem Festkalender existierte ein Amtskalender, wie am Beispiel Athen erläutert werden kann. Aristoteles berichtet, dass ein Jahr in zehn *Prytanien* eingeteilt war.[18] Als *Prytanie* wird die Gemeinschaft von 50 Bürgern einer *Phyle* (Verwaltungsbezirk) bezeichnet, die für 1/10 des Jahres den Vorsitz in der *Boule* (Rat) führte. Als sich später die Zahl der *Phylen* auf zwölf erhöhte (307/306 v. Chr.), änderte sich entsprechend auch die Zahl der *Prytanien.* Beide Kalender existierten nebeneinander und dienten der Orientierung, wie die Inschriften zeigen:[19]

> „Unter dem Archon Symmachos; die [Phyle] Antiochis hatte die | zwölfte Prytanie inne, […] | […]; im [Monat] Skirophorion am sechs-|zehnten, dem siebzehnten [Tag] der Prytanie […].“

Der römische Kalender bestand ebenfalls aus zwölf Monaten, wobei diese 28, 29 oder 31 Tage hatten.[20] Da das Jahr somit nur 355 Tage hatte, war alle paar Jahre ein Schaltmonat *(mensis intercalaris)* nötig. Für die republikanische Zeit können einige Eckpunkte genannt werden. Seit 153 v. Chr. begann das Jahr am 1. Januar und nicht mehr am 1. März. Dafür sprachen politische und militärische Gründe, denn für die Planung und Durchführung von Kriegszügen in entfernte Provinzen des stark gewachsenen *Imperium Romanum* konnte es im März, dem traditionellen Beginn der Feldzugsaison, schon zu spät sein. Die Konsequenz war, dass Amtsträger an unterschiedlichen Terminen ihre Arbeit aufnahmen: Die Konsuln begannen am 1. Januar, die Quästoren bereits am 5. Dezember und die Volkstribunen am 10. Dezember.

Mit der Kalenderreform im 1. Jh. v. Chr. wurde ein Kalender implementiert, dessen Grundform bis in die heutige Zeit im westlichen Kulturkreis Bestand hat.[21] Gaius Iulius Caesar (100–44 v. Chr.) wollte einerseits das bürgerliche und das astronomische Jahr in Einklang bringen. Andererseits sollte unterbunden werden, dass die *Pontifices,* die höchsten Priester, die seit 191 v. Chr. die Übersicht über den Kalender führten, eine Schaltung kurzfristig durchführen und damit politisch nutzen konnten. Ab 45 v. Chr. umfasste das Normjahr 365 Tage und die Monate erhielten die heute noch gültige Länge. Alle vier Jahre wurde nach dem 24. Februar *(VI Kal. Mart.)* ein Tag eingefügt, der in den Kalendern als *bis sextum Kal. Mart.* erscheint. Nach Caesars Tod wurde fälschlicherweise nach drei Jahren geschaltet, weshalb Augustus (63 v. Chr.–14 n. Chr.) die Schaltung im Jahr 9 v. Chr. noch einmal nachjustierte.[22]

18 Aristot. Ath. pol. 43,2.

19 IG II/III³ 1, 1277, Z. 2–5 (188/187 v. Chr.): „['Επὶ Συμμάχου ἄρχο]ν[το]ς, [ἐ]πὶ τῆς Ἀντιοχίδος δω- | [δεκάτης πρυτανείας, [...] | [...] Σκιρ]οφοριῶνος ἕκτει ἐπὶ | [δέκα· ἑβδόμει καὶ δεκάτ]ει τῆς πρυτ̣ανεία̣ς·“

20 Monatsnamen ab der Kaiserzeit: *Ianuarius, Februarius, Martius, Aprilis, Maius, Iunius, Iulius, Augustus, September, October, November, December.*

21 Plut. Caes. 59,5.

22 Macr. Sat. 1,14,14–15.

Für das Zusammenleben in einer Stadt war es unabdingbar, dass auch die Tage innerhalb der Monate angegeben und öffentlich bekanntgegeben wurden, denn es gab festgelegte Tage für Märkte, Gerichtsverfahren und Feste.[23] Eine Zählung von Wochentagen ist in der griechischen Antike nicht üblich, vielmehr wurden die Tage auf den Monat bezogen angegeben, wie die oben zitierte Inschrift zeigt. Wiederum muss auf die Besonderheit der griechischen Poliswelt hingewiesen werden, in der jede Stadt ihren eigenen Kalender hatte.[24]

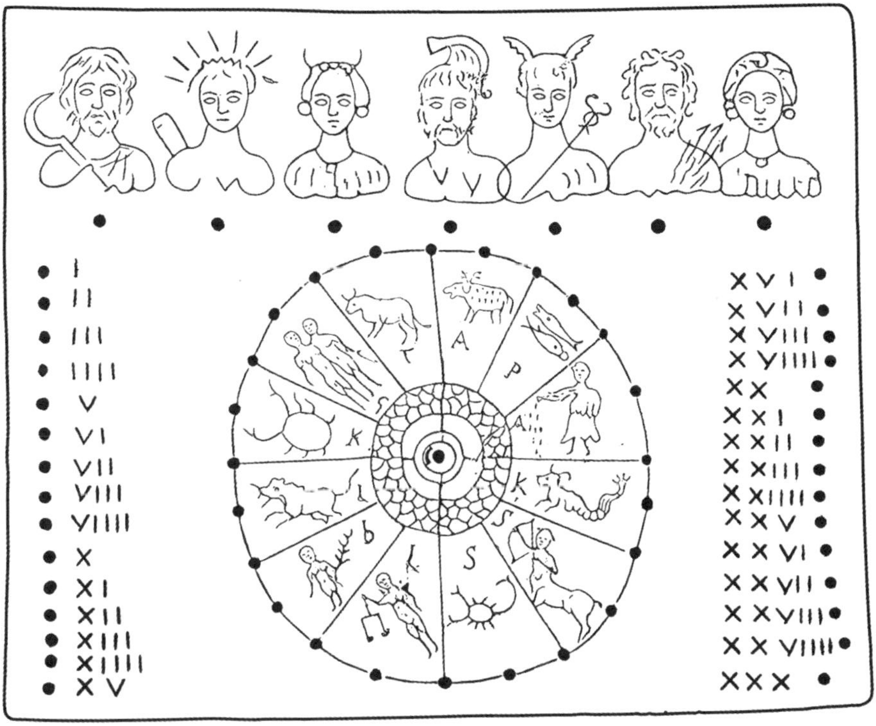

Abb. 34 Rekonstruktion eines Steckkalender (παράπηγμα) mit den Wochentagsgöttern und den einzelnen Monatstagen, der in die Stuckwand eines Hauses in den Traiansthermen geritzt war (3.–4. Jh. n. Chr.)

In Rom gab es Fixpunkte in jedem Monat, die benannt waren und von denen aus alle anderen Tage angegeben werden konnten. Der erste Monatstag waren die *Kalenden*, der fünfte die *Nonen* (der neunte Tag vor den Iden) und der 13. die *Iden*.

23 Demosth. or. 24,25.

24 Aristox. harm. 2,37.

Tag	Ianuarius	Februarius (Gemeinjahr)	Februarius (Schaltjahr)	Martius	Aprilis	Maius	Iunius	Iulius	Augustus	September	October	November	December
1	Kal.	Kal.	Kal.	Kal.	Kal.	Kal.	Kal.	Kal.	Kal.	Kal.	Kal.	Kal.	Kal.
2	IV Non.	IV Non.	IV Non.	VI Non.	IV Non.	VI Non.	IV Non.	VI Non.	IV Non.	IV Non.	VI Non.	IV Non.	IV Non.
3	III	III	III	V	III	V	III	V	III	III	V	III	III
4	pr. Non.	pr. Non.	pr. Non.	IV	pr. Non.	IV	pr. Non.	IV	pr. Non	pr. Non.	IV	pr. Non.	pr. Non
5	Non.	Non.	Non.	III	Non.	III	Non.	III	Non.	Non.	III	Non.	Non.
6	VIII Id.	VIII Id.	VIII Id.	pr. Non.	VIII Id.	pr. Non.	VIII Id.	pr. Non.	VIII Id.	VIII Id.	pr. Non.	VIII Id.	VIII Id.
7	VII	VII	VII	Non.	VII	Non.	VII	Non.	VII	VII	Non.	VII	VII
8	VI	VI	VI	VIII Id.	VI	VIII Id.	VI	VIII Id.	VI	VI	VIII Id.	VI	VI
9	V	V	V	VII	V	VII	V	VII	V	V	VII	V	V
10	IV	IV	IV	VI	IV	VI	IV	VI	IV	IV	VI	IV	IV
11	III	III	III	V	III	V	III	V	III	III	V	III	III
12	pr. Id.	pr. Id.	pr. Id.	IV	pr. Id.	IV	pr. Id.	IV	pr. Id.	pr. Id.	IV	pr. Id.	pr. Id.
13	Id.	Id.	Id.	III	Id.	III	Id.	III	Id.	Id.	III	Id.	Id.
14	XIX Kal.	XVI Kal.	XVI Kal.	pr. Id.	XVIII Kal.	pr. Id.	XVIII Kal.	pr. Id.	XIX Kal.	XVIII Kal.	pr. Id.	XVIII Kal.	XIX Kal.
15	XVIII	XV	XV	Id.	XVII	Id.	XVII	Id.	XVIII	XVII	Id.	XVII	XVIII
16	XVII	XIV	XIV	XVII Kal.	XVI	XVII Kal.	XVI	XVII Kal.	XVII	XVI	XVII Kal.	XVI	XVII
17	XVI	XIII	XIII	XVI	XV	XVI	XV	XVI	XVI	XV	XVI	XV	XVI
18	XV	XII	XII	XV	XIV	XV	XIV	XV	XV	XIV	XV	XIV	XV
19	XIV	XI	XI	XIV	XIII	XIV	XIII	XIV	XIV	XIII	XIV	XIII	XIV
20	XIII	X	X	XIII	XII	XIII	XII	XIII	XIII	XII	XIII	XII	XIII
21	XII	IX	IX	XII	XI	XII	XI	XII	XII	XI	XII	XI	XII
22	XI	VIII	VIII	XI	X	XI	X	XI	XI	X	XI	X	XI
23	X	VII	VII	X	IX	X	IX	X	X	IX	X	IX	X
24	IX	VI	VI	IX	VIII	IX	VIII	IX	IX	VIII	IX	VIII	IX
25	VIII	V	bis VI	VIII	VII	VIII	VII	VIII	VIII	VII	VIII	VII	VIII
26	VII	IV	V	VII	VI	VII	VI	VII	VII	VI	VII	VI	VII
27	VI	III	IV	VI	V	VI	V	VI	VI	V	VI	V	VI
28	V	pr. Kal.	III	V	IV	V	IV	V	V	IV	V	IV	V
29	IV	-	pr. Kal.	IV	III	IV	III	IV	IV	III	IV	III	IV

Abb. 35 Aufstellung der Tage des römischen Kalenders, mit dessen Hilfe die Quellenangaben in die heutige Datierung übertragen werden können.

Da die Monate März, Mai, Juli und Oktober 31 Tage haben, verschoben sich die *Nonen* und *Iden* um jeweils zwei Tage: Die *Nonen* waren dann der 7. und die *Iden* der 15. Tag.[25] Von diesen Fixpunkten wurde rückwärts gerechnet, wobei Start- und Zieltag mitgezählt wurden.

Zwei Beispiele sollen dies illustrieren. Wird in den Quellen *ante diem XVI Kal. Nov.* angegeben, ist der sechzehnte Tag vor den *Kalenden* des Novembers (1. November) gemeint. Von diesem aus werden sechzehn Tage zurückgezählt, sodass man den 17. Oktober erhält. Ist die Angabe *ante diem VI Non. Mart.* zu lesen, ist der sechste Tag vor den *Nonen* des März gemeint. Da die *Nonen* im März auf den siebenten Tag fallen, ergibt sich der 2. März.

Daneben wurden auf den griechischen παραπήγματα (Abb. 34) und den römischen *fasti* (Abb. 32) die für das Gemeinwesen wichtigen Tage vermerkt.[26] Auf den *fasti* markierten einzelne Buchstaben, um was für einen Tag es sich handelte:

F	*dies fastus*	Gericht
C	*dies comitialis*	Volksversammlung
N (NP)	*nefastus (publicus)*	Feiertag
EN	*dies endotercisus*	halber Feiertag

In Rom galt neben dem Fest- und dem Amtskalender noch ein Marktkalender. Alle acht Tage fand ein Markttag, das *Nundinal,* statt. Seit augusteischer Zeit galt die 7-Tage-Woche, deren Tage nach den Göttern der sieben sichtbaren Himmelskörper (Sonne, Mond und Planeten) benannt waren.[27]

Schließlich zerfiel auch der Tag in mehrere Einheiten. Die grundlegendste Unterscheidung in der Antike war zwischen Tag und Nacht, denn das Tageslicht legte die Arbeitszeit fest. Tag und Nacht wurden in jeweils zwölf gleiche Abschnitte (Temporalstunden) geteilt, deren Mitte die Mittagszeit und die Mitternacht bildeten.[28] Die Länge der Abschnitte variierte somit je nach Jahreszeit und Region. So konnte in Zentralitalien im Winter eine Temporalstunde ¾ und im Sommer 1 ¼ einer tatsächlichen Stunde (Absolutstunde) entsprechen, während an der Nordgrenze des *Imperium Romanum* die Länge zwischen ½ im Winter und 1 ½ im Sommer schwankte. Je näher die Sonnenwende war, umso größer war die Abweichung zwischen Temporal- und Absolutstunde. Mithilfe von Sonnenuhren wurden die Temporalstunden angezeigt und der Tag in Morgen, Mittag und Abend unterteilt

25 Merkwort: MOMJul.

26 Siehe Kapitel 5 (Epigraphik).

27 *Dies Solis* (Sonntag), *dies Lunae* (Montag), *dies Martis* (Dienstag), *dies Mercurii* (Mittwoch), *dies Iovis* (Donnerstag), *dies Veneris* (Freitag), *dies Saturni* (Samstag).

28 Hdt. 2,109,3. Im römischen Militär wurden ebenfalls vier Nachtwachen für jeweils drei Stunden eingeteilt.

(Abb. 37).[29] Daneben konnten in der Antike bei Bedarf durchaus genau definierte und stets gleiche Zeiträume, wie die Redezeit vor Gericht, durch Wasser- oder Sanduhren gemessen werden.

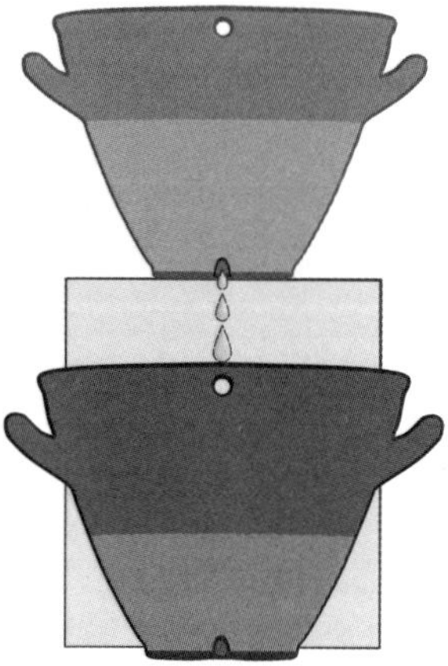

Abb. 36 Modell einer Wasseruhr (κλεψύδρα), deren Fragmente in Athen (etwa 5. Jh. v. Chr.) gefunden wurde.

Einführungsliteratur

E. J. Bickerman, Chronology of the Ancient World ²(Ithaca 1980).

A.-D. von den Brincken, Historische Chronologie des Abendlandes. Kalenderreformen und Jahrtausendrechnungen. Eine Einführung (Stuttgart 2000).

M. Deißmann, Daten zur antiken Chronologie und Geschichte, Reclams Universal-Bibliothek 8628 (Stuttgart 1990).

W. Eder – J. Renger (Hrsg.), Herrscherchronologien der antiken Welt. Namen, Daten, Dynastien, DNP Suppl. 1 (Stuttgart 2004).

D. C. Feeney, Caesar's Calendar. Ancient Time and the Beginnings of History ²(Berkeley 2008).

R. Hannah, Greek and Roman Calendars. Constructions of Time in the Classical World (London 2005).

R. Hannah, Time in Antiquity, Sciences of Antiquity (Oxford 2009).

L. Holford-Strevens, Kleine Geschichte der Zeitrechnung und des Kalenders, Reclams Universal-Bibliothek 18483 (Stuttgart 2008).

S. Hornblower, A Commentary on Thucydides, Bd. I: Books I-III (London 1992).

J. Rüpke, Kalender und Öffentlichkeit. Die Geschichte der Repräsentation und religiösen Qualifikation von Zeit in Rom, Religionsgeschichtliche Versuche und Vorarbeiten 40 (Berlin 1995).

A. E. Samuel, Greek and Roman Chronology. Calendars and Years in Classical Antiquity, Handbuch der Altertumswissenschaft I, 7 (München 1972).

C. Trümpy, Untersuchungen zu den altgriechischen Monatsnamen und Monatsfolgen, Bibliothek der klassischen Altertumswissenschaften, 2. Reihe, N. F. 98 (Heidelberg 1997).

29 Poll. 1,68; Cens. 24.

Quellenkritik: Suet. Aug. 5–6; 94,5; 99–100,3

(5) Geboren wurde Augustus unter den Konsuln M. Tullius Cicero und C. Antonius [am neunten Tag vor den Kalenden des Oktobers] kurz vor Sonnenaufgang in der Gegend des Palatins „Bei den Rindsköpfen“; dort steht heute eine kleine Kapelle, die aber erst einige Zeit nach seinem Tod gebaut worden ist. Denn das geht aus den Senatsakten hervor: Ein gewisser C. Laetorius, ein junger Mann aus einer Patrizierfamilie, versuchte einmal eine recht schwere Bestrafung wegen Ehebruchs abzuwenden, indem er sich aufs Bitten verlegte und neben seinem Alter und seiner vornehmen Abstammung noch folgendes vor den Senatoren geltend zu machen versuchte, er sei doch der Besitzer und sozusagen Hüter des Grund und Bodens, den der göttliche Augustus noch am Tage seiner Geburt berührt habe; er versuchte durchzubringen, dass ihm die Strafe auch aus Rücksicht darauf erlassen werde, dass die Gottheit sein ganz persönliches Eigentum sei. Da erklärte man diesen Teil des Hauses per Beschluss zum Heiligtum des Gottes. (6) Noch in meinem Tagen wird einem auf seinem vom Großvater ererbten Landgut unmittelbar vor den Toren von Velitrae der Ort gezeigt, wo er laufen lernte; er ist sehr bescheiden und von der Größe einer Vorratskammer; die Nachbarn halten angeblich fest an der Meinung, er sei auch dort geboren. […]

(94,5) An dem Tag, als er geboren wurde, verhandelte man im Senat über die Verschwörung des Catilina, und Octavius kam wegen der Niederkunft seiner Frau zu spät zu der Sitzung; an diesem Tag ist es nun geschehen, es ist allen bekannt und jeder weiß es, dass P. Nigidius, als er den Grund für das Zuspätkommen herausbekommen und auch die Geburtsstunde in Erfahrung gebracht hatte, behauptet hat, es sei der Herr der Welt geboren. Als später Octavius durch die entlegenen Landstriche Thrakiens ein Heer führte und im Hain des Liber Pater die feierlichen Handlungen der Barbaren nach seinem Sohn befragte, wurde von den Priestern dasselbe behauptet, weil aus dem Wein, den man über die Altäre gegossen hatte, eine Flamme so hoch herausschoss, dass sie über den Giebel des Tempels bis zum Himmel hochgestiegen sei. Einzig und allein Alexander dem Großen sei genau an diesen Altären, als er ein Opfer darbrachte, ein ähnliches Wunderzeichen zuteilgeworden. […]

(99,1) Am letzten Tag seines Lebens fragte er immer wieder, ob seinetwegen im Reich bereits Aufruhr herrsche, […]. Dann schickte er alle fort; und während er die aus Rom Ankommenden noch nach dem Befinden der kranken Tochter des Drusus fragte, verschied er plötzlich unter den letzten Küssen Livias mit den Worten: „Livia, gedenke stets unseres gemeinsamen Lebens und lebe wohl!“ Er durfte einen leichten Tod sterben, so wie er ihn sich immer gewünscht hatte. […]

(100,1) Augustus starb in demselben Zimmer, in dem sein Vater Octavius gestorben war, als die beiden Sextus, nämlich Pompeius und Apuleius, Konsuln waren, [am 14. Tag vor den Kalenden des Septembers] in der neunten Stunde, fünfunddreißig Tage vor seinem sechsundsiebzigsten Geburtstag. […] (3) Einer [der Senatoren] empfahl, den Namen des Monats August auf den September zu übertragen, weil Augustus in diesem geboren, in jenem gestorben sei. Ein anderer war der Meinung, man soll den ganzen Zeitraum vom Tag seiner Geburt bis zu seinem Todestag das Augusteische Zeitalter nennen und es so in den Kalender aufnehmen.

(5) Natus est Augustus M. Tullio Cicerone C. Antonio conss. VIIII. Kal. Octob. paulo ante solis exortum, regione Palati ad Capita bubula, ubi nunc sacrarium habet, aliquanto post quam excessit constitutum. nam ut senatus actis continetur, cum C. Laetorius, adulescens patricii generis, in deprecanda grauiore adulterii poena praeter aetatem atque natales hoc quoque patribus conscriptis allegaret, esse possessorem ac uelut aedituum soli, quod primum Diuus Augustus nascens attigisset, peteretque donari quasi proprio suo ac peculiari deo, decretum est ut ea pars domus consecraretur. (6) nutrimentorum eius ostenditur adhuc locus in auito suburbano iuxta Velitras permodicus et cellae penuariae instar, tenetque uicinitatem opinio tamquam et natus ibi sit. [...]
(94,5) Quo natus est die, cum de Catilinae coniuratione ageretur in curia et Octauius ob uxoris puerperium serius affuisset, nota ac uulgata res est P. Nigidium comperta morae causa, ut horam quoque partus acceperit, affirmasse dominum terrarum orbi natum. Octauio postea, cum per secreta Thraciae exercitum duceret, in Liberi patris luco barbara caerimonia de filio consulenti, idem affirmatum est a sacerdotibus, quod infuso super altaria mero tantum flammae emicuisset, ut supergressa fastigium templi ad caelum usque ferretur, unique omnino Magno Alexandro apud easdem aras sacrificanti simile prouenisset ostentum. [...]
(99,1) Supremo die identidem exquirens, an iam de se tumultus foris esset, [...]. omnibus deinde dimissis, dum aduenientes ab urbe de Drusi filia aegra interrogat, repente in osculis Liuiae et in hac uoce defecit: „Liuia, nostri coniugii memor uiue, ac uale!“ sortitus exitum facilem et qualem semper optauerat. [...]
(100,1) obiit in cubiculo eodem, quo pater Octauius, duobus Sextis, Pompeio et Appuleio, cons. XIIII. Kal. Septemb. hora diei nona, septuagesimo et sexto aetatis anno, diebus V et XXX minus. [...] fuit et qui suaderet, appellationem mensis Augusti in Septembrem transferendam, quod hoc genitus Augustus, illo defunctus esset; alius, ut omne tempus a primo die natali ad exitum eius saeculum Augustum appellaretur et ita in fastos referretur.

Die Chronologie von Ereignissen spielt in der Biographie eine große Rolle.[30] Um das Leben und Wirken eines Menschen beschreiben zu können, wird oft der Lebenslauf des Individuums zugrunde gelegt. In dieser Weise verfasste auch der antike Biograph Gaius Suetonius Tranquillus sein Werk *De vita Caesarum libri VIII* („Acht Bücher über das Leben der Kaiser“), welche die Zeit von Gaius Iulius Caesar (100–44 v. Chr.) bis Kaiser Domitian (51–96 n. Chr.) abdecken.[31] Alle Biographien folgen einem ähnlichen Aufbau, wenngleich die entsprechende Ausführung variiert: Vorfahren, Geburt und Kindheit, politische Karriere, Privatleben, Tod und Beisetzung. Ziel der Biographien sei es nach Wolf Steidle eine Schablone „spezifisch kaiserliche[r] Tugenden und Fehler“[32] zu entwerfen. Die Augustus-Biographie, aus welcher der Ausschnitt stammt, ist die zweite und längste der zwölf Biographien.

30 Siehe Kapitel 4.2 (Prosa).
31 Baldwin 1983, 214.
32 Steidle 1963, 112.

Sueton wurde wahrscheinlich um 70 n. Chr. in Hippo Regius *(Africa)* geboren und entstammte einer ritterlichen Familie.[33] Seine Ausbildung absolvierte er jedoch in Rom. Dort schloss er die Bekanntschaft mit Plinius dem Jüngeren (etwa 61/62–113/115 n. Chr.), der ihm zu einer politischen Karriere verhalf. Unter Hadrian (Kaiser 117–138 n. Chr.) war er am Kaiserhof tätig und hatte verschiedene Priesterämter inne. Seine Hofkarriere endete bereits 121/122 n. Chr. abrupt und die folgenden Lebensjahre widmete Sueton seinem literarischen Schaffen. Durch seine Kontakte zum Kaiserhaus hatte er zeitweise Zugriff zu Archivmaterialien und Briefen, auf deren Grundlage er unter anderem die Kaiserviten verfasste.

In der vorliegenden Quellenstelle beschreibt Sueton zunächst die Geburt und den Geburtsort des zukünftigen Augustus.[34] An diesem Ort, so der Autor, fänden in seiner Zeit kultische Ehren für den Verstorbenen statt.[35] Es folgt eine Beschreibung der göttlichen Zeichen, die nach der Geburt im Senat oder von Octavius' Vater gesehen wurden.[36] Schließlich werden der letzte Lebenstag und der Tod des Princeps thematisiert.[37] Zuletzt listet Sueton Vorschläge des Senats für das Andenken an Augustus auf.[38] Damit sind die Abschnitte an den Anfang der Vita über Geburt und Kindheit sowie das Ende über den Tod und das Nachleben einzuordnen.[39]

Anhand der Quelle kann der Frage nachgegangen werden, wie Zeit instrumentalisiert wurde, um den Herrschaftsanspruch von Augustus zu manifestieren. Dafür sollen die Geburtslegenden, die Todesbeschreibung und das propagierte *Saeculum Augustum* als Anhaltspunkte dienen. Die Darstellung Suetons ist für die Frage besonders aufschlussreich, da sie mit einigem Abstand zu den Ereignissen entstand und damit verschiedene Erzähltraditionen vereint.

Augustus wurde am neunten Tag vor den *Kalenden* des Oktobers (23. September) 63 v. Chr. in Velitrae, in der Nähe von Rom geboren.[40] Dies war gleichzeitig das *Äquinoktium* (die Tag-und-Nacht-Gleiche), welches in der Astronomie und Religion besondere Bedeutung besitzt. Sein leiblicher Vater war Gaius Octavius (etwa 101–58 v. Chr.), ein Ritter, der in die Senatsaristokratie aufgestiegen war. Als Statthalter der Provinz *Macedonia* erzielte Octavius einen Sieg gegen die Thraker.[41] Bei diesem Kriegszug habe er von den Priestern des Liber Pater, einer Variante des Bacchus, erfahren, dass sein Sohn der „Herr der Welt" sei und in die Fußstapfen Alexanders des Großen (356–323 v. Chr.) treten werde, wie Sueton überliefert.[42] Schon vor der Geburt, so berichten neben Sueton mehrere Parallelquellen, habe es

33 Siehe für den folgenden Abschnitt Carter 1982, 5–6.
34 Suet. Aug. 5.
35 Suet. Aug. 5–6.
36 Suet. Aug. 94,5.
37 Suet. Aug. 99,1; 100,1.
38 Suet. Aug. 100,3.
39 Suet. Aug. 5–8 (Geburt und Kindheit); 99–101 (Tod und Nachleben). Siehe dazu Steidle 1963, 111–112.
40 Eck 2014, 10.
41 Dahlheim 2010, 31.
42 Suet. Aug. 94,5.

zahlreiche göttliche Zeichen gegeben.[43] Es fällt auf, wie sehr Sueton, der viele Ereignisse aus dem Leben seines Protagonisten auslässt, die göttliche Aura, die seine Geburt umgab, herausstellt.[44]

Durch seine Mutter Atia war der junge Octavian mit Gaius Iulius Caesar verwandt.[45] Da Caesar selbst keine Söhne hatte, war Octavian einer seiner nächsten männlichen Verwandten, die es zu fördern galt.[46] So adoptierte Caesar Octavian und benannte ihn per Testament zu seinem Haupterben.[47] Nicht nur das Vermögen, sondern vor allem die postume Aufnahme Caesars unter die Götter waren für die Legitimation des späteren Augustus von immenser Tragkraft.[48] Octavians Geburt hatte wegen der Vorzeichen von Iupiter und Apollon bereits unter einem guten Stern gestanden und nun galt er als (Adoptiv-)Sohn des vergöttlichten Caesars.[49]

Sueton berichtet weiter, dass die Senatoren die Herrschaft des Augustus als neue Ära, das *Saeculum Augustum*, in die Kalender eintragen lassen wollten. Dieser Gedanke war keineswegs neu, sondern ist im Herrschaftsprogramm von Augustus deutlich greifbar. Dafür können die *Res gestae* („Tatenbericht") des Augustus herangezogen werden. Ganz explizit wird der Beginn eines neuen Zeitalters bei der Säkularfeier 17 v. Chr. bejubelt.[50] Die neue Zeit wird als *Pax Augusta* bezeichnet, denn Augustus habe dem römischen Volk nach vielen Kriegsjahren den Frieden gebracht.[51] In diesem Zusammenhang hebt Augustus in seinem Tatenbericht besonders hervor, dass er dreimal die Türen des Ianus Quirinus-Heiligtums schließen ließ.[52] Dieses Ritual durfte nur vollzogen werden, wenn überall im *Imperium Romanum* Frieden herrschte.

Versinnbildlicht wurde sowohl die Divinisierung des Augustus als auch das neue Zeitalter in einem Baukomplex auf dem Marsfeld.[53] Zunächst begann bereits im Jahr 32 v. Chr. der Bau des Mausoleums für seine Familie.[54] Beim Bauabschluss 28 v. Chr. war es das größte Mausoleum Roms. Durch Inschriften an der Ringmauer sollten die Taten der Verstorbenen für die Ewigkeit festgehalten werden.[55] Im Jahr 13 v. Chr. wurde die *Ara Pacis Augustae* (Altar für den augusteischen Frieden) gebaut.[56] In Verbindung damit wurde ein aus Ägypten importierter Obelisk als Sonnenzeiger eingerichtet.[57] Durch Bronzemarkierungen auf dem Boden wurde die Position der

43 Epigr. Bob. 39–40; Suet. Aug. 94,4; 94,8; Cass. Dio 45,2,2.
44 Carter 1982, 94–95 mit Beispielen.
45 Eck 2014, 11.
46 Dahlheim 2010, 31.
47 Eck 2014, 12.
48 Clauss 1999, 46–53.
49 Dahlheim 2010, 186.
50 Dahlheim 2010, 248–250.
51 Eck 2014, 89–90.
52 R. Gest. div. Aug. 12–13; Verg. Aen. 1,293–294; 7,607–619.
53 Siehe zur aktuellen Forschungsdiskussion Haselberger – Albèri 2014.
54 Zanker 2009, 80–81.
55 Eck 2014, 114.
56 R. Gest. div. Aug. 12.
57 Zanker 2009, 149–151.

Sonne im Tierkreis gekennzeichnet. Der astrologisch durchaus versierte Augustus hatte jedoch noch mehr im Sinn.[58] Der Schatten des Obelisken fiel am Abend des 23. Septembers (Geburtstag des Augustus) auf den Eingang der *Ara Pacis.* An seinem Todestag wies der Schatten wiederum auf den Eingang des Mausoleums. Die gesamte Anlage unterstrich, dass die Herrschaft des Augustus von Göttern vorherbestimmt war: „Der mit höchster mathematischer Präzision konstruierte Bau des gesamten Platzes band also die Empfängnis, die Geburt und den Tod des Monarchen in ein kosmisches System" ein.[59]

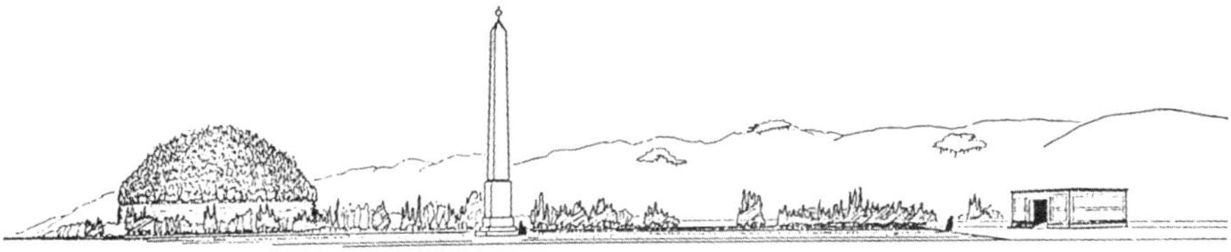

Obelisk des Solarium mit Ara Pacis und Mausoleum Augusti

Abb. 37 Rekonstruktionszeichnung des Marsfelds in Rom, links: das Augustus-Mausoleum, in der Mitte: das *Solarium Augusti,* rechts: die *Ara Pacis.*

Die Sterbeszene, wie sie bei Sueton überliefert ist, und die genauen Anweisungen, die Augustus für sein Begräbnis hinterlassen hat, weisen darauf hin, dass er seinen Tod im Sinne seiner Politik organisierte.[60] Darüber, wie viel Augustus tatsächlich geplant hat, herrscht in der Forschung keine Einigkeit. Es kann aber festgehalten werden, dass der Tod einflussreicher Persönlichkeiten ein öffentliches und für die Zeitgenossen sowie nachfolgenden Generationen bedeutsames Ereignis war, weshalb es oft in Quellen verhandelt wird. Laut Sueton befand sich Augustus im Sommer 14 n. Chr. gemeinsam mit seinem designierten Nachfolger Tiberius (42 v. Chr.–37 n. Chr.) auf dem Weg nach Illyrien und als er den Tod nahen sah, begab er sich nach Nola.[61] Dort verabschiedete Augustus sich zunächst von seinen politischen Weggefährten. Seine letzten Minuten aber verbrachte er im engen Familienkreis im Beisein seiner Frau und des zurückgekehrten Tiberius. Dies erfüllte eine machtpolitische Funktion, denn der Tod des Augustus bedeutete eine prekäre Situation, wie auch seine Frage zeigt, ob schon Aufruhr im Reich *(tumultus)* herrsche.[62] Trotz aller Vorbereitungen galt es nicht als sicher, dass die Machtübergabe an den Adoptivsohn gelingen werde.[63] Augustus plante sein Ableben so minutiös voraus, da der Tod

58 Dunsch 2015, 354.
59 Dahlheim 2010, 255.
60 Dunsch 2015, 327; 341; Boschung 2015, 174.
61 In Nola war sein leiblicher Vater 58 v. Chr. gestorben.
62 Suet. Aug. 99,1.
63 Castritius 2015, 451.

in der antiken Vorstellung ein Spiegel des gesamten Lebens einer Person war.[64] Ein leichter Tod, so wie er Augustus gewährt wurde, wies auf ein erfülltes und ehrenvolles Leben im Sinne der Götter hin. Dies fügt sich in die sonstige Erzählung ein, dass das Leben und Wirken von Augustus gottgewollt und zum Wohle aller gewesen war.

In den mehr als 40 Jahren Regierung hatte Augustus die *res publica* gerettet und neue Weichen für Rom gestellt, die viele Jahre Bestand hatten. Seine Politik und vor allem sein Nachleben, wie sie bei Sueton geschildert sind, zeigen, dass seine Regierungszeit als glorreiches Zeitalter inszeniert und wahrgenommen wurde. Darin offenbart sich auch der Mehrwert der antiken Chronologie: Einerseits können Datierungen vorgenommen und andererseits Vorstellungen von Zeit, die Auskunft über die Kultur- und Sozialgeschichte geben, erschlossen werden. Es ließe sich weiter fragen, ob diese Instrumentalisierung von Zeit ebenfalls bei nachfolgenden Kaisern zu beobachten ist. So scheiterte beispielsweise der Versuch Domitians (51–96 n. Chr.), Monate des ägyptischen und römischen Kalenders in *Germanikos* und *Domitianos* umzubenennen, an fehlender Akzeptanz.[65]

Quellen- und Literaturverzeichnis

Augustus, Res gestae Divi Augusti, hrsg., übers. u. komm. v. A. E. Cooley (Cambridge 2009).

C. Suetonius Tranquillus, Die Kaiserviten. De vita Caesarum, hrsg. u. übers. v. H. Martinet, Sammlung Tusculum ⁴(Berlin 2014).

C. Suetonius Tranquillus, Divus Augustus, hrsg, eingel. u. komm. v. J. M. Carter (Bristol 1982).

B. Baldwin, Suetonius (Amsterdam 1983).

D. Boschung, Divus Augustus: Das Charisma des Herrschers und seine postume Beglaubigung, in: D. Boschung – J. Hammerstaedt (Hrsg.), Das Charisma des Herrschers, Morphomata 29 (Paderborn 2015) 173–186.

H. Castritius, Die staatsrechtliche Situation beim Tod des Augustus, Zeitschrift der Savigny-Stiftung für Rechtsgeschichte. Romanistische Abteilung 132 (2015) 449–451.

M. Clauss, Kaiser und Gott. Herrscherkult im Römischen Reich (Stuttgart 1999).

B. Dunsch, «Sortitus exitum facilem»: Der Tod des Augustus bei Sueton, Philologus 159/2 (2015) 327–364.

W. Dahlheim, Augustus. Aufrührer – Herrscher – Heiland. Eine Biographie (München 2010).

W. Eck, Augustus und seine Zeit, C. H. Beck Wissen 2084 ⁶(München 2014).

L. Haselberger – P. Albèri Auber (Hrsg.), The Horologium of Augustus: Debate and Context, JRA Supplementary Series 99 (Portsmouth 2014).

D. Kienast, Römische Kaisertabelle. Grundzüge einer römischen Kaiserchronologie ⁶(Darmstadt 2017).

K. Sallmann, s. v. [2] Suetonius Tranquillus, C., in: DNP 11 (2001) 1084–1088.

W. Steidle, Sueton und die antike Biographie, Zetemata 1 ²(München 1963).

P. Zanker, Augustus und die Macht der Bilder ⁵(München 2009).

64 Dunsch 2015, 328–329.

65 Suet. Dom. 13,3.

9. Geographie

Als Hilfswissenschaft scheint Geographie geradezu allumfassend zu sein; der Name bedeutet wörtlich das Aufzeichnen der Welt. Für das Studium der Antike lassen sich die Aufgaben in drei große Kategorien einordnen: Der *retrogressive* Zugriff will in der Zeit zurückgehen und einen bestimmten historischen Zustand erfassen, etwa indem Daten für das verschüttete Pompeji erhoben und Karten daraus angefertigt werden. Der *retrospektive* Zugriff blickt dagegen aus der späteren Sicht zurück und will den Wandel dorthin begreifen: die Verschiebung von Flussverläufen, das allmähliche Verlanden und Verlegen von Hafengebieten oder die Ausweitung eines Siedlungsareals. Der dritte Zugriff, die technik- und mentalitätsgeschichtliche Analyse, unterscheidet dann die Hilfswissenschaft der historischen Geographie von der Geographie als Natur- und Sozialwissenschaft.[1]

Historische Geographie

Wenn wir heute von Geographie sprechen, meinen wir in der Regel Karten, Atlanten oder Globen – also die bildlichen oder gegenständlichen Darstellungen als Ergebnisse geographischer Erfassungen und Berechnungen. Wir sind uns einig, dass eine solche Veranschaulichung einen einheitlichen Maßstab haben und in der Ausrichtung konsistent sein sollte. Physisch gleich große Flächen müssen auch graphisch gleich groß dargestellt und Symbole als solche in einer Kartenlegende erklärt werden. Wir denken kaum noch darüber nach, dass beispielsweise unser Koordinatensystem keine Selbstverständlichkeit, sondern eine historisch bedingte Konvention ist.

Wenn wir dagegen versuchen, im Alltag eine Wegbeschreibung zu einem uns gut bekannten Ort zu malen, wird das Resultat ganz anders aussehen: Diese Karte ist vermutlich nicht korrekt genordet. Wichtige Straßen sind unverhältnismäßig groß eingezeichnet. Winkel werden in Richtung 90 oder 45 Grad vereinheitlicht. Strecken ohne Richtungswechsel werden verkürzt gemalt, Wendepunkte dagegen besonders illustriert oder beschriftet. Das Ziel ist die maximale Vereinfachung im Hinblick auf eine ganz bestimmte Anwendung. Viele antike geographische Zeugnisse verfahren

1 Vgl. Dueck 2013, 7–12.

ähnlich. Manchmal stecken dahinter technische Unzulänglichkeiten; häufiger aber können wir daraus ablesen, welche Informationen damals bekannt waren und für welche Zwecke man sie als wichtig erachtete.[2] Antike Geographen gingen oftmals von der eigenen Heimat oder Hauptstadt aus, wenn sie zu einer Weltbeschreibung ansetzten. Vielfach war dies verschränkt mit der Idee einer Verbindung zwischen Klimazonen, der Art des Landes und dem Wesen seiner Bewohner. Griechische Autoren sahen ihr Griechenland als ideal temperierten Mittelpunkt, von dem aus sich konzentrische Kulturkreise ausbreiteten: Der kühl-feuchte Norden der Welt mache seine Bewohner groß und stark, aber auch wenig zielstrebig und dumm. Der heiß-trockene Süden erzeugte einen intelligenten, aber auch verschlagen-schwächlichen Menschenschlag und so weiter.[3] Von wo aus das Weltbild aufgebaut wurde, bestimmte die Art der jeweiligen (Ideal-)Perspektive.

Für das weitere Verständnis ist es wichtig, drei Dimensionen zu unterscheiden: *Geographische* Raumkonzepte beziehen sich auf größere Länderkomplexe. Dies kann die Mittelmeerwelt sein, der afrikanische Kontinent oder die westliche Hemisphäre. *Chorographische* Raumkonzepte betreffen eine Landschaft oder Region, etwa Attika oder die Alpen. *Topographische* Raumkonzepte beziehen sich auf Ortschaften oder Stätten, beispielsweise auf die Stadt Korinth oder das römische Bergwerk Meurin bei Koblenz.[4] Die antike Wissenschaft machte sich durchaus Gedanken, wie die Welt als solche aussehen müsste, um alle auf diesen drei Leveln auftretenden Phänomene zu erklären. Der runde Erdschatten bei Mondfinsternissen oder auch das scheinbare Versinken von Schiffen am Horizont lässt sich nur mit einer Erdkugel erklären, deren Umfang Eratosthenes von Kyrene in der zweiten Hälfte des 3. Jh. v. Chr. bis auf wenige Prozent korrekt berechnete. Eine Generation zuvor hatte Aristarchos von Samos (etwa 310–230 v. Chr.) die Erde in ein heliozentrisches Modell von Planetenbahnen mit der Sonne als Mittelpunkt eingeordnet. Klaudios Ptolemaios erstellte Mitte des 2. Jh. n. Chr. eine Anleitung für eine Reihe von Globussegmenten, so dass Orte mit Gitternetz-Koordinaten in zweidimensionale Karten abgebildet werden konnten.[5]

Viele dieser Errungenschaften blieben Expertenwissen oder setzten sich – wie bei Aristarchos – selbst in diesen Kreisen nicht durch. Wichtiger aber ist, dass für den

2 Podossinov 2013 demonstriert am Beispiel von Richtungs- und Verhältnisangaben, dass viele vermeintliche Fehler der antiken Geographie erst durch ein Überstülpen modernen Kartendenkens und zu starre Kategorien entstehen; zu den Eigenheiten antiker Orientierungskonzepte siehe auch Thiering 2014.

3 Zum Erwerb geographischer Kenntnisse und den Trägern dieser Entwicklung siehe Roller 2015; Schulz 2016; Sonnabend 2007. Die antiken Kulturkreis- und Klimazonentheorien mit ihren oft abwertenden Maßstäben behandeln Isaac 2004; Romm 1992. Zu den damit verbundenen praktischen Problemen der kartographischen Erfassung siehe Arnaud 2014. Auch bloß imaginierte Orte, etwa literarische Utopien, konnten in und nach diesem Muster eingeordnet werden; vgl. Ferguson 1975.

4 Zur diesen Raumkonzepten und der im Folgenden mehrfach angesprochenen nichtkartographischen Erfassung derselben siehe Brodersen 2003.

5 Für die Rekonstruktion dieser überwiegend fragmentarisch überlieferten Autoren siehe zu Eratosthenes Bianchetti 2007 und 2016; zu Aristarchos Noack 1992; zu Ptolemaios Geus 2013; Kleineberg u. a. 2012, 4–23.

TE	Anz. Pkt.	Translation Λ	Translation Φ	Maßstab Λ	Maßstab Φ	Ø Standardabw. Λ	Ø Standardabw. Φ
Germania Magna							
G1	12	−12°56′	14°06′	0.690	0.714	7′ (8 km)	9′ (17 km)
G2	14	−12°32′	13°54′	0.690	0.714	11′ (12 km)	8′ (15 km)
G3	13	−12°10′	14°20′	0.690	0.714	7′ (8 km)	7′ (13 km)
G4	4	−12°07′	14°01′	0.690	0.714	7′ (8 km)	5′ (9 km)
G5	7	−12°17′	13°47′	0.690	0.714	11′ (13 km)	10′ (19 km)
G6	16	−12°12′	14°17′	0.690	0.714	10′ (12 km)	7′ (13 km)
G7	10	−12°04′	14°38′	0.690	0.714	8′ (10 km)	7′ (13 km)
G8	11	−12°25′	14°22′	0.690	0.714	8′ (10 km)	6′ (11 km)
G9	10	−12°38′	14°13′	0.690	0.714	9′ (11 km)	11′ (20 km)
G10	10	−9°59′	14°43′	0.690	0.714	10′ (12 km)	7′ (13 km)
G11	6	−12°11′	13°28′	0.690	0.714	10′ (12 km)	7′ (13 km)
G12	12	−10°09′	13°43′	0.690	0.714	13′ (16 km)	10′ (19 km)
Gallia Belgica							
B1	6	−15°58′	9°27′	0.769	0.800	12′ (14 km)	9′ (17 km)
B2	5	−14°16′	10°07′	0.769	0.800	16′ (19 km)	10′ (19 km)
B3	13	−15°24′	8°16′	0.769	0.800	12′ (14 km)	9′ (17 km)
B4	5	−15°06′	9°32′	0.769	0.800	10′ (12 km)	18′ (33 km)
B5	6	−14°37′	10°39′	0.769	0.800	15′ (18 km)	14′ (26 km)
B6	5	−13°30′	11°07′	0.769	0.800	10′ (12 km)	13′ (24 km)
B7	4	−12°53′	9°47′	0.769	0.800	10′ (12 km)	8′ (15 km)
B8	12	−13°50′	9°58′	0.769	0.800	13′ (16 km)	8′ (15 km)
B9	9	−14°09′	10°26′	0.769	0.800	13′ (17 km)	6′ (11 km)
B10	5	−14°44′	10°02′	0.769	0.800	9′ (12 km)	11′ (20 km)
B11	5	−16°00′	9°31′	0.769	0.800	19′ (25 km)	13′ (24 km)
Raetia							
R1	11	−12°02′	14°46′	0.690	0.714	10′ (12 km)	6′ (11 km)
R2	6	−11°26′	14°36′	0.690	0.714	15′ (19 km)	7′ (13 km)
R3	5	−11°53′	14°22′	0.690	0.714	10′ (13 km)	6′ (11 km)

TE	Anz. Pkt.	Translation Λ	Translation Φ	Maßstab Λ	Maßstab Φ	Ø Standardabw. Λ	Ø Standardabw. Φ
Noricum							
N1	6	−12°45′	12°15′	0.769	0.769	15′ (18 km)	6′ (11 km)
N2	3	−12°59′	12°03′	0.769	0.769	11′ (14 km)	5′ (9 km)
N3	10	−13°52′	11°36′	0.769	0.769	10′ (13 km)	10′ (19 km)

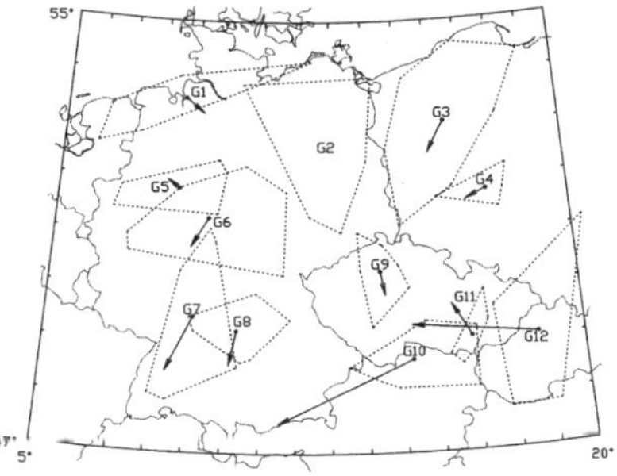

Relative Translationen in Germania Magna, Referenz-TE: G2

Abb. 38 Koordinatenliste bei Ptolemaios, aus der mittels Entzerrungsparametern eine Flächendarstellung erzeugt wurde.

alltäglichen Gebrauch der Nutzwert gänzlich anders bewertet wurde. *Geographie* ist ein antiker Begriff, aber wir sollten bei seiner Anwendung nicht antike und moderne Ansprüche vermengen – und zudem nicht den Fehler machen, kartographische Erzeugnisse als einzigen Maßstab zu nehmen.[6] *Geographische* Raumkomplexe sind für die Antike fast ausschließlich in sehr schematischen Bilddarstellungen überliefert, die dem ähneln, was wir später im Fallbeispiel lesen werden. Die allermeisten Weltvorstellungen der Antike, wie sie auch in historischen Atlanten auftauchen, sind ohnehin Rekonstruktionen aus schriftlichen Zeugnissen.[7] Dazu gehört auch die Weltdarstellung, die bei Homer (8./7. Jh. v. Chr.) als Dekoration auf dem Schild des Achilleus beschrieben wird. Hier hören wir vom weltüberspannenden Himmel, von den Gestirnen, dem umfassenden Ozean und sogar einzelnen Städten.[8] In der Summe fehlen uns aber Dimensionen, Richtungen und konkretere Orientierungspunkte, um zu einer konsensfähigen Umzeichnung der „Wortkarte" zu gelangen. Selbst bei weniger poetisch beschreibenden Autoren wie dem unten angesprochenen Herodot wirkt das Resultat eher wie ein Schema, denn wie eine Weltkarte.

6 Zur Problematik von Begriff und Kriterien siehe Guckelsberger 2012.

7 Inwieweit kartographisches Wissen und seine Verbildlichung für die Bewohner der antiken Welt anzusetzen sind, erläutern Brodersen 2013; Rathmann 2013a.

8 Hom. Il. 18,483–608.

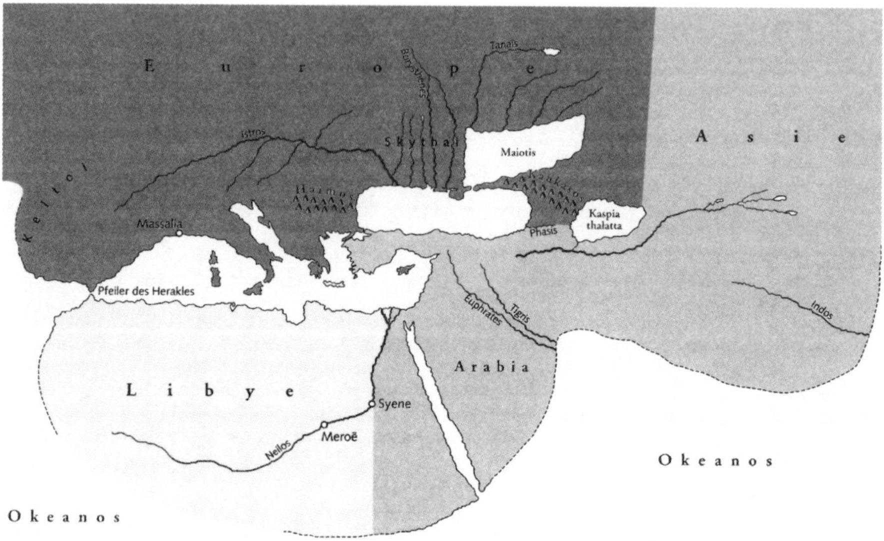

Abb. 39 Grafische Umsetzung von Herodots Weltbeschreibung im *Historischen Atlas der antiken Welt.*

Die gerne als Gegenbeispiel zitierte *Tabula Peutingeriana,* deren Original wohl ins 4. oder 5. Jh. n. Chr. datiert, ist dagegen streng genommen eher ein *Bilditinerar.* Unter einem *Itinerar* verstehen wir eine Liste von Orten/Wegmarken und den Streckenlängen dazwischen, womöglich ergänzt durch eine kurze Kontextualisierung.[9] Die *Tabula Peutingeriana* hat jedoch die Gestalt einer komplett illustrierten, kleinen Buchrolle mit knapp sieben Metern Länge und etwas über 30 Zentimetern Höhe. Der Umfang ist die ganze damals bekannte Welt, die für das besondere Format gewissermaßen in sich gefaltet und in die Länge gezogen werden muss. Meereszonen oder andere unbewohnte Gebiete werden als „leerer" Raum extrem verkleinert. Flüsse oder Gebirgszüge, an denen man sich bei der Reise gut orientieren konnte, erscheinen überproportional groß. Zugleich sind sie stark schematisiert in ihrem Verlauf, da das eigentlich Wichtige die außergewöhnlichen Punkte – Einmündungen anderer Flüsse, durchlaufene Seen oder kreuzende Brücken – sind. Es gibt keine einheitliche Himmelsrichtung; die ganze Darstellung wird dominiert von Orts- oder Gebäudebildchen und vor allem von Straßenverläufen. Letztere sind dabei ebenfalls sehr schematisch gezeichnet und regelrecht „zerhackt" in kleine Segmente mit Distanzangaben.[10]

9 Dass die schriftlichen Itinerare bei aller Komprimierung oft mehr als Nutzdaten im Sinne einer Marschtabelle darstellen, hat Salway 2007 herausgestellt.

10 Zum sonstigen Aufbau einführend Rathmann 2016 (zu ergänzen durch Rathmann 2013b).

Abb. 40 Ausschnitt aus Blatt 8 der *Tabula Peutingeriana;* oben Asowsches und Schwarzes Meer, mittig links hervorgehoben Konstantinopel, rechts daneben Bithynien und die Westküste Kleinasiens, unten Kreta und Ägypten mit horizontal verlaufendem Nil.

Diese Informationen sind völlig unzureichend, um etwa herauszufinden, ob die kommende Wegstrecke eher hügelig ist oder häufig kleine Kurven macht. Schon besser lassen sich Tagesetappen planen und einige markante Orientierungspunkte entlang der Route vergegenwärtigen. Als alltägliche Reisehilfe waren aber die Informationen zu grob und die *Tabula Peutingeriana* als Ganzes zu unhandlich. Wenig überraschend sind auf einem solchen *Bilditinerar* die Küstenverläufe nur stark vereinfacht eingezeichnet.[11] Das Gegenstück hierzu sind *Periploi,* nautische Orientierungshilfen. Da sich die antike Seefahrt vor allem im erweiterten Küstenbereich abspielte, war die Kenntnis von dessen Verlauf nötig. Ein *Periplous* kann in diesem Sinn – wie ein *Itinerar* zu Wasser – einfach eine Liste von schiffbaren Häfen mit Zwischenabständen, Gefahren auf dem Weg und wichtigen Orientierungspunkten sein. Graphische Umsetzungen wären auf dieser Basis möglich, sind uns aber nicht überliefert. Dafür haben wir Autoren wie Solinus, vermutlich im späten 3. Jh. n. Chr. schreibend, in dessen erzählerischem Durchgang durch die bekannte Welt das Grundprinzip der *Periploi* weiter große Bedeutung besitzt.[12]

In *chorographischer* Verwendung lassen sich ähnliche Prinzipien beobachten. Für die antiken Griechen und Römer war es wichtig zu wissen, wer einen Landstrich bewohnte, aber nicht, wie groß exakt dieses Gebiet war. Herodot widmete in seiner Weltgeschichte ein ganzes Buch der Schilderung von Ägypten, wobei die Sitten und Gebräuche eine wesentlich größere Rolle spielen als naturgeographische Informationen.[13] In seiner Schrift *De origine et situ Germanorum* („Über Ursprung und Wohnsitz der Germanen“) sammelte der römische Autor Tacitus an der Wende vom 1. zum 2. Jh. n. Chr. Informationen über die Menschen im Gebiet rechts des Rheins und oberhalb der Donau. Sein auch von anderen antiken Autoren genutztes Prinzip ist die *dynamische Chorographie:* Einzelne Bevölkerungen werden in ihrer Position zueinander und grob auch zu markanten Landpunkten eingeordnet, haben aber keine festen Grenzen oder einen immer gleichen Ort. Das Aithiopenland ist, überspitzt gesagt, dort wo gerade die Aithiopen vermutet werden. Wo die Chauken sich aufhalten, liegt das Chaukenland. Alle modernen Versuche, daraus Karten im Sinne wissenschaftlicher Geographie zu zeichnen, müssen mit großen Unschärfen rechnen. Für Herodot oder Tacitus war aber auch irrelevant, wie viele Quadratkilometer eine bestimmte Gruppe genau beherrschte. Umgekehrt hielten sie es offenbar für bedeutsam, wo diese sich im Verhältnis zu anderen Gruppen befand – und welche Verbände besonders zahlenstark waren. Andere *chorographische* Darstellungen arbeiten durch die Wahl des Ausschnitts oder der Bezeichnungen auf eine bestimmte Deutung hin. Iulius Caesar beschrieb in den Berichten über seine Gallienfeldzüge betont eine *chorographische* Einheit mit natürlichen Grenzen, kla-

11 Brodersen 2003, 187 zählt die *Tabula Peutingeriana* daher auch unter die „topologischen Diagramme“ und vergleicht sie mit modernen U-Bahn-Plänen. Zu Anhaltspunkten für mögliche Nutzergruppen siehe Fellmeth u. a. 2003–2007.

12 Zur Arbeitsweise und Vorlagen siehe Apps 2014; Hillard 2014.

13 Hdt. 2.

ren Binnenstrukturen und äußeren Feinden.[14] Dieses Gebilde könne, so die kaum verhüllte Botschaft dahinter, nur als Ganzes beherrscht werden, weswegen er die Gallienfeldzüge bis zum Ende führen müsse. Viele Bewohner des Gebiets wären vermutlich überrascht gewesen zu hören, dass sie in einem so einheitlichen Kulturraum namens Gallien lebten.[15]

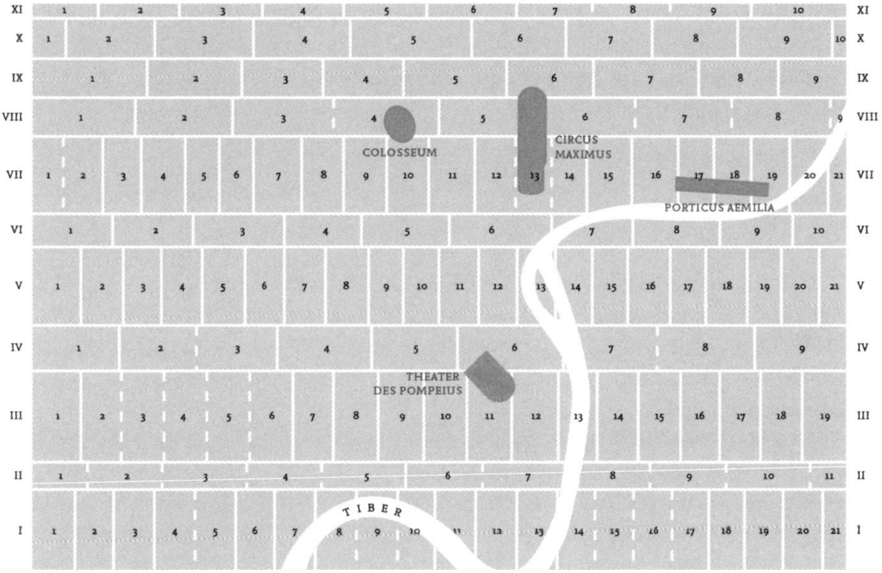

Abb. 41 Plan der Segmente der *Forma Urbis Romae.*

In der *topographischen* Erfassung zeigt sich, dass die Antike wesentlich näher an unser modernes Konzept von (wissenschaftlich korrekter) Raumdarstellung kommen konnte, falls sie es wollte. Für Rom haben wir so unterschiedliche Lösungen wie die *Forma Urbis Romae* oder die *Quaestiones Romanae.* Letztere sind eine Schrift des Autors Plutarch[16] (etwa 45–120 n. Chr.) oder besser: eine Art Frage- und Antwortspiel zu merkwürdigen Orten, Geschichten, Sitten und Gebräuchen der Stadt. Fast beiläufig führt Plutarch seine griechischsprachige Leserschaft dabei auf eine gedankliche Wanderung durch das antike Rom, das wie eine Serie von kleinen Erinnerungsorten erscheint. Man kann sich auf diesem Weg im antiken Rom

14 Wohl am bekanntesten in Caes. Gall 1,1–7. Bekker-Nielsen 2014, 143–144 arbeitet heraus, wie dabei entgegen der tatsächlichen Bevölkerungsgeographie des Landes eine idealtypische geographische „Ordentlichkeit“ zum Leitprinzip wird.

15 Siehe Kapitel 2 (Quellenkritik).

16 Siehe Kapitel 7 (Onomastik und Prosopographie).

zurechtfinden und viele *topographische* Informationen erhalten. Eine maßstäbliche Stadtkarte ließe sich alleine daraus allerdings nicht erstellen.

Einen Schritt hin zu einer solchen haben wir dagegen in Gestalt der *Forma Urbis Romae* vom Anfang des 3. Jh. n. Chr. mit beeindruckenden Dimensionen von rund 13 Metern Höhe und 18 Metern Breite. Die ursprünglich 150 Marmorplatten waren an einer Wand in der Aula des Friedenstempels *(Templum Pacis)* auf dem Vespasiansforum zusammenmontiert und zeigten die Anlage der Stadt bis hinunter zu einzelnen Hausgrundstücken. Wichtige Bauwerke waren zudem beschriftet und wie der Rest der Stadt auf den ersten Blick maßstäblich zueinander in südöstlicher Ausrichtung eingezeichnet.[17]

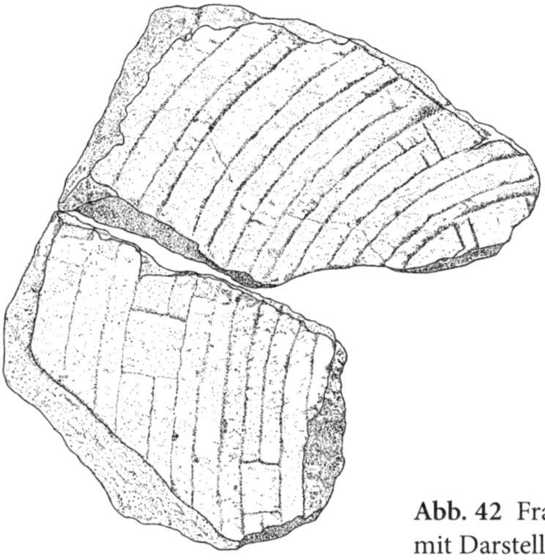

Abb. 42 Fragmente von Tafel VIII-4 (Stanford 13de) mit Darstellung des Colosseums.

Für die konkrete Orientierung vor Ort war das Resultat nur eingeschränkt geeignet. Man hätte beispielsweise den Verlauf des Tiber erkennen können und im Verhältnis dazu die Lage des Circus Maximus oder anderer Großbauten. Die Details waren jedoch selbst in der beeindruckenden Auflösung viel zu winzig, um sie von unten auf der riesigen Wandfläche erkennen zu können.

Eine Möglichkeit wäre, die *Forma Urbis Romae* als Grundlage für ein Kataster zu verstehen: Die einzelnen Marmorplatten als Kartensegmente ließen sich gut unterscheiden und durchzählen. Mit kleineren Auszugskopien wäre es möglich gewesen, ein bestimmtes Grundstück zu identifizieren, dessen Besitzverhältnisse eingetragen

17 Eine interaktive Gesamtrekonstruktion versucht das *Stanford Digital Forma Urbis Romae Project* (https://formaurbis.stanford.edu/, Zugriff: 16.10.2019), auf deren Rekonstruktion auch der hier gezeigte Gesamtplan beruht.

werden sollten. Die Forschung hat jedoch herausgearbeitet, dass der Maßstab und die Orientierung nach Südosten nicht konsequent durchgehalten sind. Fraglich bliebe zudem, wie die *Forma Urbis Romae* ohne Beschriftung der privaten Gebäude oder Vermerk der Grundstücksgrößen als Kataster hätte funktionieren sollen.[18] Alternativ ließe sich vermuten, dass der Plan repräsentativen Charakter hatte. Die Karte sollte in ihrer Größe und Fülle erschlagend wirken. Die beiden Funktionen müssen sich nicht zwangsläufig ausschließen, bleiben aber mangels Quellen über die historische Nutzung nur Spekulation.[19] Im Kleinen waren dagegen ganz andere Formen gefragt: So konnten Meilensteine mit wenigen topographischen Informationen – vor allem der Distanz zum nächsten Ort oder dem Erbauer der gerade genutzten Straße – als eine Art „Wissensspeicher auf Reisen“ fungieren.[20]

Für unsere Belange sind alle bislang genannten Zeugnisse in verschiedener Hinsicht wertvoll und sollten nicht nach dem Kriterium der besseren oder schlechteren geographischen Leistung gegeneinander ausgespielt werden. Im Prinzip müsste der Bereich der Quellen noch viel weiter ausgedehnt werden: Jede archäologische Grabung liefert uns topographische Informationen. Jeder Globus auf kaiserlichen Münzen bestätigt die damalige Kenntnis von der Kugelgestalt der Erde.[21] Es ist wichtig zu verstehen, dass selbst scheinbar unverdächtige Darstellungen und Auskünfte nicht ohne Intention erfolgen. Hilfsmittel wie historische Atlanten helfen sehr dabei, sich einen Überblick über die antike Welt zu verschaffen. Dabei sollte man allerdings nie vergessen zu fragen, wie die Quellenbasis und die genutzte Methode beschaffen sind. Über den Peloponnesischen Krieg zwischen Athen und Sparta im späten 5. Jh. v. Chr. wissen wir vor allem durch den zeitnah schreibenden Historiker Thukydides (etwa 454–396 v. Chr.) Bescheid. Seine Darstellungen sind sehr detailliert, aber alles andere als unparteiisch.

Wenn eine moderne Karte aus diesen Informationen eine Verlaufskarte des Krieges als Ganzes erstellt, übernimmt sie vorab die Idee des Thukydides, dass es sich bei den vielen einzelnen Konfrontationen um einen zusammenhängenden Konflikt gehandelt habe. Es ist legitim, auf einer solchen Karte die Einflusszonen von Athen, Sparta und ihren jeweils zugehörigen Bündnissystemen mit Kontrastfarben abzugrenzen. Damit entsteht aber die Gefahr von falschen Analogieschlüssen, da ansonsten moderne Flächenstaaten auf diese Weise gekennzeichnet werden. Weder der Attische Seebund noch der Peloponnesische Bund waren einheitliche Staatsgebilde wie das moderne Frankreich. Die Verwendung der Farbflächen ist nur eine Vereinfachung zur besseren Anschaulichkeit, und die vermeintlichen Grenzlinien sind Rekonstruktionsversuche auf Basis einer längst nicht überall genauen oder ver-

18 Brodersen 2003, 232–236.

19 Mit Tendenz zur zweiten Lösung ausführlich diskutiert bei Freyberger 2013; vgl. auch Rosada 2007.

20 Siehe Kapitel 5 (Epigraphik).

21 Zur Bandbreite der Quellen siehe Olshausen 1991, 11–111. Zur Rolle der Naturwissenschaften für die historische Geographie siehe Schenk 2011, v. a. 16–31.

lässlichen Quelle. Mit diesem kritischen Vorbehalt lässt sich eine Reihe von Hilfsmitteln empfehlen.

Seit bald anderthalb Jahrhunderten erscheint der *Putzger,* benannt nach Friedrich Wilhelm Putzger, der die ersten Auflagen verantwortete. Als *Historischer Weltatlas* war er über mehr als 100 Auflagen im Schulunterricht unersetzlich. Inzwischen existiert eine Erweiterung als *Atlas und Chronik zur Weltgeschichte,* die ebenfalls regelmäßig überarbeitet wird. Beide Versionen haben einen neuhistorischen Schwerpunkt und liefern für die Antike vor allem Karten zu klassischen Schulthemen wie den Eroberungen Alexanders des Großen (356–323 v. Chr.) oder den Punischen Kriegen (264–146 v. Chr.). Der *Weltatlas* versteckt seine wenigen über die Karten hinausgehenden Informationen im ausführlichen Ortsregister. Die Chronik bietet zusätzlich Themenseiten mit ereignis- oder strukturgeschichtlichen Darstellungen sowie Zeitstrahlen, Regentschaftslisten und ähnliches mehr. In den letzten Jahren ist zudem der Anteil der nicht-europäischen Antike gewachsen.

Der Neue Pauly ist mit dem Supplementband 3 um einen spezialisierten *Historischen Atlas der antiken Welt (DNP Suppl. 3)* erweitert worden. In der Regel ist jedem Thema eine Doppelseite gewidmet, bestehend aus einer ganzseitigen Farbkarte und einem ereignis- oder strukturgeschichtlichen Text. Letzterer kann auch kürzer ausfallen, sofern zusätzliche Karten auf der Seite untergebracht werden müssen. Anders als beim *Putzger* werden – wenn auch nicht regelmäßig – Quellenangaben und Literaturhinweise mitgeliefert. Zusätzliche Nachweise und chronologische Übersichten finden sich in den umfangreichen Kommentarergänzungen am Ende des Bandes. Der thematische Schwerpunkt liegt grundsätzlich auf der griechischen und römischen Geschichte. Der *Historische Atlas der antiken Welt* deckt aber die ganze Antike und ihre Nachwirkungen von den frühen Schriftkulturen bis zum Fall von Byzanz 1453 ab.

Zusätzlich existieren für viele Bereiche der antiken Welt spezialisierte Hilfsmittel. Stellvertretend sei hier der *Atlas of Roman Britain* von Barr Jones und David Mattingly genannt. Der eigentliche Kartenanteil nimmt nur gut die Hälfte des Werkumfangs ein. Der Rest besteht aus Artikeln zu Themen wie Handwerk, Landwirtschaft oder Provinzverwaltung. Dazu kommen Fotos von Grabungen oder Fundstücken, Zeitübersichten und eine ausführliche Bibliographie nach Themengebieten. Das Beispiel des *Atlas of Roman Britain* zeigt, dass sich der Weg durch alle Stufen der Hilfsmittel lohnen kann: Für eine erste Orientierung oder eine Karte für das Referat hilft ein allgemeiner historischer Atlas wie der *Putzger* weiter. Den tieferen Einstieg mit konkreten Quellenverweisen liefert eine epochenspezifische Publikation wie der *Historische Atlas der antiken Welt.* Für Spezialbereiche, wie sie etwa in einer Hausarbeit zu behandeln sind, lohnt der Gang an die regional- oder zeitspezifischen Einzelpublikationen.

Einführungsliteratur

A. Apps, Source Citation and Authority in Solinus, in: K. Brodersen (Hrsg.), Solinus. New Studies (Heidelberg 2014) 32–42.

P. Arnaud, Mapping the Edges of the Earth. Approaches and Cartographical Problems, in: A. V. Podossinov (Hrsg.), The Periphery of the Classical World in Ancient Geography and Cartography, Colloquia antiqua 12 (Leuven 2014) 31–57.

T. Bekker-Nielsen, Hard and Soft Space in the Ancient World, in: K. Geus – M. Thiering (Hrsg.), Features of Common Sense Geography. Implicit Knowledge Structures in Ancient Geographical Texts, Antike Kultur und Geschichte 16 (Münster 2014) 131–146.

S. Bianchetti, The "Invention" of Geography. Eratosthenes of Cyrene, in: S. Bianchetti – M. R. Cataudella – H.-J. Gehrke (Hrsg.), Brill's Companion to Ancient Geography. The Inhabited World in Greek and Roman Tradition, Brill's Companions in Classical Studies (Leiden 2016) 132–149.

S. Bianchetti, Frammenti di storici nella Geografia di Eratostene, in: U. Fellmeth – P. Guyot – H. Sonnabend (Hrsg.), Historische Geographie der Alten Welt. Grundlagen, Erträge, Perspektiven, Spudasmata 113 (Hildesheim 2007) 11–26.

K. Brodersen, Kartographie, in: D. Dueck, Geographie in der antiken Welt (Darmstadt 2013) 116–126.

K. Brodersen, Terra Cognita. Studien zur römischen Raumerfassung, Spudasmata 59 ^{2}(Hildesheim 2003).

D. Dueck, Geographie in der antiken Welt (Darmstadt 2013).

U. Fellmeth – F. Stini – M. Geisinger – A. Niedenhoff – T. Rus, Die *Tabula Peutingeriana.* Eine Karte für Händler und Transporteure?, in: Orbis Terrarum 9 (2003–2007) 17–40.

J. Ferguson, Utopias of the Classical World, Ithaca 1975.

K. S. Freyberger, Die Forma Urbis Romae. Funktion und Bedeutung, in: D. Boschung – T. Greub – J. Hammerstaedt (Hrsg.), Geographische Kenntnisse und ihre konkreten Ausformungen, Morphomata 5 (Paderborn 2013) 169–191.

K. Geus, Wie erstellt man eine Karte der Welt? Die Lösung des Ptolemaios und ihre Probleme, in: D. Boschung – T. Greub – J. Hammerstaedt (Hrsg.), Geographische Kenntnisse und ihre konkreten Ausformungen, Morphomata 5 (Paderborn 2013) 119–136.

K. Guckelsberger, What Distinguishes Scientific Geography from Common Sense Geography?, in: K. Geus – M. Thiering (Hrsg.), Common Sense Geography and Mental Modelling, Max-Planck-Institut für Wissenschaftsgeschichte Preprint 426 (Berlin 2012) 119–130.

T. Hillard, Prosopographia Shared by Pliny and Solinus. The Question of Solinus' Source(s), in: K. Brodersen (Hrsg.), Solinus. New Studies (Heidelberg 2014) 43–76.

B. Isaac, The Invention of Racism in Classical Antiquity (Princeton 2004).

A. Kleineberg – C. Marx – D. Lelgemann, Europa in der Geographie des Ptolemaios. Die Entschlüsselung des „Atlas der Oikumene" – Zwischen Orkney, Gibraltar und den Dinariden (Darmstadt 2012).

B. Noack, Aristarch von Samos. Untersuchungen zur Überlieferungsgeschichte der Schrift Περὶ μεγεθῶν καὶ ἀποστημάτων ἡλίου καὶ σελήνης, Serta Graeca 1 (Wiesbaden 1992).

E. Olshausen, Einführung in die Historische Geographie der Alten Welt, Die Altertumswissenschaft (Darmstadt 1991).

A. S. Podossinov, Oben und unten. Begriffe der Raumorientierung in antiken Texten, in: K. Geus – M. Rathmann (Hrsg.), Vermessung der Oikumene, Topoi 14 (Berlin 2013) 5–23.

M. Rathmann, The *Tabula Peutingeriana* and Antique Cartography, in: S. Bianchetti – M. R. Cataudella – H.-J. Gehrke (Hrsg.), Brill's Companion to Ancient Geography. The Inhabited World in Greek and Roman Tradition, Brill's Companions in Classical Studies (Leiden 2016) 337–362.

M. Rathmann, Kartographie in der Antike. Überlieferte Fakten, bekannte Fragen, neue Perspektiven, in: D. Boschung – T. Greub – J. Hammerstaedt (Hrsg.), Geographische Kenntnisse und ihre konkreten Ausformungen, Morphomata 5 (Paderborn 2013a) 11–49.

M. Rathmann, The Tabula Peutingeriana in the Mirror of Ancient Cartography. Aspects of a Reappraisal, in: K. Geus – M. Rathmann (Hrsg.), Vermessung der Oikumene, Topoi 14 (Berlin 2013b) 203–223.

D. W. Roller, Ancient Geography. The Discovery of the World in Classical Greece and Rome (London 2015).

J. S. Romm, The Edges of the Earth in Ancient Thought. Geography, Exploration, and Fiction (Princeton 1992).

G. Rosada, Forma Urbis Romae. Dallo sviluppo urbano alla sua immagine riprodotta. Genesi del controllo dello spazio, in: M. Rathmann (Hrsg.), Wahrnehmung und Erfassung geographischer Räume in der Antike (Mainz 2007) 143–158.

B. Salway, The Perception and Description of Space in Roman Itineraries, in: M. Rathmann (Hrsg.), Wahrnehmung und Erfassung geographischer Räume in der Antike (Mainz 2007) 181–209.

W. Schenk, Historische Geographie, Geowissen kompakt (Darmstadt 2011).

R. Schulz, Abenteurer der Ferne. Die großen Entdeckungsfahrten und das Weltwissen der Antike ²(Stuttgart 2016).

H. Sonnabend, Die Grenzen der Welt. Geographische Vorstellungen der Antike (Darmstadt 2007).

M. Thiering, Implicit Knowledge Structures as Mental Models in Common Sense Geography, in: K. Geus – M. Thiering (Hrsg.), Features of Common Sense Geography. Implicit Knowledge Structures in Ancient Geographical Texts, Antike Kultur und Geschichte 16 (Münster 2014) 265–317.

Quellenkritik: Oros. 1,2,1–8; 1,2,83–86

Paulus Orosius (etwa 380–418 n. Chr.) beginnt seinen welthistorischen Überblick mit einem geradezu modern wirkenden Argument: Der Gegenstand sei so komplex, dass man ohne Veranschaulichungshilfen rasch die Orientierung verlieren könne. Um den maximalen Lerneffekt zu erzielen, müsse er daher eine Geographie aus der Vogelperspektive vorschalten.[22] Die anschließenden Ausführungen muten wie eine Aufforderung zum Mitzeichnen an:[23]

22 Oros. 1,1,14–17.

23 Oros. 1,2,1–8; 1,2,83–86.

(1) Unsere Vorfahren haben den ganzen mit dem Streifen des Ozeans ringsumgebenen Erdkreis dreigeteilt. Sie nannten seine drei Teile Asien, Europa und Afrika, obschon einige glaubten, es seien nur zwei, nämlich Asien und dann das zu Europa zu rechnende Afrika. (2) Asien, an drei Seiten vom Ozean umringt, erstreckt sich über den ganzen Osten. (3) Es berührt nach Westen gewandt auf seiner rechten Seite das am Nordpol beginnende Europa, auf der Linken lässt es Afrika liegen. Vor Ägypten aber und Syrien befindet sich unser Meer [Mittelmeer], das wir allgemein das Große nennen. (4) Europa beginnt, wie ich gesagt habe, im Norden am Tanais [Don], dort, wo er in den vom Sarmatischen Ozean abgewandten Riphäischen Bergen entspringt. (5) Dieser nährt, an den im Gebiet der Rhobasker gelegenen Altären und dem Endpunkt Alexanders des Großen vorbeifließend, die Mäotischen Sümpfe [Asowsches Meer]. Diese ergießen sich in ungeheurer Menge neben der Stadt Theodosias breit in das Schwarze Meer hinein. (6) Von dort werden in die Nähe von Konstantinopel lange Wasserkanäle geführt, so lange, bis sie das Meer aufnimmt, das wir unser Meer nennen. (7) Europa hat in Spanien den westlichen Ozean als Grenze. Genau dort sieht man bei den Inseln von Gades [Cádiz] die Säulen des Herkules; dort ergießen sich die Fluten des Ozeans in den Zugang zum Tyrrhenischen Meer. (8) Afrika beginnt an den Grenzen Ägyptens und des Gebietes der Stadt Alexandria, im Stadtgebiet von Parethonium [Marsa Labeit], oberhalb des Großen Meeres, das alle in der Mitte gelegenen Landschaften und Länder umspült. (9) Von da erstreckt es sich über einen Landstrich, den die Bewohner Catabathmon [Akabah] nennen, nicht weit vom Lager Alexanders des Großen. Oberhalb des Chalearzussees, unweit am Gebiet der oberen Avasitae vorbei und über die Äthiopischen Wüsten hinweg reicht Afrika bis an den südlichen Ozean. (10) Die Westgrenze Afrikas ist identisch mit der Europas, nämlich die Meerenge von Gades. (11) Seine äußersten Grenzen jedoch sind das Atlasgebirge und die sogenannten Fortunataeinseln [Kanarische Inseln]. (12) Nachdem ich so in aller Kürze die allgemeine Unterteilung des dreigeteilten Erdkreises skizziert habe, werde ich, wie versprochen, versuchen, auch die Landschaften der Teile selbst zu umgrenzen. [...] (83) Als unsere Vorfahren, wie ich gesagt habe, feststellten, dass Afrika als dritter Teil des Erdkreises aufzufassen sei, richteten sie ihre Aufmerksamkeit nicht auf die Ausdehnung der Räume, sondern auf Gesichtspunkte der Teilung. (84) Das große, vom Westen aus dem Ozean entstehende Meer bildet, sich nach Süden wendend, zwischen sich und dem Ozean eine ziemlich enge Schneise für Afrika. (85) Da nun einige erkannten, dass Afrika zwar an Länge gleich, jedoch weit schmäler sei, glaubten sie, es sei unangemessen, es den dritten Erdteil zu nennen. Sie zogen es daher vor, indem sie Afrika zu Europa schlugen, es als Teil des zweiten Erdteils zu bezeichnen. (86) Außerdem ist in Afrika weit mehr Land durch Sonnenhitze als in Europa durch strengen Frost unbebaut und unbekannt. Schließlich sind fast alle Lebewesen und Pflanzen ausdauernder und widerstandsfähiger gegenüber einem Höchstmaß an Kälte als an Hitze. Die wahre Ursache dafür, dass Afrika in jeder Hinsicht nach seiner Lage und in Bezug auf seine Völker kleiner erscheint, besteht darin, dass es wegen seiner Natur weniger Raum und wegen der Schonungslosigkeit des Klimas mehr Wüste hat.

(1) maiores nostri orbem totius terrae, oceani limbo circumsaeptum, triquadrum statuere eiusque tres partes Asiam Europam et Africam uocauerunt, quamuis aliqui duas hoc est Asiam ac deinde Africam in Europam accipiendam putarint. (2) Asia tribus partibus oceano

circumcincta per totam transuersi plagam orientis extenditur. (3) haec occasum uersus a dextra sui sub axe septentrionis incipientem contingit Europam, a sinistra autem Africam dimittit, sub Aegypto uero et Syria mare nostrum quod Magnum generaliter dicimus habet. (4) Europa incipit ut dixi sub plaga septentrionis, a flumine Tanai, qua Riphaei montes Sarmatico auersi oceano Tanaim fluuium fundunt, (5) qui praeteriens aras ac terminos Alexandri Magni in Rhobascorum finibus sitos Maeotidas auget paludes, quarum inmensa exundatio iuxta Theodosiam urbem Euxinum Pontum late ingreditur. (6) inde iuxta Constantinopolim longae mittuntur angustiae, donec eas mare hoc quod dicimus Nostrum accipiat. (7) Europae in Hispania occidentalis oceanus termino est, maxime ubi apud Gades insulas Herculis columnae uisuntur et Tyrrheni maris faucibus oceani aestus inmittitur. (8) Africae principium est a finibus Aegypti urbisque Alexandriae, ubi Parethonio ciuitas sita est, super mare hoc Magnum, quod omnes plagas terrasque medias interluit. (9) unde per loca quae accolae Catabathmon uocant haud procul a castris Alexandri Magni et super lacum Chalearzum, deinde iuxta superiorum fines Auasitarum missa in transuersum per Aethiopica deserta meridianum contingit oceanum. (10) termini Africae ad occidentem idem sunt qui et Europae, id est fauces Gaditani freti. (11) ultimus autem finis eius est mons Athlans et insulae quas Fortunatas uocant. (12) et quia breuiter generales tripertiti orbis diuisiones dedi, ipsarum quoque partium regiones, sicut pollicitus sum, significare curabo. [...] (83) Africam ut dixi cum tertiam orbis partem maiores nostri accipiendam descripserint, non spatiorum mensuras sed diuisionum rationes secuti sunt. (84) mare hoc siquidem Magnum, quod ab occasu ex oceano oritur, in meridiem magis uergens angustiorem inter se et oceanum coartatae Africae limitem fecit. (85) unde etiam aliqui quamuis eam longitudine parem tamen multo angustiorem intellegentes, inuerecundum arbitrati tertiam uocare partem sed potius in Europam Africam deputantes, hoc est secundae portionem appellare maluerunt. (86) praeterea cum multo amplius terrae in Africa ardore solis quam in Europa rigore frigoris incultum atque incognitum sit – quippe cum omnia paene animantia uel germinantia patientius et tolerabilius ad summum frigoris quam ad summum caloris accedant – ea scilicet causa est, Africam per omnia situ et populis minorem uideri: quia et natura sui minus habeat spatii et caeli inclementia plus deserti.

Anfang des 5. Jh. n. Chr. war die Welt nicht nur für einen christlichen Autor und seine Leserschaft erklärungsbedürftig. Orosius stammte von der Iberischen Halbinsel, orientierte sich aber ganz selbstverständlich in seiner Weltgeschichte an Rom als Zentrum. Seine *Historiae adversum paganos* („Geschichtsdarstellungen wider die Heiden") erklären, warum mit der Christianisierung Roms ein besseres Zeitalter eingeläutet wurde – und wie sich verstehen lässt, warum dennoch Katastrophen wie die Eroberung der Stadt durch die Westgoten im Jahr 410 n. Chr. eintraten. Die ältere Forschung wollte in der Schrift ein regelrechtes Auftragswerk des Kirchenvaters Augustinus (354–430 n. Chr.) sehen. Sicher belegbar ist nur die Widmung unter Verweis auf eine undefinierte Aufforderung des Augustinus zum Schreiben der Wahrheit.[24]

24 Oros. 1, praef; siehe auch Diederich 2000.

Wenn wir Orosius bei seinem einleitenden Vogelflug über die Welt folgen, steht im Zentrum das Mittelmeer und damit das Gebiet des Römischen Reiches. Die Grenzen der geographischen Großeinheiten sind im Stile der *Tabula Peutingeriana*[25] sehr schematisch gedachte naturräumliche Besonderheiten. Auf chorographischer Ebene sind Landstriche in ihrer Beschaffenheit etwa als Wüsten-, Gebirgs-, Sumpfzonen oder durch die Zahl der bewohnenden Völkerschaften[26] unterschieden. Falls Letztere überhaupt benannt werden, nutzt Orosius die Prinzipien dynamischer Chorographie: das Land der Kolcher, das Land der Albaner, das Land der Massageten und so weiter.[27] Unsystematisch treten topographische Informationen dazu, etwa über besondere Quellen oder die Lage wichtiger Bauwerke.[28] Erst gegen Ende versucht sich Orosius an konkreten Distanz- und Flächenangaben, beschränkt sich dabei jedoch auf wichtige Inseln wie Britannien, Zypern, Kreta und Sizilien.[29] Kleinere oder weiter von Rom entfernte Eilande werden dagegen wieder nur namentlich erwähnt. Das inhaltliche Wandern durch die Landmassen und das anschließende Abarbeiten der Meereszonen[30] erinnert dabei an die Vorgehensweise von *Itineraria* und *Periploi.* Insgesamt fällt es schwer, das Weltbild bei Orosius in ein tatsächliches Bild zu überführen. Die Grundanlage ist die einer Weltscheibe mit umgebendem Ozean – ein Konzept, das wir bereits aus der homerischen Geographie kennen.[31] Gleichzeitig hat diese Scheibe einen Nordpol.[32] Die Himmelsrichtungen scheinen klar und der Aufbau des Umlaufs um die Welt legt für eine graphische Umsetzung eine Nordung nahe.[33] Schwierig gestalten sich aber der Maßstab und jegliche Art von Flächendarstellung. Wir erfahren, dass Afrika kleiner als Europa sein soll,[34] haben aber keine wirkliche Verhältnisangabe. Wir hören, wie groß die Insel Zypern ist und welche Meere sie umgeben,[35] erhalten aber keinen Hinweis, wie groß diese Meeresflächen sein sollen. Spanien ist eine dreieckige Halbinsel unbestimmten Umfangs, und Korinth liegt irgendwo nordöstlich in der Nähe von Athen.[36]

Als Anleitung zur Kartenerstellung wäre Orosius kaum zu gebrauchen. Aussagekräftiger ist er dafür, wie in der christlichen Spätantike mit einer vermeintlich rein physischen Weltbeschreibung ein wertendes Weltbild vermittelt werden konnte. Seine Darstellung imitiert nicht Homer, kommt jedoch aus anderen Gründen zu teilweise ähnlichen Resultaten, etwa in der Vorstellung einer vom Weltozean umflossenen

25 Siehe oben S. 176–178.

26 Landstriche: Oros. 1,2,9; 1,2,36–43; 1,2,48. Völkerschaften: Oros. 1,2,47; 1,2,49; 1,2,53.

27 Oros. 1,2,39–41.

28 Quellen: Oros. 1,2,29–33. Bauwerke: Oros. 1,2,71.

29 Oros. 1,2,77; 1,2,96; 1,2,100.

30 Oros. 1,2,51.

31 Hom. Il. 18,483–608.

32 Oros. 1,2,1–3.

33 Vgl. Kochanek 2004, 240–242.

34 Oros. 1,2,85.

35 Oros. 1,2,96.

36 Spanien: Oros. 1,2,69. Korinth: Oros. 1,2,58.

Erde.[37] Wie der Schild des Achilleus ist die Welt des Orosius in sich geschlossen. In augusteischer Zeit fand es ein Geograph wie Strabon von Amaseia (etwa 63 v. Chr.–24 n. Chr.) sinnvoll, an vergleichbarer Stelle seines Werks Meinungen über noch unentdeckte Gebiete wie über den Sinn oder Unsinn geographischer Grenzziehung zu versammeln.[38] Bei Orosius haben solche Unsicherheiten keinen Platz. Seine Erdteilung in drei Kontinente ist ebenso simpel wie das Vorgehen im Uhrzeigersinn – ein perfektes Rund, das nicht hinterfragt werden muss oder kann.[39] Ebenfalls spürbar ist die Orientierung an Konzepten wie Kulturkreisen und Klimazonen, beispielsweise in der Schilderung von Afrika, das zudem wegen seiner nicht nutzbaren Wüstengebiete in der Beschreibung regelrecht „eingeschrumpft“ wird.[40] Orosius kommt es nicht auf eine möglichst gleichmäßige Erfassung der Erdoberfläche und ihrer Beschaffenheit an. Im Fokus stehen eindeutig der Mensch und seine Siedlungsgebiete, insbesondere Europa und der Mittelmeerraum, an denen alle anderen Länder gemessen werden.[41] Veränderungen durch natürliche Prinzipien – Verlandung, vulkanische Aktivität oder ähnliches – denkt er nicht einmal an. Die Welt ist durch die Jahrtausende so, wie Gott sie geschaffen hat. Weltgeschichte ist die Beschreibung göttlichen Wirkens auf menschliches Tun. Alles andere, was aus Sicht wissenschaftlicher Geographie zur Welt gehört, ist in diesem Sinne nur (bei Bedarf auch verzichtbares) Beiwerk.

Orosius kann an vielen Stellen durchaus konkretere Angaben machen und beispielsweise die Ausdehnung Korsikas mit 160 Meilen Länge und 26 Meilen Breite beschreiben.[42] Für die Erdteile hat er keine derart genauen Messdaten, versucht sich allerdings nicht einmal an Berechnungen oder Schätzungen, wie sie frühere Geographen geliefert haben. In der gesamtweltlichen Dimension sind seine Angaben auch deswegen so vage, weil die Details für die zentrale Botschaft des Werks keine Bedeutung besitzen: Die Weltgeschichte und Gottes Wirken funktionieren überall gleich. Mit dem Ende des Vogelflugs ist also die Szenerie bereitet, und der Vorhang der Geschichtsbühne hebt sich:[43]

> „Ich habe so kurz, wie ich vermochte, die Provinzen und Inseln des gesamten Erdkreises aufgeführt. Soweit ich dazu imstande bin, werde ich jetzt das Elend der einzelnen Völker vortragen, so wie es von Anfang an unaufhörlich vorhanden war, und auch sagen, auf welche Art beziehungsweise durch wen es entstanden ist.“

---

37 Siehe oben S. 175.

38 Strab. 1,4,1–8, v. a. mit Rückgriff auf Eratosthenes. Zu dessen *Geographika* siehe Geus 2002, 261–288; zu Strabons Umsetzung und Quellen Dueck 2000, 53–62; weiterführend zum Gesamtkonzept Engels 1999.

39 Zur Rolle geographischer Informationen und Konzepte bei Orosius weiterführend Janvier 1982; zum spätantiken Kontext Johnson 2016.

40 Oros. 1,2,86.

41 Oros. 1,2,85–86.

42 Oros. 1,2,103.

43 Oros. 1,2,106–107: „Percensui breuiter ut potui prouincias et insulas orbis uniuersi. Nunc locales gentium singularum miserias, sicut ab initio incessabiliter exstiterunt et qualiter quibusque exortae sunt, in quantum suffecero proferam.“

Die Abgeschlossenheit des Erdkreises mit einem christlichen Zentralpunkt ist für Orosius' Ansatz von Vorteil, selbst wenn naturwissenschaftlich gesehen das Globuskonzept überlegen wäre. Dies muss nicht heißen, dass Orosius der Stand antiker Geographie unbekannt war. Seine Kombination verschiedener Ansätze spricht eher dafür, von einer absichtsvollen Positionierung in – und teilweise auch gegen – diese Tradition auszugehen. Der Nordpol der Scheibe dürfte wohl eine der Inkonsistenzen sein, die ihm dabei gelegentlich unterlaufen.

Jede geographische Konvention ist ein mögliches Statement. Unser heutiger Nullmeridian durch die Londoner Sternwarte Greenwich ist aus geographischer Sicht sinnvoll, weil die Gradzählung irgendwo anfangen muss und sich diese Option seit Langem in der Wissenschaft etabliert hat. Gleichzeitig ist der Greenwich-Meridian allerdings auch Resultat und Beleg eines europazentrierten Weltbilds. Orosius kennt nun keine Nulllinie einer Kugel, aber das Zentrum einer Scheibe. Rom als Dreh- und Angelpunkt einer Weltbeschreibung anzusetzen, ist im 5. Jh. n. Chr. eine fast schon trotzige Botschaft. Weder das Eindringen der Westgoten in die Stadt zu Orosius' eigenen Lebzeiten noch der offenkundige Bedeutungsverlust gegenüber Konstantinopel, das geradezu als „Randsiedlung" eingeordnet wird, haben Roms Stellung als Zentrum der Welt aufgehoben.[44]

Quellen- und Literaturverzeichnis

Paulus Orosius, Historiarum adversum paganos libri VII, hrsg. u. komm. v. K. Zangemeister, CSEL 5 (Wien 1882).

Paulus Orosius, Die antike Weltgeschichte in christlicher Sicht. Bd. 1: Buch I – IV, übers. u. erl. v. A. Lippold, Bibliothek der Alten Welt. Reihe Antike und Christentum (Zürich 1985).

S. Diederich, Geographie in frühchristlicher Zeit, in: W. Hübner (Hrsg.), Geschichte der Mathematik und der Naturwissenschaften in der Antike. Bd. 2: Geographie und verwandte Wissenschaften (Stuttgart 2000) 227–239.

D. Dueck, Strabo of Amasia. A Greek Man of Letters in Augustan Rome (London 2000).

J. Engels, Augusteische Oikumenegeographie und Universalhistorie im Werk Strabons von Amaseia, Geographica Historica 12 (Stuttgart 1999).

K. Geus, Eratosthenes von Kyrene. Studien zur hellenistischen Kultur- und Wissenschaftsgeschichte, Münchener Beiträge zur Papyrusforschung und antiken Rechtsgeschichte 92 (München 2002).

H.-W. Goetz, Die Geschichtstheologie des Orosius, Impulse der Forschung 32 (Darmstadt 1980).

Y. Janvier, La Géographie d'Orose, Collection d'études anciennes (Paris 1982).

S. F. Johnson, Literary Territories. Cartographical Thinking in Late Antiquity (Oxford 2016).

P. Kochanek, Die Vorstellung vom Norden und der Eurozentrismus. Eine Auswertung der patristischen und mittelalterlichen Literatur, Veröffentlichungen des Instituts für europäische Geschichte Mainz 205 (Mainz 2004).

44 Oros. 1,2,6; 1,2,56; vgl. auch Goetz 1980, 125–135.

10. Paläographie

Die Paläographie (παλαιός: alt, γράφειν: schreiben) ist die Lehre von den Formen und der Entwicklung der Schrift. Ihre Hauptaufgaben sind die Entzifferung und die möglichst genaue Einordnung von Schriftzeugnissen. Dabei werden die Entstehungszeit, der Entstehungsort und wenn möglich der oder die Schreiber bestimmt.[1] Hinweise auf die Datierung können sowohl die äußere Form des Dokuments – die Schriftart und der Beschreibstoff – als auch die Sprache – über zeittypische Wortwahl und die Grammatik – geben. Auf der Inhaltsebene können genannte Daten,[2] Orte, Ereignisse oder Personen bei der chronologischen und regionalen Bestimmung helfen. Die Vielzahl der handschriftlichen Quellen kann in zwei Gruppen gegliedert werden: literarische und dokumentarische Zeugnisse. Gerade die dokumentarischen Texte geben über Bereiche des öffentlichen und privaten Lebens wie Verwaltung, Militär, Religion, Alltag oder Familienstrukturen Auskunft.

Für die Alte Geschichte ist die Paläographie in doppelter Hinsicht nutzbringend. Zum einen müssen die zahlreichen handschriftlichen Quellen aus der Antike sowie die nur aus späteren Abschriften überlieferten Zeugnisse gelesen und eingruppiert werden. Zum anderen war und ist die Schrift nicht nur ein Mittel zum Zweck der Überlieferung. Sie kann auch selbst als Quelle untersucht werden, denn Schriftformen geben Auskunft über die Kultur- und Geistesgeschichte ihrer Zeit. Sprache und Schrift waren in der Antike ständigen Veränderungen unterworfen. So gab es keine einheitliche Grammatik und gerade in den Grenzzonen von Sprachräumen kam es immer wieder zu Austauschprozessen. Außerdem beachtenswert ist, dass jede Handschrift individuell ist. Professionelle Schreiber folgten zwar einem erlernten Schreibschema, trotzdem können einzelne Schreiberhände identifiziert werden.

Wie viele Menschen in der Antike tatsächlich lesen und schreiben konnten, ist nicht endgültig geklärt. Es lässt sich jedoch festhalten, dass der Grad der Bildung mit dem sozialen Status und dem Vermögen der Familie zusammenhing. Zunächst lernten die Jungen und Mädchen nach dem Prinzip „Learning by Doing“ in ihren Familien.[3] Ab dem siebten Lebensjahr wurden die Knaben für den Elementarunter-

1 von Brandt 2007, 65.
2 Siehe Kapitel 8 (Chronologie).
3 Plat. Prot. 325c–d.

richt zu Lehrern geschickt, die sich im öffentlichen Raum zum Beispiel in Säulenhallen oder unter freiem Himmel aufhielten.[4] Die Familien mussten sowohl für den Lohn des Lehrers als auch für die Schreibmaterialien aufkommen.[5] Zuerst malten die Schüler die Buchstaben und einzelne Silben ab, bevor sie das Lesen erlernten. Da viele lediglich den Elementarunterricht absolvierten, dürfte sich ihre Schreibfähigkeit auf den eigenen Namen, einzelne Worte oder memorierte Floskeln beschränkt haben. Dem Elementarunterricht folgte der Grammatikunterricht. Grundlage dafür bildete die Dichtung, die auswendig gelernt und verinnerlicht werden sollte.[6] Von dieser Form der Schulbildung waren Mädchen, Frauen und Sklaven ausgeschlossen. Innerhalb der familiären Strukturen konnte ihnen aber durchaus eine Elementarbildung zuteilwerden. So rät Xenophon in seinem Lehrdialog Οἰκονομικός („Über die Hauswirtschaft") dazu, dass für Ehefrauen, die einen Haushalt führen, und für Sklaven, die im Haushalt unterstützend wirken sollen, eine Grundbildung im Lesen und Schreiben hilfreich sei.[7]

Das antike Schreibwesen

Als Beschreibstoff konnte theoretisch alles verwendet werden.[8] Sehr verbreitetet im antiken Mittelmeerraum war Papyrus. Die Papyri Ägyptens und Vorderasiens aus der Zeit zwischen der Eroberung Ägyptens durch Alexander den Großen (332 v. Chr.) und der arabischen Eroberung (641 n. Chr.) werden von der Papyrologie untersucht.[9] Ebenfalls in diesen Forschungsbereich gehören die mit Tinte beschriebenen *Ostraka* (Tonscherben) und die *Tabulae* (Holz- oder Metalltafeln) aus Ägypten. Bei der Herstellung von Papyri wurden zunächst mehrere Markstreifen der Papyruspflanze überlappend aneinandergeklebt; anschließend verband man zwei so entstandene Schichten kreuzweise, sodass ein annähernd quadratisches *Folium* (Einzelblatt) entstand.[10] Dieses wurde waagerecht in *Kolumnen* (Spalten) beschrieben. Die Vorderseite *(recto)*, bei der die Markstreifen horizontal verlaufen, war beim Schreiben bevorzugt. Die Rückseite *(verso)* mit den vertikalen Streifen diente für Ergänzungen und Notizen. Für die *Volumina* (Buchrollen) wurden mehrere *Folia* zusammengeleimt, wobei das erste Blatt als *Protokoll*, das letzte als *Eschatokoll* bezeichnet wird. Beide blieben, weil sie unter dem Aufrollvorgang besonders litten, oft bis auf einen Titelvermerk leer. Die Buchrolle war in der Antike die beliebteste Form für literarische und andere längere Texte.

4 Spätestens seit dem 5. Jh. v. Chr. haben wir Belege für einen Lese- und Schreibunterricht im antiken Griechenland (Hdt. 6,27). In diese Zeit fallen auch zahlreiche Vasendarstellungen mit Lernszenen.
5 Zu Löhnen und Kosten für Schreibmaterialien siehe Diokletians Preisedikt 7,38–40; 7,66–69 (Lauffer 1971).
6 Plat. Prot. 325e–326c. Siehe Kapitel 4.1 (Poesie).
7 Xen. oik. 7–8 (Ehefrau); 12–14 (Sklaven).
8 Harrauer 2010, 18–48; Foerster - Frenz 2004, 20–49.
9 Siehe zur Papyrologie Bagnall 2009; Rupprecht 1994.
10 Zur Herstellung von Papyrus siehe Plin. nat. 13,71–88.

Abb. 43 Neumagener Schulrelief (Rheinisches Landesmuseum Trier, 2. Jh. n. Chr.). Dargestellt sind ein Lehrer und drei Schüler, die in Buchrollen lesen oder eine Wachstafel in der Hand halten (rechts).

Neben die *Volumina* treten ab dem 2. Jh. n. Chr. *Codices* (Buchblöcke aus gehefteten Einzel- oder Doppelblättern), die anfänglich ebenfalls aus Papyrus waren. Seit dem 4./5. Jh. n. Chr. setzte sich das Pergament (schreibfähig gemachte Tierhaut) als Beschreibstoff für literarisch-religiöse Texte durch. Ab dem 7./8. Jh. n. Chr. war es in allen Bereichen zum bevorzugten Schreibstoff avanciert. Leder wurde aber schon seit der griechischen Antike genutzt, weil es überall verfügbar und relativ langlebig war.[11] Da Papyrus und Pergament kostspielige Beschreibstoffe waren, wurden benutzte *Folia* oder *Volumina* durch Abwaschen oder Abschaben gereinigt und dann abermals beschrieben. Ein solches mehrfach beschriftetes Stück wird als *Palimpsest* bezeichnet. Durch moderne Technik ist es heute möglich, auch die entfernten Texte weitgehend lesbar zu machen.

Ein weiterer leicht verfügbarer Beschreibstoff war Stein oder Verputz.[12] Aus der Antike sind beispielsweise zahlreiche geritzte *Graffiti* und gemalte *Dipinti* an Hauswänden überliefert, die Einblicke in die Sozial-, Politik- oder Wirtschaftsgeschichte erlauben.

Ebenfalls in größerer Zahl verwendet wurden *Tabulae*, deren Beschreibschicht meist mit weißer Farbe vorgestrichen war oder aus einer Wachsschicht bestand. Für Holztafeln sind Briefe und Anweisungen wie die *Vindolanda Tablets* Beispiele. Wachstafeln wurden vor allem in der römischen Verwaltung, im Wirtschaftswesen oder im Privaten eingesetzt, da sie leicht transportierbar und viele Male wiederverwendbar waren. Bei den Metalltafeln bilden die *Defixiones* (Fluchtafeln) eine große Quellengruppe. Fluchtafeln sind mit Inschriften versehene Bleitäfelchen, mit denen Fluchende die Unterstützung von übernatürlichen Wesen erreichen wollten, um anderen zu schaden beziehungsweise sich selbst Gerechtigkeit oder wenigstens einen Vorteil zu verschaffen.

11 Hdt. 5,58,3.

12 Die Quellen der Epigraphik und der Paläographie unterscheiden sich durch ihre Herstellungstechnik: Inschriften sind handwerklich hergestellte Schriftzeugnisse, während Handschriften mithilfe von Schreibwerkzeug und/oder Farbe erzeugt werden.

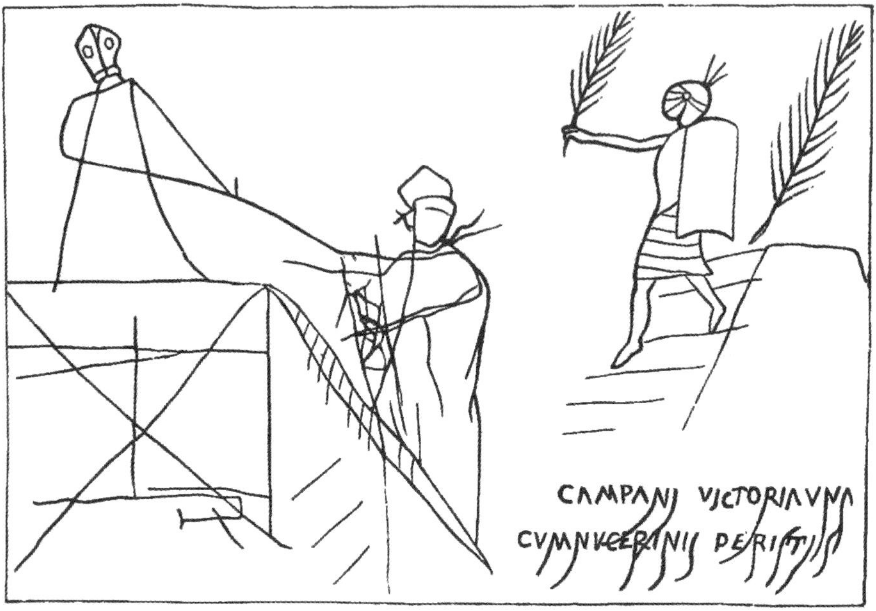

Abb. 44 *Graffito* an einem Privathaus in Pompeji (CIL IV, 1293, 59 n. Chr.), das auf blutige Ausschreitungen zwischen den Zuschauern aus den Städten Nuceria und Pompeji bei Gladiatorenspielen Bezug nahm, Inschrift: „Campani, victoria una cum Nucerinis peri[i]stis“ (Campanier, im Sieg seid ihr gemeinsam mit den Nucerianern untergegangen).

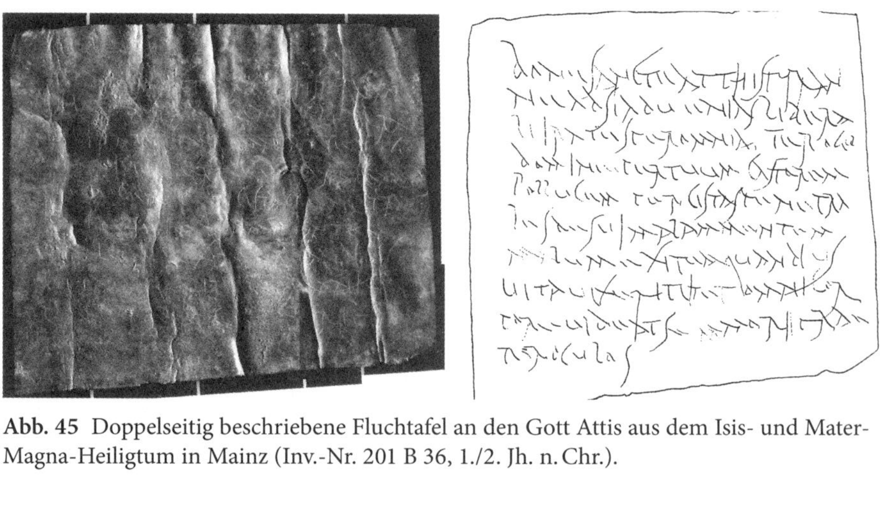

Abb. 45 Doppelseitig beschriebene Fluchtafel an den Gott Attis aus dem Isis- und Mater-Magna-Heiligtum in Mainz (Inv.-Nr. 201 B 36, 1./2. Jh. n. Chr.).

Als Schreibwerkzeuge wurde wiederum alles zur Verfügung Stehende verwendet. Unterschieden werden kann zwischen Geräten, mit denen geschrieben, gemalt oder eingeritzt wurde. Das Schreiben geschah häufig mit einem *Kalamos/Calamus* (Schreibrohr) aus Schilfrohr, das an einem Ende angespitzt und gespalten wurde, um Tinte aufsaugen zu können. Seltener haben sich auch hochwertige Schreibrohre aus Metall erhalten. Daneben wurde mit Binsen, den getrockneten und an einem Ende abgeschrägten Halmen einer Gräserart, geschrieben und mit Pinseln aus Gräsern gemalt. In der Antike noch wenig verbreitet waren Schreibfedern. Zum Schreiben und Malen diente vor allem schwarze Ruß-Tinte.[13] Ab dem 2. Jh. n. Chr. verbreitete sich zudem braune Tinte aus Sepia. Mit roter Tinte wurden Hervorhebungen und Korrekturen vorgenommen. Beim Einritzen zum Beispiel von Metall- und Wachstafeln half ein *Stylus/Stilus* (Griffel) aus Holz, Knochen oder Metall, dessen Rückseite zum Glätten des Wachses für eine Wiederverwendung geformt sein konnte.

Schriftgeschichte der Antike

In der Paläographie werden *Majuskel-* und *Minuskelschriften* voneinander geschieden. Die Erstgenannte besteht aus Großbuchstaben, die gleich hoch und genau zwischen zwei gedachte Linien eingepasst sind (Zweilinienschema). Beim Schreiben wird jeder Buchstabe einzeln ausgeführt. Dagegen erlaubt die *Minuskelschrift* ein schnelleres Schreiben, denn sie wird von Kleinbuchstaben dominiert, die miteinander verbunden sind. Wegen der so entstehenden Ober- und Unterlängen fügen sich die Buchstaben in ein Vierlinienschema ein. Beide Schrifttypen sind als *Scriptura continua* zu bezeichnen: Es wird vorwiegend ohne Zwischenräume zwischen den Worten oder Abschnitten und ohne Interpunktion geschrieben.

Je nach Verwendungszweck werden vier Schriftformen unterschieden: die Schulschrift, die *Kalligraphie* (Schön- oder Buchschrift), die *Kursive* (Geschäftsschrift) und die Kanzleischrift.[14] Die Schulschrift ist die im Elementarunterricht erlernte Erstschrift. Sie zeichnet sich durch gerade Linienführung und die jeweils isoliert stehenden Buchstaben aus. Eine Variante davon ist die persönliche Handschrift derjenigen, die keine Berufsschreiber waren, aber regelmäßig schrieben. Sie findet sich vor allem in privaten Briefen und in Unterschriften.

Die Buchschrift ist Ergebnis einer Übertragung der epigraphischen Monumentalschrift auf andere Beschreibstoffe. Sie ist die vollendete Form der Schulschrift, die von den Tendenzen der zeitgenössischen Kunst beeinflusst wird. Diese zunächst im religiösen und literarischen Bereich verwendete Schreibart war auf Gleichmäßigkeit und Lesbarkeit ausgelegt. Jedem Buchstaben war eine kalligraphische Form zugeordnet und eine Anbindung der Buchstaben fand nicht statt. Weil die Buch-

---

13 Harrauer 2010, 48–50; Foerster – Frenz 2004, 62–64.

14 Harrauer 2010, 6–8.

schrift auf die festgelegte Gestalt und deren Bewahrung Wert legte, war sie weniger stark Wandel unterworfen und ist daher nur schwer zu datieren.

Ihr Gegenstück, die *Kursive,* entwickelte sich, als das Schreiben im öffentlichen und privaten Alltag weiter verbreitet war. Diese Minuskelschrift war rasch und flüchtig: Die einzelnen Buchstaben wurden miteinander verbunden, ohne dass es dafür einheitliche Regeln gab. Beim Schreiben überwog der Wunsch nach Schnelligkeit und Effizienz, sodass zahlreiche *Ligaturen* (verbunden geschriebene Buchstaben wie Æ) und *Abbreviaturen*[15] (Abkürzungen) genutzt wurden. Durch ihren häufigen Gebrauch im Alltag und in den dokumentarischen Texten, die zum Teil mit einem Datum versehen sind, war die *Kursive* den meisten Wandlungen unterworfen und ist damit am ehesten für eine Datierung geeignet. Verwandt mit der *Kursive* ist die Kanzleischrift, die von der Obrigkeit wie dem Kaiserhof gepflegt wurde. Dokumente in dieser Schrift wurden in das gesamte Herrschaftsgebiet geschickt, weshalb die Schrift eindeutig und gut lesbar sein musste.

Die griechische Paläographie setzt mit den ältesten erhaltenen handschriftlichen Zeugnissen – den Papyri – im 4. Jh. v. Chr. ein und untersucht den Zeitraum bis zum 8. Jh. n. Chr. Vorher hat es bereits handschriftliche Erzeugnisse gegeben, die heute leider verloren sind. So werden in den Quellen immer wieder Archive mit Abschriften von öffentlichen Beschlüssen erwähnt.[16] Das griechische Alphabet entwickelte sich etwa im 9./8. Jh. v. Chr. aus der phönikischen Schrift.[17] Als älteste Belege für die Verwendung von griechischen Buchstaben gelten die Dipylon-Kanne aus Athen und der Nestor-Becher aus Pithekussai.[18]

Da sich die griechische Paläographie besonders mit den Papyri beschäftigt, bildet auch die ägyptische Geschichte ihren Rahmen. Es werden drei Zeitstufen unterschieden: die Zeit der Ptolemäer, die Zeit der römischen Herrschaft und die Zeit des Byzantinischen Reichs.[19]

Die Schrift der Ptolemäerzeit ist noch der epigraphischen Tradition verpflichtet: Die Buchstaben sind gleichmäßig geformt und haben harte Kanten. Erst langsam bildet sich die rundere Schreibschrift heraus, wie beispielsweise die Buchstaben Ε–ε und Ω–ω zeigen. Jeder Buchstabe steht allein und nur selten finden sich Anbindungen zwischen den Zeichen. Die griechische Schrift der römischen Kaiserzeit ist kleiner und enger als ihre Vorgängerin. Die Zeilen werden nicht mehr strikt eingehalten und die Richtung der Schrift ist weniger eindeutig. Zudem kommt es häufiger zu Verschleifungen. Als solche werden Wellenlinien bezeichnet, die beim Schnellschreiben entstehen und die erst durch den Kontext als Abfolge von Buchstaben erkennbar sind. Die Schrift der byzantinischen Zeit ist noch freier und ungebundener. So wird ein Linienschema

15 Siehe Kapitel 6 (Numismatik). Zu Ziffern siehe Harrauer 2010, 67–69; Foerster – Frenz 2004, 313–320.

16 Siehe z. B. Lykurg. 117–118.

17 Zunächst bildeten sich lokale Alphabete aus und erst im 5. Jh. v. Chr. wurde das ionische oder milesische Alphabet zum Standard.

18 IG I² 919 (Dipylon-Kanne); SEG 14–604 (Nestorbecher).

19 Schubart 1966, 21.

kaum noch eingehalten. Außerdem werden Schlussbuchstaben zunehmend großgeschrieben, um die Wortenden kenntlich zu machen. In dieser Zeit kommt es darüber hinaus zu einer Vermischung von griechischem und lateinischem Alphabet.

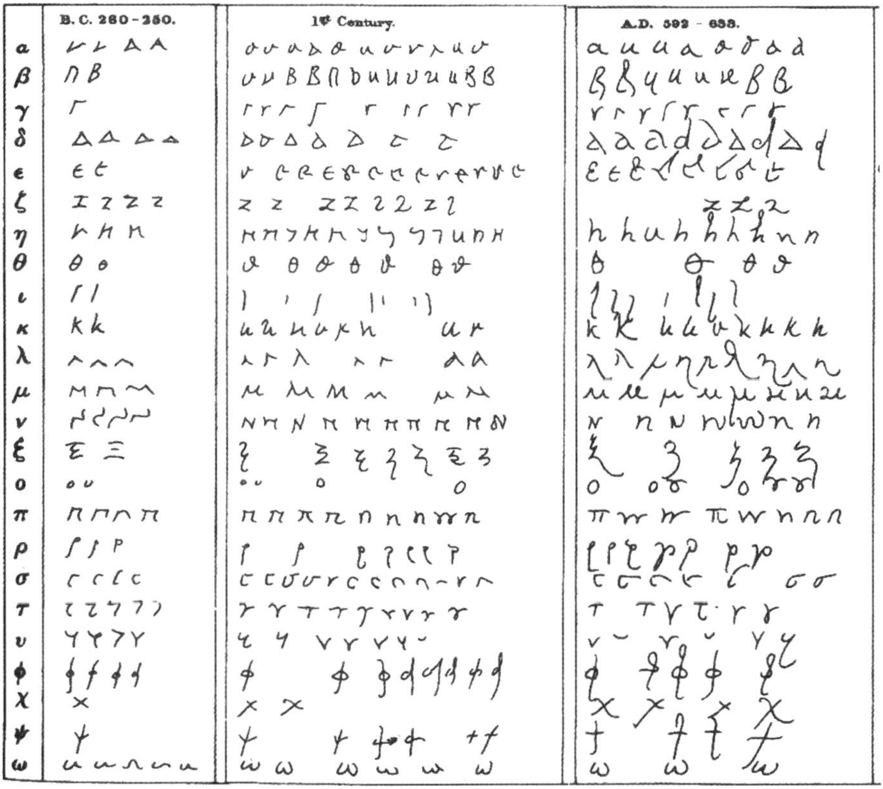

Abb. 46 Entwicklung der griechischen Kursivschrift (3. Jh. v. Chr.–7. Jh. n. Chr.).

Die lateinische Paläographie untersucht den Zeitraum zwischen dem 6./5. Jh. v. Chr. und der Frühen Neuzeit. Das römische Alphabet resultierte aus einer an die Bedürfnisse der lateinischen Sprache angepassten Weiterentwicklung des griechischen und etruskischen Alphabets. Der älteste Beleg ist der in Rom gefundene *Lapis Niger* oder *Forum-Cippus*.[20]

Abhängig vom Kontext werden die Monumentalschriften *Scriptura capitalis monumentalis* und *capitalis quadrata*,[21] die Buchschrift *Scriptura capitalis rustica* sowie die Gebrauchsschrift der *römischen Kursive* unterschieden.

20 CIL VI, 36840.

21 Siehe Kapitel 5 (Epigraphik).

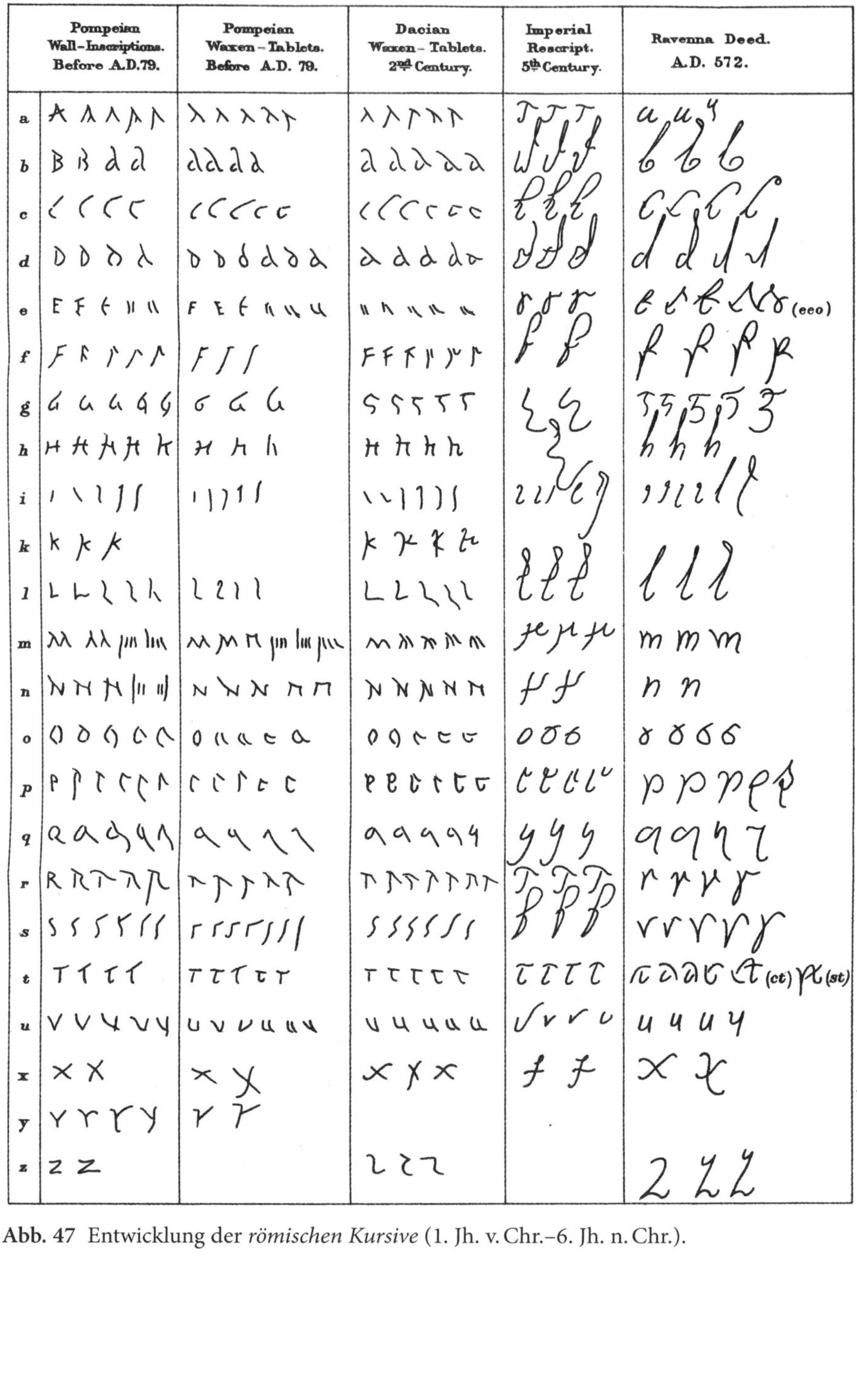

Abb. 47 Entwicklung der *römischen Kursive* (1. Jh. v. Chr.–6. Jh. n. Chr.).

Die *capitalis rustica* wurde vor allem für literarische Texte, Briefe und Urkunden verwendet. Sie ist nicht mehr dem Quadratschema verpflichtet, bei dem gleichgroße Quadrate die Größe der einzelnen Buchstaben bestimmen. Ihre Buchstaben sind schlanker und deutlich höher als breit. Im Gegensatz zu den griechischen Buchschriften wird der erste Buchstabe auf dem Blatt *(Initiale)* vermehrt größer geschrieben als die folgenden. Die *römische Kursive* war die Gebrauchsschrift im öffentlichen und privaten Bereich. Sie ist flüchtig notiert und die Buchstaben sind von unterschiedlicher Größe. *Ligaturen* am Zeilen- und Wortende sowie Verschleifungen sind verbreitet. Weiterhin üblich sind die zahlreichen Abkürzungen, die aus der Epigraphik und Numismatik bekannt sind. Die *Ältere römische Kursive* ist eine Majuskelschrift, die bis ins 3. Jh. v. Chr. als Gebrauchsschrift im Alltag vorherrschend war. Danach wurde sie weiterhin als kaiserliche Kanzleischrift verwendet. Dagegen setzte sich die *Jüngere römische Kursive* außerhalb des verwaltungstechnischen und militärischen Milieus durch. Daher ist die Minuskelschrift in Bezug auf die Buchstabenformen und das Schriftbild flexibel, sodass innerhalb eines Dokuments Ober- und Unterlängen unterschiedlich ausfallen konnten. Die *Jüngere römische Kursive* war Vorbild für die Alltagsschriften des Mittelalters.

Einführungsliteratur

R. S. Bagnall, The Oxford Handbook of Papyrology, Oxford Handbooks in Classics and Ancient History Series (Oxford 2009).

A. von Brandt, Werkzeug des Historikers. Eine Einführung in die Historischen Hilfswissenschaften, Kohlhammer-Taschenbücher 33 [17](Stuttgart 2007).

B. Bischoff, Paläographie des römischen Altertums und des abendländischen Mittelalters, Grundlagen der Germanistik 24 [4](Berlin 2009).

J. Christes – R. Klein – C. Lüth (Hrsg.), Handbuch der Erziehung und Bildung in der Antike (Darmstadt 2006).

H. Foerster – T. Frenz, Abriß der lateinischen Paläographie, Bibliothek des Buchwesens 15 [3](Stuttgart 2004).

H. Harrauer, Handbuch der griechischen Paläographie, II Bd., Bibliothek des Buchwesens 20 (Stuttgart 2010).

H.-A. Rupprecht, Kleine Einführung in die Papyruskunde, Die Altertumswissenschaft (Darmstadt 1994).

W. Schubart, Griechische Paläographie (München 1966).

R. Seider, Paläographie der griechischen Papyri, Bd. I: Urkunden, Bd. II: Literarische Papyri, Bd. III: Urkundenschrift (Stuttgart 1967–1990).

R. Seider, Paläographie der lateinischen Papyri, Bd. I: Urkunden, Bd. II: Literarische Papyri (Stuttgart 1976–1981).

E. M. Thompson, An Introduction to Greek and Latin Palaeography, Oxford Reprints (Oxford 2002).

Quellenkritik: Tab. Vindol. II 291

Abb. 48 Eine antike Geburtstagseinladung: die Innenseiten von Tab. Vindol. II 291.

Claudia Severa to her Lepidina | greetings. | On 11 September, sister, for the day of the celebration | of my birthday, I give you a warm invitation to make sure that you come to us, to make the day more enjoyable |[5] for me by your arrival, | if you are present (?). | Give my greetings to your Cerialis. My Aelius |[10] and my little son send him (?) their greetings. | I shall expect you, sister. | Farewell, sister, my dearest soul, | as I hope to prosper, and hail. |[15] To Sulpicia Lepidina, | wife of Cerialis, | from Severa.

Cl(audia) · Seuerá Lepidinae [suae] | [sa]ḷ[u]ṭẹm | iii Idus Septembṛ[e]ṣ soror ad dieṃ | sollemnem nạtalem meum rogó |[5] libenter ̣faciás ut uenias | ad nos iụcundiorem mihi | [diem] interuentú tuo facturá si | [---]ṣ (*vac.*) | Cerial[em t]ụum salutá Aelius meus |[10] et filioḷụs ṣalutant (*vac.*) | (*vac.*) sperabo te soror | uale soroṛ anima | mea ita ụạḷeam | karissima ẹt haue |[15] Sulpiciae Lepidinaẹ | Ceriaḷịṣ | a Ṣ[e]ụerạ

Seit Claudius (Kaiser 41–54 n. Chr.) waren römische Armeen in Britannien aktiv und dehnten das Herrschaftsgebiet bis ins späte 1. Jh. n. Chr. immer weiter nach Norden aus. *Britannia* wurde als römische Provinz eingerichtet. Der größte Teil des heutigen Schottlands blieb dabei, trotz eines Vorstoßes unter dem Feldherrn Agricola und einem Sieg am nicht mehr genau identifizierbaren *Mons Graupius* 83 n. Chr., auch langfristig außerhalb des Reichsgebiets.[22] In diese Phase fällt die erste römische

22 Literarische Hauptquelle ist die allerdings sehr tendenziöse Biographie des Tacitus für seinen Schwiegervater, den Feldherrn Gnaeus Iulius Agricola (Tac. Agr.). Zum Abgleich mit den archäologischen Zeugnissen siehe Maxwell 2007.

Besiedlung von Vindolanda, einem Lager etwa 50 Kilometer westlich von Newcastle upon Tyne. In den kommenden Jahrzehnten wurde die Anlage mehrfach erweitert, allerdings unter Traian (Kaiser 98–117 n. Chr.) kurzzeitig aufgegeben, da die Truppen für einen Feldzug im Gebiet des heutigen Rumäniens benötigt wurden. Als in den 120er Jahren n. Chr. die Grenze mit dem sogenannten „Hadrianswall" befestigt wurde, lag vor Ort eine Besatzung, deren Spuren sich Mitte des 2. Jh. n. Chr. verlieren. In den folgenden knapp drei Jahrhunderten bis zum Ende der römischen Besatzung blieb Vindolanda mit steinernen Gebäuden in kleinerer Form erhalten, und es entwickelte sich nebenan ein *vicus* (Zivilsiedlung).[23] Die *Vindolanda Tablets* gehören allerdings fast ausschließlich in die Zeit vor Errichtung des Hadrianswalls, so auch unsere Geburtstagseinladung.

Bei dieser handelt es sich um ein *Diptychon*, bestehend aus zwei dünnen Holztäfelchen von je rund 9,5 Zentimetern Höhe und gut 11 Zentimetern Breite. Die Innenseiten wurden beschriftet und anschließend für den Versand zusammengeklappt. Auf der Außenseite findet sich wie bei heutigen Briefen die Angabe der Adressatin. Diese Art von Beschreibmaterial war eine gute Wahl für den Norden des Römischen Reiches, wo Papyrus nur als teure Importware existierte und sich im kalt-feuchten Klima schlecht hielt.[24] In Britannien waren ansonsten – wie im restlichen Reich auch – mit einer dickeren Wachsschicht überzogene Schreibtafeln im Einsatz, die man nach der Beschriftung glattstreichen und so wiederverwenden konnte.[25] Die mit Tinte beschrifteten *Vindolanda Tablets* sind dagegen auf einmalige Verwendung ausgelegt: Sie sind oft unter einem Millimeter dünn – selten dicker als zwei – und bestehen aus lokal verfügbaren Hölzern wie Birke oder Eiche. Die Menschen im oder rund um das Lager verwendeten sie für Notizen, Listen oder Briefe und entsorgten sie, sobald sie ihren Zweck erfüllt hatten. Seit den 1970er Jahren wurden und werden diese oft massenhaft entsorgten Zeugnisse zu Hunderten aus ihren antiken Deponierungen geborgen. Durch Verschmutzung und Verblassen der Tinte sind die Texte in der Regel nur durch Infrarot-Fotografie sichtbar zu machen, inzwischen kombiniert mit computergestützten Bearbeitungsverfahren.[26]

Die dadurch sichtbar werdende Schrift gehört in unserem Fall zu zwei verschiedenen Personen: Die eigentliche Einladung und die Adresse sind mit geübter Hand verfasst, die Ähnlichkeit zu anderen zeitgenössischen Dokumenten aufweist.[27] Sie dürfte einem professionellen, allerdings heute nicht mehr eindeutig zu benennenden Schreiber gehören. Am rechten unteren Rand des zweiten Täfelchens

23 Zur Bau- und Nutzungsgeschichte von Vindolanda siehe Birley 2009.

24 Literarische Quellen wie Cass. Dio 67,3 und Herodian. 1,17,1 belegen, dass die Technik der „Wegwerftäfelchen" auch in anderen Teilen des Reichs genutzt wurde, wo sich die Zeugnisse allerdings wegen der schlechteren Konservierungsbedingungen höchst selten erhalten haben.

25 Zur Befundsituation in Vindolanda einführend Bowman 2006, 6–13.

26 Zur technischen Umsetzung siehe Terras 2006; die Resultate sind mit Anleitung zum Lesen der Täfelchen einzusehen über das Portal *Vindolanda Tablets Online* (http://vindolanda.csad.ox.ac.uk/, Zugriff: 17.02.2020).

27 Tab. Vindol. II 291, Z. 1–10; 15–17. Zum Textvergleich siehe unten S. 204.

ist der persönliche Zusatz in schmalerer Schrift zu finden, aller Wahrscheinlichkeit nach von Claudia Severa selbst verfasst.[28] Flavius Cerialis ist uns aus den *Vindolanda Tablets* als Präfekt der neunten Bataverkohorte bekannt, die um 100 n. Chr. das Lager bemannte.[29] Als Offizier konnte er seinen kleinen Sohn sowie seine Frau Sulpicia Lepidina, die Empfängerin der Einladung, bei sich in der Garnison haben. Claudia Severa war als Frau von Aelius Brocchus, dem Kommandeur einer Nachbareinheit, in einer ähnlichen Situation.[30]

Zu der Datierung über die Fundumstände und die Namensnennungen passt die Schriftform, die sich als *Ältere römische Kursive* identifizieren lässt. Charakteristische Elemente sind etwa das „B" mit Bauch nach links, was den Buchstaben einem „D" zum Verwechseln ähnlich macht. Selbst mit modernster Scantechnik und dem systematischen Abgleich mit zeitgenössischen Vergleichsbeispielen bleibt gerade bei den fragmentarischeren Zeilen eine deutliche Unsicherheit.

Wir könnten die Geburtstagseinladung der Claudia Severa unter mehreren Aspekten als Quelle auswerten, etwa aus onomastischer oder prosopographischer Sicht für die Herkunft der Namen beziehungsweise die Rekonstruktion sozialer und familiärer Netzwerke.[31] Aus archäologischer Warte helfen Deponierungen von gut datierbarem Schriftgut bei der Unterscheidung der Baustufen und Gebäudeverwendungen. Unser Beispiel unterstützt so die Eingrenzung der dritten Bauphase von Vindolanda (97–104/5 n. Chr.) und die Identifikation des Fundortes als *praetorium,* das Gebäude des Befehlshabenden (Abb. 49).

Wirklich außergewöhnlich ist jedoch die Rolle unseres Holztäfelchens als Zeugnis alltäglicher (Schrift-)Kultur in der Hohen Kaiserzeit. Derart frühe Originale eines Schriftverkehrs zwischen Frauen sind extrem selten. Zwei weitere Täfelchen aus Vindolanda belegen allerdings, dass die Freundschaft der beiden häufiger zu schriftlichem Austausch mit solchen eigenhändigen Zusätzen führte.[32] Eine Korrespondenz zwischen den Offiziersfrauen war anscheinend problemlos möglich, was einerseits die Existenz eines Transportsystems für die Nachrichten und andererseits eine Lese- und Schreibfähigkeit der Akteurinnen voraussetzt. An der äußersten Nordgrenze des Reiches verabredeten sich auf diesem Weg wie selbstverständlich zwei miteinander vertraute Frauen zu einer Feier, an der mindestens ein Kleinkind beteiligt gewesen sein dürfte. Flavius Cerialis hatte nicht nur seine Gattin mit nach Vindolanda gebracht, sondern auch seinen kleinen Sohn, der vielleicht sogar erst

28 Tab. Vindol. II 291, Z. 11–14.

29 Zu den Bataver- und den unten genannten Tungrerkohorten in Vindolanda siehe Birley 2002, 41–48; 57–76. Die Spekulationen über eine königliche Herkunft des Cerialis (abgeleitet aus Tac. hist. 4,13) resümiert Onken 2003, 233–234 mit der gebotenen Skepsis.

30 Als Verortung wurden in der Forschung mehrere, jeweils einige Tagesreisen westlich oder südlich von Vindolanda gelegene Optionen vorgeschlagen; zu den Beispielen und der Verbindung zwischen den vier Beteiligten siehe Birley 2002, 135–137.

31 Siehe Kapitel 7 (Onomastik und Prosopographie); vgl. auch Greene 2013.

32 Tab. Vindol. II 292; 293 (Letzteres stark fragmentarisch).

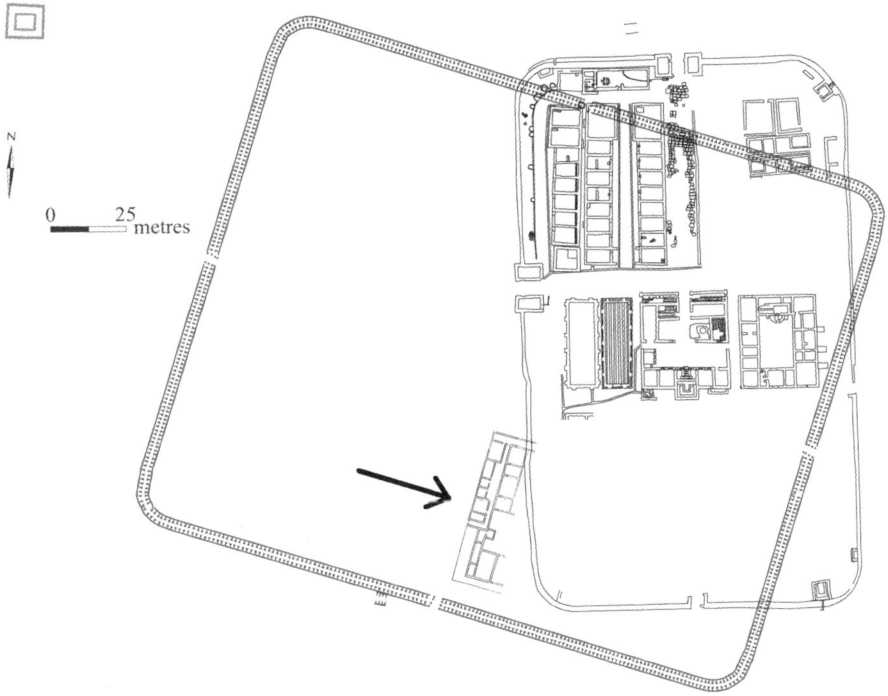

Abb. 49 Bauphasen von Vindolanda mit *praetorium,* leicht schräg unten in der Mitte gezeigt in den Jahren vor dem kurzzeitigen Truppenabzug (Bauphase 3).

vor Ort geboren worden war.[33] Im Verbund mit anderen *Vindolanda Tablets* zeigt die Geburtstagseinladung der Claudia Severa ein deutlich weniger martialisches Bild einer römischen Grenzanlage, als es die antiken Geschichtsschreiber und Militärschriftsteller häufig tun.[34] An Orten wie Vindolanda befanden sich keineswegs nur kampfbereite Truppen in Alarmbereitschaft – einmal abgesehen vom Umstand, dass uns andere Täfelchen belegen, wie enorm der Unterschied zwischen Sollbesatzung und tatsächlicher militärischer Präsenz aussehen konnte.[35] Offenbar war in diesem

33 Zum Kontext von Familien im römischen Britannien siehe Allason-Jones 2007; zur Anwesenheit von Frauen in Grenzgebieten allgemeiner auch Roxan 1991.

34 Beispielsweise Veg. mil. 3,8.

35 Berühmt geworden ist die Liste in Tab. Vindol. II 154, laut der von nominell 752 Mann der ersten Tungrerkohorte nur 265 nicht als Leibwache des Statthalters abgezogen, anderweitig abgeordnet, erkrankt oder beurlaubt waren.

Umfeld an der um 100 n. Chr. militärisch noch recht frisch etablierten Grenze die Präsenz von zivilen Personen völlig normal.[36]

Im Detail lassen sich weitere Beobachtungen anschließen, etwa zur zweifachen Anrede als *soror* („Schwester").[37] Die Namen der beiden Frauen lassen nicht auf eine gemeinsame Abstammung schließen,[38] so dass wir hier einen seltenen Beleg dafür haben, wie sich der Stellenwert weiblicher Freundschaft in einer Anrede widerspiegelte. Die erste Hand, in der gut drei Viertel unserer Quelle verfasst sind, lässt sich auch auf mehreren Briefen zwischen Aelius Brocchus, Flavius Cerialis und deren Kollegen Oppius Niger identifizieren.[39] Im Vergleich dazu wirkt die zweite Hand zwar nicht unelegant, aber eben nur wie ein Nachschub zu einem bereits fertig gestalteten – womöglich diktierten – Text. Dies könnte darauf hinweisen, dass trotz individueller Lese- und Schreibfähigkeiten die routinierte Beherrschung von Schrift eine Sache von Experten war. Damit muss kein Urteil über die literarische Kompetenz von Claudia Severa verbunden sein: Die Forschung hat in der mutmaßlich von ihr eingefügten Passage Anleihen bei den dichterischen Werken von Catull (etwa 80–51 v. Chr.) und Vergil (70–19 v. Chr.) ausgemacht.[40]

Paläographisches Arbeiten erschließt uns diese einmaligen Blicke in Teile der Antike, die oftmals deutliche Kontraste zur literarischen Überlieferung bilden, die von einer männlichen städtischen Oberschicht dominiert wird. In einer Zeit ohne verbindlich festgelegte Orthographie und Grammatik zeigen sie uns, wie Latein und Altgriechisch jenseits der „großen Autoren" auf lokaler und persönlicher Ebene ganz eigene Formen annehmen konnte. In ihrer Gesamtheit bedeutete die Ausbreitung der Schriftkultur „Britain's first information revolution".[41] Um jedoch als Einzelperson eine verständliche Nachricht auf ein Holztäfelchen zu schreiben, brauchte es keine große technische Ausstattung oder literarische Kompetenz. Die einfachen und sich stets wiederholenden Bestands- und Personenlisten in den *Vindolanda Tablets* hätten vermutlich auch wenig Lesekundige verwerten können. Personen mit mehr Vorbildung konnten dagegen regelrechte Brieffreundschaften führen und sich dabei literarische Anspielungen gönnen. Paläographische Zeugnisse demonstrieren uns nicht mehr und nicht weniger als die Vielfalt einer Schriftkultur im antiken Alltag.

---

36 Dass die strikte Trennung in militärische und zivile Bereiche ohnehin (nicht nur) in Vindolanda dem schematischen Denken der modernen Forschung geschuldet ist, hat Laurence 2012 aufgezeigt. Auf eine regelmäßige Präsenz von Zivilpersonen im Lagerinneren verweisen auch die von Birley 2002, 139–140 Lepidina zugeordneten Funde von Frauenschuhen im *praetorium*. Zum Nachweis von Frauen in kaiserzeitlichen Lagern siehe Giles 2012, 75–77.

37 Tab. Vindol. II 291, Z. 11–12.

38 Siehe Kapitel 7 (Onomastik und Prosopographie).

39 Tab. Vindol. II 243; 244; 248; eventuell auch 295.

40 Hallett 2002, 95–96 identifiziert Parallelen zu Catull. 101 sowie zu Verg. Aen. 4,8 und 4,31, ohne zwangsläufig eine Lektüre der beiden Werke vorauszusetzen.

41 Haynes 2002.

Quellen- und Literaturverzeichnis

The Vindolanda Writing-tablets (Tabulae Vindolandenses II), hrsg. u. übers. v. A. K. Bowman – J. D. Thomas (London 1994).

L. Allason-Jones, The Family in Roman Britain, in: M. Todd (Hrsg.), A Companion to Roman Britain, Blackwell Companions to British History (Malden 2007) 273–287.

R. Birley, Garrison Life at Vindolanda. A Band of Brothers (Stroud 2002).

R. Birley, Vindolanda. A Roman Frontier Fort on Hadrian's Wall (Stroud 2009).

A. Bowman, Life and Letters on the Roman Frontier. Vindolanda and its People [3](London 2006).

R. D. Giles, Roman Soldiers and the Roman Army. A Study of Military Life from Archaeological Remains, BAR British Series 562 (Oxford 2012).

E. M. Greene, Female Networks in the Military Communities of the Roman West. A View from the Vindolanda Tablets, in: E. Hemelrijk – G. Woolf (Hrsg.), Women and the Roman City in the Latin West, Mnemosyne Suppl. 360 (Leiden 2013) 369–390.

J. P. Hallett, The Vindolanda Letters from Claudia Severa, in: L. J. Churchill – P. R. Brown – J. E. Jeffrey (Hrsg.), Women Writing Latin. From Roman Antiquity to Early Modern Europe 1: Women Writing Latin in Roman Antiquity, Late Antiquity, and the Early Christian Era, Women Writers of the World (New York 2002) 93–99.

I. Haynes, Britain's First Information Revolution. The Roman Army and the Transformation of Economic Life, in: P. Erdkamp (Hrsg.), The Roman Army and the Economy (Amsterdam 2002) 111–126.

R. Laurence, Roman Archaeology for Historians, Approaching the Ancient World (New York 2012).

G. Maxwell, The Roman Penetration of the North in the Late First Century AD, in: M. Todd (Hrsg.), A Companion to Roman Britain, Blackwell Companions to British History (Malden 2007) 75–90.

B. Onken, Wirtschaft an der Grenze. Studien zum Wirtschaftsleben in den römischen Militärlagern im Norden Britanniens (Diss. Universität Kassel 2003).

M. M. Roxan, Women on the Frontiers, in: V. A. Maxfield – M. A. Dobson (Hrsg.), Roman Frontier Studies 1989. Proceedings of the XVth International Congress on Roman Frontier Studies (Exeter 1991) 462–467.

M. M. Terras, Image to Interpretation. An Intelligent System to Aid Historians in Reading the Vindolanda Tablets, Oxford Studies in Ancient Documents (Oxford 2006).

11. Archäologie

Archäologie bedeutet wörtlich übersetzt „die Lehre von den alten Dingen“ (von ἀρχαῖος – alt und λόγος – Lehre);[1] ihr Untersuchungsgegenstand sind die materiellen Hinterlassenschaften der antiken Welt. Als Begründer der wissenschaftlichen Archäologie gilt Johann Joachim Winckelmann (1717–1768), der sich in seinen Schriften als erster analytisch mit den antiken Kunstwerken und deren Bedeutung befasste. Damit setzte er Maßstäbe für eine an den Stilen der einzelnen Epochen orientierte Betrachtung antiker Kunst und gab den Anstoß für eine intensivere Beschäftigung mit archäologischen Zeugnissen.[2] Im 20. Jh. bildeten sich innerhalb der archäologischen Wissenschaft Spezialdisziplinen heraus, die sich, bezogen auf die antike Welt, vor allem hinsichtlich der behandelten geographischen Räume unterscheiden:[3] Die Klassische Archäologie erforscht den griechisch-römisch geprägten Mittelmeerraum, die Vorderasiatische Archäologie wiederum den Nahen Osten. Eine jüngere Disziplin stellt die Provinzialrömische Archäologie dar, die sich mit den Funden in den römischen Provinzen, insbesondere in Europa, auseinandersetzt. Eine weitere archäologische Disziplin ist die Ur- und Frühgeschichte, die sich epochenübergreifend mit Überresten schriftloser Kulturen, insbesondere in Mittel- und Nordeuropa, von der Steinzeit bis zur Frühen Neuzeit beschäftigt. Nicht räumlich, sondern kulturell-religiös definiert ist die Christliche Archäologie, die sich mit den materiellen Hinterlassenschaften der Christen aus der Zeit der Spätantike und dem frühen Mittelalter befasst. Innerhalb der Disziplinen lassen sich verschiedene Ansätze und methodische Vorgehensweisen unterscheiden. So kann der Schwerpunkt auf der Ausgrabung und Analyse von Befunden oder dem Studium von Form und Stil der Objekte liegen. Im letzteren Fall sind die Grenzen zur Kunstgeschichte fließend.[4]

---

1 Zur Begriffsdefinition siehe Hölscher 2015, 12–20.

2 Zur Geschichte der Archäologie als Wissenschaft siehe Hölscher 2015, 21–28; Renfrew – Bahn 2009, 14–36.

3 Zu den Disziplinen und ihrer Abgrenzung voneinander siehe Bergemann 2000, 34–37.

4 Die Kunstgeschichte unterscheidet sich grundsätzlich dadurch von der Archäologie, dass sie stärker interpretatorisch arbeitet und nach psychologischen, sozialen und kulturgeschichtlichen Inhalten fragt.

Welche Ergebnisse der archäologischen Forschung können Althistorikerinnen und Althistoriker nutzen, und wie sind diese Resultate einzuschätzen? Die Befunde können in verschiedene Gattungen unterteilt werden:[5]

- architektonische Überreste
- Gräber und Gräberfelder
- Plastik (Skulpturen und Reliefdarstellungen)
- Malerei und Mosaike
- Keramik
- Metallobjekte und Münzen
- organische Funde.

Wichtigste Methode der Archäologie ist die Ausgrabung, das heißt die schichtweise Freilegung und Sicherstellung antiker Strukturen und Objekte. Die Untersuchungen schließen meist an Oberflächenbefunde an. Bauliche Reste sowie Funde werden genau vermessen und verzeichnet, um spätere Rekonstruktionen der ursprünglichen Gestalt von Anlagen zu ermöglichen. Die zeichnerische Fixierung der Funde und der Fundsituation dient dazu, den Gesamtbefund und die zeitliche Abfolge der Strukturen nachvollziehbar zu machen. Auf die Lokalisierung, Ausgrabung und Verzeichnung folgt die wissenschaftliche Auseinandersetzung. Zentral ist dabei die Einordnung der Funde in einen zeitlichen und kulturellen Kontext. Für die Bestimmung des Zeithorizonts stehen verschiedene Wege und Methoden zur Verfügung, wobei die naturwissenschaftlichen Herangehensweisen zunehmend an Bedeutung gewinnen.

Datierungsmethoden

Bei der Diskussion eines archäologischen Befunds ist zu unterscheiden, ob dieser präzise datiert werden kann oder nur eine ungefähre zeitliche Einordnung möglich ist. Im ersten Fall spricht man von einer absoluten Datierung.[6] Eine solche ist möglich, wenn ein Befund zum Beispiel mit einem aus anderen Quellen bekannten historischen Ereignis verbunden werden kann. So wird der Vulkanausbruch, durch den die römischen Städte Pompeji und Herculaneum verschüttet wurden, von antiken Autoren erwähnt und lässt sich auf 79 n. Chr.[7] fixieren. Archäologische Quellen können zudem selbst mit einer datierenden Angabe verbunden sein. Dies ist zum Beispiel bei Bauwerken der Fall, an denen eine Inschrift mit genauen Angaben zum Zeitpunkt der Errichtung angebracht wurde.[8] Häufig ist allerdings nur eine relative Datierung möglich. Es kann also nur bestimmt werden, nach oder vor wel-

5 Bergemann 2000, 57–72.

6 Siehe Kapitel 8 (Chronologie).

7 Plin. epist. 6,16; 6,20. Allgemein zur Chronologie siehe Lang 2002, 130–150; Hölscher 2015, 48–55.

8 Eine genaue Datierung ist insbesondere bei Bauten und Objekten aus der römischen Kaiserzeit möglich, da in den Inschriften die jeweils aktuelle Kaisertitulatur angegeben ist; siehe Kapitel 6 (Numismatik).

chem Ereignis ein archäologischer Befund einzuordnen ist. So kann das berühmte Schlachtenmosaik mit einer Darstellung Alexanders des Großen (356–323 v. Chr.) frühestens nach Beginn des großen Perserfeldzuges entstanden sein.

Eine erste archäologische Methode, mit der relative chronologische Datierungen möglich sind, ist die *Stratigraphie* (von *stratum* – Schicht). Bei Ausgrabungen archäologischer Befunde wird aufgrund des Fundmaterials und der Verfärbung der Erdschichten eine Abfolge der Schichten eruiert, die Auskunft über das Alter der gefundenen Objekte geben kann.

Die Methode beruht auf der Annahme, dass Funde jüngeren Datums in höher gelegenen Schichten zu finden sind als ältere Objekte.[9] Von Bedeutung ist in diesem Zusammenhang die Identifizierung einer Leitschicht, die als Orientierung dienen kann. Dabei kann es sich zum Beispiel um eine Brand- oder Zerstörungsschicht handeln, die im günstigsten Fall aufgrund literarischer Nachrichten zeitlich eingeordnet werden kann. Als Beispiel wäre der sogenannte Perserschutt aus Athen zu nennen, also die Leitschicht, die aus der vom Historiker Herodot (etwa 485–429 v. Chr.) geschilderten Zerstörung Athens durch die Perser im Jahr 480 v. Chr. resultierte.[10]

Eine ungefähre zeitliche Einordnung der Schichten kann zudem über Münzfunde erfolgen. Da diese durch das Münzbild oder die Münzlegende meist gut zu datieren sind, lässt sich der Zeithorizont der gemeinsam mit ihnen gefundenen Objekte bestimmen. Allerdings ist zu beachten, dass antike Münzen lange Zeit im Umlauf gewesen sein können.[11]

Eine relative chronologische Abfolge lässt sich auch anhand der Gestalt der Funde bestimmen, wobei die *Typologie* einer Fundgattung zugrunde gelegt wird.[12] Als Typ wird die spezifische Form oder Gestaltung eines Objekts bezeichnet. So spricht man bezüglich der Keramik von Gefäßtypen, bei Darstellungen bestimmter Szenen auf Vasen oder Reliefs sowie bei Statuen von Bildtypen.[13] Eine präzise chronologische Einordnung ist allein anhand des Typs allerdings nicht möglich; hierzu bedarf es einer genauen Stilanalyse beziehungsweise einer Untersuchung der Ausführungsart und Gestaltungsmittel.[14] Dabei wird berücksichtigt, dass die Gestalt beziehungsweise *Ikonographie* jeweils dem Zeitgeschmack und damit Wandlungen unterworfen ist. So lassen sich insbesondere für Keramikgefäße oder Metallgegenstände wie Fibeln chronologische Typenreihen bilden (Abb. 50).

Die verschiedenen Formen der Plastik, Statuen wie Reliefdarstellungen, lassen sich aufgrund spezifischer stilistischer Merkmale einordnen.[15] Ein Beispiel ist der Wandel vom archaischen zum klassischen Stil in der griechischen Plastik. So sind Bildnisse der archaischen Zeit (8.–5. Jh. v. Chr.) durch eine starre Körperhaltung,

9 Bäbler 2012, 11–18.
10 Hdt. 8.
11 Siehe Kapitel 8 (Chronologie) und Kapitel 6 (Numismatik).
12 Bäbler 2012, 19–45.
13 Bergemann 2000, 84–87.
14 Hölscher 2015, 89–92.
15 Hölscher 2015, 183–282.

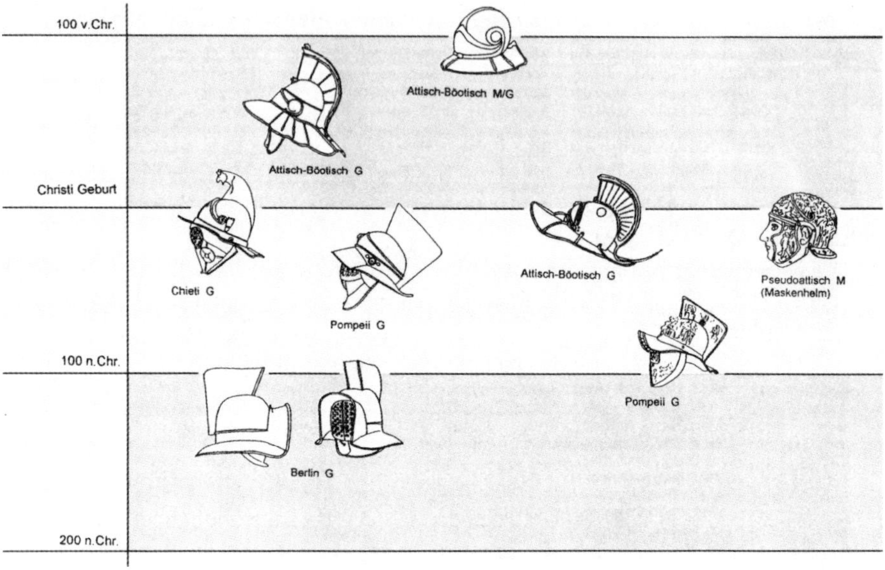

Abb. 50 Typenreihe von Gladiatorenhelmen griechisch-hellenistischer Tradition (1. Jh. v. Chr.–2. Jh. n. Chr.).

längere, sorgfältig angeordnete Haare, große Augen sowie das sogenannte archaische Lächeln charakterisiert. Skulpturen der klassischen Zeit (5.–4. Jh. v. Chr.) sind dagegen realistischer und bewegter, der Gesichtsausdruck ist häufig ernst, und die Haare sind kurz frisiert (Abb. 51 und Abb. 52).

Während durch die stratigraphische Methode und die *Typologie* oder Stilanalyse eine relative zeitliche Einordnung erfolgen kann, ermöglichen naturwissenschaftliche Methoden eine absolute Datierung.

Die *Kohlenstoffdatierung* untersucht das Vorkommen des radioaktiven C^{14}, eines instabilen Kohlenstoffisotops, in der Natur. Dieses wird von Organismen (Pflanzen, Tieren und Menschen) aufgenommen und reichert sich in diesen an. Allerdings zerfällt es in einer bestimmten Rate: Die Halbwertszeit beträgt 5730 Jahre. Stirbt ein Lebewesen, endet die Aufnahme, und das zerfallende C^{14} wird nicht durch Neuaufnahme ersetzt. Wird nun der C^{14}-Gehalt in einem organischen Fund, zum Beispiel in Skelettresten, gemessen, kann unter Berücksichtigung der Zerfallsrate bestimmt werden, wann dieser Mensch ungefähr starb. Die Altersbestimmung kann dabei 40–50 000 Jahre zurückreichen. Diese Methode setzt allerdings einen gleichbleibenden Anteil von C^{14} in der Atmosphäre und damit eine konstante Aufnahmemenge voraus, was so nicht immer gegeben war. Daher sind Ungenauigkeiten von bis zu 40 Jahren möglich.[16] Die Funde müssen daher zusätzlich in ihren Kontext eingebettet werden.

16 Lang 2002, 154; Bäbler 2012, 51–54; Sinn 2011, 47–48.

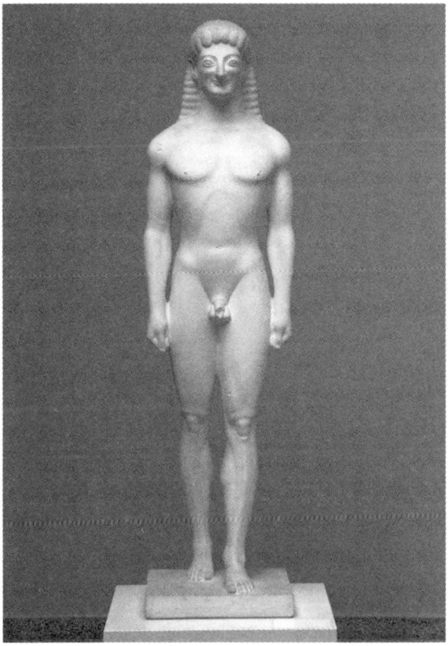

Abb. 51 Archaischer *Kouros* aus Tenea (München, Glyptothek, Inv.-Nr. 168, etwa 560 v. Chr.)

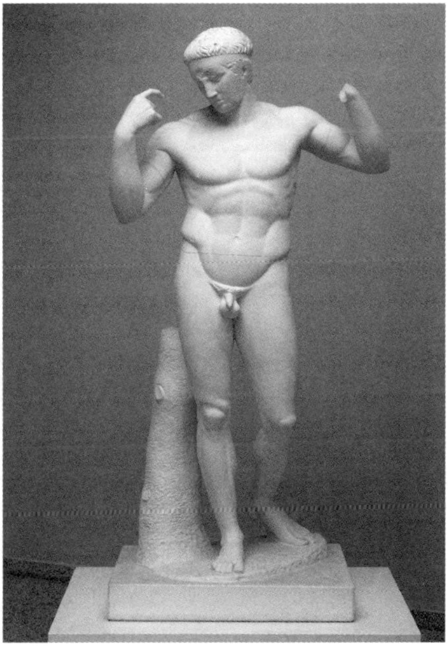

Abb. 52 *Diadumenos* (Diademträger) aus Vaison-la-Romaine (London, British Museum, Inv.-Nr. 500, kaiserzeitliche Kopie eines Originals aus dem 5. Jh. v. Chr.)

Große Genauigkeit bietet die *Dendrochronologie,* die Analyse der Jahresringe von Bäumen. Auf der Basis der rekonstruierten Abfolge der Ringe können Funde aus Holz datiert werden.[17]

Die Breite der Wachstumsringe eines Baumes ist abhängig von äußeren Einflüssen wie dem Wetter und variiert von Jahr zu Jahr. Diese Varianz spiegelt sich in einer Abfolge von schmalen (in klimatisch ungünstigen Jahren) und breiten Ringen (in Jahren mit guten Wachstumsbedingungen) wider, die für Bäume einer Art in einem bestimmten Gebiet typisch ist. Diese findet sich auch in Gegenständen, die aus Holz hergestellt sind. Reiht man nun Hölzer und Holzgegenstände aus verschiedenen Zeiten, bei denen sich die Ringabfolge partiell überschneidet, aneinander, lässt sich ein spezifisches Muster bestimmen. Ein Vergleich der Ringe ist allerdings nur in einer Region möglich, innerhalb derer die Bäume gleichen Witterungsbedingungen ausgesetzt waren. Verglichen werden können zudem nur Pflanzen derselben Art und ohnehin lediglich solche Arten, die unterscheidbare Jahresringe ausbilden. Um eine exakte Datierung zu ermöglichen, müssen der äußerste Ring und die Rinde

17 Lang 2002, 152–153; Bäbler 2012, 50–51.

am Probestück vorhanden sein. Da dies selten der Fall ist, kann man meist nur eine ungefähre Zeitbestimmung – aber je nach Objektzustand immerhin auf wenige Jahre genau – vornehmen.

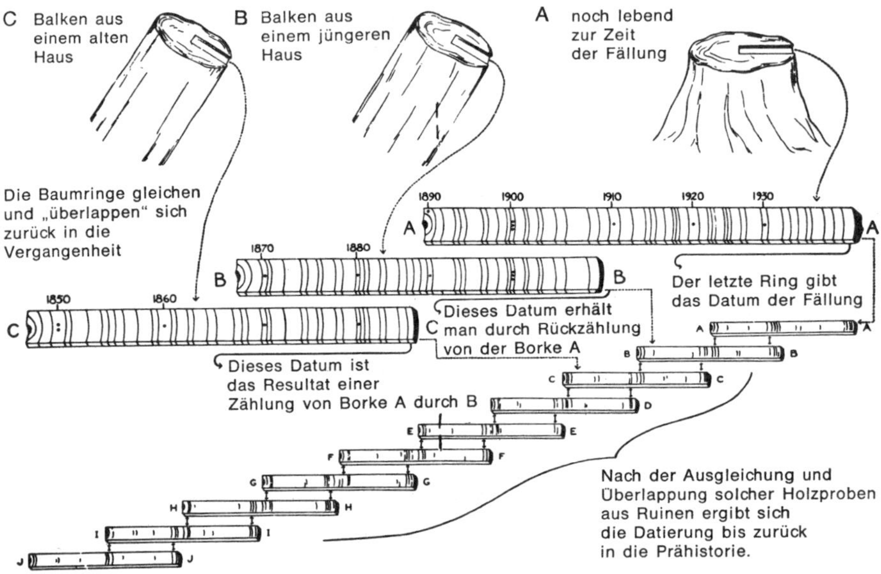

Abb. 53 „Endloser Baum“: Aneinanderreihung von Holzfunden unterschiedlicher Provenienz.

Mit der *Dendrochronologie* lässt sich ein weites Spektrum an Funden datieren: hölzerne Alltagsgegenstände wie Werkzeuge oder Möbel, Reste von Wagen und Schiffen sowie Baustoffe als Teil von Siedungsstrukturen. Wenn Balken als Brückenpfeiler oder Brunneneinfassung in unbehauenem Zustand verwendet wurden, ist sogar die präzise Datierung eines Bauwerkes möglich. So konnten die Reste der ersten Römerbrücke in Trier auf das Jahr 18/17 v. Chr. datiert werden.[18]

Eine weitere naturwissenschaftliche Herangehensweise ist die *Thermolumineszenzmethode,* die für die Altersbestimmung von Keramik geeignet ist. Einige Mineralien speichern Strahlung aus dem Lichteinfall, die sie beim Erhitzen vollständig freisetzen. Wird nun ein Tonobjekt erneut über den Schwellenwert hinaus erhitzt, kann die vorhandene Strahlungsmenge gemessen und daran berechnet werden, wann die letzte hohe Erhitzung (also meistens der Brennvorgang) erfolgt sein muss.[19] Die Ungenauigkeit der Methode ist allerdings hoch und beträgt bis zu zehn Pro-

18 Heinen 2002, 443–444.
19 Lang 2002, 154–155; Bäbler 2012, 54–55.

zent, was bei Funden aus der Zeit um Christi Geburt eine Unschärfe von 200 Jahren bedeutet. Da die Einlagerungen bei der Messung abgestrahlt wurden, kann diese zudem nur einmal durchgeführt werden, so dass die Ergebnisse nicht reproduzierbar sind. Diese kostspielige Methode wird daher primär dafür eingesetzt, die Echtheit eines antiken Gegenstandes zu überprüfen.[20]

Einführungsliteratur

B. Bäbler, Archäologie und Chronologie. Eine Einführung, Einführung Archäologie ²(Darmstadt 2012).

J. Bergemann, Orientierung Archäologie. Was sie kann, was sie will, Rororo 55612 (Hamburg 2000).

A. H. Borbein (Hrsg.), Klassische Archäologie. Eine Einführung ²(Berlin 2009).

W. Czysz, Handbuch der Provinzialrömischen Archäologie, Bd. I: Quellen, Methoden, Ziele, Münchner Beiträge zur provinzialrömischen Archäologie 1 (Wiesbaden 2019).

H. Heinen, Trier und das Trevererland in römischer Zeit, 2000 Jahre Trier 1 ⁵(Trier 2002).

R. von den Hoff, Einführung in die Klassische Archäologie, C. H. Beck Studium (München 2019).

T. Hölscher, Klassische Archäologie. Grundwissen ⁴(Darmstadt 2015).

B. Hrouda (Hrsg.), Methoden der Archäologie. Eine Einführung in ihre naturwissenschaftlichen Techniken, Beck'sche Elementarbücher (München 1978).

F. Lang, Klassische Archäologie. Eine Einführung in Methoden, Theorie und Praxis, UTB 1991 (Tübingen 2002).

C. Renfrew – P. Bahn, Basiswissen Archäologie. Theorien, Methoden, Praxis (Darmstadt 2009).

U. Sinn, Einführung in die Klassische Archäologie, C. H. Beck Studium ²(München 2011).

20 Bäbler 2012, 55.

Quellenkritik: Das Meeresmosaik von Bad Vilbel

Abb. 54 Meeresmosaik aus Bad Vilbel (Landesmuseum Darmstadt, 2. Jh. n. Chr.).

Der Kurort Bad Vilbel ist heute für seine Mineralquellen berühmt. Bereits in römischer Zeit waren diese bekannt und wurden besucht. Ein Zeugnis hierfür ist der Mosaikfußboden einer römischen Badeanlage.

Der Fundort des Mosaiks liegt nordöstlich von Frankfurt im sogenannten Wetteraukreis und damit im Vorfeld des Limes. Es wurde im Zusammenhang mit Bauarbeiten an der Bahnstrecke von Frankfurt nach Friedberg im Jahre 1849 freigelegt. Im Rahmen der anschließenden Ausgrabungen wurden Reste eines römischen Thermenkomplexes aufgedeckt. Dieses Mosaik gehört zu den größten derartigen Kunstwerken nördlich der Alpen: Es ist 4,75 Meter breit und 7,05 Meter lang.[21] Bei seiner Auffindung mussten zunächst Reste von Pflanzenbewuchs entfernt werden, und einige Bestandteile wiesen schwarze Verfärbungen auf, was möglicherweise mit einem Brand des Gebäudes in Verbindung zu bringen ist. Weitere Schäden sind offenbar dadurch entstanden, dass an dieser Stelle später Ställe errichtet wurden, wie die nachgewiesenen Reste tierischer Ausscheidungen belegen. Das Fundament des Mosaiks besteht aus sechs Schichten verschiedener Materialien (mit 1,80 Meter Gesamtstärke), auf denen das eigentliche Mosaik in einer Gipsschicht ausgelegt wurde. Die verwendeten Steinchen in Würfelform *(tesserae)* haben eine Größe von etwa einem Zentimeter Kantenlänge. Die Mehrzahl besteht aus importiertem, teilweise farbigem Marmor. Daneben kommen Würfel aus Ton oder Glas vor.[22]

Ein verzierter Randstreifen umrahmt eine Szenerie, die von mythischen Gestalten und Meeresbewohnern bevölkert wird.[23] Im Zentrum des Mosaiks war ursprünglich der Kopf des Oceanus, des personifizierten Weltmeeres, dargestellt. Unter dem Kopf des Gottes ist der Name *PERVINCUS* zu lesen. Bei diesem dürfte es sich um den Künstler handeln, der seine Arbeit auf diese Weise signierte. Dieser Bereich des Mosaiks ist stark beschädigt und nur noch partiell erkennbar. Erhalten sind auf der einen Seite die Extremitäten eines Krebses sowie im oberen Teil Seeschlangen, Fische und Krebsscheren, die aus dem Kopf herauszuwachsen scheinen. Rechts und links des Kopfes ist jeweils ein Seedrache dargestellt. Diese Ikonographie entspricht der typischen Darstellungsweise des Gottes Oceanus, wodurch eine Rekonstruktion des zentralen Motivs möglich ist.[24]

Um das zentrale Bild des Gottes sind eine Reihe von Meeresbewohnern und mythische Figuren gruppiert. Dabei sind auch erotische Motive präsent: So ist links neben Oceanus ein geflügelter Eros mit einem Bogen auf dem Rücken abgebildet. An den Langseiten sind eine Nereide (Meernymphe) sowie ein Eros auf einem Delphin zu sehen. Dieses Motiv erfreute sich in der antiken Mosaikkunst großer Beliebt-

21 Zu Maßen und Fundumständen des Mosaiks sowie zur gesamten Anlage siehe Parlasca 1970, 93–94; Belz 1965, 7–14; Baatz 2002, 241–242.

22 Belz 1965, 23.

23 Zur Bildgestaltung siehe Parlasca 1970, 93–94; Belz 1965, 17; Hundt 2010.

24 Zur typischen Ikonographie siehe *Lexicon Iconographicum Mythologiae Classicae* (*LIMC*) VIII (1997), s. v. Oceanus, Nr. 907–915 (H. Cahn). Beispiele für eine vergleichbare Darstellung des Gottes sind ein Mosaik aus Zeugma (Gaziantep Museum) mit der Abbildung von Oceanus und Tethys sowie ein ähnliches Mosaik aus Daphne (Hatay Archaeology Museum).

Abb. 55 Kopf des Oceanus in rekonstruierter Form.

heit.[25] Es geht zurück auf die Suche des Meeresgottes Poseidon nach Amphitrite.[26] Gefunden wurde seine künftige Ehefrau von einem Delphin, der entsprechend in der Malerei oder in Mosaiken häufig mit einem Eros oder Amor auf dem Rücken dargestellt wird.

Prominent erscheinen in dem Mosaik drei Seekentauren, also Gestalten mit einem menschlichen Oberkörper und dem Unterleib eines Fisches. Diese sind durch verschiedene Attribute unterschieden – eine Trompete, eine Muschel und ein Ruder. Weitere größere Figuren sind ein Seelöwe und ein Seepferd, Mischwesen aus Löwe beziehungsweise Pferd und Fisch. Zwischen den Hauptfiguren sind Vögel, Fische und Muscheln sowie weitere Meeresbewohner abgebildet. Die Darstellung ist aufgrund stilistischer Merkmale in das 2. Jh. n. Chr. zu datieren.[27]

Das Mosaik kann für verschiedene Fragestellungen als Quelle herangezogen werden. So könnte es als Basis einer Untersuchung zu römischem Handwerk und spezifischen Arbeitstechniken dienen. Weiterhin könnte die repräsentative Funktion

25 Siehe die Darstellung von Poseidon und Amphitrite auf einem Mosaik aus Cirta in Algerien (Louvre) oder die Mosaike aus dem „Haus der Amphitrite“ in Bulla Regia in Tunesien.

26 Opp. hal. 1,38; Hyg. astr. 2,17.

27 Parlasca 1970, 94.

von Mosaiken in öffentlichen und privaten Räumen zusammen mit den Auswahlkriterien für bestimmte Bildmotive diskutiert werden. Im Folgenden soll jedoch die Frage im Zentrum stehen, inwiefern das Mosaik und der Fundkontext als Indiz für einen gewissen Grad an Romanisierung in diesem Raum angesehen werden können.

Zeugnisse römischer Kultur sind im Gebiet von Bad Vilbel seit dem 1. Jh. n. Chr. nachweisbar und mit den Germanienfeldzügen Domitians (Kaiser 81–96 n. Chr.) zu verbinden.[28] Dieser setzte die bereits in der frühen Kaiserzeit begonnenen Versuche fort, die Reichsgrenzen nach Osten zu verschieben. Er eroberte das Gebiet der Wetterau und sicherte das gewonnene Territorium durch den Limes. Im Vorfeld dieser Grenze setzte ein Prozess kultureller Übernahmen ein. Dabei wird zwischen *Romanisierung* als von den Römern bewusst geförderter Entwicklung und *Romanisation* als von der einheimischen Bevölkerung selbst ausgehender Anpassung unterschieden.[29] Der Fund des Mosaikbodens von Bad Vilbel kann in diesem Zusammenhang als Übernahme eines verbreiteten Elements römischer Innendekoration gesehen werden.

Mosaike dienten im griechischen und römischen Raum zur Ausschmückung von Privathäusern sowie öffentlichen Gebäuden[30] und können von unterschiedlicher Komplexität und Qualität sein. Gezeigt werden dekorative Motive, Szenen aus dem Landleben, Gladiatorenkämpfe oder Darstellungen ganzer Landschaften. Sehr verbreitet sind zudem mythologische oder historische Themen. Mosaike waren beliebt, um Wände aber auch Böden der repräsentativen Räumlichkeiten zu dekorieren.[31] Bei ihrer Anfertigung handelte es sich um einen komplexen Vorgang, an dem eine Reihe von Spezialisten beteiligt war.[32] Im Fall des Mosaiks von Bad Vilbel wurden kostbare Werkstoffe über weite Strecken importiert und möglicherweise Künstler aus anderen Reichsteilen beschäftigt. Die Signatur *PERVINCUS* könnte auf einen solchen verweisen oder aber auf den Besitzer der ausführenden Werkstatt.[33]

Das Mosaik von Bad Vilbel gehört zur Gruppe der populären und im ganzen *Imperium Romanum* verbreiteten Darstellungen von Meeresszenen. Es gleicht in Details und Gesamtkonzeption Werken aus anderen Teilen des Reiches, die reale Tiere neben phantastischen Mischwesen und Göttern abbilden, und zeichnet sich durch eine realitätsnahe Wiedergabe der Meeresbewohner aus.[34] Die Tiere werden

28 Zu den Chattenfeldzügen siehe Suet. Dom. 6; 13; Tac. Agr. 28; 36; 39; Cass. Dio 67,3,5; 67,5,1.

29 Zur Begrifflichkeit siehe Mitchell 2012, 1321–1322. Im Englischen wird allerdings abweichend vom deutschen Sprachgebrauch für *Romanisierung* der Begriff „romanisation" und für *Romanisation* der Terminus „self-romanisation" verwendet.

30 Hölscher 2015, 293–298.

31 Plin. nat. 36,65,189.

32 Den komplexen Arbeitsprozess beschreiben Plinius der Ältere (Plin. nat. 36,61,186–187) und Vitruv (Vitr. 7 praef.; 7,1,2–5). Siehe dazu Dunbabin 1999, 279–303; Pappalardo – Cardiello 2018, 35–48.

33 Parlasca 1970, 93; Dunbabin 1999, 269–278. Ein Beleg für die Präsenz von Spezialisten in diesem Raum ist eine Weihinschrift aus Dieburg, gesetzt von Silvestrius Silvinus mit dem Zusatz *artis quadratariae* – (Handwerker) der Mosaikkunst.

34 Zu Vergleichsbeispielen beziehungsweise der Motivtradition siehe Andreae 2012, 127–160. Die Darstellung eines Oceanuskopfes im Zentrum eines Mosaiks findet sich auch in einer Villa in Tittmoning

mit großer Detailtreue und differenzierter Farbigkeit abgebildet. Auch die menschlichen Gestalten erscheinen realistisch und unter korrekter Berücksichtigung der Perspektive. Es handelt sich entsprechend nicht um eine provinzielle Arbeit minderer Qualität beziehungsweise um Provinzialkunst. Die Darstellung entspricht vielmehr der typischen Ikonographie – sei es die ganz an den Konventionen orientierte Darstellung des Oceanus und der mit ihm verbundenen Attribute, seien es weitere Elemente wie die Nereide oder der Eros.[35]

Generell gehörten Thermen zu den zentralen Elementen der römischen Lebensweise.[36] Entsprechende Anlagen finden sich in Siedlungen, aber auch in der Nähe von Militärlagern. Im Fall von Bad Vilbel war möglicherweise das Vorhandensein einer warmen Quelle der Grund für den Bau der Badeanlage nach römischem Vorbild.[37]

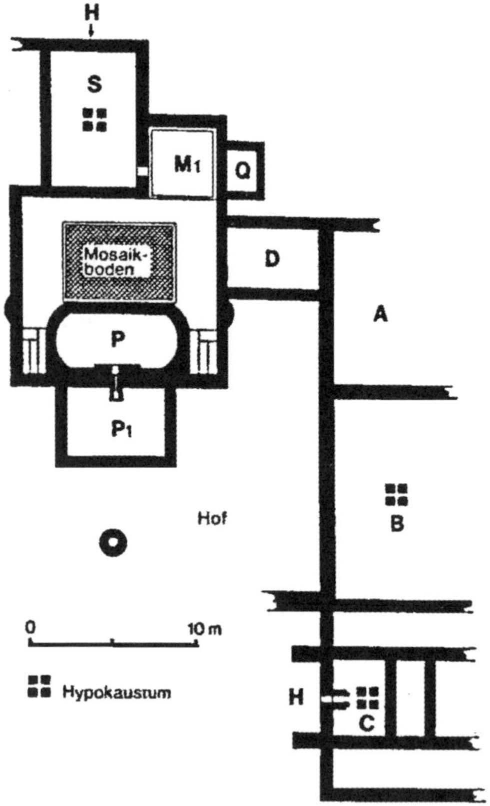

Abb. 56 Lage des Mosaiks und bauliche Reste der Therme.

in Bayern; siehe dazu Parlasca 1970, 106. Ein weiteres großes Oceanusmosaik wurde in einer Villa bei Bad Kreuznach freigelegt.

35 Umstritten ist in der Forschung, ob es regelrechte Musterbücher gab, an denen sich die Künstler orientieren konnten. Zu dieser Frage siehe Donderer 2005.

36 Zu Thermen als Charakteristikum der Romanisierung siehe Tac. Agr. 21.

37 Schumacher 2012, 36.

In derartigen Bädern befanden sich Räume unterschiedlicher Temperaturstufen, die der Besucher nacheinander betrat: Auf das *apodyterium* (Ankleidezimmer) folgte das *frigidarium* (Kaltbad), dann das *tepidarium* (Wärmeraum) und schließlich das mit einer Fußbodenheizung ausgestattete *caldarium* (Schwitzbad).[38] Auch in Bad Vilbel sind diese Elemente zu finden, wobei das *frigidarium* den zentralen, mit dem Mosaik geschmückten Raum bildet. Dieses war leicht in den Boden eingetieft und konnte, wie die Reste zweier Wasserrinnen belegen, überflutet werden, was den Eindruck, auf den Meeresboden zu blicken, verstärkt haben dürfte.[39]

Die Anlage war möglicherweise Teil einer *villa rustica* (Gutshof).[40] Derartige Güter waren ein Charakteristikum römischer Landwirtschaft und prägten seit der Provinzialisierung auch das Hinterland des Limes und den Umkreis der Städte; die Siedlungsstruktur aus Dörfern, die heute vielfach mit „Land" verbunden wird, gab es in den Nordwestprovinzen des Römischen Reiches nur selten.[41] Badeanlagen sind ein typisches Element dieser Villen und wurden häufig mit Wandmalereien und Mosaiken ausgeschmückt. Bei den Besitzern handelte es sich um Römer oder Angehörige der lokalen Elite. Die *villae rusticae* können entsprechend als Indiz für *Romanisierung* genauso wie für *Romanisation* angesehen werden. Aufgrund der Größe des Baus von Bad Vilbel ist allerdings auch die Deutung als Heiltherme, also als ein an ein Heiligtum angeschlossener Kurbetrieb mit medizinisch-religiöser Ausrichtung, vorgeschlagen worden.[42] Für derartige Badeanlagen finden sich in den germanischen Provinzen ebenfalls zahlreiche Beispiele.[43] Im Gegensatz zu den an Villen angeschlossenen Thermen handelte es sich bei ihnen um zumindest semiöffentliche Bauten, die von einem größeren Personenkreis – seien es Soldaten, Reisende oder Einheimische – frequentiert wurden.

Mangels weiterer Ausgrabungsbefunde bleibt der genaue Kontext unklar. Auch wenn sich daher nicht mehr eruieren lässt, wer genau die Therme von Bad Vilbel nutzte, ist bemerkenswert, dass ein Bildmotiv, das der einheimischen Bevölkerung sowohl mit Blick auf die dargestellten Tiere als auch die Mythologie sehr fremd gewesen sein muss, in aufwändiger Form rezipiert wurde. Berücksichtigt man zudem vergleichbare Anlagen aus dem engeren Umfeld und aus den germanischen Provinzen insgesamt, können Mosaik und Therme von Bad Vilbel als Beleg gesehen werden, dass eine römische Lebensweise als attraktiv und nachahmenswert betrachtet wurde. Die Parallelen zu Mosaiken aus anderen Teilen des Römischen Reiches zeigen, dass Motivtraditionen auch in den Provinzen und abseits der großen Zentren wie Köln oder Trier rezipiert wurden. Die Archäologie ermöglicht auf diese Weise

38 Auch die anderen Räume weisen Reste von Mosaikdarstellungen auf, die allerdings weniger aufwändig waren; siehe dazu Parlasca 1970, 93. Zum Grundriss römischer Badeanlagen siehe Brödner 2011.

39 Parlasca 1970, 93.

40 Rupp 2012, 141–142.

41 Zu den Villen in *Germania* als Multiplikatoren römischer Lebensweise siehe Rind 2015, 42–97.

42 Baatz 2002, 241–242; Seitz 1989, 190–192.

43 Siehe die Beispiele bei Rupp – Birley, 2012.

einen Blick auf die Lebens- und Arbeitswelt in einem Raum, der von den antiken Quellenautoren nur selten thematisiert wird.

Quellen- und Literaturverzeichnis

B. Andreae, Antike Bildmosaiken ²(Darmstadt 2012).

D. Baatz, Bad Vilbel, FB. Heilthermen, in: D. Baatz – B. Beckmann (Hrsg.), Die Römer in Hessen ³(Hamburg 2002) 241–242.

W. Belz, Das Mosaik von Bad Vilbel (Bad Vilbel 1965).

E. Brödner, Römische Thermen und antikes Badewesen ³(Darmstadt 2011).

M. Donderer, Und es gab sie doch! Ein neuer Papyrus und das Zeugnis der Mosaiken belegen die Verwendung antiker „Musterbücher", in: Antike Welt 36/2 (2005) 59–68.

K. M. D. Dunbabin, Mosaics of the Greek and Roman World (Cambridge 1999).

M. Hundt, Von Enten und Eroten. Neue Forschungen zum Meeresmosaik von Bad Vilbel, Bad Vilbeler Heimatblätter 53 (Bad Vilbel 2010).

S. Mitchell, s. v. Romanization, in: OCD 4 (2012) 1321–1322.

U. Pappalardo – R. Ciardiello, Die Pracht römischer Mosaiken. Die Villa Romana del Casale auf Sizilien (Darmstadt 2018).

K. Parlasca, Die römischen Mosaiken in Deutschland, Römisch-germanische Forschungen 23 (Berlin 1970).

M. Rind, Die römische Villa als Indikator provinzialer Wirtschafts- und Gesellschaftsstrukturen, Archaeopress Roman Archaeology 10 (Oxford 2015).

V. Rupp, Römische Landwirtschaft und Handwerk im Rhein-Main-Gebiet, in: F. Ausbüttel – U. Krebs – G. Maier (Hrsg,), Die Römer im Rhein-Main-Gebiet (Darmstadt 2012) 138–149.

V. Rupp – H. Birley, Landleben im römischen Deutschland (Darmstadt 2012).

L. Schumacher, Die Bedeutung von Mainz in römischer Zeit, in: F. Ausbüttel – U. Krebs – G. Maier (Hrsg,), Die Römer im Rhein-Main-Gebiet (Darmstadt 2012) 29–40.

G. Seitz, Bad Vilbel, Wetteraukreis. Römischer Bäderbezirk mit reicher Mosaikausstattung, in: H. Ament (Hrsg.), Führer zu archäologischen Denkmälern in Deutschland, Bd. XIX: Frankfurt am Main und Umgebung (Stuttgart 1989) 190–192.

12. Rezeption

Antike Mythen sind oft widersprüchlich. Der Gott Dionysos ist je nach Tradition ein Sohn von Zeus mit einer thebanischen Prinzessin – oder auch mit Demeter, mit Persephone oder mit einer Reihe anderer Göttinnen. In einer besonders kreativen Fassung trägt Zeus nach dem Tod der schwangeren Mutter des Dionysos den Fötus in seinem eigenen Schenkel aus, was Dionysos die Bezeichnung als „zweifach/von zwei Müttern geborener Gott" (Διμήτωρ) eingebracht hat.[1] Die antiken Griechen und Römer hatten kein Problem damit, dass sich lokale Mythen voneinander unterschieden. Zudem waren sie nicht auf eine einzige Deutungsrichtung festgelegt: Mythen konnten als Ereignisse der Frühzeit, aber auch als allegorische Geschichten verstanden werden. Einige antike Forscher bemühten sich sogar, missverstandene historische Ereignisse als Grundlage mythischer Erzählungen herauszuarbeiten.[2] Zugleich wurden Mythen stets neu erzählt, beispielsweise in Theaterstücken, Gemälden und Romanen. Als größte Autorität galt Homer (8./7. Jh. v. Chr.), dessen Werke vom frühen Lese- und Schreibunterricht an allgegenwärtig waren.[3] Grammatiker kommentierten die nicht immer selbstverständlichen Verse der Ἰλιάς („Ilias") und der Ὀδύσσεια („Odyssee"). Gebildete Römer zitierten zum Beweis ihrer Fähigkeiten aus den homerischen Epen. Frühchristliche Autoren machten sich am Beispiel der homerischen Figuren über das unwürdige und widersprüchliche Götterbild der paganen Religion lustig.[4]

1 Erwähnt u. a. Diod. 3,62,5; den Hintergrund des Beinamens erläutert etwa Apollod. 3,26–28 (3,4,3). Zur eigentlich noch komplexeren Tradition siehe einführend Schmidt – Schmidt-Berger 2008, 10–15; weiterführend Versnel 2011.

2 Diese als „Euhemerismus" bezeichnete Strategie bringt der im 4. Jh. v. Chr. schreibende Autor Palaiphatos auf ein simples Argument: Ohne reale Ereignisse oder Personen wären nie Legenden über dieselben entstanden; damit sei der Kern von Mythen stets historisch (Palaiph. praef.).

3 Bezeugt etwa durch Papyri mit Schreibübungen, vgl. beispielhaft Cribiore 1994.

4 Ein Beispiel ist Arnobius von Sicca, der um 300 n. Chr. ausgerechnet die naturphilosophischen Argumente der epikureischen Philosophie – die eigentlich zu den erklärten Feindbildern der frühen Christen gehörte – nutzt, um Ungereimtheiten von heidnischer Mythologie und Götterglauben bloßzustellen (v. a. Arnob. adv. gent. 4).

Antikenrezeption antik und modern

All diese Verästelungen werden von der heutigen Forschung als Phänomene (innerhalb) der Antike untersucht. Dabei geht es beispielsweise um die Frage, welchen Einfluss der Unterschied zwischen mündlicher und schriftlicher Überlieferung der Inhalte auf die weitere Tradition hatte. Gerade wenn die Selbstdefinition über die Vergangenheit – viele griechische Städte projizierten ihre Entstehung in die Zeit und Handlungsebene der homerischen Epen zurück[5] – im Zentrum steht, sollte man vielleicht besser von *innerantiker Antikenrezeption* sprechen. Das Gegenstück dazu bilden die Aufnahme und Weiterverwendung der Stoffe sowie die andauernde Beschäftigung mit den betreffenden Ereignissen und Personen seit dem Mittelalter und oft bis in die Gegenwart hinein. Diese *nachantike Antikenrezeption,* wobei der Zusatz „nachantik" in vielen Forschungsbeiträgen stillschweigend vorausgesetzt wird, ist mindestens so wirkungsmächtig wie die innerhalb des Altertums. Johann Wolfgang von Goethes Theaterstück *Iphigenie auf Tauris* ist Weltliteratur, die mitten in einer langen Tradition steht. Einerseits orientierte sich Goethe am schon bei Homer (8./7. Jh. v. Chr.) angerissenen Stoff und insbesondere der Adaption durch den Tragödiendichter Euripides (etwa 480–406 v. Chr.). Andererseits beeinflusste seine *Iphigenie* des 18. Jh. andere literarische Aufnahmen des Stoffes wie die Atriden-Dramen von Gerhart Hauptmann aus den 1940er Jahren.[6]

Die Beschäftigung mit solchen Ergebnissen der nachantiken Antikenrezeption kann auf verschiedenen Ebenen erfolgen: Die jeweilige künstlerische Äußerung ist erstens eine Quelle für ihre eigene Entstehungszeit und ihre eigenen Entstehungsumstände. Wer Goethes *Iphigenie* als Muster für das Menschenbild der Weimarer Klassik beurteilen möchte, den interessiert die Methode des Dichters bei seiner Aneignung von Jahrtausende alten Vorlagen nur nachrangig. Zweitens kann dieses Stück als Zeugnis für größere Prozesse untersucht werden. Für die Literatur- und Ideengeschichte wäre dies etwa die Strömung des Philhellenismus, einer Verehrung des antiken Griechenlands als Wiege der westlich-humanistischen Kultur. Der Philhellenismus prägte die Geschichte ganzer Literaturgattungen, ging identitätsgeschichtlich ins Selbstbild des deutschen Bildungsbürgertums als eines modernen Griechenland ein und förderte in politischer Hinsicht den Wunsch deutscher Freiwilliger, sich am Griechischen Unabhängigkeitskrieg (1821–1830) zu beteiligen.[7] Drittens kann die rezeptionswissenschaftliche Forschung solche Beispiele verwenden, um das Entstehen und den Wandel von Stereotypen und anderen „Wahrnehmungsfiltern" nachzuzeichnen. Der Nutzen ist ein besseres Verständnis von *Intertextualität,* also der Verwandtschaft und gegenseitigen Bezugnahme von Texten. Antike Autoren schufen ihre Werke nicht einfach aus ihrer reinen Kreativität heraus. Ohne dass dies ihre Leistung schmälern würde, müssen ihre Texte als

5 Zur Traditionsfrage Patzek 1992 (zu ergänzen durch Patzek 2017).
6 Zu Entstehungs- und Wirkungsgeschichte siehe Barone 2014; Hall 2013; Matthiessen 2000.
7 Einführend Irmscher 1998; Quack-Manoussakis 2008.

Teil eines Netzwerks kultureller Austauschprozesse verstanden werden. Wie dieses Netzwerk funktioniert, was oder wer an welcher Stelle wie Einfluss nimmt, verrät uns viel mehr über die antike Welt als ein unpassender Geniekult. „Texte" ist dabei im übertragenen Sinn zu verstehen; auch ein Bild oder ein Musikstück kann als Quelle „gelesen" werden.[8] In der Beschäftigung mit diesen Prozessen von Auswahl und Weitergabe können wir zudem ein besseres Verständnis dafür entwickeln, wie sehr wir selbst in unseren vermeintlich neutralen Deutungen der Antike von solchen „Filtern" beeinflusst werden. Nichts anderes steht auch hinter der Beschäftigung mit der Forschungsgeschichte, die am Beginn von Hausarbeiten und Abschlussarbeiten erfolgen sollte. Selbst wissenschaftliche Studien sind zeitgebundene Rezeptionszeugnisse.

Für die Erforschung der Antikenrezeption sollte es in dieser Hinsicht keine Rolle spielen, ob die jeweilige künstlerische Äußerung dem Forschenden aus ästhetischer oder moralischer Hinsicht zusagt beziehungsweise ob er oder sie darin überhaupt einen künstlerischen Wert erkennt. Ein Spiel, ein Comic oder ein Film sind gesellschaftlich vielleicht nicht so hoch angesehen wie eine klassische Oper oder ein Theaterstück. Für die Rezeptionsforschung sind sie allerdings zuerst einmal gleichrangige Quellen, die auf ihr Antikenbild, ihre Art der Inhaltsaneignung, ihre Wirkung in andere Medien hinein und vieles mehr zu untersuchen sind. Niemand muss deswegen eine Mythensammlung der NS-Zeit mögen. Man dürfte sie allerdings auch nicht übergehen, wenn das eigentliche Ziel wäre, die Geschichte der Antike im deutschen Schulbuch umfassend zu analysieren – im Gegenteil würde die manipulative Absicht der NS-Version erst durch einen solchen Vergleich beschreibbar.

Zudem ist es immer sinnvoll, sich die Möglichkeiten und „Regeln" einer bestimmten Rezeptionsform klarzumachen: Ein Computerspiel wie *Assassin's Creed Odyssey* kann Spielerinnen und Spielern einen Ausschnitt der antiken griechischen Welt individuell erfahrbar machen. Die eigene Interaktion bietet eine Unmittelbarkeit, die das Sachbuch *Was ist was: Die Alten Griechen* trotz noch so schöner Bilder und Erläuterungen nie erzeugen kann. Umgekehrt muss diese Welt jedoch auch auf ein gutes Gameplay ausgerichtet sein. Was als „gut" empfunden wird, bestimmt die Zielsetzung: Größere Handlungsfreiheiten und Einflussmöglichkeiten fördern ein aktives Spielerlebnis. Niemand möchte ein Spiel, in dem man nur den frustrierend eintönigen (aber womöglich historisch korrekten) Alltag eines Töpfersklaven nachvollziehen kann. Die kindlichen Leserinnen und Leser des *Was ist was*-Buches wären dagegen mit *Assassin's Creed Odyssey* aus verschiedenen Gründen überfordert. Ein Film wie Wolfgang Petersens *Troy* wirkt mit spektakulären Kamerafahrten, großen Filmstars und emotionaler Musik ganz anders als Christa Wolfs Roman *Kassandra*. *Troy* inszeniert die Geschichte überlebensgroßer Heroen, *Kassandra* die einer Frau, die sich mühsam aus ihrer Unterordnung und Opferrolle löst. Der Film will sein Publikum zum Staunen bringen. Dafür fordert der Roman seine Leserinnen und

8 Zur Vielfältigkeit des Konzepts einführend Baron 2019.

Leser subtiler dazu auf, sich im wahrsten Sinne des Wortes selbst ein Bild der Antike zu machen – und bringt so eine vielschichtige Zeitkritik zur Wirkung.[9]

Alle diese Punkte lassen sich zudem auf einen weiteren Aspekt der Rezeptionsforschung anwenden: die didaktische Verwendbarkeit. Wer in der Schule oder im Museum Alte Geschichte gut zur Geltung bringen möchte, sollte wissen, was dafür zur Auswahl steht und wie die einzelnen Optionen wirken.

Richtungen und Regeln

Jede Auseinandersetzung mit Formen der Antikenrezeption muss auf zwei Ebenen erfolgen. *Synchron* ist ein Zeugnis nach seiner Entstehung und dem Kontext der betreffenden Zeit einzuordnen, so wie jede antike Quelle auch. *Diachron* ist es als Teil einer epochenübergreifenden Traditionsbildung zu sehen. Christa Wolfs *Kassandra* erscheint ohne Kenntnis der deutschen Geschichte in den Jahren vor der Wiedervereinigung ziemlich sicher als kaum mehr als eine Nacherzählung antiker Stoffe. Umgekehrt nur auf den Einfluss zeitgenössischer Feminismuskonzepte zu schauen, übersieht das Ausmaß, in dem der Text von einer weit über die 1980er Jahre zurückreichenden Tradition der Homerrezeption geprägt ist – und wie viel er auch über diese aussagen kann, weil er mit ihr in einen streitbaren Dialog tritt.

Dieser Gedankengang lässt sich problemlos auf die eigene Studiensituation übertragen: In Seminaren und Handbüchern wird vermittelt, wie man Alte Geschichte schreiben kann oder sollte. Dazu gehören viele Gepflogenheiten wie die Ächtung von Aufforderungen (bloß keine Ausrufezeichen verwenden!), direkter Anrede oder des Schreibens in der ersten Person Singular. Statt „das lesen Sie im nächsten Kapitel“ sollte es „siehe hierzu das folgende Kapitel“ heißen. „Ich sehe hierin einen Beleg“ ist zu ersetzen durch „dies könnte als Beleg gesehen werden“, durch die Vergemeinschaftung „wir sehen“ oder durch die Distanzierung „der Autor dieser Zeilen sieht“. Auch der Band, den Sie gerade in Händen halten oder am Bildschirm lesen, ist voll von solchen Momenten. Wir als Schreibende beugen uns bewusst oder unbewusst, widerstrebend oder bereitwillig solchen Konsenslösungen. Dabei handelt es sich aber ebenfalls um zeitabhängige Konventionen, wie Sie leicht an zwei Beispielen überprüfen können: Schauen Sie den gerade gelesenen Absatz durch. Ich habe Ihnen einen Text geschrieben, wie er in einer englischsprachigen Einführung völlig üblich wäre[10] – und sich allmählich auch soweit im deutschsprachigen Raum durchsetzt, dass ein renommierter Wissenschaftsverlag das gerade per Fußnote vermerkte Buch gedruckt hat.

9 Stellvertretend für die umfangreiche Forschungsliteratur zu den oben genannten Beispielen: zur nationalsozialistischen Mythisierung der Germanen Wulf 2015; zur Antikenrezeption in *Assassin's Creed* French – Gardner 2020; zum Duktus von Sachbüchern über antike Themen Stöver 1995; zu Quellen und Erzählstrategien von *Troy* Winkler 2007; zur Rolle antiker Stoffe in *Kassandra* Janke 2010.

10 Das beste Beispiel, das zugleich eine Anleitung zur Reflexion des eigenen Schreibens ist, bildet Morley 2013.

Lesen Sie Klassiker wie Theodor Mommsens *Römische Geschichte.* Sie werden schon nach wenigen Seiten erkennen, wie anders „man" in den 1850ern schreiben und dafür um 1900 sogar mit dem Literatur-Nobelpreis belohnt werden konnte. Diese Beobachtungen lassen sich auf viele andere Bereiche der Art, wie derzeit Alte Geschichte gelehrt wird, übertragen. Bestimmte methodische oder theoretische Ansätze haben ihre „Modephasen". Manche antiken Autoren oder ganze Quellengattungen waren zu bestimmten Zeiten angesagt oder verpönt in der Forschung. Ktesias von Knidos und seine Darstellung von Persien im 5./4. Jh. v. Chr. galt lange Zeit als wertlos im Vergleich zu Größen wie Herodot. Neuere Forschungsbeiträge arbeiten dagegen heraus, dass man ihn sehr wohl als Quelle benutzen kann, insbesondere für das Persienbild der Griechen zwischen Perserkriegen und Alexanderfeldzug. Damit ist die ältere Forschung zu Ktesias nicht automatisch wertlos; die Frage nach seiner Zuverlässigkeit als Augenzeuge am persischen Hof ist ohnehin weiter umstritten.[11] Bevor Sie einfach der einen oder anderen Meinung folgen, verdeutlichen Sie sich bitte, dass auch Wissenschaft ein Rezeptionsprozess ist. Ihre eigene Meinung zu reflektieren und in den Kontext der Forschungsgeschichte einzuordnen ist angewandte Rezeptionswissenschaft.

Bei Ihrer eigenen Hausarbeit dürfte die Urheberfrage einfach (und hoffentlich im Sinne guter wissenschaftlicher Praxis) zu beantworten sein: Was darin nicht von Ihnen stammt, haben Sie durch Verweise oder sogar Anführungszeichen markiert. Gerade im Bereich der Antikenrezeption ist die Sache jedoch nicht immer so einfach. Der Drehbuchschreiber eines Films, falls es nicht sogar hier schon mehrere gibt, ist nicht gleichbedeutend mit dem Autor eines Romans. Auch an Computerspielen oder Theateraufführungen sind viele Personen beteiligt, ohne dass sich der Anteil am Endprodukt genau beziffern lässt. Wir sind gewohnt, in diesem Fall eine eigentlich falsche Analogie zu Büchern herzustellen und zu personalisieren. Selbst dieses Kapitel spricht oben von Wolfgang Petersens Film *Troy*, nicht vom Film *Troy*, den Wolfgang Petersen als Regisseur und Produzent mitgestaltet hat. Die erste Lösung ist sinnvoll, weil sie lesbarer wirkt. Sie verstärkt allerdings die Gefahr, Einfluss und Intentionen einzelner Beteiligter an einem Gemeinschaftsprodukt von Hunderten oder Tausenden zu überschätzen. Wenn Wolfgang Petersen in einem Interview über seine persönlichen Interessen erzählt, müssen diese nicht zwangsläufig der Grund sein, warum bestimmte Einstellungen so aussehen, wie sie aussehen. Damit ist noch gar nicht die Binsenweisheit berücksichtigt, dass ein künstlerisches Produkt oft intelligenter sein kann als die Person oder Personengruppe, die es hervorgebracht hat.[12] Selbst bei vermeintlich simpleren Fällen wie einem Roman sind immer die Entstehungsbedingungen zu berücksichtigen. Im Verlag hat das Lektorat an unzähligen Stellen Textglättungen durchgesetzt. Testleserinnen und -leser haben mit ihrem Feedback bewirkt, dass das eine Kapitel gestrafft und das

11 Als Einführung in Text- und Forschungsgeschichte siehe Stronk 2010; zur Quellenlage über Griechen am persischen Hof Brosius 2011.

12 Vgl. Lindner 2007, 95–103.

andere ausgebaut wurde. Am Ende sorgt vielleicht noch die Druckerei versehentlich für einen Wegfall des Nachworts oder einer Karte. Theodor Mommsen hat den bei Weitem größten Anteil an der fertigen Fassung der *Römischen Geschichte.* Wenn wir aber von „seiner *Römischen Geschichte*" sprechen, dürfen wir das nicht in dem Glauben tun, dass ein so komplexes Beispiel wissenschaftlicher Antikenrezeption völlig unberührt durch äußere Einflüsse in seine endgültige Fassung gekommen ist.

Das Einzige, was wir in diesem Prozess nie tun sollten, ist eine Bewertung von Antikfilmen, -romanen oder -spielen als „gut/schlecht" einzig durch Faktenabgleich mit antiken Quellen oder dem Forschungsstand. Der im Anschluss besprochene Comic *Age of Bronze* ist „nicht Homer". Ihm dies vorzuwerfen, ist keine wissenschaftliche Herangehensweise und spricht noch dazu der Gegenwart ab, sich kreativ mit der Antike beschäftigen zu dürfen – was letztlich alle Althistorikerinnen und -historiker tun. Sich mit Antikenrezeption auseinanderzusetzen ist anspruchsvoll, weil sie nicht nur die Kenntnis der antiken Stoffe erfordert. Man braucht auch ein Verständnis für die Überlieferungsweisen und die Mediengeschichte, für die verschiedenen Traditionsstränge, für den zeitgenössischen Kontext einer bestimmten Rezeptionsquelle und vieles mehr. Die Beschäftigung lohnt sich jedoch (fast) immer, und sei es, um anschlussfähige Wege in die Welt der Antike zu erkennen oder das eigene Arbeiten in jeweiligen Bereichen der Alten Geschichte besser zu reflektieren.

Einführungsliteratur

S. Baron, The Birth of Intertextuality. The Riddle of Creativity, Routledge Interdisciplinary Perspectives on Literature (London 2019).

C. Barone, Euripide, Racine, Goethe, Ritsos. Ifigenia: variazioni sul mito, Grandi classici tascabili Marsilio 363 (Venedig 2014).

M. Brosius, Greeks at the Persian Court, in: J. Wiesehöfer (Hrsg.), Ktesias' Welt – Ctesias' World, Classica et Orientalia 1 (Wiesbaden 2011) 69–80.

R. Cribiore, A Homeric Writing Exercise and Reading Homer at School, in: Tyche 9 (1994), 1–8.

T. French – A. Gardner, Playing in a 'Real' Past. Classical Action Games and Authenticity, in: C. Rollinger (Hrsg.), Classical Antiquity in Video Games. Playing with the Ancient World, Imagines (London 2020) 63–76.

E. Hall, Adventures with Iphigenia in Tauris. A Cultural History of Euripides' Black Sea Tragedy, Onassis Series in Hellenic Culture (Oxford 2013).

J. Irmscher, Das Antikebild des deutschen Philhellenismus, in: E. Konstantinou (Hrsg.), Die Rezeption der Antike und der europäische Philhellenismus, Philhellenische Studien 7 (Frankfurt a. M. 1998) 121–138.

A. Janke, Antiker Mythos und moderne Literatur. Zum Problem von Tradition und Innovation im Werk von Christa Wolf („Kassandra" und „Medea. Stimmen") (Diss. Universität Hamburg 2010).

M. Lindner, Rom und seine Kaiser im Historienfilm (Frankfurt a. M. 2007).

K. Matthiessen, Die Taurische Iphigenie bei Euripides, bei Goethe und anderswo, in: S. Gödde – T. Heinze (Hrsg.), Skenika. Beiträge zum antiken Theater und seiner Rezeption (Darmstadt 2000) 363–380.

N. Morley, Alte Geschichte schreiben (Heidelberg 2013).
B. Patzek, Homer und die frühen Griechen, Seminar Geschichte/De Gruyter Studium (Berlin 2017).
B. Patzek, Homer und Mykene. Mündliche Dichtung und Geschichtsschreibung (München 1992).
R. Quack-Manoussakis, Das Griechenlandbild der Deutschen zur Zeit der griechischen Revolution bis zur Mitte des 19. Jahrhunderts, in: E. Konstantinou (Hrsg.), Das Bild Griechenlands im Spiegel der Völker, Philhellenische Studien 14 (Frankfurt a. M. 2008) 183–202.
J. Schmidt – U. Schmidt-Berger, Einleitung, in: J. Schmidt – U. Schmidt-Berger (Hrsg.), Mythos Dionysos. Texte von Homer bis Thomas Mann, Reclam Taschenbuch 20154, Stuttgart 2008, 9–54.
H. D. Stöver, Einige Bemerkungen zum Thema „Die römische Antike im Jugend- und Sachbuch“, in: P. Neukam (Hrsg.), Anschauung und Anschaulichkeit, Dialog Schule – Wissenschaft 29 (München 1995) 94–108.
J. P. Stronk, The Author and His Sources, in: Ctesias' Persian History, hrsg. v. J. P. Stronk, Bd. 1: Introduction, Text, and Translation, Reihe Geschichte 2 (Düsseldorf 2010) 2–59.
H. S. Versnel, *Heis Dionysos!* – One Dionysos? A Polytheistic Perspective, in: R. Schlesier (Hrsg.), A Different God? Dionysos and Ancient Polytheism (Berlin 2011) 23–46.
M. M. Winkler (Hrsg.), *Troy.* From Homer's *Iliad* to Hollywood Epic (Malden 2007).
R. Wulf, „Wie das deutsche Heldentum tief verwurzelt ist im Blut unserer Ahnen“. Germanenkult, Rassenwahn und Erziehung zum Krieg in Schulbüchern, Lehrerliteratur und ministeriellen Erlassen der NS-Zeit, in: E. Beck – A. Timm (Hrsg.), Mythos Germanien. Das nationalsozialistische Germanenbild im Schulunterricht und Alltag der NS-Zeit, Schriftenreihe des Westfälischen Schulmuseums Dortmund 8 (Dortmund 2015) 34–47.

Quellenkritik: Age of Bronze

Age of Bronze von Eric Shanower erschien erstmals 1998 und wuchs über fast zwei Jahrzehnte auf 33 Hefte und diverse Begleitpublikationen an. Gegenstand ist der Trojanische Krieg im weitesten Sinne; Shanower baut allerdings auch Vorgeschichten wie den Fluch der Atriden, eines Königsgeschlechts aus Mykene, in den Erzählkomplex ein. Die ursprünglich in Schwarzweiß gehaltenen Zeichnungen werden derzeit in einer überarbeiteten und von John Dallaire kolorierten Version neu veröffentlicht.[13]

13 Die folgenden Ausführungen konzentrieren sich daher auch auf diese Ausgabe und nutzen die entsprechende Seitenzählung (= Shanower 2018).

ENOUGH CLEVER TALK! IT'S DRIVING ME MAD!
I'LL FIND OUT WHETHER ODYSSEUS IS MAD OR NOT!
STOP THIS, ODYSSEUS! IT'S SHAMEFUL BEHAVIOR FOR A KING! ODYSSEUS!
ARGOS!
ROWH ROWH
DROP THAT PLOW! LOOK AT ME!
ROWH ROWH
NO! ARGOS THINKS THE HIGH KING IS ATTACKING HIS MASTER!
QUICK! DRIVE THAT DOG OFF! IF IT BITES AGAMEMNON--
GET AWAY! GET AWAY FROM ME!
GRRRRRR

Abb. 57 Der vorgetäuschte Wahnsinn des Odysseus in *Age of Bronze*.

Die beiden abgedruckten Seiten aus *Age of Bronze*[14] sind Teil einer deutlich umfangreicheren Episode, die ein bekanntes Thema aus der homerischen Überlieferung darstellt: den Wahnsinn des Odysseus.[11] Die Könige Agamemnon und Menelaos versuchen unter Verweis auf einen geleisteten Eid Mitstreiter gegen die Trojaner zu versammeln. Begleitet werden sie von ihrem Verwandten und Ratgeber Palamedes. Eine Hyginus zugeschriebene Geschichtensammlung des 1. oder 2. Jh. n. Chr. fasst die Ereignisse wie folgt zusammen:[12]

> „Sie kamen auf die Insel Ithaka zu Odysseus, dem Sohn des Laertes, dem prophezeit worden war, falls er nach Troja gehe, werde er erst nach zwanzig Jahren und dem Verlust seiner Kameraden alleine und bettelarm nach Hause zurückkehren. Da er auf diese Weise von den zu ihm kommenden Fürsprechern des Krieges wusste, spielte er den Wahnsinnigen, setzte dafür eine Kappe auf und spannte ein Pferd zusammen mit einem Rind vor den Pflug. Als Palamedes ihn sah, ahnte er den Täuschungsversuch und nahm dessen Sohn Telemachos aus der Wiege. Anschließend legte er das Kind vor den Pflug des Odysseus und sagte: „Wenn du deinen falschen Wahnsinn abgelegt hast, schließe dich der Eidgemeinschaft an!" Da schwor Odysseus, dass er mitkommen werde; von dem Moment an war er mit Palamedes verfeindet."

Der König von Ithaka verrät sich durch eine als rational erkennbare Handlung: Die Tarnung könnte ihm helfen, bei seiner Familie bleiben zu können, aber der Tod des Sohnes ist dafür ein zu hoher Preis. Der listenreiche Odysseus ist dieses Mal selbst überlistet worden und muss sich seinem Schicksal fügen.

Age of Bronze ergänzt diese Erzählung um ein Detail, nämlich was genau Palamedes veranlasste, einen Trick zu vermuten und diesen aufzudecken. Der Hund Argos wird in der Homerischen Vorlage nicht mit der gescheiterten Scharade des Odysseus in Verbindung gebracht. Auch bei Hyginus, der uns den oben zitierten Text liefert, oder in der kürzeren Fassung bei (Pseudo-)Apollodor fehlt das Tier.[13] Die innige Verbindung zwischen Odysseus und Argos spielt in der mythischen Tradition tatsächlich eine wichtige Rolle, jedoch erst bei der Rückkehr von der 10 Jahre dauernden Irrfahrt.[14] In *Age of Bronze* reichen wenige Panels, um daraus die Motivation von Odysseus und Palamedes für die folgende Handlung schlüssiger zu machen.

14 Shanower 2018, 152–153.

11 Shanower 2018, 150–156. Zur antiken Tradition siehe Hom. Od. 24,115–119; Serv. Schol. Verg. Aen. 2,81; Kritik in Cic. de off. 3,26,97.

12 Hyg. fab. 95: „In insulam Ithacam ad Ulixem, Laertis filium, venerunt, cui erat responsum, si ad Troiam isset, post vicesimum annum solum sociis perditis egentem domum rediturum. Itaque cum sciret ad se oratores venturos, insaniam simulans pileum sumpsit et equum cum bove iunxit ad aratrum. Quem Palamedes ut vidit, sensit simulare atque Telemachum filium eius cunis sublatum aratro ei subiecit et ait: ‚Simulatione deposita inter coniuratos veni.' Tunc Ulixes fidem dedit se venturum; ex eo Palamedi infestus fuit."

13 Apollod. epit. 3,7 lässt Palamedes einen direkten Angriff vortäuschen, der Odysseus zum Schutz seines Sohnes zwingt und so verrät.

14 In Hom. Od. 17,290–327 ist es Argos, der den zurückkehrenden Odysseus als Erster wiedererkennt.

Odysseus lässt durch den mitleidigen Blick zu Argos für einen Moment seine Tarnung fallen. Palamedes bemerkt dies und kommt dadurch auf die Idee einer stärkeren Provokation – was wiederum Odysseus sofort erkennt, weswegen er sich später dafür an Palamedes revanchieren wird.

Die bildliche Darstellung leistet aber zugleich viel mehr: Mimik und Gestik machen den „Wahnsinn" des Odysseus unmittelbarer und rascher begreifbar, als dies jeder Text könnte. Der Kontrast zwischen den königlichen Gewändern und den bäuerlichen Kleidern bringt antike Bildüberlieferungen und Inhalte des Mythos, der sich über solche Details selten auslässt, auf engstem Raum zusammen. Diese und viele weitere Faktoren mehr führen dazu, dass *Age of Bronze* die mythische Episode zugänglicher macht – und damit auch die „menschliche Wahrheit" in der Erzählung.

In diachroner Perspektive lässt sich nun untersuchen, auf welchem Weg antike Stoffe zu ihrer neuzeitlichen Rezeption gelangen, welche Quellen dabei eine besondere Autorität genießen, wie diese begründet wird und so weiter. Shanower verteidigt das Einfügen des Hundes in die Episode mit einer besseren Handlungslogik sowie mit der sich aus Homer zu erschließenden Nähe von Odysseus und Argos schon vor dem Trojanischen Krieg.[15] Nicht erst in dieser Fassung gibt Shanower ausführlich Auskunft über seine Recherchen, Informationsquellen und sonstigen Einflüsse. Er hat sich intensiv mit der Geschichte und Archäologie, aber auch mit der Forschungsgeschichte des homerischen Griechenlands auseinandergesetzt. Shanower liest antike Mythographen und moderne Grabungsberichte; er sucht den Kontakt zu Forschenden im Bereich der Altphilologie, Archäologie und Althistorik und nimmt an wissenschaftlichen Veranstaltungen teil – inzwischen manchmal sogar mit Vorträgen und Ausstellungen. In den vielen Überarbeitungen von *Age of Bronze* werden neue Forschungsergebnisse berücksichtigt, was insbesondere bei der Darstellung der materiellen Kultur zu vielen Korrekturen und Ergänzungen führt. Die Bände selbst enthalten Namensglossare, Aussprachehilfen, Stammtafeln und thematisch gegliederte Bibliographien. Shanower reflektiert seinen Umgang mit antiken Quellen, neuzeitlicher Rezeption und Forschung in begleitenden Essays.[16] Die oben genannte Neuauflage fügt dem eine Einleitung des Altphilologen und Historikers Thomas Beasley sowie ein Nachwort des Autors hinzu.[17] Eine umfangreiche Website liefert die wissenschaftlichen Hintergründe zu *Age of Bronze*.[18] Zudem legt Shanower immer wieder offen, wie er Leerstellen in der Überlieferung füllt, etwa die hethitischen Wandmalereien auf Empfehlung des Troja-Ausgräbers Manfred

15 Shanower 2018, 205.

16 Vgl. etwa Shanower 2013; Shanower 2011 als doppelte Selbstbespiegelung in Form eines Comics über die Recherchen zu *Age of Bronze*, der in einem Sammelband zwischen Forschungsbeiträgen über eben diesen Comic steht. Dass die Besonderheit von Shanowers Vorgehen nicht in der Reflexion, sondern eher in der (öffentlich gemachten) Intensität liegt, zeigt das Beispiel von Michele Petrucci, dem Autor von *Metauro Genius Loci*; vgl. Gambaccini – Saltarelli 2017 (Tätigkeit als Redner); Petrucci 2014 (Arbeitsbeschreibung).

17 Beasley 2018; Shanower 2018, 202–208.

18 http://www.age-of-bronze.com/ (Zugriff: 15.08.2019).

Korfmann.[19] Ähnlich verfährt er mit neuzeitlichen Einflüssen und Inspirationen. Aus gutem Grund ist diese Arbeitsweise in der Forschung als „mythic totality“[20], als Vereinigungsversuch möglichst vieler Traditionselemente zu einem möglichst detailreichen Ganzen, bezeichnet worden.

Age of Bronze hat nicht das Ziel, die homerischen Epen möglichst vorlagengetreu in einen Comic umzusetzen. Die Handlung beginnt anders als die *Ilias* mit dem jungen Paris als Rinderhirten – eine Wahl, die der Autor wiederum mit Verweis auf Ovid (43 v. Chr.–17 n. Chr.) und den spätantiken Autor Kolluthos von Lykopolis (5./6. Jh. n. Chr.) verteidigt.[21] Shanower verwendet antike Quellen nicht beliebig, sieht aber die Überlieferung des Trojanischen Krieges als „lebende“ Erzählung, in der nicht eine einzelne Version durchgehend Vorrang genießen kann. Entsprechend stellt er unter anderem die Handlungsfolge um, schafft aber mit diversen Rückblenden, Vorschauen und Parallelerzählungen ein Resultat, das kaum weniger komplex gerät als seine antiken Vorlagen.[22] Die Archäologie scheint Shanower dagegen im Vergleich zur fluiden Textkunde als die exaktere Wissenschaft zu betrachten, deren Ergebnisse er möglichst getreulich umsetzen muss, um das richtige Bild von Troja zu erhalten. Selbst dieses Vorgehen wird jedoch in *Age of Bronze* reflektiert, wenn sich der Autor in einem Nachwort über Sinn und Grenzen eines solchen Strebens nach Authentizität äußert. Dabei gehe es nicht um die drei großen Fragen nach der Autorschaft Homers, dem historischen Wahrheitsgehalt der mythischen Überlieferung oder der Richtigkeit von Schliemanns Troja-Identifikation:[23]

> „What really matters, and what isn’t addressed by the three great questions, is how much of the Trojan War story is humanely accurate. The answer to that is provided by the story’s longevity – twenty-eight centuries long. The story speaks to our basic humanity, dealing as it does with the eternal questions of love, lust, death, sense of self, and the individual’s relationship to the world. […] Call it what you will – myth, legend, historical fiction, soap opera, revision – here’s the story again. A new version for this century.“

Shanower entscheidet sich daher für eine Neuerzählung, die man als „semi-rationalisiert“ bezeichnen könnte. Damit steht er – bei allen sonstigen Unterschieden – dem nahezu „götterfreien“ Film *Troy* wieder erstaunlich nahe.[24] Während die antiken Mythen die Götter selbst auftreten und die Handlung beeinflussen lassen, werden sie in *Age of Bronze* nie gezeigt. Auch aus Mischwesen wie dem Zentauren Chei-

---

19 Shanower 2018, 206–207. Die bei solchen Transfers in den Antikencomic greifenden Mechanismen beschreiben Lochman – Gottschall 1999.

20 Kovacs 2016; ein kleiner Überblick von Gegenbeispielen findet sich bei Jenkins 2011; Kaelin 1999.

21 Shanower 2018, 204.

22 Sulprizio 2011, 219 vermutet hinter den Eingriffen die Intention, eine Kernbotschaft von Frieden und persönlicher Verantwortung zu stärken.

23 Shanower 2018, 208.

24 Vgl. Winkler 2015.

ron werden menschliche Charaktere.[25] Übernatürliche Elemente sind allerdings nicht ausgeschlossen, denn Prophezeiungen und auch Anrufungen an die Götter – etwa an Poseidon für einen spontan aufkommenden Sturm – „funktionieren".[26] An den entscheidenden Stellen lässt der Comic jedoch keinen Zweifel daran, dass die menschlichen Akteure mit all ihren Motivationen und Entscheidungen für ihr eigenes Schicksal verantwortlich sind. Dazu gehört für Shanower auch, die Aktionen „humanely accurate" im Sinne schlüssiger Handlungslogik darzustellen.[27]

Jenseits dieser diachronen Perspektive lässt sich auf synchroner Ebene über *Age of Bronze* als Zeugnis des 20./21. Jh. sprechen: Der Comic wurde mehrfach preisgekrönt und hat nicht nur wegen seiner Prominenz Auswirkung auf andere Vertreter des Genres. Zudem kann er ins Gesamtwerk von Erik Shanower als Künstler eingeordnet oder als Beleg für rationalisierende Tendenzen der Moderne untersucht werden. Rezeptionswissenschaftlich ist dabei interessant, wie intertextuelle Bezüge über verschiedene Medien hinweg funktionieren oder welche Eigenheiten durch die „Sprache" des Mediums Comic dabei entstehen. Auch fachdidaktisch ist die Episode verwendbar: Einerseits kann das Rückführen auf die Vorlagen mit den antiken Quellen vertraut machen. Andererseits lässt sich an der eigenständigen Adaption durch *Age of Bronze* verdeutlichen, wie in der Antike eine so vielgestaltige Mythentradition entstehen konnte. Darüber hinaus vermag der Comic mit niedrigeren Hemmschwellen als antike Epik zu vermitteln, wie faszinierend die Geschichten in ihrer zeitlichen Distanz und Fremdheit sowie in ihrer modernen Anschlussfähigkeit sind.

Nicht zuletzt: In Abgrenzung zu all diesen Perspektiven können wir reflektieren, was in unserer subjektiven Einschätzung *Age of Bronze* zu einem positiven oder negativen Lektüreerlebnis macht. So ist beispielsweise auf der Ebene unserer ästhetischen Anforderung an Comics zu diskutieren, wie künstlerisch gelungen seine Zeichnungen sind – oder ob das Timing gut gestaltet ist. Erzähltechnisch lässt sich hinterfragen, ob es den misshandelten Hund als Verständnishilfe gebraucht hätte. Wir können uns auf Basis der oben angeführten antiken Zeugnisse und Erläuterungen Shanowers eine Meinung bilden, ob und warum wir diese Art von Quellenarbeit schätzen oder als Einfallslosigkeit ablehnen. Und nicht zuletzt ist die Beschäftigung mit *Age of Bronze* eine Einladung, uns selbst zu hinterfragen, wie sinnvoll es auch in unserem eigenen Vorgehen ist, allgemeinmenschliche Motivationen im Verhalten antiker Mythenfiguren erkennen zu wollen.

25 Shanower 2018, 108–111.

26 Prophezeiungen: Shanower 2018, 51; 161; 165–166. Sturm: Shanower 2018, 105–107.

27 Zu Recht arbeitet allerdings Jenkins 2015, 81–83 am Beispiel männlicher Homosexualität in *Age of Bronze* heraus, wie sehr bei aller Quellentreue die Auswahl und die dabei zusätzlich eingebrachten Untertöne die Deutung beeinflussen.

Quellen- und Literaturverzeichnis

E. Shanower, Age of Bronze, The Story of the Trojan War, I: A Thousand Ships (Portland 2018).

T. Beasley, A Thousand Worlds, in: E. Shanower, Age of Bronze, The Story of the Trojan War, I: A Thousand Ships (Portland 2018) 11–12.

A. Gambaccini – C. E. J. Saltarelli, Come ti disegno la storia…, in: D. Dalola – M. T. Rabitti (Hrsg.), La storia oltre i manuali. Come usare testi storiografici e testi di finzione storica (Pisa 2017) 155–164.

T. E. Jenkins, Antiquity Now. The Classical World in the Contemporary American Imagination (Cambridge 2015).

T. E. Jenkins, Heavy Metal Homer. Countercultural Appropriations of the *Odyssey* in Graphic Novels, in: G. Kovacs – C. W. Marshall (Hrsg.), Classics and Comics, Classical Presences (Oxford 2011) 221–235.

O. Kaelin, Helden! – Griechische Mythologie und Comics, in: T. Lochmann (Hrsg.), „Antico-mix". Antike in Comics (Basel 1999) 76–87.

G. Kovacs, Mythic Totality in *Age of Bronze,* in: G. Kovacs – C. W. Marshall (Hrsg.), Son of Classics and Comics, Classical Presences (Oxford 2016) 33–46.

T. Lochmann – U. W. Gottschall, Rezeption antiker Plastik und Architektur in Comics, in: T. Lochmann (Hrsg), „Antico-mix". Antike in Comics (Basel 1999) 52–61.

M. Petrucci, *Genius Loci,* in: F. Carlà (Hrsg.), Caesar, Attila und Co. Comics und Antike (Darmstadt 2014) 12–21.

E. Shanower, Trojan Lovers and Warriors. The Power of Seduction in *Age of Bronze,* in: S. Knippschild – M. García Morcillo (Hrsg.), Seduction and Power. Antiquity in the Visual and Performing Arts (London 2013) 57–70.

E. Shanower, Twenty-First Century Troy, in: G. Kovacs – C. W. Marshall (Hrsg.), Classics and Comics, Classical Presences (Oxford 2011) 195–206.

C. Sulprizio, Eros Conquers All. Sex and Love in Eric Shanower's *Age of Bronze,* in: G. Kovacs – C. W. Marshall (Hrsg.), Classics and Comics, Classical Presences (Oxford 2011) 207–219.

M. M. Winkler, Troy and the Cinematic Afterlife of Homeric Gods, in: M. M. Winkler (Hrsg.), Return to *Troy.* New Essays on the Hollywood Epic, Metaforms 5 (Leiden 2015) 115–142.

13. Ausblick

„Und wenn ich das alles beherrsche, was kann ich dann machen?" Sie sehen Ihre Dozierenden und haben eine mögliche Antwort vor Augen: Sie können Professorin oder Professor der Alten Geschichte werden. Dieser Fall ist übrigens einer der wenigen, in denen „Althistorikerin" beziehungsweise „Althistoriker" als konkrete Berufsbezeichnung existiert. Es ist zum Teil auch deswegen so schwer, Außenstehenden zu vermitteln, warum Sie dieses Studium absolvieren. Anders als bei Studierenden der Chemie, die später überwiegend als Chemikerinnen und Chemiker arbeiten werden, finden sich Menschen mit einem Abschluss in Alter Geschichte in völlig verschiedenen Berufszweigen. Dies ist kein Zeichen für die Ziellosigkeit des Studiums, sondern zeigt eher, wie vielfältig und anschlussfähig die dort erwerbbaren Kompetenzen sein können.

In diesem Sinne ist es wenig sinnvoll, ein Einführungsseminar in Alter Geschichte danach anzugehen, wie diese Grundlagen Ihnen helfen, Jahrzehnte später Professorin oder Professor zu werden. Zuerst einmal werden Sie Ihr Studium einfach zielführender absolvieren, wenn Sie sich schnell und effizient in Quellenbestände einarbeiten können. Erst mit soliden Grundlagen lässt sich tiefer in die Inhalte eines Themas einsteigen und leichter entscheiden, was man selbst spannend findet und womit man sich selbst beschäftigen möchte. Wer im Hauptstudium keine Routinen entwickelt hat und die arbeitssparenden Hilfsmittel nicht kennt, der hat an seinem Studium wenig Freude – und meist auch wenig Erfolg.

Das Studium ist allerdings nur der erste Schritt, das Mittel zum Zweck. Anders als in vergangenen Jahrzehnten wird an der Universität heute viel früher die Frage gestellt, für welche Tätigkeit(en) der Abschluss eigentlich vorbereiten soll. Längst nicht alle Studierenden wissen von Anfang an, was sie nach dem BA oder MA eigentlich tun möchten – und das ist völlig in Ordnung so. Manche Universitäten trennen früh in die Schienen Lehramt (Bachelor/Master of Education) und Nicht-Lehramt (Bachelor/Master of Arts). Letzteres läuft gerne unter Bezeichnungen wie „Fachwissenschaft", was die realen Verhältnisse zu verzerren droht. Auch Lehramtsstudierende erhalten eine fachwissenschaftliche Ausbildung, und es ist für jemanden mit einem Lehramtsabschluss durchaus möglich, nicht – oder nicht direkt – an die Schule zu gehen, sondern beispielsweise an der Universität zu bleiben und zu promovieren.

Wichtig ist, dass Sie im Laufe des Studiums Ihren eigenen Weg finden, denn ein verbreiteter Fehler ist, zu denken: „Ich mache erst einmal das Studium fertig und schaue mich dann um." Die (Berufs-)Welt wartet nicht auf Altertumswissenschaftlerinnen und -wissenschaftler ohne klare Stärken, Kompetenzen und Interessen. Nutzen Sie also die Jahre Ihres Studiums, um sich zu orientieren – innerhalb wie außerhalb der Universität. Beispielsweise sollten Sie überlegen, ob Ihnen aus der Erfahrung der absolvierten Seminare eine bestimmte Arbeitsweise, ein Themenfeld oder eine Epoche besonders liegt. Das muss dann nicht heißen, dass Sie nur diesen Bereich studieren sollten. Wenn am Schluss auf dem Zeugnis ausschließlich Seminare zur Medizingeschichte des antiken Griechenlands auftauchen, ist das doch ein arg verengtes Profil. Im Idealfall zeigt Ihr Zeugnis sowohl eine Balance aus breiter Grundausbildung und erkennbaren Schwerpunkten sowie eine sehr gute Gesamtleistung in Form einer entsprechenden Benotung.

Nutzen Sie auch jenseits der Fachmodule die ganze Bandbreite, die eigentlich nur ein Studium Ihnen bietet: Außerhalb der Universität kosten etwa Sprachkurse, Rhetorikschulungen oder Bewerbungscoaching richtig Geld. Als Studierende genießen Sie dagegen meist kostenlose Angebote und bekommen womöglich sogar noch ECTS-Punkte für Ihren Abschluss. Fahren Sie auf Exkursionen, belegen Sie forschungsorientierte Seminarformen mit Projektcharakter, hören Sie sich möglichst viele Lehrende an, nutzen Sie den *Career Service*, und nehmen Sie die Chance auf einen Studienortswechsel im In- oder Ausland wahr. Die Liste ließe sich noch deutlich verlängern, und sämtliche Faktoren können später entscheidende Pluspunkte bei einer Bewerbung sein. Zwischen all den anderen Leuten mit ähnlichem Studienabschluss sind Sie vielleicht die einzige Person, die Portugiesisch kann, einen Grundkurs Betriebswirtschaftslehre absolviert hat oder Auslandserfahrung in Skandinavien besitzt. Ein attraktiver Lebenslauf sollte nicht das einzig leitende Ziel bei Ihrer Wahl sein, aber vergessen sollte man ihn auch nicht ganz.

Mindestens so häufig sind es die außeruniversitären Anteile, die eine Kandidatin oder einen Kandidaten von der Masse abheben. Viele Universitäten tragen dem inzwischen Rechnung, indem sie fachbezogene Praktika im Curriculum verankern. Teilweise handelt es sich dabei um Pflichtpraktika, teilweise um Optionen im Bereich der Schlüsselkompetenzen. In beiden Fällen bringen Ihnen die Aktivitäten neben der persönlichen Erfahrung noch ECTS-Punkte und eine Sichtbarkeit auf dem Abschlusszeugnis ein. In der Tat sind Praktika eine sehr gute Lösung, um in einen Berufszweig unter möglichst realen Bedingungen hineinzuschnuppern. Diese Erfahrungen geben Ihnen Anhaltspunkte dafür, welche der vielen Qualifikationsmöglichkeiten im Rahmen des Studiums für Sie besonders relevant sein könnten. Zudem ist es motivierend, jenseits des allgemeinen Ziels Studienabschluss ein konkretes persönliches Ziel zu haben. Selbst wenn Sie nach einem Praktikum feststellen, dass dieses Tätigkeitsfeld für Sie nichts ist, bedeutet dies einen Erfolg: Einerseits können Sie Ihre Suche auf Alternativen ausrichten. Andererseits hatte das Praktikum vermutlich doch Aspekte, die Ihnen gefallen haben und die Sie bei künftigen Bewerbungen besonders berücksichtigen können. Nutzen Sie jede Chance für praktische Erfahrung, um sich über Ihren eigenen Weg klar zu werden.

Manche Institute bieten eine Art vorgefertigte Praktikumsvermittlung an, bei der Sie aus einem Kontingent von festen Kooperationspartnern einen der verfügbaren Plätze bekommen. Dies ist sicherlich bequem und kann sogar inhaltlich für Sie passen. Sie sollten allerdings auch versuchen, sich selbst ein Praktikum (oder besser mehrere) nach Ihren eigenen Vorlieben einzuwerben. Sehen Sie sich die Angebote in den diversen Praktikumsbörsen oder auf den Websites der betreffenden Institutionen an. Scheuen Sie nicht vor Initiativbewerbungen zurück, und erkundigen Sie sich gegebenenfalls telefonisch beim potentiellen Arbeitgeber nach Möglichkeiten und Bedingungen. Verteilen Sie die Bewerbungen nicht beliebig, sondern investieren Sie Zeit in eine Mappe, aus der hervorgeht, warum Sie das Praktikum in gerade diesem Unternehmen oder in genau dieser Einrichtung machen wollen – und was Sie dafür qualifiziert. Setzen Sie umgekehrt nicht alles auf eine Karte: Gehen Sie immer mehrere Optionen aktiv an, und rechnen Sie mit längeren Rückmeldezeiten. Trauen Sie sich, bei Bedarf nachzufragen, und scheuen Sie bei einem Misserfolg in der einen Runde nicht vor einem Neuversuch in der nächsten zurück. Wenn Sie dann Erfolg haben, ist er nicht nur befriedigender, weil Sie für eine eigene Leistung belohnt statt automatisch versorgt worden sind, sondern Sie haben zusätzlich wichtige „Wettkampfhärte" für einen nicht immer einfachen Berufsmarkt gewonnen.

Grundsätzlich sind Praktika nichts, das erst in oder ab einem bestimmten Semester möglich wäre. Im Idealfall entwickelt sich ohnehin eine positive Verstärkung im Laufe des Studiums: Mit jedem Praktikum können Sie für die nächste Bewerbung Punkte durch nachweisbare Erfahrungswerte, Weiterqualifikationen und Empfehlungen sammeln. Lassen Sie sich daher immer ein Arbeitszeugnis am Ende ausstellen, aus dem möglichst konkret hervorgehen sollte, was Sie geleistet und gelernt haben. Viele scheuen Praktika im Studium, weil sie den Aufwand und eine Verlängerung der Studiendauer fürchten. Letztlich ist es immer eine Suche nach der richtigen Balance, bei der Ihnen die Fachstudienberatung oder die Angebote des *Career Service* weiterhelfen können. Ein dreiwöchiges Praktikum in den Ferien ist machbar, nur sollten Sie es nicht in ein Semester mit fünf Hausarbeiten legen. Umgekehrt mag es für ein mehrmonatiges Praktikum bei Ihrem absoluten Wunscharbeitgeber sinnvoll sein, ein komplettes Semester lang faktisch Auszeit vom Studium zu nehmen. Wenn Sie im Laufe des Hauptstudiums feststellen, dass Sie Ihrem Regelstudienplan deutlich voraus sind, können Sie auch ein Praxissemester mit zwei oder drei jeweils mehrwöchigen Aktivitäten planen. Außerdem sind in den Zeiten, in denen viele Studierende Freiräume für Praktika haben, die Plätze besonders hart umkämpft. Antizyklisch zu denken und Bewerbungen entsprechend auszurichten, kann einen großen Vorteil bringen. In anderen Fällen ist ein Praktikum allerdings einfach nicht zielführend: Wenn in den Schulferien keine Klassen ins Museum kommen, hilft Ihnen ein Platz in der Museumspädagogik nur wenig. Eine allgemeine Faustregel ist nicht möglich, weil sich die Berufsfelder und individuellen Möglichkeiten so stark unterscheiden. Je früher Sie sich mit diesem Thema befassen, desto besser.

Praktika sind längst nicht die einzige Option: In vielen Bereichen gibt es die Möglichkeit, sich etwa durch ehrenamtliches Engagement sichtbar einzubringen. Wer häufig Ortsführungen für Senioren gemacht hat, besitzt aus Sicht eines Museums durchaus für den Beruf relevante Vorkenntnisse. Wer sich beim Uniradio oder bei der Kirchenzeitung eingebracht hat, ist damit für Berufe in der Öffentlichkeitsarbeit attraktiver. Wer eine Jugendmannschaft trainiert, kann mit sozialer Kompetenz und Führungserfahrung punkten. Einen Schüleraustausch erfolgreich mitzuorganisieren spricht für gute planerische Fähigkeiten und strukturiertes Handeln. Wieder gilt: Wählen Sie das Ehrenamt nicht nur wegen des Lebenslaufes, aber stellen Sie Ihr Licht auch nicht unter den Scheffel. Selbst Nebenjobs können auf diese Weise Pluspunkte einbringen. Wenn Sie im Verkauf gearbeitet haben und das Arbeitszeugnis Ihnen Pünktlichkeit, Zuverlässigkeit und vorbildlichen Umgang mit den Kunden bescheinigt, dann macht das Ihre Bewerbung sicher nicht schwächer.

Es kann ein Vorteil sein, wenn all diese Dinge einen konkreten Bezug zu dem Beruf oder Arbeitgeber haben, wo Sie später landen wollen. Viele Museen etwa stellen vorzugsweise Absolventinnen und Absolventen ein, die sie schon aus früheren Praktika kennen und schätzen gelernt haben. Das Ganze ist jedoch bei weitem nicht so starr, wie häufig erzählt wird. Ihre Bewerbung, Ihr fachliches wie persönliches Auftreten müssen überzeugen. Wenn Sie der Arbeitgeber noch nicht kennt und schätzt, liefern Sie ihm gute Argumente, warum sich das ändern sollte. Informieren Sie sich daher ganz genau, in welcher Form diese Informationen übermittelt werden sollen und können. Viele Unternehmen und Einrichtungen wollen immer noch das klassische Anschreiben, in dem Sie Ihren Wunsch definieren und begründen sowie Ihre eigenen Stärken herausstellen. Bei manchen Arbeitgebern ist ein Anschreiben dagegen ausdrücklich nicht erwünscht, sondern es gibt beispielsweise ein Onlineformular, zu dem bestimmte Anhänge hochgeladen werden können. Umso mehr kommt es dann auf die weiteren Bestandteile einer Bewerbungsmappe an: den Lebenslauf, die Schul-, Universitäts- und Arbeitszeugnisse. Wenn Sie noch kein Universitätszeugnis haben, kann je nach Anlass eine Übersicht der absolvierten Kurse und bisherigen Noten helfen. Nutzen Sie auch in diesem Fall die Beratungsangebote des *Career Service* – gutes Bewerben kann man lernen. Das alles hilft jedoch nichts, wenn man die Bandbreite der zur Verfügung stehenden Berufsmöglichkeiten nicht kennt. Die folgenden Absätze sind in diesem Sinne nur als erste Orientierungshilfe gedacht, die auf die Vielfalt der Optionen nach dem Studium aufmerksam machen soll.

In den meisten Studierendenbefragungen für die Alte Geschichte steht immer wieder die „klassische Trias" an der Spitze der Wunschliste: Schule, Verlag und Museum. Das ist verständlich, aber vielleicht doch nicht so selbstverständlich, wie man meinen könnte. Schon „Schule" ist ein sehr weites Feld. Sie kennen diejenigen Schulformen gut, die Sie selbst durchlaufen haben – und darum ist die Chance hoch, dass Sie sich für ein Lehramtsstudium gerade auf diese konzentrieren. Weniger bekannt sind etwa alternative Schulformen, Erwachsenenbildung oder pädagogische Dienste in Museen. Wie oben erwähnt ist auch der Weg in die akademische Lehre an Universitäten, pädagogischen Hochschulen oder Kollegs möglich.

In einem Verlag zu arbeiten, gehört ebenfalls zu den meist sehr vage definierten Berufszielen. Auf Nachfrage stellen sich die meisten Studierenden entweder so etwas wie eine bezahlte Autorentätigkeit oder Korrekturlesen vor. Das gibt es – nur wäre Ersteres eher eine selbstständige Tätigkeit und Letzteres eher Teil des Lektorats. Allerdings machen Lektorinnen und Lektoren deutlich mehr als nur das, etwa indem sie ein bestimmtes Themenprogramm planen, sich um Verträge und Bildrechte kümmern, Kalkulationen einholen, Werbetexte schreiben oder externe Autorinnen und Autoren betreuen. Eine gute Fachkenntnis ist dabei unerlässlich, denn schlecht ausgewählte und gestaltete Werke werden auch schlecht rezensiert, verkaufen sich schlecht und schaden letztlich dem Verlag. In größeren Betrieben gibt es zudem viele Möglichkeiten zur Spezialisierung, beispielsweise auf Text- und Abbildungsrechte, auf Übersetzungen oder auf Öffentlichkeitsarbeit. In kleineren Verlagen müssen die Mitarbeiterinnen und Mitarbeiter oft in all diesen Rollen agieren können, um ein Projekt erfolgreich zum Abschluss zu bringen.

Ein Unterbereich hiervon ist der Wissenschaftsjournalismus. Viele Verlage produzieren nicht nur Bücher, sondern auch populärwissenschaftliche Zeitschriften, Magazine und Onlineportale. Daneben gibt es Unternehmen, die sich auf diesen Geschäftsbereich fokussieren. In diesen Fällen bedeutet Wissenschaftsjournalismus oft eine freischaffende Tätigkeit, bei der man sich durch Verlässlichkeit und sichtbare Fachkenntnisse einen Wettbewerbsvorteil verschafft.

Der dritte große Bereich ist die Tätigkeit im Museum, und dort passt das Sammeletikett wohl am allerwenigsten. Es gibt in vielen Häusern keine völlig strikte Arbeitstrennung, aber doch deutliche Unterschiede etwa zwischen Kuration (Betreuung von Sammlungen und Ausstellungen), Restauration, Verwaltung, Öffentlichkeitsarbeit und Museumspädagogik. In all diesen Zweigen sind sehr unterschiedliche Stärken gefragt; ohne eine solide fachliche und methodische Basis hat man jedoch in keinem wirklich Erfolgsaussichten. Wer die neue Sonderausstellung medial anpreisen soll, braucht natürlich ein entsprechendes Talent zur Darstellung – nur muss er oder sie eben auch verstehen, was da angepriesen werden soll. Kuration klingt zuerst einmal nach der wissenschaftlicheren Tätigkeit, doch hier sind häufig auch Fähigkeiten wie das Abfassen von „knackigen" Lesetexten oder das solide Kalkulieren eines Ausstellungsbudgets gefordert. Für die Museumspädagogik sollte man die wissenschaftlichen Erkenntnisse verstehen können, die es in ein Vermittlungskonzept umzusetzen gilt. Dazu kann es dann wiederum ein entscheidender Vorteil sein, Gebärdensprache zu beherrschen oder zu wissen, wie man ein Videoterminal für Kinder einrichten kann.

Bei einer wissenschaftlichen Karriere denken die meisten Studierenden zuerst an die Institute einer Universität. Daneben existieren aber viele weitere Einrichtungen, die ebenfalls Berufsmöglichkeiten bieten: Das *Deutsche Archäologische Institut* etwa ist mit Hunderten Grabungen und anderen altertumswissenschaftlichen Projekten auf fast allen Kontinenten engagiert. Unter dem Dach der *Max Weber Stiftung* arbeiten zehn deutsche geisteswissenschaftliche Institute im Ausland, darunter die sechs *Deutschen Historischen Institute* in Europa und den USA. Ein Masterabschluss ist die Minimalvoraussetzungen für den Einstieg in die wissenschaftliche Berufslaufbahn. In der Regel werden zudem bestimmte fachliche oder methodische Spezialisierungen sowie die Beherrschung der Quellensprachen Latein und Altgriechisch gefordert. Manche Ausschreibungen definieren eine bestimmte Fächerkombination, Auslandserfahrung oder andere Auswahlkriterien. Das Profil der eigentlichen wissenschaftlichen Tätigkeiten ist deutlich vielfältiger, als Studierende sich dies oft vorstellen: Es gibt Langzeitprojekte, wie sie in Deutschland etwa die *Akademien der Wissenschaften* fördern, bei denen Forschende über viele Jahre an der Erschließung und Publikation eines bestimmten Quellenbestandes sitzen können. Für einen Hochschuldozenten oder eine Professorin ist Forschung dagegen nur eines von mehreren Aufgabenfeldern neben Lehr-, Verwaltungs- und Repräsentationsaufgaben.

Der erste Schritt der wissenschaftlichen Karriere ist die Promotion. Dabei existieren enorme Unterschiede, die sich für Außenstehende oft nicht direkt erschließen: Doktorandin oder Doktorand zu sein bedeutet zunächst einmal nur, dass die Person eine Dissertation verfasst, aber nicht, dass damit eine Stelle verbunden ist. Viele finanzieren diese Phase entweder mit einer Nebentätigkeit oder einem Stipendium. (Stipendien gibt es übrigens auch für Studierende – wieder lohnt eine Beratung bei den entsprechenden Stellen an Ihrer Universität.) Wer dagegen eine Anstellung an der Universität oder einer anderen wissenschaftlichen Einrichtung hat, ist in der Regel Wissenschaftlicher Mitarbeiter beziehungsweise Wissenschaftliche Mitarbeiterin. Damit sind neben der Forschungstätigkeit meist auch Aufgaben im Bereich Verwaltung und Lehre verbunden. Unterschieden wird zudem zwischen Qualifikationsstellen, die etwa für den Abschluss der Promotion vergeben werden, sonstigen befristeten Positionen und unbefristeten Dauerstellen. Als Beispiel für das letztgenannte kann eine Stelle als „Lehrkraft für besondere Aufgaben“ angeführt werden, die einen hohen Lehr- und einen allenfalls geringen Forschungsanteil hat.

Warum ist in den letzten Abschnitten die weitere wissenschaftliche Karriere eher als Randerscheinung vorgekommen? Dies liegt vor allem an den simplen Zahlen: Aus einem Jahrgang schließt nur eine kleine Zahl das Studium mit einem Notenschnitt von 2,0 oder besser ab, was an den meisten Universitäten das absolute Minimum für eine Zulassung zur Promotion darstellt. Faktisch werden die meisten Professorinnen und Professoren nur jemanden mit wirklich herausragendem Abschluss als Doktorandin oder Doktoranden annehmen. Ohne Promotion (die zudem nicht alle Kandidatinnen und Kandidaten erfolgreich abschließen) sind unbefristete Stellen in der Altertumswissenschaft fast unmöglich, mit ihr zumindest extrem selten. Die Zahl der Professuren im Fach Alte Geschichte liegt deutschlandweit sogar nur im unteren zweistelligen Bereich. Das bedeutet nicht, dass Sie keine Beschäftigung an der Universität anstreben sollten. Planen Sie nur immer mehrgleisig, und seien Sie sich der Realitäten bewusst. Die akademische Karriere gibt Ihnen viele Optionen zur eigenständigen wissenschaftlichen Betätigung, die Sie in dieser Form und mit diesen Möglichkeiten selten andernorts finden werden. Umgekehrt ist dieser Weg mit großer Wahrscheinlichkeit weder besonders lukrativ noch sicher.

Tatsächlich führt der Weg der meisten Absolventinnen und Absolventen in völlig andere Bereiche. Ein großes Betätigungsfeld ist beispielsweise das Kulturmanagement. Das kann beispielsweise bei einer Denkmalschutzbehörde sein, die sich um die Bewahrung und öffentliche Nutzung von historischen Stätten kümmert. In archäologischen Parks braucht es Leute, die etwa Nutzungskonzepte entwickeln und helfen, neue Zielgruppen zu erschließen. Manche Kultureinrichtungen lassen sich dafür von spezialisierten Agenturen unterstützen, die ihrerseits Personen mit fachlicher Expertise und weiteren Zusatzqualifikationen brauchen.

Damit durchaus verwandt ist der Aufgabenbereich Kulturtourismus. Viele denken dabei vielleicht zuerst an Reiseleitungen, Tourenplanen in Reisebüros oder das Verfassen von Reiseführern. All das ist richtig und spannend – wo sonst wird man dafür bezahlt, in schöne Länder zu fahren und antike Stätten zu besuchen? Kulturtourismus ist allerdings auch auf lokaler und regionaler Ebene relevant, etwa in den Tourismusagenturen von Städten, Landkreisen und Ländern. Wenn ein Ort eine potentiell attraktive antike Stätte auf seinem Areal hat, braucht er jemanden, der dafür sorgt, dass auch möglichst viele Touristen dorthin kommen.

Viel zu selten angedacht wird zudem das Fundraising, also die Tätigkeit für Vereine, Stiftungen oder andere gemeinnützige Einrichtungen mit dem Ziel, für diese Fördergelder und Mitglieder einzuwerben. Das Aufgabenfeld ist so vielfältig wie die möglichen Arbeitgeber: Eine Universität will mit ihrem Förderverein Absolventinnen und Absolventen auch nach dem Abschluss an die Universität binden. Eine Denkmalschutzstiftung sucht eher Unterstützung für konkrete Projekte wie die Restauration einer antiken Siedlung oder die Konservierung einer Kirche oder Befestigungsanlage. Ein Museum in freier Trägerschaft ist darauf angewiesen, dass dank attraktiven Aktivitäten, Mitgliedschaften und Informationen die Bindung zu lokalen und überregionalen Spendern gepflegt wird. Je besser Sie in dieser Rolle auch mit fachlichen Kenntnissen überzeugen können, desto leichter wird es Ihnen fallen, überzeugend für ein bestimmtes Anliegen aufzutreten. Dies gilt ebenso an Schnittpunkten zum Kulturmanagement: Eine Kulturstiftung einer Bank benötigt Fachleute, die einerseits beantragte Projekte einschätzen, betreuen und den Erfolg kontrollieren können. Andererseits muss die Kulturstiftung sich darum bemühen, dass das Funding seitens der Bank nicht in Frage gestellt oder im Idealfall sogar ausgebaut wird.

Bibliotheken, Archive und Sammlungen sind ein Betätigungsfeld, in dem Althistorikerinnen und Althistoriker auf ganz unterschiedlichen Wegen einen Einstieg finden können. In größeren Bibliotheken gibt es beispielsweise Fachreferentinnen und -referenten, die eine bestimmte Abteilung betreuen. Hier ist Fachwissen unerlässlich, um einschätzen zu können, welche einschlägigen Titel in die Bestände gehören oder was man für Sammlungsschwerpunkte nachkaufen sollte. Teilweise existieren auch Spezialbibliotheken mit einem althistorischen oder zumindest altertumswissenschaftlichen Schwerpunkt. In Archiven kann der Einstieg etwa dadurch gelingen, dass mit dem Studium der Alten Geschichte eine solide Grundlage der Hilfswissenschaften und der Quellensprachen vermittelt wird. Gute Kenntnisse im

Lesen paläographischer Quellen und in der lateinischen Sprache helfen auch bei mittelalterlichen oder frühneuzeitlichen Zeugnissen. Manche Archive haben zudem eine Münzsammlung, die Expertinnen und Experten zur Pflege und Bearbeitung braucht. Numismatik ist von jeher eine epochenübergreifende Hilfswissenschaft, und die althistorischen Grundlagen helfen beim Transfer auf andere Gebiete und Epochen.

Eine steigende Anzahl von Absolventinnen und Absolventen der Alten Geschichte arbeitet in beratenden Berufen im weiteren Sinne. Das kann bei einem Unternehmen sein, das Audioguides und Medienstationen für Museen entwickelt, bei einer Spielefirma, bei einem Studio für Film- und Audioproduktionen oder in einem historischen Themenpark. Teilweise sind dies freischaffende Tätigkeiten mit allen Vor- und Nachteilen einer selbstständigen Beschäftigungsform. Bei größeren Unternehmen sind *consultants* häufig entweder freie oder doch „feste freie" Mitarbeiterinnen und Mitarbeiter.

Die Vielfalt der Ihnen zugänglichen Berufe wächst ständig: Wir haben inzwischen Althistorikerinnen und -historiker, die dabei helfen, möglichst authentische *escape rooms* zu gestalten oder historische Krimi-Dinner zu veranstalten. Im gleichen Maß, in dem „lebendige Geschichte" – Festivals, Reenactment und vieles mehr – gesellschaftlich akzeptiert wird, wächst auch die Zahl der Absolventinnen und Absolventen der Alten Geschichte, die hier eine Einkommensmöglichkeit finden. Wer sich für das Nachstellen authentischer römischer Schlachten oder griechischer Götterfeste begeistert, möchte wissen, dass die Materialien auch den historischen Standards entsprechen. Von der handwerklichen Anfertigung über das Schreiben von passender Literatur bis hin zur Organisation entsprechender Events existiert eine ganze Bandbreite von denkbaren Aufgaben für jemanden mit den nötigen Fähigkeiten und einer soliden fachlichen Basis.

Was bringt Ihnen ein Studium der Alten Geschichte? Eine inhaltliche und methodische Ausbildung, auf deren Basis Sie Ihren ganz eigenen Weg in unterschiedlichsten Berufsfeldern finden können. Anders gesagt: Ein Studium der Alten Geschichte bringt Ihnen, was auch immer Sie daraus machen.

Abbildungsverzeichnis

Abb. 1: H. Kiepert, Atlas Antiquus. Zwölf Karten zur Alten Geschichte ^{6}(Berlin 1885).

Abb. 2: W. Sieglin – K. Spruner, Hand-Atlas zur Geschichte des Altertums, des Mittelalters und der Neuzeit, I. Abteilung: Atlas Antiquuus. Atlas zur Geschichte des Altertums (Gotha 1895) Nr. 27.

Abb. 3: © Antje Kuhle.

Abb. 4: Modulblatt „B.AG.09" BA „Antike Kulturen" der Universität Göttingen.

Abb. 5: Auszug aus dem Vorlesungsverzeichnis der Universität Regensburg.

Abb. 6: © Martin Lindner nach C. Iulius Caesar, Commentarii rerum gestarum, hrsg. von Wolfgang Hering. Bd. 1: Bellum Gallicum, Bibliotheca scriptorum Graecorum et Romanorum Teubneriana (Leipzig 1987) IX.

Abb. 7: F. Kraner – W. Dittenberger – H. Meusel, C. Iulii Caesaris Commentarii de bello Gallico. Bd. 2 ^{20}(Berlin 1965) 232–233.

Abb. 8: C. Jacquat – D. Martinoli, Vitis vinifera L.: Wild or Cultivated? Study of the Grape Pips Found at Petra, Jordan, 150 B.C. – A. D. 400, in: Vegetation History and Archaeobotany 8 (1999) 25–30; hier: 26.

Abb. 9: © Martin Lindner.

Abb. 10: H. Kiepert, Atlas Antiquus. Zwölf Karten zur Alten Geschichte ^{6}(Berlin 1885).

Abb. 11: © Papyrussammlung Köln.

Abb. 12: © Municipality of Heraklion.

Abb. 13: © nach Schuppi, Wikimedia Commons.

Abb. 14: A. Kuhle, Vote for Hermes – Grabstelen als Werbetafeln, in: F. Carlà-Uhink/ M. García Morcillo/C. Walde (eds.), Advertising Antiquity = thersites 6 (2017) 89.

Abb. 15: © Wolfgang Sauber, Wikimedia Commons.

Abb. 16: W. Blümel – R. Merkelbach, Die Inschriften von Priene, Teil 2: Tafeln, Inschriften griechischer Städte aus Kleinasien 69 (Bonn 2014) Taf. 29.

Abb. 17: © Antje Kuhle.

Abb. 18: © Marsyas, Wikimedia Commons.

Abb. 19: © Antje Kuhle (grafische Umsetzung: Geronimo Förster).

Abb. 20: © Antje Kuhle (grafische Umsetzung: Geronimo Förster).

Abb. 21: © Metropolitan Museum of Art.

Abb. 22: © Center for Epigraphical and Palaeographical Studies, The Ohio State University.

Abb. 23: © Münzkabinett der Universität Heidelberg am Heidelberg Center for Cultural Heritage (HCCH).

Abb. 24: © Nomos AG (https://nomosag.com/).

Abb. 25: © Archäologisches Museum der Universität Münster, Digitales Münzkabinett, Inventarnummer: M 2006 (Fotograf: Robert Dylka).

Abb. 26: © Interaktiver Katalog der Münzsammlung der Universität Freiburg, https://ikmk.uni-freiburg.de/object?lang=de&id=ID3037.

Abb. 27: © Dorit Engster (grafische Umsetzung: Geronimo Förster).

Abb. 28: © Dorit Engster (grafische Umsetzung: Geronimo Förster).

Abb. 29: © Apollo Numismatics.

Abb. 30: © Classical Numismatic Group, LLC (https://www.cngcoins.com/).

Abb. 31a: © Comune di Reggio Emilia.

Abb. 31b: CIL XI 961.

Abb. 32: © José Luiz Bernardes Ribeiro, Wikimedia Commons.

Abb. 33: © Antje Kuhle nach E. J. Bickerman, Chronology of the Ancient World [2](Ithaca 1980) 20.

Abb. 34: © Лобачев Владимир, Wikimedia Commons.

Abb. 35: © Antje Kuhle.

Abb. 36: © Antje Kuhle (grafische Umsetzung: Geronimo Förster).

Abb. 37: K. Brodersen, Hora incerta. Zeit und Zeitrechnung in der Antike. Begleitheft zur Ausstellung am Institut für Alte Geschichte der Ludwig-Maximilians-Universität München 1995 (München 1995) 39.

Abb. 38: A. Kleineberg – C. Marx – E. Knobloch – D. Lelgemann, Germania und die Insel Thule. Die Entschlüsselung von Ptolemaios' „Atlas der Oikumene" [2](Darmstadt 2011) 116–117.

Abb. 39: DNP Suppl. 3 (2007) 5.

Abb. 40: Tabula Peutingeriana. Die einzige Weltkarte aus der Antike, eingel. u. komm. von Michael Rathmann (Darmstadt 2016) 77.

Abb. 41: © Martin Lindner (grafische Umsetzung: Matthias Janßen).

Abb. 42: © Martin Lindner (grafische Umsetzung: Matthias Janßen).

Abb. 43: © Rheinisches Landesmuseum Trier/Thomas Zühmer [CC BY-NC-SA]

Abb. 44: H. T. Peck, Harper's dictionary of classical literature and antiquities (New York 1896) 746.

Abb. 45: K. Brodersen – A. Kropp (Hrsg.), Fluchtafeln. Neue Funde und neue Deutungen zum antiken Schadenszauber (Frankfurt am Main 2004) Abb. 23a und 24 a.

Abb. 46: © Antje Kuhle nach E. M. Thompson, An Introduction to Greek and Latin Palaeography, Oxford Reprints (Oxford 2002) Taf. 2.

Abb. 47: E. M. Thompson, An Introduction to Greek and Latin Palaeography, Oxford Reprints (Oxford 2002) Taf. 3.

Abb. 48: © The Trustees of the British Museum and The Centre for the Study of Ancient Documents/The Vindolanda Trust.

Abb. 49: © The Vindolanda Trust.

Abb. 50: M. Junkelmann, Das Spiel mit dem Tod. So kämpften Roms Gladiatoren, Zaberns Bildbände zur Archäologie. Sonderbände der Antiken Welt (Mainz am Rhein 2000) 50.

Abb. 52: © Viamus. Virtuelles Antikenmuseum Göttingen.
Abb. 53: © Viamus. Virtuelles Antikenmuseum Göttingen.
Abb. 53: C. W. Ceram, Der erste Amerikaner. Das Rätsel des vor-kolumbischen Indianers (Frankfurt 1972) 151.
Abb. 54: © Darmstadt, Hessisches Landesmuseum, Foto: Wolfgang Fuhrmannek.
Abb. 55: M. Hundt, Von Enten und Eroten. Neue Forschungen zum Meerwesenmosaik von Bad Vilbel, Bad Vilbeler Heimatblätter 53 (Bad Vilbel 2010) Abb. 15.
Abb. 56: D. Baatz, Bad Vilbel, FB. Heilthermen, in: D. Baatz – B. Beckmann (Hrsg.), Die Römer in Hessen [3](Hamburg 2002) 241.
Abb. 57: E. Shanower, Age of Bronze, The Story of the Trojan War, I: A Thousand Ships (Portland 2018) 152 f.

Sachregister